KB262722

일꾼 의천

일꾼의천

글 오윤희

불광출판사

일을 선택한 왕자

【Ⅰ】

중학교 다니는 딸이 물었다.

"아빠, 새로 준비한다는 책 제목이 뭐야?"

"응? 일꾼 의천."

"엥? 제목이 뭐 그래?"

"왜? 어때서?"

"아빠는 의천 스님을 존경한다고 하지 않았어?"

"그랬지."

"일은 누구나 하잖아?"

"그렇지."

"일꾼이 영어로 뭐겠어?"

"응, worker? 쉽지 않은데….”

"아빠는 일꾼이면 다 존경해? 혹 다른 사람들한테 의견을 물어 보기는 했어?"
"얘기는 해 봤지만 대개 시큰둥하더라."
"거 봐, 듣는 사람 생각을 해야 하지 않아?"
"그럼 비즈니스 맨이라고 할까? 아 마스터라는 말도 있구나. 마스터란 말에는 솜씨 좋은 일꾼이란 어감도 있지 않니?"
"장난해?"

딸의 지적이 아니더라도 속으로는 고민이 있었다. 가깝게 지내던 친구들조차, 일꾼이란 표현에는 시큰둥했고, 그 말에 담고 싶었던 가치에 대해서는 냉정했다. 하지만 다른 말을 찾을 수가 없었다. 아니 더 이상 찾고 싶지 않았다는 것이 솔직한 심정이었는지도 모르겠다.

어쨌건 일꾼이란 표현에는 개인적인 경험과 태도가 담겨 있는 것이 사실이다. 어려서부터 왠지 일꾼이란 말이 좋았다. 아니 말이 좋았다기보다는 일을 잘하는 사람이 보기 좋았다는 편이 옳겠다. 오래 전 목수 친구가 있었다. 그 친구 일하는 모습을 보는 것이 즐거웠다. 그 친구는 차를 대접하고 이야기를 나누는 가운데도 일을 쉬지 않았다. 나무와 연장을 다루는 손길은 날렵하고 거침이 없었다. 당장엔 무슨 일을 하고 있는 것인지 짐작도 할 수 없었지만, 한참을 보고 있노라면, 크고 작은 몸짓에 순서가 있고 계획이 있다는 사실을 느낄 수 있었다. 솜씨 좋은 목수의 야무진 일머리, 그런 솜씨, 그런 일머리가 그저 보기 좋았다. 그리고는 어느 때부터인가 그런 모습, 그런 느낌을 일꾼이란 표현과 동일시하기 시작했던 것 같다.

의천의 비문을 쓴 김부식은 의천이 말년에 자신이 쓴 글들, 특히 목판에 새겨 유통했던 것들을 모두 모아 불살라 버렸다고 기록했다. 김부식은 그 일을 소개하며 의천이 역사에 남을 만한 글을 쓰고 싶은 뜻이 있었지만 이룰 수 없었기 때문이었다는 변명을 사족처럼 달아 놓았다. 의천은 우리 나이로 마흔 일곱에 입적했다. 요즘의 관점에서 보자면, 말년이란 표현이 어색할 정도로 짧은 삶이었다. 자기가 지은 글을 태우는 심정, 하고자 하는 뜻이 있었지만 이룰 수 없었던 사정, 김부식은 그나마 그런 심정을 얼마간은 공감했던 모양이다.

오래 전 저 이야기를 읽으며, 의천에 대한 이해, 또는 평가가 필요한 것이라면, 그런 이해와 평가는 바로 저 이야기로부터 시작해야 한다는 생각이 들었다. 무엇보다 의천은 스스로 일을 선택했던 인물이었다. 그 일을 위해 의천은 참으로 많은 것을 희생해야 했다. 의천이 송나라를 방문했을 때, 그의 스승 정원을 비롯하여 승속(僧俗)과 조야(朝野), 많은 사람들이 이구동성으로 그를 칭찬하고 찬탄했다. 왕자의 지위를 버리고 출가하여 도를 구하는 모습이 마치 부처님 같다고 했다. 의천의 시호 대각(大覺)은 부처님을 가리키는 표현이다. 의천의 친형 숙종이 주위의 반대를 물리치고 의천에게 내렸던 시호였다. 숙종 또한 의천의 삶을 부처님의 모습으로 연상하고 기억하고 싶었던 것일까? 아무튼 의천 자신이 알았다면 펄쩍 뛰며 사양했을 법한 큰 이름이다.

의천이 열아홉 살에 썼다는 상소문, 아버지 문종에게 친형인 세자를 대신하여 올리는 그 상소문 안에는 의천의 선택과 결단이 선명하게 담겨 있다. '교장(教藏)의 결집'이라는 일이었다. 잊혀지고 흩어진 책을 수집하는 일, 낡고 찢긴 책장을 다듬고 정리하는 일, 틀린 부분을 바로잡고 편집하여 새로 쓰는 일, 그리고 그 글을 목판에 새기는 일, 그렇게 찍어 낸 책들을 널리 유통시키는 일…. 왕자 의천은 그런 일을 최우선의 목표

                                                      이야기를 시작하며

로 삼았고, 그 일에 자신의 삶을 걸었다. 초지일관, 의천의 삶이 그랬다. 열아홉, 어리다면 어린 나이, 그런 나이에 인생을 결단하고, 일생을 바쳐 실천하는 삶이 얼마나 될까? 문헌의 집성, 말은 그럴 듯하게 들릴지 모르지만, 저런 일들은 참으로 지루하고 힘겨운 일이다. 의천이 스스로 이름 지은 교장(教藏), 물론 특정한 분야의 책들이다. 의천은 그런 분야의 책, '전체'를 목표로 삼았다. 이 세상에 존재하는 모든 책을 수집하여 출간하겠다는 결심이었다. 그런 목표가 가능하기나 한 것일까? 아무튼 그런 결단, 그런 일, 그런 인물이 품었던 꿈과 심정에 대한 이야기를 꺼내고 싶었다.

의천은 출가한 승려였다. 의천의 삶, 남은 기록들을 추적해 보면 의천은 불도나 불법, 그런 가치조차도 희생했던 것이 아닌가 하는 생각이 든다. 그보다 앞서 꼭 해야 할 일이 있었기 때문이었다. 의천은 그 일을 '무엇보다 시급한' 일이라고 표현했다. 난리통에 사라지고 흩어진 문헌, 끊어지고 잊혀진 전통을 회복하고 유통시키는 일이었다. 의천은 그런 일을 자신의 임무로 삼았다. 그리고 그런 임무, 그런 소원을 본원(本源)이라고 표현했다.

그래서 의천은 공부와 수행을 마음껏 해 보지도 못했다. 그는 자신이 선택한 일을 했고, 그 소원, 그 약속을 끝끝내 지켰다. 숱한 문헌을 수집하고 정리하여 출간하는 일, 아시아 지식의 역사에서 누구도 해내지 못했던 일을 기어코 해냈다. 자신의 글을 스스로 태워 버리던 심정, 의천은 늘 공부를 제쳐놓고 일을 할 수밖에 없는 처지를 아쉬워했고, 부끄러워했다. 죽음을 앞두고 의천이 새삼 느껴야 했던 아쉬움과 부끄러움, 일꾼이란 표현은 요즘 말로 오마쥬라고 할까. 고단했던 의천의 일, 의천의 삶에 바치고 싶었던 개인적인 감정, 헌사라고 하는 편이 옳을 것 같다.

【 Ⅱ 】

국사는 습속이 몽매하고 도덕이 꽉 막힌 것이 가슴 아파, 격앙되고 분발하여 도(道)를 밝혀 잘못된 것들을 개혁할 것을 자신의 임무로 삼았다. 왜곡된 학술을 몰아내 심오한 진리를 보여주었으며, 깊이 감춰진 것들을 명백하게 밝혀 나약해진 실정을 부추겨 일으켰다. 천둥이 진동하는 것처럼, 비와 이슬이 천지를 적시는 것처럼 일을 추진하니, 비록 마음으로 감동하여 기꺼이 따르는 자들도 있었지만, 사악한 자들이 바른 길을 꺼리어 훼방이 물 끓 듯 하였다.

김부식이 의천의 비명에서 묘사했던 의천의 단면이다. 살아서나 죽어서나 의천처럼 평가가 극단적으로 엇갈리는 인물도 드문 것 같다. 김부식의 눈에 비친 의천은 '천둥이 진동하는 것처럼, 비와 이슬이 천지를 적시는 것처럼' 과감하고 단호하게 일을 해내던 개혁가였다. 자연히 심복하는 사람들도 있었지만, 적대하는 사람들도 많았다. 김부식은 그래도 의천의 편에서 정(正)과 사(邪)를 가르고 있지만, 당시에는 꼭 그랬던 것만도 아닌 것 같다. 생각이 다를 수도 있었고, 평가가 다를 수도 있었을 것이다. 어쨌거나 당시 의천에 대한 평가가 어땠는지, 저 이상의 기록은 남아 전하지 않는다. 다만 김부식은 저 글에 이어 교종(教宗)의 학승 의천이 품었던 선종(禪宗)에 대한 불편했던 마음을 우회적으로 묘사하고는 있다.

선종 2년(1085), 의천은 구법(求法)을 명분으로 조정의 반대를 무릅쓰고 송나라로 밀항을 단행했다. 일 년 남짓 송나라에 머물던 때의 기록들이 『대각국사문집(大覺國師文集)』이나 송나라 측 사료에 비교적 상세하게 남아 전해 오고 있다. 송나라 사료에 남아 있는 의천에 대한 평가 또한 극명하게 엇갈리고 있다. 당시 송나라의 조야는 물론이고 기록에 남아 있는 50여 명의 고승들, 의천에 대한 평가는 대부분 호의적이었고, 의천의 열정과 역량에 극찬했던 이들도 많았다. 하지만 송나라 선종 승려들의 태도와 평가는 냉정하기 짝이 없다. 변방에서 온 젊은 왕자 승통, 질문에 대답조차 하지 못하고 망연자실하던 모습, 위엄에 눌리고 겁에 질려 안절부절하던 모습, 평가는커녕 모욕을 주고 조롱하는 심사가 고스란히 기록되어 전한다.

의천은 분명 교외별전(敎外別傳)을 주장하던 선사들에 대해, 특히 능력도 되지 않는 선사들이 치열한 수행은 하지도 않으면서 말로만 가르침을 비방하는 세태에 대해 강한 거부감을 갖고 있었다. 송나라 선승들이 남긴 기록, 멍청한 의천을 조롱하고 모욕하는 선승들의 마음 속에는 그런 의천에 대한 평가나 감정도 있었을 것이다.

아무튼 의천의 일이나 의천이라는 인물은 빠르게 잊혀졌지만 저런 기록, 조롱과 모욕은 오래도록 살아 남았다. 그런 기록들이 전해지면서 우리에게도 어느새인가 거두절미, 의천이라는 왕자 승통을 깔보고 조롱하는 풍조가 생겨났다. 공부도 못하는 자가 왕실의 권세를 앞세워 승통이라는 지위를 쓰고 거들먹대던 자. 근래 대만의 저명한 고승이 법문집을 출간하면서 이런 일화, 이런 기억들을 되살리는 기회가 있었다. 이로 인해 그 고승의 명성에 맞추어 의천은 다시 한 번 국제적인 명칭으로 조롱을 당하기도 했다.

그런가 하면, 일본의 오야 토쿠죠는 일본에 전승되어 오던 의천에 관한 자료들을 모으고 한국과 중국의 새로운 자료들을 발굴하여 1937년

『고려속장조조고(高麗續藏雕造攷)』라는 책을 출간했다. 그는 그 책의 서문에서 의천의 일, 고려 속장경을 가리켜 '일대(一代)의 홍업(鴻業)이요, 공전(空前)의 위관(偉觀)'이라고 극찬했다. 전무후무했던 일, 그만큼 크고 위대한 일이었다는 평가이겠다.

의천은 오야 토쿠죠의 찬탄을 통해 멍청한 왕자 승통에서, 갑자기 지식과 문화의 역사에서 불멸의 금자탑을 세운 영웅으로 다시 탄생했다. 같은 인물을 두고 이런 극단적인 반전도 아마 공전(空前)의 일, 전례를 찾기 힘든 사례일 것이다. 어찌 됐든 이런 극단적인 평가는 의천이라는 인물이나 의천이 했던 일은 물론이고, 나아가 선종(禪宗)이나 교종(教宗), 역사나 지식을 위해서도 이로울 것이 하나도 없다. 무엇보다 의천이라는 인물, 그 자신에게는 이런 평가들조차 아무런 상관도 의미도 없겠다는 생각이 드는 한편, 조롱도 과찬도 도리가 아니겠다는 생각이 든다. 의천은 그저 일을 선택했고 일을 했을 뿐이었다. 그는 자신이 선택한 일에 대해서는 자부심을 가지고 있었고, 자신이 하지 못한 일에 대해서는 스스로 아쉬움과 부끄러움을 느끼고 있었다.

【 Ⅲ 】

의천은 타고난 일꾼이었다. 일을 좋아했고, 잘했다. 그리고 많은 일을 해냈다. 특히 당시 송나라 사람들의 눈에 비친 의천, 그런 흔적 안에서 일에 대한 의천의 태도나 취향을 읽을 수 있다. 그는 바쁜 일정에도 일을 보면 그냥 지나치는 법이 없었다. 허물어진 집이나 탑을 보면 고쳐야 했고, 저술이나 출간, 강연 등으로 도움을 필요로 하는 사람들을 보면 도와줘야 했다. 그런 모습을 본 송나라의 고위 관료는 의천을 가리켜

'독실하고 인정이 두터운 호학군자(好學君子)'라고 표현했다. 의천의 이런 면모는 선암사를 비롯하여 우리나라 방방곡곡에 전설로 전해 오고 있다. 김부식은 이러한 면모를 '한 나라의 존친(尊親)으로, 크고 작은 일로서 인민에게 허다한 음덕을 끼쳤으나, 모두 기록할 수도 없고, 세상에서는 잘 알지도 못한다'고 표현했다.

누구나 일은 한다. 일이나 일꾼이라면 그래서 특별할 것도 없겠다. 하지만 의천이란 인물이 특별한 까닭은 그의 일이 특별했기 때문이고, 그의 선택이 특별했기 때문이다. 게다가 그는 솜씨도 좋고 일머리도 좋았다. 역사에 비견할 만한 모델이 없다는 그의 일, 그런 일을 짧은 생애 안에 해낼 수 있었던 까닭은 그의 솜씨와 일머리가 그만큼 출중했기 때문이다. 의천의 아버지를 비롯하여 세 형과 조카까지 다섯 임금을 섬겼던 왕자였다. 그는 왕자의 지위와 권세를 버려 본 적이 없었다. 오히려 그는 그의 지위와 권세조차도 일을 위해 최대한 활용했다.

의천은 입적하기 직전 남긴 시에서, 자신은 스물세 살 강연을 시작한 이래로 이십여 년간 강연을 쉰 적이 없었다고 했다. 저 시를 남긴 자리 또한 국청사에서 강연을 마친 뒤였다. 의천의 말에는 강연의 삶에 대한 강한 신념과 자부심이 담겨 있다. 그렇긴 해도, 저런 표현에는 좀 막막한 측면도 있다. 김부식의 말대로 모두 기록할 수도, 알 수도 없이 많았다던 왕자 승통의 일, 그 바쁜 중에 강연을 쉰 적이 없었다는 것 자체가 희한하기도 하고, 쉽게 수긍하기도 어렵기 때문이다.

예를 들어 의천은 저 말에 이어 바로 '300권의 불전을 방언으로 번역했다'는 말을 하고 있다. 한문으로 된 문장을 구결(口訣)을 이용하여 우리말로 번역하는 일이었다. 의천이 번역했다는 문헌들은 『화엄경』의 세 가지 번역본을 비롯하여 내용도 어렵고, 양도 만만치 않다. 질과 양, 이런 정도의 번역이라면, 다른 일은 다 제쳐놓고 번역에 대한 이 기록 하나만 따져도 훌륭한 업적이 될 수 있다. 하지만 번역가로서 의천의 역할에 대하여는 그다지 주목을 해 본 적도 없었던 것 같다.

어쨌거나 강연에 얽힌 일, 번역만이 아니었다. 의천은 강연이라는 교육의 현장을 매개로 교육자, 학자, 번역가, 저술가, 편집자 등의 일과 역할을 동시에 꾸준히 수행했고, 각 방면에서 보기 드문 성과를 이룩했다. 의천이 했다는 많고 드물었던 일, 게다가 그만큼 드물었던 성과, 거기에는 그래서 요령부득의 막막함, 어떻게 그 많은 일을 그 짧은 기간 안에, 그것도 그렇게 잘 해낼 수 있었을까. 이런 종류의 의심이나 의문이 따라다닌다. 그리고 그런 의심에는 의천의 태생, 왕자 승통이라는 지위와 권세에 대한 의심도 작용을 하게 되는 것 같다. 그런 점에서 의천이나 일에 대한 의심이라기보다는, 오히려 남아 있는 기록에 대한 의심이라는 편이 옳을 것 같다. 어차피 듣기 좋으라고 포장한 이야기, 그만큼 새겨 들으면 된다는 식의 의심이겠다. 게다가 저런 말, 저런 기록들은 여기저기 흩어진 쪼가리, 단편으로 남아 있을 뿐이다. 일을 떠나 의천이라는 인물에 대한 평가에는 언제나 이런저런 막막함이나 의심이 개입했던 것 같다.

하지만, 강연이라는 키워드를 중심으로 의천이 했다는 일을 조심스럽게 맞추어 보면 그런 일들이 서로 유기적으로 긴밀하게 연결되어 있었다는 사실을 알게 된다. 번역의 경우만 보더라도 그렇다. 의천의 번역은 강연의 또 다른 측면이었다고 할 수 있을 만큼 밀접하게 연결되어 있다. 그때의 강연이 우리말로 이루어졌기 때문이다. 우리말로 읽고, 우리말로 생각하고, 우리말로 토론하는 일이었다. 불교의 강연이 그랬다. 당연히 우리말 번역은 강연의 필수불가결한 조건일 수밖에 없었다.

의천이 스물세 살에 강연한 책은 당나라 정원(貞元, 785~805) 연간에 새

로 번역한 40권본 『화엄경』이었다. 여기에 징관(澄觀)이 지은 주석서 10
권을 합하여 50권이 교재였다. 의천은 이 강연을 그해 안에 마무리 지었
다고 했다. 대승불교의 꽃이라는 『화엄경』이었고, 이론적으로 가장 완결
성이 높다는 징관의 주석서였다. 약관의 의천이 그런 강연을 일 년 안에
끝냈다는 것이다. 그만큼 의천의 강연과 교육은 수준도 높고 집중력도
강했다는 뜻이다. 교육자 또는 학자로서의 전문적인 훈련이나 소양이 없
었다면 상상조차도 하기 힘든 일이다. 게다가 당시의 강연은 고도의 지
적인 사고를 전제로, 치열한 논의와 논란을 통해 이뤄졌다. 그리고 그런
강연이 평생 쉰 적이 없을 정도로 일상화되어 있었다. 의천의 역량과 강
연의 수준을 전제로 그의 일과 역할을 재구성해 보면, 조각조각 떨어져
있던 기록이나 일 사이에 순서가 보이고 관계가 생긴다. 학술적인 교육
이나 연구는 물론, 번역이나 편집, 저술 등의 일도 이런 조건, 당시의 역
량과 수준을 전제하지 않는다면 이해할 수도 설명할 수도 없다는 뜻이다.

오야 토쿠죠는 그의 저서 『고려속장조조고(高麗續藏雕造攷)』에서 의천
의 일을 '문헌의 편찬'으로 규정하고, 그의 편찬사업을 『신편제종교장총
록(新編諸宗教藏總錄)』, 『원종문류(圓宗文類)』, 『석원사림(釋苑詞林)』의 세 가
지로 요약했다. 이 가운데 『신편제종교장총록(新編諸宗教藏總錄)』은 제종
(諸宗)의 교장(教藏)을 수집하여 정리한 목록이었다. 저 책의 제목이 암시
하듯, 저 목록은 고려속장경, 곧 교장의 결집을 목표로 삼고 있었다. 이
처럼 『신편제종교장총록(新編諸宗教藏總錄)』은 크고 위대한 일, 교장(教藏)
의 결집과 직접 연결되어 있다. 이에 비해 『원종문류(圓宗文類)』와 『석원
사림(釋苑詞林)』은 성격도 다르고 규모 또한 다르다. 특히 교장이라는 대
규모의 문헌집성에 비한다면 질에서나 양에서나 비교할 바는 아니겠다.

그렇지만, 이 두 가지 편찬사업 또한 그렇게 만만하게 볼 일도 아니고, 아무나 할 수 있었던 일도 아니다. 오야 토쿠죠도 그렇고 후대의 연구들도 세 가지 편찬사업을 나란히 나열하기는 하지만, 아직도 저 두 가지 일은 속장경, 또는 교장에 치어 겉돌고 있다는 느낌이 든다.

교장의 결집은 열아홉 왕자 승통이 스스로 설명하고 있듯이, 시간으로는 천 년의 세월을, 공간으로는 아시아 대륙을 망라하는 일이었다. 그 규모와 배포를 상상해 보면 그저 말문이 막힐 따름이다. 의천에 대해서 느끼던 막막함이나 의심이 의천의 편찬사업에 미치면 의천이란 인물은 완전히 오리무중의 안개 속으로 빠지고 만다. 그때나 지금이나 아무튼 엄청난 일을 해낸 것만큼은 분명한데, 그런 무지막지한 일들을 왜 해야 했는지, 어떻게 해낼 수 있었는지 일관된 설명이 불가능했기 때문이다. 앞에서 언급했던 강연에 얽힌 일, 그런 일도 저 세 가지 편찬사업에 비하면 오히려 자잘한 일로 여겨진다. 아니 의천이 했다는 위대한 일, 교장의 결집이나 여러 편찬사업의 정체에 대해서도 분명하게 밝혀진 적이 없었다.

강연을 매개로 했던 일에서 보듯 의천의 일은 무엇보다 지식과 학술, 문화에 관한 일이었다. 그리고 그 중심에 책이 있었다. 의천의 일을 대표하는 세 가지 편찬사업도 모두 책에 관한 일이다. 의천은 교장(敎藏)이라는 일을 선택하면서 과교(科敎) 또는 장소(章疏)라는 표현을 쓰고 있다. 8~9세기를 정점으로 고도로 정교하게 발전했던 주석 또는 주석서의 전통과 문화를 상징하는 표현이다. 의천은 이런 표현을 통해 불교가 중국에 전래하여 불교의 문헌들이 한문으로 번역되어 유통하면서 형성되고 발전했던 지식과 학술을 대변하려고 했다. 의천의 계산에 따르면 불교의 전래로부터 의천의 시대까지 걸린 시간이 꼭 천 년이었다. 의천의 천 년 동안 축적된 백가(百家)의 과교, 또는 장소, 그 안에 담긴 지식과 학술을 결집하고자 했다.

흥왕사에 교장도감(教藏都監)을 설치해 주기를 주청(奏請)하고, 요나라와 송나라에서 4천 권에 달하는 책을 구해 모두 간행하였다.

> 중국과 거란, 일본으로부터 거듭 책을 구입하였고, 다시 신미년 봄에 남쪽 지방으로 다니며 찾은 책이 무려 4천 권이었다. 대부분 먼지로 엉망이었고, 끊어지고 찢어져서 뒤섞여 있었다. 모두 수습하여 상자에 담아 돌아와, 흥왕사(興王寺)에 교장사(教藏司)를 설치하기를 소청하였다. 명류(名流)들을 초청하여 잘못되고 빠진 것들을 교정하게 하고, 위로는 교감을 거치도록 하니 몇 년이 지나지 않아 문적(文籍)이 크게 갖추어져 학자들이 기쁘게 의지하였다.

정인지를 비롯하여 조선의 선비들이 정리하여 편찬했던 『고려사』에서는 의천의 일을 저렇게 단 몇 줄로 요약하고 말았다. 아래에 김부식이 의천의 비명을 쓰며 요약한 의천의 일 또한 크게 다르지 않다. 간단한 얘기다. 교장도감을 흥왕사에 설치하고 국내와 외국에서 수집한 문헌 4천여 권을 간행했다는 것이다. 그나마 의천과 같은 시대를 살았던 김부식의 요약에는 어렵게 수집한 많은 책, 그것들을 수습하고 교정하고, 편집하여 출간하던 정황을 상상해 볼 수 있는 여지 정도는 담겨 있다. 아무튼 교장의 결집, 의천의 일에 대해 남아 있는 기록은 이것이 전부이다.

4천 권의 책은 그때나 지금이나 작은 양이 아니다. 권수로 따지자면 해인사 팔만대장경의 2/3에 약간 못 미치는 양이지만, 페이지 수를 감안

한다면 정확하진 않더라도 팔만대장경을 훨씬 능가할 수 있는 분량이다. 수습하고 교정하고 편집하는 일을 제쳐놓더라도, 종이에 베껴 쓰고 판에 새겨 찍어내던 목판인쇄의 공정만을 따져 보더라도 엄청났던 일의 규모를 상상할 수 있겠다.

저 때의 기록이 남아 있지 않으니 일의 규모와 공정을 알 도리도 없다. 다만 남아 전하는 의천의 삶, 그런 단편들을 종합해 보면, 의천이 저런 일을 본격적으로 할 수 있었던 기간은 고작해야 10년에 불과했다. 십대 중반에 결심을 하고 꾸준히 준비를 했다 하더라도 30년의 세월이다. 해인사 팔만대장경을 새기는 데 걸렸다는 기간도 16년이었다. 의천의 일은 팔만대장경과는 비교조차 할 수 없을 만큼 훨씬 더 복잡하고 정교한 일이었다. "명류(名流)들을 초청하여 잘못되고 빠진 것들을 교정하게 하고, 위로는 교감을 거치도록 하니…", 무엇보다 팔만대장경의 조성에는 저런 공정이 빠져 있었다. 교정과 교감이 있었다고는 해도 의천이 새로 수집한 문헌의 상태와는 비교조차 할 수 없는, 상대적으로 단순한 공정이었다. 의천의 일이 얼마나 단기간에 집중하여 치열하게 추진되었는지를 짐작할 수 있다. 일의 내용을 떠나 일의 규모와 일머리만을 따져 보아도 이런 일은 동서고금에 비교의 대상이 없을 정도로 크고 복잡한 일이었다. 그런데도 남아 있는 기록은 단지 저 몇 줄뿐이다.

천 년을 이어 온 장소(章疏)의 전통, 의천의 일을 이해하거나 평가하기 위해서는 더도 덜도 없이 바로 저 천 년의 세월에 담긴 전통의 의미를 먼저 이해하고 평가할 수 있어야 한다. 의천은 장소의 역사가 지닌 가치와 잠재력에 대해 누구보다 강한 신뢰와 신념을 갖고 있었다. 의천의 선택과 결단, 일에 대한 집념이나 집착은 모두가 그런 신뢰와 신념을 바탕으

　　　　　　　　　　　　　　　이야기를 시작하며

로 이루어졌다. 그렇지만 그런 전통은 의천의 시대에 이미 단절되어 있었다. 당나라 말기와 오대(五代)의 격변기를 거치며 책은 대개 불타버리고, 지식과 문화의 전통은 지리멸렬, 단절되고 잊혀져 버렸다. 의천의 시대에 이미 장소(章疏)의 전통, 그 가치와 잠재력을 이해하고 평가할 수 있는 사람은 극히 드물었다. 의천은 그런 전통과 가치를 복원하고자 했다.

의천이 목표로 삼았던 불교 문헌주석의 전통, 흔히 역사는 발전하고 진보한다는 말을 하지만, 주석의 전통을 통해 아시아나 우리나라의 지식과 문화의 전통을 돌이켜 보면 꼭 그렇지만은 않은 것 같다는 생각이 든다. 주석의 전통은 말을 바꿔보면 글을 읽고 쓰든, 생각하고 토론하든 문화의 전통이었다고 할 수 있다. 불교 문헌주석의 전통은 인간의 생각, 글을 쓰고 읽는 일의 한계랄까, 논리와 체계의 극한을 보여준다고 할까. 아무튼 동서양을 통틀어 유사한 사례를 찾기 어려울 정도로 정교하고 방대한 체계였다고 할 수 있다. 그런 체계와 전통은 10세기 전후 위기를 맞은 이래 온전하게 회복된 적도, 이해되어 본 적도 없었다. 어쨌거나 이미 오래 전에 끊어지고 잊혀진 전통, 한마디로 다 할 수 있는 이야기는 아니겠다.

선종 3년(1086) 송나라 여행에서 귀국한 의천은 아버지 문종이 지은 흥왕사의 주지로 취임했다. 서른두 살이 되던 해였다. 의천은 흥왕사에 홍교원(弘敎院)을 설치하고 화엄종의 장소(章疏)들을 저본으로 다양한 교육적 실험에 착수했고, 실험의 결과를 바탕으로 교육의 방법과 제도를 개혁했다. 이런 실험과 개혁에는 흥왕사 홍교원은 물론이고 전국에 산재한 화엄종의 사찰과 강원들이 함께 참여하고 있었다. 이때에 이루어진 교육적인 실험들은 장소(章疏), 곧 불교문헌주석의 전통이 지닌 특징과

장점들이 잘 반영되어 있다. 무엇보다 그때 실험했던 읽기의 방법, 학습의 방법은 그 효과가 매우 높다. 근래 대학입시의 방식이 바뀌면서 이른바 논술교육의 중요도가 점차 높아가고 있다. 다른 가치들을 떠나 논술이라는 관점에서만 보더라도 의천이나 주석서의 저자들은 말하자면, 논술의 달인, 초절정 고수들이었다. 천 년 동안 축적된 지혜와 기술, 의천은 이런 교육 방식의 개혁을 통해 지식과 문화의 질을 극적으로 개선시킬 수 있다고 믿었다. 이런 방법이나 기술은 교육의 내용을 떠나 지금 당장 어느 부문에 적용시키더라도 단박에 효과를 낼 수 있다. 이런 효과적인 방법이 그렇게 오랫동안 잊혀져 있었다는 사실이 오히려 불가사의하게 느껴질 정도이다.

4천 권의 교장(敎藏)을 포함하여 의천이 수집하고 정리하여 출간했던 방대한 분량의 책, 당대 아시아 전역에서 의천만큼 많은 책을 소장한 인물은 없었다. 11세기 인류의 역사를 비추어본다면 다만 아시아에 국한된 일만도 아닐 것이다. 하지만 평생을 애써 이룩했던 일, 그 일조차 의천의 입적과 함께 중단되었고 빠르게 잊혀졌다. 또 다시 전쟁을 겪으며 새로 새긴 목판과 책도 불타 없어지고, 나라가 망하고 왕조가 바뀌면서 일의 흔적조차 완전히 없어지고 말았다. 그래서 남은 저 몇 줄, 그런 단서 안에서 의천의 일, 그 일의 의미를 찾을 수는 없다. 의천의 일은 안과 밖으로 모두 극한을 실험하는 일이었다고 할 수 있다. 밖으로는 천 년을 넘나드는 시간과 아시아 대륙을 망라하는 공간, 안으로는 논리적이고 비판적인 사고의 극한을 실험하는 일이었다는 뜻이다. 이 또한 잊혀졌던 일, 의천의 일에 닥쳐 느끼는 막막함, 어쩌면 아직까지는 어쩔 도리가 없는 느낌일지도 모르겠다.

　고려공사(高麗公事) 불과삼일(不過三日), 고려 때의 공사(公事)는 사흘조차 채우지 못했다는 뜻이겠다. 만만한 게 고려라서 그랬는지, 조선시대에는 제법 유행했던 속담이었던 모양이다. 조선왕조실록에서 세종대왕도 이 속담을 인용하고 있다.

> 처음에는 부지런하다가 끝에는 게을러지는 것이 인지상정이다. 또한 우리 동쪽나라 사람들의 깊은 병이기도 하다. 그래서 속담에 '고려공사(高麗公事) 삼일(三日)'이라 했으니 이 말이 참으로 빈말이 아니다.

　조선왕조실록이나 지식인들의 문집에도 곧잘 등장하는 이 속담은 이처럼 주로 용두사미나 조령모개와 같이, 일을 처리하는 데 있어서 계획이나 준비가 모자라 낭패를 당하는 경우를 경계하기 위해 쓰이고 있다. 세종대왕은 우리나라, 우리 민족의 깊은 병이라고까지 한탄을 더하고 있다. 요즘에도 냄비 근성이니 뭐니 하는 속설들이 떠도는 것을 보면 옛날 고려적부터 이어온 깊은 병이 맞는 것도 같다.

　그러나 따지고 보면 의천의 일도 고려의 공사였다. 고려적에 있었던 일이고, 임금과 조정이 힘을 합해 준비했던 공사(公事)였다. 불과삼일(不過三日)은커녕, 의천의 이 공사는 삼세(三世)를 꿰뚫고 있다. 과거·현재·미래의 세 가지 시간, 과거를 돌아보며 현재의 일을 통해 미래를 준비하는 일이었다. 의천이 구체적인 목표로 삼았던 문헌 수집의 영역에만 좁혀 보더라도 1세기에서부터 11세기까지 꼭 천 년을 채우는 시간이다. 의천 스스로 과거 천 년과 미래 천 년을 이야기한다. 천 년 동안 유통했던 모든 주석서들을 수집하여 천 년 뒤에까지 유통시키겠다고 한다. 문헌의 영역을 넓혀서 보자면 수천 년을 넘나든다. 문헌수집의 공간적인 영역은 한문문화권을 망라하고 있다. 불교문헌이 유통하던 영역을 고려하면 아시아 대륙 전체가 그 대상이다. 이런 것이 의천의 일, 의천의 세계, 시간과 공간의 영역이었다.

세종대왕도 나름 긴 호흡으로 세계를 준비했던 분이다. 멀리 갈 것도 없다. 조정의 반대를 물리치고 반포했던 훈민정음, 눈 앞의 일에 전전긍긍하는 사람들이었다면 절대로 생각할 수도 준비할 수도 없는 일이었겠다. 그 뒤로 6백 년이 흘렀다. 우리에게 한글이 없다면, 상상조차 하기 싫은 일이다. 수백 년, 수천 년 뒤를 준비하는 일, 그런 상상을 하고, 그런 일을 하던 사람들, 그런 사람들에 대한 이해와 평가에는 좀 막막하고 난감한 면이 있다. 그들의 시간과 공간의 영역이 상상이나 이해의 한계 밖에 있기 때문이다. 세종대왕은 어린 백성들을 위해 훈민정음을 반포한다고 했다. 어린 백성이 도대체 누구인가? 길고 넓은 호흡의 일은 이렇게 불특정 다수를 대상으로 삼게 마련이다. 어느 때 어느 자리, 어느 누군가가 그런 일로부터 이익을 얻는다. 바로 지금, 또는 예측할 수 있는 시간과 공간, 그 안에 있는 예측할 수 있는 사람들을 대상으로 삼지 않기 때문이다.

세종대왕은 훈민정음의 반포를 두고 정창손이나 최만리 등과 토론을 벌였다. 주제는 중국의 지식과 문화를 이해하고 표현하는 방식이었다. 세종대왕은 "『삼강행실(三綱行實)』을 번역하여 민간에 반포하면 충신·효자·열녀가 무리로 나올 것이다."라는 주장을 폈다. 이에 대해 정창손은

"충신과 효자·열녀의 무리는 언문으로 번역하는 데서 나오는 것이 아니라, 사람의 자질에서 나오는 것"이라고 반박했다. 최만리는 "한 번 언문을 쓰기 시작하면 중국의 문자, 학문하는 문자를 버리게 되어 누구도 더 이상 학문을 궁리하려 하지 않을 것"이라는 주장을 폈다. 그래서 더디고 느리더라도 중국의 문자를 습득하도록 해야 한다고도 했다.

우리말로 번역하여 우리말로 사색하고 우리말로 토론하며 우리의 학문을 세워 가는 길, 그리고 이에 대해 선진국의 말을 배워 선진의 지식과 문화를 선진의 말로 사색하고 토론하고 학문을 세워 가는 길. 이런 논란은 어찌 보면 현재 진행형의 논란이라는 생각도 든다. 서구화에 주눅이 든 우리들로서는 우리의 아이들에게, 영어를 원어민 수준으로 익혀, 영어로 생각하고 영어로 토론하는 것은 물론, 꿈조차 영어로 꾸어야 한다고 다그치는 현실이 아닌가.

어느 것이 옳건 그르건, 적어도 의천의 일에는 그런 것은 논란거리도 되지 않았다. 그때는 물론 언문조차 없던 시절이었다. 의천의 강연에서는 구결(口訣)과 이두(吏讀)라는 훨씬 더 불편한 방식을 통해 우리말로 번역하고 사유하고 토론했다.

금번삼백관화전(錦翻三百貫花詮)

의천이 3백 권의 책을 우리말로 번역했다면서 썼던 시의 구절이다. 그리고는 저 구절 아래에 "『고승전(高僧傳)』에 이르기를, '번(翻)이라는 것은 비단 무늬를 뒤집는 것과 같으니, 다만 좌우가 있을 뿐이다'라고 했다. 그래서 금번(錦翻)이라고 한 것이다."라는 주석을 달아 놓았다. 번역은 수 놓은 비단을 뒤집는 것과 같다. 비단을 뒤집어도 꽃 무늬는 여전하다. 다만 바뀌는 것은 좌우가 바뀌는 것뿐이다. 한문을 우리말로 뒤집는 일, 이익도 있지만, 나름의 한계도 있다. 좌우가 바뀌는 일, 그 일만 조심하면 이익을 얻을 수 있다는 뜻이다.

동아시아 불교의 역사는 번역의 역사라고 해도 과언이 아니다. 의천은 교장(敎藏)의 결집을 준비하면서 무엇보다 먼저 목록을 만들었다. 의천은 그런 목록의 모델을 당나라 『개원석교록(開元釋敎錄)』에서 찾았다. 이 목록은 불교가 중국으로 전래했다는 후한(後漢) 영평(永平) 10년(67)부터 당나라 개원(開元) 18년(730)까지 664년간, 19왕조, 총 176명의 번역자를 중심으로 작성되었다. 이들 번역자들의 출신지역은 인도는 물론 지금의 페르시아와 스리랑카, 인도네시아 등 아시아 전역에 골고루 분포되어 있다. 의천은 이들이 번역을 하게 되는 과정을 "혹은 인도의 손님들이 동쪽으로 오기도 하고 중국 스님들이 서쪽으로 가기도 했습니다. 별을 보고 눈을 밟으며 줄지어 오고 가면서 참된 경전들을 거듭 번역하였습니다."라고 표현하기도 했다. 별을 보고 눈을 밟는 까닭은 사막을 건너고 설산을 넘어야 했기 때문이다.

의천이 목표로 삼았던 주석의 전통 또한 번역의 전통에 뿌리를 두고 있다. 번역은 고도의 지적인 수준을 필요로 하는 일이었다. 양쪽의 언어에도 능숙해야 했지만, 양쪽의 문화나 지식, 사상에도 정통해야 했기 때문이다. 불교 문헌의 번역은 통상 다양한 전문가들은 물론, 일반 대중도 참여하는 자리에서 공개적으로 이루어졌다. 공개적인 토론과 논란은 최선의 번역을 위한 안전장치였다고 할 수 있다. 불교문헌주석의 전통에는 그렇게 오랜 세월에 걸쳐 축적된 지식과 문화, 그리고 갖가지 기술과 장치들이 담겨 있다. 이후로 명성을 떨친 주석가들도 대개는 그러한 번역의 현장에서 치열한 훈련을 거친 학승들이었다.

　　의천의 문집 안에는 매향(埋香), 천 년 뒤의 누군가를 위해 향나무를
갯벌에 묻던 사람들의 이야기기가 담겨 있다. 그들은 '이신동심(異身同
心), 몸은 달라도 한 마음으로'라는 말을 돌에 새겨 남겼다고 했다. 천 년
뒤의 사람들을 위해 수백 수천의 향나무를 잘라 갯벌에 묻던 사람들, 그
런 사람들의 마음과 일을 어떻게 이해해야 할까? 의천은 '미래의 중생들
을 위한 일'이라고 했다. 불교로 돌아오면 불특정 다수는 사람을 넘어 중
생(衆生), 곧 모든 생명체로 확장된다. 의천은 중생의 이익을 위해 자신의
삶을 고스란히 바쳤다. 의천이 말년에 남긴 몇 편의 시, 그런 싯구에는
슬픔이랄까 비장함이랄까, 그런 감상이 담겨 있다. 그런 감상에는 일생
을 걸고 했던 일을 마무리하지 못하고 중단할 수밖에 없었던 탓도 있겠
지만, 그의 일이 이승에서 대가를 바랄 수 있는 성질의 것이 아니었던 탓
도 있는 것 같다. 시간도 공간도, 대상도 알 수 없는, 그냥 어느 누구를
위한 일, 그런 일은 마냥 행복하고 유쾌하지만은 않다. 생각하고 상상하
는 것에도 힘이 들기야 하겠지만, 일이란 것에는 그 이상의 힘이 들기 때
문이다. 몸을 움직이지 않고는 아무 일도 할 수가 없기 때문이다. 길고
먼 일, 힘겹고 고달프지 않을 리가 없다.

　　고려공사 불과삼일, 의천의 일을 돌이켜 보면 이런 속담, 저런 병통
은 고려의 탓도 아니고 동쪽나라, 우리 민족의 타고난 성품, 고칠 수 없
는 운명도 아니었다. 의천은 흩어지고 사라진 책, 잊혀지고 끊어진 전통
에 주목했다. 지식과 문화의 전통이다. 의천의 호흡이 길고 컸던 까닭은
과거를 돌아보며 미래를 꿈꾸고 있기 때문이다. 미래의 사람들을 위해
과거를 수습하고 정리하는 일을 자신의 일로 삼았기 때문이다.

【 V 】

　종자은행이란 게 있다. 씨앗을 모아 두는 은행이다. 씨앗을 모아 두는 까닭은 멸종을 염려하기 때문이다. 그 사이 숱한 멸종을 경험했기 때문이다. 멸종, 말만 들어도 끔찍함이 느껴지는 말이다. 일단 놓치고 나면 영원히 돌이킬 수 없는 일이기 때문이다. 우리는 사랑하는 사람들의 죽음을 체험하면서 그런 일의 끔찍함을 절감한다. 아무리 아쉽고 슬퍼도 돌이킬 수 없는 죽음, 그것이 주는 아픔과 슬픔, 그런 것에 비견할 감정이란 것은 없다.

　의천의 일은 일종의 종자은행이었다고 할 수 있다. 무엇보다 의천은 멸종의 끔찍함을 선명하게 느끼고 있었다. 전쟁을 치르면 많은 생명들이 죽고 고통을 받는다. 난리통에 죽는 것은 사람이나 생명체만은 아니다. 삶의 터전이 죽고 환경이 죽는다. 감정이 죽고 생각이 죽고 의지가 죽고 상상이 죽는다. 오랜 세월을 지탱해 온 기억이 죽고 그 안에 담긴 지식이 죽고 지혜도 죽는다. 의천은 그 중에서 책을 선택했다. 의천은 난리통에서 죽은 책들, 상처받은 지식과 상상들을 체험했다. 의천의 일은 그런 아픔과 염려로부터 시작했던 일이었다. 시간이 흐를수록 상처는 되돌리기가 어려워진다. 의천은 그래서 책을 수집하면서 '참으로 시급한 일'이라고 호소했다. 더 늦기 전에, 그래서 멸종, 완전히 잊혀지고 사라지기 전에, 하루라도 빨리 모아 두고 정리해 두자고 했다.

　'기특하다'라는 말이 있다. 기이하고 특별하다는 뜻이다. 보통은 어린 아이들에게 칭찬으로 하는 말이다. 하지만 불교에서 이 말은 아이나 아랫사람들에 쓰는 말만은 아니었다. 비교할 대상이 없는 최고, 최상의

　　　　　　　　　　　　　　　　　　　　　　이야기를 시작하며

칭찬이었기 때문이다. 불교에서 가장 기특한 존재는 물론 부처님이다. 기특한 일, 의천의 일이 그랬다. 모든 것은 죽고 사라지게 마련이다. 멸종도 어찌보면 그저 자연의 일일 뿐이겠다. 그래도 없어지고 사라지는 일은 아프고 슬프다. 아파하고 슬퍼하는 것은 인지상정이다. 그러나 의천은 거기서 멈추지 않았다. 몸을 움직여 일을 시작했다. 계획을 세웠고 멀리서 가까이서 책을 수집했다. 가만 놓아두면 사라지고 멸종해 버릴 운명이었다. 수많은 사람들을 설득하고 훈련시켜 수집한 책들을 정리하고 교정했다. 그렇게 수천 권의 책을 목판에 새겨 출간했다. 누구나 할 수 있는 인지상정의 느낌, 의천은 그런 감정을 일로 만들었고 일로 실천했다. 의천이 결집했던 숱한 책, 그 안에는 길고 넓었던 세계의 지혜·지식·문화 그리고 상상이 담겨 있었다. 그런 것들을 멸종에서 구해 미래로 전해 주는 일, 의천은 그 일을 가리켜 '미래의 중생들을 이롭게 하는 일'이라고 했다.

의천의 일은 의천의 입적과 동시에 중단되고 말았다. 의천이 새겼던 수만 장이 넘는 목판, 그것도 난리통에 흔적도 없이 불에 타버리고 말았다. 그리고는 의천도 의천의 일도 까맣게 잊혀지고 말았다.

【 Ⅵ 】

일꾼 의천, 이 이야기를 준비하고 있을 때, 가까운 친구가 물었다.

"의천에 대한 전기를 쓰자는 거야?"
"글쎄. 전기는 무슨?"
"이야기를 들어 보니 무슨 평전 같은 내용인가 본데?"

"그런가? 그런 생각을 해 본 적은 없었거든. 그냥 뭐, 의천의 생 고생이랄까, 그런 게 오해 받고 잊혀지는 게 아쉽다고 할까, 아 직은 그런 느낌뿐이지. 의천이 했다는 큰 일, 그런 일에는 의당 큰 생각도 있지 않았겠어? 그런데 아직까지는 의천에게 그런 꿈, 그런 생각이 연상되지 않잖아?"

그렇게 느낌만으로 시작했던 이야기였다. 하지만 시간이 흘러 가면 서 이런 이야기, 이런 일이 마치 심증을 품고 수사에 착수한 수사관의 일 과 비슷하다는 생각이 들었다. 남아 있는 기록 속에서 뚜렷한 증거를 찾 기가 어려웠기 때문이었다. 의천이란 인물은 솔직담백한 성격의 소유자 였다. 말은 짧고 선명했다. 말을 앞세우는 법도 없었고, 변명을 늘어 놓 는 경우도 없었다. 게다가 앞에서도 소개했듯, 평소에 적어서 유통했던 글조차도 모두 모아 불살라 버렸다고 했다. 남아 있는 기록과 흔적들도 토막토막 끊어진 단편이 대부분이었지만, 그나마도 서로 성격이 아주 다 른 일이나 사건들로 뒤섞여 있었다. 심증은 분명했다. 의천이 가슴 속에 품었던 장대한 계획과 깊은 의지, 분명 기특한 꿈과 방대한 일이었다. 그런 꿈과 일은 열아홉 살 왕자의 본원 안에 이미 모두 담겨 있었다. 하 지만 그런 본원으로부터 어떻게 일이 시작됐고, 어떻게 일을 꾸려갔으 며, 어떻게 성과를 낼 수 있었는지 단서를 찾고 입증해 가는 일은 쉽지만 은 않았다.

나는 일찍이 경론(經論)을 갖추었다 하더라도 주석서가 없다면 법을 펼 길이 없다고 생각했다. 그래서 지승 스님의 호법(護法)의 의지를 본받아 가르침의 자취(敎迹)를 찾는 것으로 나의 임무로 삼아 최선을 다해 온 지 근 20년에 이르렀다. 이제까지 수집한 여러 종파에서 저술한 신구(新舊)의 주석서들을 혼자 감추어 두지 않고 정리하여 공개하려고 한다. 뒤에 다시 수집하는 것들도 그때마다 기록하려고 한다. 혹시 장래에 함(函)과 질(帙)로 순서를 정해, 삼장(三藏)의 정문(正文)과 함께 무궁하게 전해질 수 있다면 내 소원은 끝나는 것이다.

의천이 『신편제종교장총록(新編諸宗敎藏總錄)』의 서문에 남긴 말이다. 의천은 선종 7년(1090), 이 목록을 출간하면서 이 목록이 초본(草本)이라고 고백하고 있다. 의천은 이후로도 문헌의 수집을 멈추지 않았고, 목록 또한 계속해서 보완을 하고 있었다. 의천의 일머리가 이랬다. 단박에 결과를 내려고 서두르지 않았다. 최종의 목표는 가슴 속에 남겨 놓고 필요한 일들을 순서에 맞춰 체계적으로 추진했다. 목록을 공개하는 일도 그랬고, 4천 권의 교장을 출간하는 일도 그랬다. 어느 것 하나 완성된 것은 없었다. 그때그때 필요와 조건에 따라 공개할 것은 공개하고 유통시킬 것은 유통시켰다. 의천의 소원, 의천의 목표는 '장래에 함(函)과 질(帙)로 순서를 정해, 삼장(三藏)의 정문(正文)과 함께 무궁하게 전하는' 것이었다. 이런 것이 의천이 생각하던 교장(敎藏)의 정체였다.

하지만 이런 교장은 존재해 본 적이 없었다. 의천의 일, 의천의 소원은 그렇게 마지막 순간에서 미완성으로 끝나고 말았다. 미완성으로 끝난 일, 그래서 이 일에는 시작은 있지만 끝이 없다. 끝이 없다는 말은 단서나 증거가 없다는 뜻이기도 하다. 예를 들어 의천은 목록을 출간하면서 저 서문을 지었고, 그 글 안에 자신의 생각을 담을 수 있었다. 그런 생각, 그런 이야기, 그런 서문은 맨 마지막 하게 되는 법이다. 일의 시작을 선언할 수야 있겠지만, 일을 하는 과정에서 별다른 성과도 없이 꿈과 목표를 늘어 놓을 수는 없기 때문이다.

남아 있는 기록이나 흔적은 그래서 서로 다른 일, 큰 일을 해 가는 과정에서 있었던 이런저런 일에 대한 흔적일 뿐이었다. 그런 일, 그런 흔적을 짜맞추는 일, 마치 깨알처럼 자잘한 퍼즐조각을 맞추어 가는 기분이 들었다.

그런 조각과 단편들에 기대어 이야기를 만들어 가는 과정도 막연하기는 마찬가지였다. 무턱대고 심증을 늘어놓을 수만도 없었다. 게다가 의천의 일이란 것이 삼세를 넘나들고 대륙을 주름잡던 길고 넓은 호흡의 일이었다. 그런 호흡을 따라가는 것 자체가 숨이 막혔다.

오야 토쿠죠는 우리의 기억 속에서 오랫동안 잊혀졌던 의천을 우리에게 되찾아준 장본인이었다. 그가 의천이라는 인물, 의천의 일을 발견할 수 있었던 까닭은 그가 살았던 시대가 그런 일을 하던 시대였기 때문이었다. 일본은 19세기 후반부터 여러 종류의 대장경 간행사업을 꾸준히 추진하고 있었고, 20세기 초에는 속장경도 간행하였다. 특히 1923년부터 1934년 사이에 대장경과 속장경을 망라한 총 100권 규모의『대정신수대장경(大正新修大藏經)』을 완간하기도 했다. 20세기 최대의 문헌집성으로 평가 받기도 했던 방대한 사업이었다. 제국주의 일본은 이런 일을 통해 수천 년을 이어 온 불교의 지식과 문화의 독점적인 지위를 인정받을 수 있었다. 의천이란 인물의 발견은 그런 일 속에서 이루어졌다.

앞에서도 잠깐 언급했듯이, 천 년을 이어 온 불교문헌주석의 전통을 온전하게 이해하지 못한다면, 의천의 일 또한 온전하게 이해할 수도 이야기할 수도 없다. 하지만 그런 전통은 오래 전에 끊어졌고, 잊혀졌다.

의천이라는 인물, 의천의 일이 막막한 까닭도 바로 여기에 있었다. 그런 이야기를 한번에 다 할 수는 없었다. 그래도 어차피 시작한 이야기, 어설픈 심증, 성급한 비약도 피할 수 없었다. 이 이야기에 담겨 있는 허술한 점은 의천의 탓이 아니다. 기록과 흔적이 부족한 탓, 그런 흔적조차 해독하고 설명할 수 없었던, 능력이 부족했던 탓이다. 다만, 가능한 한 어설픈 결론은 피하고, 남아 있는 기록과 흔적을 있는 그대로 많이 소개하는 방식을 선택하기로 했다. 중간중간 인용문이 들어가 말도 이야기도 늘어지는 까닭은 순전히 그런 노파심에서 기인한 것이다. 하지만 비록 단편이나마 그런 흔적들을 읽는 편이 섣부른 해석을 읽는 것보다 훨씬 재미도 있고, 생동감도 더한다는 생각이다. 이야기는 어설프고 허술하더라도 의천의 꿈과 일은 단단하고 박진감이 넘친다. 이런저런 흔적 속에서 왕자 의천의 꿈과 호흡을 느낄 수 있기를 바랄 뿐이다.

2012년 9월

오윤희

1
멍청한 왕자

◉ 멍청한 왕자

첫째 일화

고려 승통 의천(義天)이 왕자의 신분으로 나라의 명을 받들어 우리 조정에 사신으로 왔다. 스님의 높은 명성을 듣고 제자의 예로써 뵙기를 청했다.

종본 : 스님께서 얻은 것이 무엇입니까?

의천 : 『화엄경』입니다.

종본 : 『화엄경』에 삼신(三身)의 부처가 있는데, 보신(報身)이 설한 것입니까? 화신(化身)이 설한 것입니까? 법신(法身)이 설한 것입니까?

의천 : 법신이 설한 것입니다.

종본 : 법신은 온 세계에 두루 존재한다던데, 그때의 청중들은 어디에 앉아 있었습니까?

의천은 망연자실하여 흠모하여 따르는 마음이 깊어졌다.[1]

---

1 혜홍(惠洪), 『선림승보전(禪林僧寶傳)』 제14권.

망연자실, 사전에는 '멍하니 정신을 잃은 모양'이라고 적혀 있다. 글자대로 풀이를 하면 멍청히 자기 자신을 잃어버렸다는 뜻이겠다. 의천이 송나라를 방문했을 때의 일이다. 당시 송나라의 서울이었던 변경(卞京)에서 종본(宗本, 1020~1099)이란 선승을 찾아갔을 때의 일화라고 한다. 종본은 1082년 송나라 신종 황제의 초청으로 상국사 혜림선원의 초대 주지가 되었던 분이다. 황제의 초청을 받아 서울에 주석하며 황제 앞에서 설법을 하기도 했던 그에게 철종 황제는 원조 선사(圓照禪師)라는 호를 내리기도 했다. 이 이야기를 담고 있는 『선림승보전(禪林僧寶傳)』은 비슷한 시대를 살았던 혜홍각범(慧洪覺範, 1071~1128)이 편찬한 전기이다. 이와 비슷한 이야기들이 중국 측의 여러 기록에 전해 오는데, 대개는 이 『선림승보전』의 내용을 베낀 것이다. 이야기는 돌고 돈다. 이 이야기는 근래 대만의 한 고승이 인용을 해서 더 유명해진 이야기이기도 하다. 워낙 유명한 고승이어서 그만큼 영향력도 컸다. 돌고 도는 이야기의 속성이랄까. 그런 측면을 따라가 본다는 점에서도 이 대만 고승의 설법은 매우 흥미롭다. 이야기가 좀 늘어지는 탓으로 사족들은 좀 빼고 대화체로 줄여보도록 하겠다.

고려 천태종의 개산조(開山祖) 의천 법사는 고려 문종의 넷째 아들이다. 열한 살에 영통사 난원 법사를 따라 출가하여 화엄학을 배우기 시작했다. 의천은 일찍부터 송나라에 입국하여 법을 구하려는 소망을 품고 있었다. 그러다 북송 신종 때에 겨우 소원대로 제자와 함께 나라의 명령을 받들어 송나라에 와서 공부를 했다. 송나라에 입국한 뒤 그는 대각회련, 불일계승, 혜림종본 등 오십여 명의 대덕선사들을 찾아뵙고 화엄교학뿐만 아니라 천

태·율·선 등을 학습했다. 그가 혜림원의 종본 선사를 찾아뵈었
을 때, 두 사람은 '부처님의 몸'에 관한 문제를 두고 토론하여
공안(公案) 하나를 남겼다.

의천은 오래도록 혜림종본 선사의 덕행을 우러러 왔다. 그래서
특별히 제자의 예로써 절을 올리고 혜림종본 선사와 더불어 자
신이 공부한 『화엄경』을 토론하고자 했다.

종본 : 『화엄경』 가운데 부처님의 몸은 법신이 설한 것입니까?
아니면 응신이 설한 것입니까?

의천 : 법신이 설한 것입니다.

종본 : 부처님이 법신으로서 『화엄경』을 설했다니, 법신은 허공
에 두루 가득하고 법계를 가득 채웁니다. 이미 허공에 가득하고
법계를 채웠는데 그 자리에 있던 청중은 어디에 앉아야 합니까?

의천은 바로 멍청해져서(망연) 어떻게 대답을 해야 할지 몰랐다.
마음 속에 부끄러움이 몰려와 이로부터 참선에 정진했고, 뒤에
화엄법계의 피차가 두루 섞이는 이치를 깨달아 고려 화엄종의
조사가 되었다.

혜림종본 선사가 의천에게 '법신은 허공에 가득하고 법계를 채
우는데, 청중은 어디에 앉습니까?'라고 물었을 때, 의천이 만일
'빛과 빛이 서로 장애가 되지 않고, 법과 법이 서로 통합니다.'
라고 대답을 했다면 그로써 그만이었을 것이다.[2]

---

2   성운(星雲), 「하처준립(何處蹲立)」, 『성운선화(星雲禪話)』.

대만의 이 고승이 의지하는 전거 또한 『선림승보전(禪林僧寶傳)』이다. 똑같은 내용이다. 하지만 이 고승은 이야기에 살을 붙이고 한 걸음 더 나아가 친절하게 해답까지 내려준다. 이로써 의천은 천 년이라는 시간을 넘어 모든 사람이 수긍하는 국제적인 멍청이가 되었다. 하지만 고승이 정리해 준 사실들, 송나라 신종 때, 나라의 명령으로 송나라에 유학하여 공부했다는 등의 이야기들은 뜬금없는 것들이다. 이야기를 풀어놓아 이해하긴 쉬워졌지만 사실과도 다르고 인용도 정확하지 않다. 사람들은 어차피 그런 사실엔 별 관심이 없다. 저런 이야기나 사람들의 관심은 의천이라는 인물, '고려의 왕자, 승통 = 멍청이'라는 선입견에 집중되어 있기 때문이다.

의천이라는 존재에 대해 별 관심이 없었던 시절, 가끔 의천에 관한 뜬금없는 '소문'을 듣곤 했었다. 왕자 승통 의천이 중국의 어떤 선승과 법을 겨루었는데, 한마디도 대꾸를 못하고 일방적으로 당했다는 이야기였다. 그땐 그러려니 했었다. 그런 이야기야 병가의 상사, 선불교에서 늘 있는 일이었기 때문이다. 우리에게도 그런 비슷한 이야기들이 많이 있었다. 일본의 총독이 어떤 고승 앞에서 벙어리가 되었다느니, 유럽에서 온 벽안의 학자가 선승 앞에서 말문이 막혀 스승으로 삼았다느니, 듣기에 좋은 이야깃거리였다. 그런 이야기는 돌고 돌면서 전설이 되고 사실이 되었다.

언젠가 조지 W. 부시가 대통령에 출마한다고 했을 때, '그는 삼루에서 시작한 사람'이라는 이야기가 유행했던 적이 있었다. 이제 와서 생각해 보면 의천에 대한 느낌도 대개 그런 분위기였던 것 같다. 의천 또한 어쨌든 삼루에서 시작했던 분이다. 왕자로 태어나 열한 살에 출가하여 불과 열세 살 어린 나이에 승통이라는 불교 최고의 지위에 올랐으니 말이다. 하기야 의천의 시대야 삼루까지 갈 필요도 없었겠다. 의천은 아버지 문종과 순종, 선종, 숙종의 세 형, 게다가 선종의 아들인 조카 헌종까지, 다섯 임금을 줄지어 모셨던 왕자였다. 그때의 심사가 그랬던 것 같다. 그저 그런 멍청한 왕자였겠거니 별다른 의심이나 동정심도 없었다. 그런데 중국에는 무엇하러 간 것일까? 일국의 왕자가 하필 외국에서 거친 선승과 맞붙어야 했을까? 그런 막연한 궁금증만 잠깐 스치고 지나갔을 뿐이었다.

우리 주변에 돌던 이야기도 이와 비슷한 것들이다. 대답도 못하고 절절매던 왕자 의천. 이야기는 너무도 친절하여 송나라의 큰스님 앞에 엎드려 땀만 죽죽 흘리고 있는 왕자의 모습이 눈앞에 그려질 정도이다. 의천은 혼자 바보가 된 것도 부족하여 두고두고 우리의 불교와 지성을 대표로 망신시킨 장본인이 되었다. 이제 다시 이야기를 돌려 보아도 민망하고 부끄러운 마음이 든다.

의천의 성은 왕씨이다. 고려국 문종 인효왕의 넷째 아들이다. 출가하여 우세승통(祐世僧統)에 봉해졌다. 원우(元祐, 1086~1094) 초에 중국으로 들어가 도를 물었다. 현수(賢首)의 가르침을 전하게 해달라는 상소를 올리자 양가(兩街)에 칙명을 내려 동경의 각엄(覺嚴) 유성 선사에게 법을 전해주도록 했다. 유성은 전당(錢塘)의 정원(淨源)으로 하여금 대신하도록 하였다. 가는 절마다 융숭하게 맞이했다. 먼저 사명군(四明郡)에 도착하여 명지(明智)를 사사하였고, 다시 자변종간(慈辨從諫)을 모시고 천태교관(天台敎觀)을 전수받았다. 뒤에 영지(靈芝)로 가서 대지원조(大智元照)를 뵙고 율장(律藏)을 전수받았다. 진수(晉水)의 정원에게 현수(賢首)의 종승

(宗乘)을 묻고 원조종본(圓照宗本) 선사는 종지를 보여주었다.[3]

시간이 흘러 의천이라는 인물과 다시 만나게 된 계기는 대장경전산화에 관한 일을 시작하고 나서였다. 위에 인용한 글은 의천이 교장(敎藏) 결집을 위해 만들었다는 목록, 『신편제종교장총록(新編諸宗敎藏總錄)』에 들어 있는 전기(傳記)이다. 의천이 지은 목록 안에 의천의 전기가 들어 있는 까닭은 이 목록이 오직 일본에만 전해져 왔고, 일본의 학승들이 후대에 전기를 만들어 삽입하였기 때문이다. 이 전기 앞머리에는 『석문정통(釋門正統)』, 『불조통기(佛祖統記)』, 『불조역대통재(佛祖歷代通載)』, 『석씨계고략(釋氏稽古略)』 등을 참조했다는 말이 붙어 있다. 모두 중국에서 나온 역사책이다. 중국의 역사 기록을 참고하여 의천의 전기를 재구성했다는 뜻이다. 이 전기를 통해 일본에서는 오랫동안 의천이라는 인물을 이렇게 기억하고 이해했다. 반면, 우리나라에서는 의천이란 인물은 완전히 잊혀진 인물이었다. 우리나라에서 의천이란 인물이 다시 주목을 받게 되었던 것도 일본 학자들의 덕택이었다. 그런 형편이니 우리나라에 변변한 기록이 남아 있을 리가 없다. 근세에 일본에서 유통하던 목록이 다시 역수입되면서 우리나라 학자들이 이해했던 의천도 그와 비슷한 인물이었다.

그런데 문제는 이런 기록들의 정확성에 문제가 있다는 것이다. 무엇보다 의천이 송나라를 여행했던 여정의 순서에서 차이가 난다. 의천은 예성강을 떠나 판교진(板橋鎭, 지금의 청도) 인근에 있던 무역항을 통해 송나라로 입국하였다. 그 후 송나라의 서울 변경으로 들어가 송의 철종을 만나고 유성 법사 등과 교류했다. 황제의 재가를 받아 항주에 있던 진수정

---

3   「의천전(義天傳)」, 『신편제종교장총록(新編諸宗敎藏總錄)』 제1권 이하 『교장총록』.

중국 청도 인근 교주시에 있는 판교진 고려정관
(高麗亭館) 터. 고려의 사신이나 상인들이 머물던
곳으로, 의천은 판교진을 통해 송나라에 입국하여
이곳에 머물렀다. 2000년 의천의 입송을 기념하
여 세운 기념비이다.

원 법사로부터 화엄종을 전수받기 위하여 남쪽으로 내려갔다. 귀국길에
는 다시 변경으로 올라가 황제에게 귀국 인사를 드린 후 다시 항주로 내
려와 천태산과 명주(明州) 등지를 거쳐 귀국하였다. 명주는 지금의 상해
남쪽에 있는 영파(寧波)로, 위의 전기에 나오는 사명군이다.

게다가 위의 인용문 가운데 명지(明智)에 관한 기록은 더욱 신빙성이
떨어진다. 김부식이 지은 의천의 비문에 명지의 이름이 언급되어 있어,
의천이 명지를 만났던 것은 사실로 보인다. 의천이 천태산(天台山)에 갔을
대 중국 천태종의 종조, 지자(智者)의 탑 앞에서 귀국하여 해동에 천태종
을 세우겠다는 서원을 한 적이 있었다. 이때의 서원을 의천을 모시던 외
교관원 양걸이 받아 적었고 명지에게 시켜 돌에 새기도록 했다고 한다.
그 후 의천이 귀국하기 위해 당시 무역항이 있던 사명군으로 갔을 때 명
지 등이 의천의 영접을 맡았다는 기록도 있다. 그러나 명지 자신의 비문

1. 멍청한 왕자

에는 의천이 먼저 명주를 통해 송으로 입국했으며, 명지를 모시고 공부
하여 천태종의 종지를 전수받았다고 기록하고 있다. 당시의 기록들을 비
교하여 보면 명지의 제자들이 비문을 새기면서 명지를 높이기 위하여 의
천의 여정 등을 얼마간 왜곡하여 아전인수 격으로 기록을 남긴 탓일 것
이다. 그나마 항주에 있던 자변종간의 경우는 천태종 한 문파의 수장이
었고, 많은 제자를 길러냈던 중요한 인물이었다. 이에 비해 명지의 지위
는 훨씬 떨어진다.

여러 기록들 사이에 차이가 생기는 까닭은 이야기가 돌고 도는 과정
에서 오해와 왜곡이 개입하기 때문이다. 어쩔 수 없는 오해들도 있을 수
있지만 의도적인 왜곡도 있다. 아무튼 이런 기록들 사이에 나타나는 상
충된 사실들로 인해 의천이란 인물을 찬찬히 되돌아 보는 계기가 생겼
다. 다행히 근래에 의천이나 의천의 교장(敎藏)에 대한 연구가 왕성해지
면서 그런 오해와 왜곡이 점차 불식되어 가고 있기는 하다. 그렇다고는
해도 의천의 진면목이랄까, 의천이 했던 일의 가치나 목적을 이해하기
위하여는 여전히 넘어가야 할 오해와 왜곡이 많아 보인다.

망연자실한 멍청한 왕자 의천, 먼저 송의 기록을 통해 그 전말을 살
펴보도록 하겠다.

1. 무엇보다 『선림승보전(禪林僧寶傳)』의 기록에는 오류가 많다. 예를
들어 고려 승통 의천은 나라의 명령을 받아 송나라에 간 것이 아니다. 당
연히 조정에서 보낸 사신도 아니다. 의천은 고려 조정의 반대를 무릅쓰
고 밀항을 했다. 게다가 의천이 종본(宗本)이라는 존재를 알고 있었고, 흠
모하고 있었다는 기록은 어디에도 없다.

2. 그런데 이런 정확하지도 않은 기록들이 돌고 돌면서 살이 붙고 윤

색이 된다. 대만의 고승 또한 오류를 반복하는 데 그치지 않고 사족까지 덧붙인다. 의천이 송나라에 도착한 해는 신종(神宗)이 쓰던 연호 원풍(元豊)을 그대로 쓰고 있긴 했지만, 신종이 막 승하하고 철종(哲宗)이 재위에 오른 무렵이었다. 그래서 후대의 기록에는 신종의 연호 원풍(元豊)과 철종의 연호 원우(元祐)를 섞어 쓰고 있다. 어쨌건 의천을 맞은 황제는 신종이 아니라 철종이었다. 대만의 고승도 이런 일까지는 따질 필요를 느끼지 않았던 모양이다. 그저 기록을 무심히 따라갔을 뿐이다. 하지만 그런 무심한 기록들, 그 안에 담긴 이야기를 어찌 신뢰할 수 있겠는가? 그냥 무심한 이야기도 아니고, 남을, 그것도 오래 전 남의 나라 왕자를 비꼬고 낮추는 이야기인데.

3. 『선림승보전』이란 책은 선종(禪宗)의 문헌이다. 대만의 고승 또한 선승이다. 의천도 물론 수행을 했고, 선종에 대해서도 깊은 관심을 갖고는 있었지만, 종파도 달랐고 생각도 달랐다. 저 일화는 선종의 문헌『선림승보전』에서 시작한 것이다.

4. 대만의 고승은 이 이야기를 '공안(公案)'이라고까지 단정하고, 친절하게 『화엄경』의 도리를 부연하기도 했다. 하지만 한마디로 말해 의천도 그런 정도의 멍청이는 아니었다. 선(禪)에 대해서야 그럴 수도 있겠지만 화엄에 관한 한 종본이나 어떤 고승에게도 뒤질 의천이 아니었다. 의천은 갓 서른에 송나라를 방문했지만, 십 년 가까이 『화엄경』을 연구하고, 제자들에게 가르치던 스승이었다. 『화엄경』과 여러 종류의 주석서들을 전후좌우로 꿰고 있었다. 게다가 의천은 글자만을 해독하던 단순한 학승도 아니었다. 화엄종의 전통에 따라 꾸준히 관법(觀法)을 수행하였고, 선(禪)에 대한 지식이나 견해도 충분히 갖추고 있었다.

종본이나 대만 선승의 견지에서 보면, 의천이 깨치지도 못하고 문자만 외우는 멍청이였는지는 모르겠다. 그렇다 해도 저런 이야기는 너무 천박하다. 종본의 질문은 그럴듯하다. 얼마간 선기(禪機)를 담은 듯도 하다. 법계(法界)에 가득한 법신(法身)이 설법을 했다는데, 그렇다면 그런 가르침을 어디에서 앉아 듣는단 말인가? 하지만 『화엄경』에 정통한 학승이라면 저런 천박한 질문에 망연자실까지 할 까닭이 없다. 대만 선승의 해답은 그래서 더 엉뚱해 보인다. 의천이 문자와 언어만 달달 외우던 멍청이였다 해도 그런 정도라면 둘러댈 말은 얼마든지 있다. 시시한 질문에 시시한 대답, 아무려나 의천도 종본을 그렇게 보았을 수도 있다. 그런 이야기는 이제 시작일 뿐이다. 멍청했는지는 몰라도 의천은 나름 종본을 간파하고 있었다.

어쨌든 송나라 측의 기록만 보더라도 의천의 송나라 여행은 꽤 커다란 이야깃거리였음에 틀림없다. 그래서 고려보다는 오히려 송나라에 많은 기록이 남아 있다. 고려에서 보자면 먼 외국에서 벌어진 일이다. 송나라 현장에서 벌어진 이야기들, 그런 이야기를 읽어가자면 의천의 방문 자체가 하나의 충격, 송나라를 떠들썩하게 만들었던 재미난 사건이었다는 사실을 알게 된다. 그런데 이런 이야기들 안에는 마찬가지로 숱한 오류와 편차가 존재한다. 하나의 사건에 대해서도 서로 모순되는 기록들이 남아 있기도 하다. 오래 전 이야기들이 넓은 지역에 풍문으로 흘러다닌 탓도 있었겠지만, 시각이 다르고 해석 또한 달랐던 탓도 있다. 그저 무심히 흘러온 이야기도 있겠지만 의도적으로 과장시킨 이야기들도 있다.

어쨌거나 『선림승보전』은 남의 이야기를 들은 대로 정리한 것이다. 일본에서 간행한 속장경(續藏經)에는 이와는 다른, 좀 더 직접적인 기록도 남아 있다. 『혜림종본선사별록(慧林宗本禪師別錄)』이라는 기록이다. 『선림승보전』이나 이 이야기를 부연한 다른 기록들은 여러 사람의 전기를 모아 놓은 책들이다. 이에 비해 『혜림종본선사별록』은 종본이 주인공이다. 이 기록은 종본이 궁궐에 들어가 황제 앞에서 법문을 하는 것으로 시작한다. 종본을 오랫동안 잘 알던 사람이 편찬했다는 뜻이고, 그만큼 상대적으로 정확도 또한 높다는 뜻이다.

이 기록에도 의천이 종본 선사를 방문했을 때의 이야기가 남아 있다. 『선림승보전』과는 비교할 수 없을 만큼 자세하고 길다. 하지만 내용은 전혀 다르다. 『화엄경』을 두고 이야기한 것은 맞지만, 법신이니 뭐니 하는 따위의 이야기는 흔적도 없다. 도대체 『선림승보전』의 이야기가 어디서 나왔는지 의아할 뿐이다.

아무튼 다른 이야기를 더 들어 보자.

원풍(元豐) 8년(1085) 7월 28일, 고려 승통 의천은 자신을 모시던 조정의 관리, 범사인(范舍人), 소낭중(蘇郎中) 등과 함께 혜림사에 와서 종본 스님을 찾아뵙기를 청하였다.

의천 : 의천은 본국에서부터 스님의 높은 이름을 듣고 멀리 동해 바다를 건너왔습니다. 정례를 올리니 스님께서는 자리에 오르셔서 천한 사람의 정례를 받아 주십시오.

종본 : 뵌 적도 없고 또 제자도 아닌데 어찌 감히 정례를 받겠습니까?

(좌우에서 자리에 오르길 거듭 청하자, 종본은 마지못해 자리에 올라 정례를 받았다.)

종본 : 오랫동안 경론을 익혔다고 들었습니다. 그렇습니까?

의천 : 거칠게나마 화엄대교에 마음을 두었습니다.

종본 : 좋습니다. 『화엄경』은 전체가 여러 성인께서 밝히신 성품에 딱 맞는 지극한 말씀입니다. 만일 친히 깨달음을 체험하지 못한다면 법계의 묘한 이치를 밝히기가 어렵습니다. 일찍이 깨달음을 얻었던 곳은 없으셨는지요?

의천 : 마음의 눈 사이에 뚜렷하긴 해도, 모양을 볼 수는 없습니다.

종본 : 어떤 것이 마음의 눈 사이에 뚜렷한 것입니까?

의천 : 삼라와 만상이 모두 하나의 법으로부터 도장을 찍은 것입니다.

종본 : 그것은 오히려 문자와 언어입니다. 어떤 것이 하나의 법입니까?

의천 : 입을 열 곳이 없습니다.

종본 : 그대는 깨달은 적이 없습니다. 모든 부처님의 뜻은 촘촘하고 당당하여 만일 깨달아 들어가지 않는다면 참으로 입을 열기가 어렵습니다. 조사께서 서쪽에서 오셔서 사람의 마음을 바로 가리켜 성품을 보아 성불하게 하였습니다. 본다는 것은 그대로 보는 것입니다. 생각에 있지도 않고 문자를 거치지도 않고 단계를 거치지도 않습니다. 만일 세간의 지혜와 말과 총기로 헤아리려 들면 옳지 않습니다. 그것이 「화엄법계관서^(華嚴法界觀序)」에서 이야기하는 '마음의 눈 사이에서 뚜렷하다'는 말의 뜻입니다.[4]

의천과 종본은 『화엄법계관^(華嚴法界觀)』이라는 책의 한 구절을 두고

---

[4]　혜변(慧辯), 『혜림종본선사별록(慧林宗本禪師別錄)』.

대화를 나누고 있다. 종본은 의천이 화엄에 대해 얼마간 공부를 했다고 하니 『화엄경』을 공부하면서 깨달은 바가 있었는지를 물었다. 종본은 처음부터 깨달은 내용이 있는지를 물어 들어간 것이다. 깨달음이 없다면 따져서 이해할 수도 없는 것이 『화엄경』이기 때문이라고 했다. 의천은 역시 그 책의 한 구절을 들어 대답으로 대신했다. 종본도 이 구절을 알고 있었다. 여기까지는 그저 화엄에 대한 이야기였다. 『화엄경』이라면 의천도 자신이 있었고, 그저 별 부담 없이 응대를 했을 터이다. 어쩌면 거꾸로 의천이 종본을 시험하는 자리였는지도 모르겠다.

아무튼 종본은 끝장을 보자고 덤볐다. '어떤 것이 하나의 법입니까?' 문자와 언어를 떠나서 대답하라는 뜻이다. 여기서부터 게임의 규칙이 바뀐다. 이야기는 화엄에서 선으로 넘어갔다. 종본은 화엄의 게임을 자신의 게임, 선종의 어법, 선종의 게임으로 바꾸어 의천을 끌어당겼다. 의천도 담담히 따라 들어갔다. 그리고 의천은 분명히 대답했다. '입을 열 자리가 없습니다〔無下口處〕'. 이 말은 또 무엇인가? 입을 열 자리가 없다는 말이 망연자실이라는 뜻인가? 입이 막혀 대답을 할 수 없다는 뜻인가?

그건 아니다. 이것도 대답이다. 알고 있으니까 할 수 있는 답변이다. 그저 문자와 언어를 떠난다는 뜻일 뿐이다. 문자와 언어를 떠나라니 떠났을 뿐이다. 『선문승보전』의 이야기는 이런 표현을 빌미로 삼았던 것은 아닐까? 확실한 내막이야 알 수 없다. 어쨌거나 백 보를 양보하더라도 망연자실과는 천지의 차이가 있다.

그런데 느닷없이 종본은 시비를 걸어간다. '그대는 깨달은 적이 없었다.' 그런가? 그러면 그만이지. 종본은 뜬금 없이 조사서래(祖師西來), 직지인심(直指人心), 견성성불(見性成佛)로 비약한다. 이런 것은 대화라고 할 수가 없다. 일방적인 훈계요, 홍보일 뿐이다. 의천도 그런 정도는 귀에

못이 박히도록 들었던 이야기였을 것이다. 당연히 그런 시시한 이야기를 듣자고 바다를 건넌 것도 아니고, 혜림선원을 찾아온 것도 아니었다. 종본은 부처님의 뜻은 촘촘하고 당당하여 만일 깨달아 들어가지 않는다면 입을 열기가 어렵다고 그럴 듯한 이유를 댄다. 문자를 떠나라고 하지만 문자로 표현하지 못한다면 깨달은 것이 아니라는 뜻이다. 표현할 수 없다면 그것이 바로 깨닫지 못했다는 증거라는 말이다. 아무튼 일리는 있다. 그렇다 해도 종본은 의천의 대답을 일방적으로 곡해하고 있는 것만큼은 틀림이 없다. 의천은 말로 표현할 수 없다는 뜻을 말로 표현했다. 종본의 생각과 하나도 다를 바가 없다. 그런 게 그 구절의 뜻이기도 하다.

이야기는 여기서 끝나지 않는다.

종본 : 좋습니다. 만일 이런 이야기를 알아 들으셨다면 특별할 것도 없습니다. 다시 이어서 '모양을 볼 수 없고, 색진(色塵) 가운데에서 밝고 밝아서 이치로 나눌 수 없다. 법에 투철한 지혜의 안목이나 번뇌를 떠난 밝은 지혜가 아니라면 자신의 마음을 볼 수 없다. 이렇게 영통(靈通)한 것이다.'라고 했습니다. 그렇다면 어떤 것이 자신의 마음입니까?

의천 : 지(知)라는 한 글자가 모든 묘한 곳으로 들어가는 문입니다.

종본 : 지라는 한 글자는 어떻게 알 수 있습니까?

의천 : 의천은 참선을 한 적이 없습니다.

종본 : 보배의 산에 도달할 수 없다면 소를 버리고 돌아오게 됩니다.

의천 : 대 선지식은 여러 겁에 걸쳐 만나기 어렵습니다.

종본이 다시 말했다.

종본 : 지(知)라는 한 글자가 중묘의 문이라고 하는데, 여기에 대
해서는 선이라고 해야 합니까? 도라고 해야 합니까? 아니면 말
하는 대로 다 맞는 것입니까? 한꺼번에 들이댄다면 또 어떻게
알 수 있습니까?

의천 : (말이 없었다 : 無語)

범 사인(范舍人) : 옛 사람께서 이르신 대로 눈길이 가는 곳에 도
가 있습니다〔目擊道存〕.

종본 : 이제까지 여러 분들이 마주 앉아 서로 보는 일은 목격(目
擊)이라고 할 수 있습니다. 그렇다면 어떤 것이 도입니까?

범 사인 : 말로 표현할 수 없습니다.

종본 : 만일 말로 표현할 수 없다고 한다면 바로 단견(斷見)이 됩
니다. 모든 부처님은 수많은 대중에게 대장(大藏)의 가르침을 연
설하여 방편을 아주 자세하게 폈습니다. 그런데 어떻게 말로 표
현할 수 없다고 하겠습니까?

대중이 모두 대답이 없었다. 의천이 사례하고 물러났다.

이 책에서는 원풍(元豐) 8년, 곧 1085년 7월 28일, 날짜까지 분명하게
밝히고 있다. 그때에 의천은 분명 송의 서울 변경에 있었다. 의천은 그
해 7월 6일 변경에 도착하여 공식 일정을 대강 마무리 짓고 항주에 있는
정원(淨源)을 만나러 갈 준비를 하고 있었다. 그 사이 시간을 내어 조정의
관원들과 함께 종본을 찾아갔던 것이다. 범 사인(范舍人)은 지밀주조봉랑
(知密州朝奉郎)이라는 관직에 있었던 범악(范鍔)을 가리킨다. 그는 의천이
판교진에 도착한 직후부터 송나라 철종의 명을 받아 의천을 접대했던 관
원이었다. 대각국사의 비문에도 이름이 나오는 인물이다. 그만큼 송나

라 조정에서도 의천의 방문을 중요하게 다뤘다. 이 기록의 정확도가 상대적으로 높다는 반증이기도 하다.

어쨌든 의천은 더 이상 말이 없었다고 한다. 그 빈자리를 의천을 모시고 왔던 관원 범사인으로 채우고 있다. 어색했던 당시의 정황이 그려지는 듯하다. 고려에서 온 젊은 승통 앞에서 나이 든 종본이 뜬금 없이 시비를 걸고 장광설을 늘어놓는다. 황제의 명으로 국빈을 모시고 온 자리이다. 상식적으로만 따져봐도 저 같은 외교적인 자리에서 언뜻 수긍이 가질 않는다. 마지못해 윗자리에 앉아 절을 받았다는 종본이다. 낯선 이국 땅에서 낯선 사람들이 만나 외국어를 통해 벌어진 대화, 일방적인 장광설도 예의가 아니었을 텐데, 게다가 상대방을 깨닫지 못했다고 면박까지 주었다니. 일방적인 장광설에 일방적인 묘사, 아무튼 과장이 섞인 기록임에는 틀림이 없다. 어쩌면 이 기록은 의천을 핑계로 범악이나 주위의 제자들과 나누었던 후일담이었을지도 모른다. 의천은 나름대로 대답을 했고 그것으로 충분하다고 생각했을 수도 있겠다. 대만의 고승이 사족으로 달았던 '마음 속에 부끄러움이 몰려 왔다'는 말은 더욱 심하다. 이야기는 이렇게 아무런 근거도 없이 돌고 돈다.

『혜림종본선사별록』에는 이외에도 의천이 한 차례 더 종본을 방문했던 기록이 실려 있다. 그 기록에는 원우(元祐) 원년 3월 초하루라는 날짜가 붙어 있다. 그 이듬해 봄이다. 이 또한 정확한 기록으로 보인다. 의천은 그해 2월 23일 귀국을 준비하기 위해 항주에서 변경으로 돌아왔다. 2월 29일 궁궐로 가서 황제를 뵙고 하직 인사를 드렸다. 그리고 나서 다시 종본을 만났다는 뜻이다. 혜림선원은 궁궐에서도, 의천이 머물던 곳에서도 가까운 거리에 있었다. 정황으로 보아 사실에도 부합하고 사리에도 맞는다. 이때는 귀국을 앞두고 인사를 다니던 때였다. 송나라에 도착한 직후부터 황제는 물론, 조정으로부터, 불교계로부터 칙사로 귀빈으로 융숭한 대접을 받았고, 가는 곳마다 숱한 일화를 남긴 의천이었다. 겸손한 의천, 당연히 해야 할 인사를 했을 터였다.

가까운 곳에 있는 사람들은 찾아가서 인사를 나누기도 했지만, 멀리 떨어진 사람들은 서로 시로써 이별의 정을 나누었다. 『대각국사 외집』에는 그런 송별의 시가 여러 편 남아 있다. 대개 당대를 떨치던 거물들의 시편이다. 개중엔 직접 만난 적도 없는 이들도 포함되어 있다. 이렇게 시를 나누며 이별을 기념하는 것이 당시의 풍습이었던 모양이다.

종본 또한 이때 이별의 시 한 편을 남겼다. 면전에서 깨닫지 못했다고 면박을 주고, 자화자찬에다 바라지도 않던 법문을 늘어놓던 종본과는 분위기가 사뭇 다르다. 『혜림종본선사별록』에는 법좌에 올라 법문의 형식으로 읊고 내려간 것으로 묘사되어 있지만, 아마도 글로 써서 의천에게 보내준 시일 것이다.

> 누구라 만경창파 파도 위에서,
> 법을 위해 몸을 던져 선재(善財)를 본받을까
> 생각하면 염부제에 흔치 않은 일
> 우담바라 꽃잎이 불꽃 향해 열렸구나.[5]

이런 기록에 비춰보면 『선림승보전』의 이야기는 신빙성이 한참 떨어진다. 『선림승보전』의 저자 또한 같은 시대를 살면서 이런저런 이야기를 들었을 터이다. 그렇지만 『선림승보전』의 이야기는 사실이라기보다는

---

5   혜변(慧辯), 『혜림종본선사별록(慧林宗本禪師別錄)』.

                                                          1. 멍청한 왕자

길거리에 흘러다니던 풍문에 가까워 보인다. 의천과 종본이 만난 이야기를 하려면 역시 『선림승보전』보다는 『혜림종본선사별록』을 참조하는 편이 합리적이겠다는 뜻이다.

이런 이야기를 장황하게 늘어 놓은 까닭은 『선림승보전』 류의 뜬금없는 이야기들이 흘러다니며 멍청한 왕자에 대한 근거없는 선입견을 퍼트려 왔기 때문이다. 그런 이야기들을 근거로 의천의 멍청함을 조롱하는 일, 그 자체가 멍청하겠다는 생각이 들어서이다. 믿기도 어렵거니와 내용도 시원찮고, 게다가 아전인수로 왜곡된 것이 틀림없는 이야기들이다. 그런 이야기로 굳이 의천의 명예를 더럽힐 까닭이 없다. 저런 기록에 담긴 분들도 모두 훌륭한 흔적을 남긴 분들임에는 틀림없지만, 의천이 이룬 공, 남긴 흔적 또한 그리 만만한 것이 아니다. 굳이 그런 분들과 비교할 이유조차 없다.

둘째 일화, 중화의 자존심

고려 승통 의천이 바다를 건너 명주(明州)에 왔다. 왕위를 버리고 출가하였다고 전한다. 황제에게 상소를 올려 총림을 두루 돌아다니며 법을 묻고 도를 받기를 엎드려 청했다. 조서를 내려 조봉랑(朝奉郎) 양걸(楊傑) 차공(次公)을 시켜 안내를 하도록 했다. 오(吳)의 여러 절들을 다녔는데 모두 왕신(王臣)의 예로 대접했다. 금산(金山)에 이르자 요원(了元)은 법상에 앉아 (의천의) 큰 절을 받았다. 차공(次公)이 놀라 힐문하자,

요원은 "의천 또한 외국의 중입니다. 중이 총림에 오면 규칙이 이렇습니다. 바꿀 수가 없습니다. 여러 성씨를 가진 사람들이

출가하면 모두가 석씨(釋氏)의 제자로 같은 성을 갖게 됩니다. 최씨니 노씨니 문벌의 높고 낮음을 따지는 것도 아닌데, 어찌 귀인의 씨를 묻겠습니까?"라고 했다.

차공은 "(스님이) 저간의 사정을 따르려 하지 않고 제방(諸方)과의 차이만을 보이려고 하니 어찌 각로(覺老, 요원의 호)의 마음이라 하겠습니까?"라고 했다.

요원은 "그렇지 않습니다. 도를 굽히고 세간의 풍속을 따르니, 제방이 이미 바른 눈〔一隻眼〕을 잃었습니다. 어떻게 화하(華夏)의 사법(師法)을 보여 줄 수 있겠습니까?"라고 했다.

조정에서 이 말을 듣고 요원이 대체(大體)를 안다고 했다.[6]

또 다른 선승과의 일화이다. 이 이야기도 『선림승보전』에 들어 있고, 여러 기록에서 그대로 받아 적어 널리 유통하던 이야기이다. 이번에는 예절에 관한 이야기이다. 의천이 공손히 절을 올리는데, 금산사의 요원 스님이 앉아서 절을 받았다는 것이다. 양걸(楊傑)이라는 관원과 함께 간 자리이다. 차공(次公)은 그의 호이다. 금산사(金山寺)는 윤주(潤州), 지금의 강소성 진강(鎭江)에 있는 큰 규모의 선원이다.

양걸은 어린 나이에 과거에 급제하여 널리 명사들과 교우하며 이름을 날리던 엘리트 중의 엘리트였다. 그는 6년 동안 나라의 제례를 관장하던 태상(太常)이라는 관직에 있었던 사람이다. 예(禮)와 악(樂)에 정통하여 이 방면에 저술도 남겼다고 한다. 일찍이 불교에 귀의하여 거사로서 불교에 관한 저술도 여러 편 남겼고, 죽을 때는 스님처럼 앉아서 입적하

---

[6]　혜홍(惠洪), 『선림승보전(禪林僧寶傳)』 제29권.

　　　　　　　　　　　　　1. 멍청한 왕자

양자강 가에 있는 금산사 전경

금산사의 불인산방, 불인은 요원의 법호로, 금산사에는 불인요원의 흔적이 곳곳에 남아 있다.

였다고도 한다. 그런 그가 관반사(館伴使)로 조정의 명을 받아 의천을 모시고 금산사를 찾은 자리였다. 세속의 예절이건 절집의 예절이건, 황제의 명을 받고 국빈을 모시고 온 조정의 고위 관료, 양걸 앞에서 예절을 따질 처지가 아니었다. 게다가 그는 잠시나마 바로 그 동네, 윤주를 다스리기도 했었다. 요원이 아무리 총림의 큰스님이라 해도 양걸 정도의 관리를 함부로 대할 수 있던 시절도 처지도 아니었다.

그런 양걸이 놀라서 따져 물었다는 말이다.

"저간의 사정을 따르려 하지 않고 제방(諸方)과의 차이만을 보이려고 하니 어찌 각로(覺老)의 마음이라 하겠습니까?"

서슬이 퍼렇다. 외교적인 절차도 있고, 왕가에도 승가에도 규칙이 있고 예절이 있는 법이다. 하지만 앞의 종본의 사례에서도 볼 수 있듯, 예절은 서로를 낮추는 일에서부터 시작된다. 의천은 어딜 가나 제자의 예로서 인사를 시작하곤 했다. 법을 구하고 책을 구하기 위해 먼 길을 온 의천이었다. 어떤 기록을 보아도 고려의 왕자나 승통의 지위를 앞세우고 으스댄 적은 없었다. 이 이야기에서도 마찬가지, 의천은 그저 엎드려 절을 올렸다. 한편이 예를 차리면 상대편은 다시 예로서 대응을 해야 한다. 황제의 서울에서 황제의 귀의를 받던 고승대덕도 모두 다 그렇게 했다. 사양하고 고집을 부리고 다시 사양하고. 귀찮고 번거롭긴 하겠지만 그런 것이 예절이고 인지상정이다. 변경에서부터 양걸도 줄곧 보아왔던 장면이다. 그래서 그가 질책을 한 것이다. '제방에서도 다 상황에 맞춰 따라 온 예절인데, 어찌 각로 그대만이 제방과 차별을 두며 총림의 규칙을 고집하니 이게 무슨 심보인가?' 각로는 요원의 법호이다.

아무튼 요원의 대답이 걸작이다. 이국(異國)에서 온 승려에게는 앉아서 절을 받는 것이 총림의 예절이란다. 출가라는 것은 세속의 성과 함께 문벌과 지위를 모두 버리는 일이다. 최씨나 노씨는 중국 역사에서 손꼽는 집안이다. 총림에서 그런 문벌을 따질 일도 아닌데, 의천이 귀한 집안의 자손이라 해서 총림의 규칙을 꺾을 수는 없다는 것이다. 말인 즉 옳다. 그런 것이 출가자의 본분이고, 도를 꿰고 있는 선사의 기세이겠다.

하지만 왜 하필 이국(異國) 타령인가? 거기다 또 중화(中華)라니, 원문에서는 화하(華夏)라고 했다. 화하라는 말은 변방의 오랑캐와 차별하여 자칭하던 말, 오랜 역사를 지닌 차별의 원조격인 표현이다. 깨친 자의 눈을 이야기할 때까지만 해도 요원의 기세는 고려 승통은 물론이고, 양걸의 서슬조차 압도하는 듯 보였다. 황제의 절조차 앉아서 받았다는 선사도 있고, 왕자의 뺨을 갈겼다는 선사도 있다지 않은가?

　그런데 요원은 그만 마지막에 사족을 달아 본색을 드러내고야 말았
다. 차별을 두지 않는 총림의 법도에도, 깨친 자의 눈에도 화하와 오랑
캐의 차별만큼은 예외라는 속셈이겠다. 왕자요 승통이라지만, 그래 봐
야 작은 오랑캐 나라에서 온 젊은 중일 뿐, 그런 마음이 들었던 모양이
다. 이 이야기는 아무튼 이렇듯 시시하게 끝이 난다. 그러니 재미도 없
다. 아마 의천도 양걸도 그런 속셈을 알았을 것이다. 그래서 각로의 고
집을 심드렁하게 받아주고 말았을 것이다. 화하의 사법이라지만 별 거
없구나. 그런데 조정에서는 그런 태도를 두고 '대체(大體)'를 안다고 평가
했단다. 요원이 다른 스님들은 하지도 못했던 일, 화하의 자존심을 세웠
다는 칭찬이다. 이야기는 그렇게 다시 돌고 돈다. 의천을 깔보는 이야기
들은 이제 화하의 사법, 중화의 자존심과 짝을 맞춘다.

　무릇 사람의 몸에는 동서남북의 다름이 있지만 불성에는 멀고
가까움이나 나와 남의 차이도 없습니다.

　의천이 스승으로 모셨다는 정원(淨源, 1011~1088)이 하는 소리, 똑같은
명분이다. 이야기는 같지만 뜻은 정반대이다. 정원은 의천이 올리는 스
승에 대한 간절한 예의를 물리치면서 똑같은 명분을 내세웠다.

　그 해에 가르침을 주었고, 이날에 서로 만나게 되었으니, 예를
차려서 무릎을 꿇을 필요는 없습니다. 다만 질문을 하고 물러나
앉으십시오.

정원은 의천을 만나기 직전에 편지를 보내 이렇게 부탁했다. 정원은 의천이 송나라를 찾아가기 전부터 마음으로 모셨던 '진짜' 스승이었다. 칠십의 노객인 정원이 삼십의 의천을 만나 당부하던 말, 진정한 예절이라면 이런 것이라 할 수 있겠다.

요원 선사는 55세에 금산(金山) 강천사(江天寺) 주지에 부임했다. 그때 조선의 승통 의천 법사가 바다를 건너 우리나라에 내조(來朝)하여 법을 묻고 도를 전해 받았다. 가는 곳마다 왕공(王公)이나 대신(大臣)의 예의로 영접을 했다. 하루는 의천 법사가 금산에 와서 요원 선사를 찾아뵈었다. 요원 선사는 그를 보통의 운수(雲水)하는 승려로 맞이하여, 자신은 선좌(禪座)에 앉아 의천이 예의를 갖추는 것을 기다려 접대를 시작했다. 의천을 모시고 온 관원 양걸이 이렇게 귀빈을 태만하게 맞이하는 것을 보고 급히 말을 했다.

양걸 : 선사여, 의천 승통은 조선불교의 최고 지도자로 우리의 국빈입니다. 그를 보통의 운수하는 스님으로 봐서는 안 됩니다.
요원 : 그는 조선의 승통이고 우리의 국빈입니다. 그러나 불문(佛門)의 예의를 꺾을 수는 없습니다. 그가 승복을 입고 온 이상 승가의 대중일 뿐입니다. 당연히 선문의 규칙에 따라야 합니다. 어찌 바꿀 수가 있겠습니까?
양걸 : 선사여, 그는 대 송나라의 승가(僧伽)가 아니라 멀리 외국에서 왔습니다. 중국 선문(禪門)의 예로 접대할 필요가 없지 않겠습니까?
요원 : 선문에는 안과 밖도 없습니다. 의천이 우리나라에 운수

1. 멍청한 왕자

를 왔으니 우리는 응당 중화의 예의로 맞이해야 합니다. 게다가 불문에서는 계를 받은 순서로 앞뒤를 따집니다. 그대가 제게 세속의 법을 따르라고 한다면 제방에서 제가 안목을 잃었다고 비웃을 것입니다. 그렇다면 앞으로 화하의 존귀함과 불교의 스승을 섬기는 법도를 어떻게 표시할 수 있겠습니까?

의천 승통은 요원 선사의 도풍에 기꺼이 큰 절을 올려 존경을 표하였다. 이로 인해 요원 선사의 명성이 더욱 조야를 진동했다. 60여 세에 요원 선사는 철종 황제의 부름을 받아 서울로 올라가 알현하니, 국체를 욕되게 하지 않았던 품행을 치하하여 불인이라는 호를 내렸다.7

불욕국체(不辱國體), 나라의 바탕을 욕되게 하지 않았다. 앞에서 인용했던 대만의 고승이 지은 책에 나오는 일화이다. 이 글의 제목이 대기대용(大機大用)이요, 불욕국체(不辱國體)이다. 제목부터 훨씬 노골적이다. 화하(華夏)의 사법(師法)을 넘어 국체를 바로 따진다. 이런 명분을 두고 굳이 불교니 깨달음이니 따질 일도 없다. 그저 세속적인 자존심의 한 토막일 뿐이다. 그렇기 때문에 송나라의 기록들을 의심하게 된다. 유쾌하지 않은 동기를 지닌 의도적인 왜곡이 개입되어 있다는 뜻이다.

7　　성운(星雲), 「불욕국체(不辱國體)」, 『성운선화(星雲禪話)』 4.

왕자의 반격

중국에는 사람이 없다

심하구나, 옛날의 선(禪)과 오늘의 선(禪)이 명실(名實)이 서로 멀리 떨어졌다. 옛날에 이른바 선이라는 것은 '교(敎)를 바탕으로 선(禪)을 닦는 것'이었다. 지금의 선이라는 것은 '교를 떠나 선을 말하는 것'이다. '선을 말한다는 것'은 그 이름에 집착하여 그 내용을 잃어버리는 것이다. 선을 닦는다는 것은 말로 인하여 그 뜻을 얻는 것이다. 요즘 사람들이 속이거나 기만하는 폐단을 구하고, 옛날 성인들의 순수한 도(道)를 복원하기 위하여 계주(戒珠) 공이 이 점을 지극하게 따지고 가렸다.

근래 요나라 황제가 칙명을 내려 의학사문(義學沙門) 전효(詮曉) 등에게 불전의 목록을 점검하게 하고, 속칭 『육조단경(六祖壇經)』과 『보림전(寶林傳)』 등을 모두 태워서 거짓과 허망한 것들을 제거하도록 했다. 그 내용은 『중수정원속록(重修貞元續錄)』 3권 가운데 자세히 실려 있다.

우리 부처님께서 부탁하신 마음과 제왕(帝王)이 이를 널리 보호하겠다는 의지를 보면, 이에 비해 중국에서 요즘 유행하는 선종의 문헌은 이단에 떨어진 것들이 많다. 이런 까닭에 해동의 사람들은 화하(華夏)에 사람이 없다고 하는 것이다.

이제 비산(飛山)의 높은 의논을 보니 (중국에도) 법을 보호하려는 보살이 있다는 사실을 알겠다. 지난 번 임금의 칙명에 따라 비문으로 새겼지만 널리 유통하지 않을까 걱정이 되어 목판에 새기니, 참으로 백세(百世)가 지나 말법시대를 살아가는 사람들이 어찌 계주 공의 힘에 의지하지 않을 수 있겠는가?

고려 왕자 승통 의천.8

글의 끝에 '고려 왕자 승통 의천'이라는 이름이 분명하게 박혀 있다. 이 글은 비산묵자(飛山默子) 계주(戒珠, 985~1077)가 지은 「별전심법의(別傳心法議)」라는 글의 뒤에 붙인 발문(跋文)이다. 사실 의천의 이 발문은 오랫동안 논란을 불러일으켰던 글이다. 이 글에서 의천은 요나라에서 『육조단경』 등의 선종 문헌을 불사른 일을 사례로 들며 송나라의 선종이 이단(異端)으로 흘러가는 경향을 비판하고 있다. 책을 불사르는 일은 간단한 일이 아니다. 게다가 황제의 명으로 저지른 일이다. 분서갱유를 연상시킨다. 그만큼 쉽게 수긍할 수 있는 일이 아니다. 이 부근에서 이단(異端)이라는 표현도 섬뜩하게 느껴진다. 당시는 송나라와 요나라 사이에 교류가 극히 제한되었던 시절이었다. 전란을 겪으면서 불교의 문헌도 대부분 사라졌고, 불교의 전통도 크게 훼손된 상황이었다. 따라서 송나라에서는 선종의 문헌을 불사른 사건에 대해서도 알 수 있는 처지가 아니었을 것

---

8   의천, 「별전심법의(別傳心法議)」 발문(跋文), 『만속장경(卍續藏經)』 제57책. 이하 삼장(三藏)에 해당하는 문헌은 고려대장경연구소 고려대장경지식베이스 사이트(http://kb.sutra.re.kr), 주석서에 해당하는 문헌은 CBETA 사이트(http://www.cbeta.org)에서 확인할 수 있다.

이다. 반면에 의천은 요나라의 불교계는 물론, 조정의 대신, 황제와도 꾸준히 교류를 하고 있었다. 다른 책도 아닌 선종의 금과옥조라는 『육조단경』이다. 이를 이단으로 간주하고 불을 질렀다는 사실은 그 자체만으로도 놀라운 일이었을 것이다.

아무튼 의천은 단언한다. 해동의 사람들은 화하(華夏)에 사람이 없다고 한다. 물론 당시 송나라에 번창하던 선종을 향한 말이었을 것이다. 하지만 의천의 비판은 선종에 국한되는 것만은 아니었다. 어수선했던 송의 선종, 이에 대해 비판조차 하지 못하고 지리멸렬하던 다른 종파들, 그 안에도 인물은 없었다. 의천은 송나라의 서울인 변경에 도착한 직후부터 숱한 고승들을 만났다. 철종의 칙명으로 조정에서 가려 뽑은 스승들, 모두 당대의 종파를 대표하는 고승들이었다. 의천의 비판은 어쩌면 그 모두를 향한 것이었는지도 모른다. 송나라 불교계 전체에 대한 총평이었다는 말이다. 아무튼 망연자실, 묵묵부답의 멍청한 왕자와는 격도 다르고 기세도 다르다.

> 어떤 사람들은 삼승(三乘)의 가르침 밖에 따로 전한 마음의 법을 조사의 길이라고 한다. 비산묵자는 말한다. 아니다. 삼승의 가르침에서는 오직 '한마음'을 연설한다. 한마음의 법이 불교의 근본이다. 어떻게 마음 밖에 다시 마음이 있을 수 있겠는가? 한번 따져 보도록 하자. 구시나 성에서 여래가 열반에 들자, 오백 제자들은 의지할 곳을 잃었다. 그래서 함께 따라서 열반에 들고자 했다. 그때 대가섭이 앞에 나서 이르기를 '법장(法藏)을 아직 결집하지 못했으니 열반에 들지 말라'고 했다. 그리고는 아난에게 명하여 여래의 경장(經藏)을 먼저 결집하도록 하고, 우바리 등

에게 율장을 결집하도록 하고, 스스로 논장을 결집했다. 삼장의
결집은 가섭에게서 비롯됐다. 그렇기 때문에 가섭을 초조(初祖)
로 삼는 것이다.[9]

계주가 「별전심법의(別傳心法議)」라는 글을 통해 했던 주장은 짧고 내
용도 단순하다. 선종에서 주장하는 교외별전(敎外別傳), 삼장(三藏)의 가르
침 밖에 따로 전한 마음의 법이 있다는 주장, 그런 주장에 대한 비판이
다. 이곳저곳에서 증거를 끌어대어 주장을 펼치고는 있지만 허술한 부분
도 있고, 아무튼 딱 부러지게 설득력이 있는 글도 아니다. 다만 말투는
드세고 단호하다. 그런 점에서 보자면 오히려 의천의 글이 훨씬 설득력
있게 느껴진다. 그런데도 의천은 계주를 보살이라고까지 추켜세우며 비
문에 새겨 기념하고, 그것도 모자라 목판에 새겨 유통시키려고 했다. 아
마도 의천은 송나라에 도착한 이후, 계주처럼 확신에 찬 사람을 만난 적
이 없었던 모양이다.

의천의 말과 요원의 변명. 요원은 '화하의 사법(師法)'을 보이기 위해
서'라고 했다. 뒤집어 보자면 요원은 '화하에도 사람이 있다는 사실'을
보여주고 싶었다는 뜻이었을 것이다. 송나라 측 사료들의 행간에는 대개
그런 자존심이 담겨 있다. 송의 조정은 물론 불교계에서도 가르침을 구
해 상국(上國)을 찾은 고려의 왕자, 속된 말로 한 수 가르쳐 주길 바라는
마음도 있었을 것이니 어쩌면 인지상정이겠다. 의천이 남긴 기록도 그렇
다. 겸손한 의천, 몸을 한껏 낮추고 가르침을 받아 가려는 열망으로 가
득하다. 그런데 문득, 이 발문이다. 의천의 평가는 냉혹하다 못해 섬뜩

---

9   계주(戒珠), 「별전심법의(別傳心法議)」, 상동.

하기까지 하다. 이런 문제는 인지상정으로 이해하고 넘어갈 일만은 아니었던 모양이다.

의천은 마치 요원의 속셈이 중화의 자존심에 있었던 데 반해, 자신의 속셈은 불교의 자존심에 있었다고 주장하는 것처럼 보인다. '중화에 인물이 없다,' 아마도 이 말은 의천이 개봉에 도착한 직후부터 의천이 느꼈던 속 마음이 아니었을까? 종본을 만나 『화엄경』과 선을 논하는 자리도 그렇다. 의천은 말이 없지만, 그렇다고 아무런 표현도 하지 않은 것은 아니었다. 당시의 대화가 중국말로 이루어졌는지, 통역이 있었는지, 필담을 섞었는지 자세한 사정은 알 도리가 없다. 하지만 조정의 거물들도 함께 참여한 공식적인 자리였다. 법담을 나누었다 하여도 세세한 부분까지 미칠 수는 없었을 터였다. 그런 자리는 어차피 미진한 부분이 남게 마련이다. 예의도 차려야 하고 참을 부분은 참을 수밖에 없다. 그런 사이 의천은 아마도 저런 속셈을 주위에 토로했을지도 모른다. 시시한 사람들뿐, 좀 더 고강한 고수는 없는가? 그리고 그런 토로가 소문이 되어 금산사의 요원에게까지 미쳤는지도 모른다. 그래서 요원을 자극했고, 요원은 불편한 심사를 '화하의 사법'으로 표현한 것인지도 모른다. 아무튼 의천의 심사, 의천의 배포가 이랬다.

송나라 선종에 대한 의천의 비판은 두 가지 측면으로 집약할 수 있다. 첫째는 선과 교의 관계이다. 선이 교, 곧 부처님의 가르침에 바탕을 둔 것인지에 대한 회의이다. 선종이 불교라면 응당 불교를 바탕으로 해야 한다. 의천에 따르자면 예전의 선종은 그랬었는데, 지금의 선종은 불교의 가르침을 벗어났다고 한다. 이 점에 대하여 의천의 표현은 더할 나위없이 단호하다. 당대 송나라의 선종은 불교도 아니라는 뜻이다. 둘째는 실천에 관한 문제이다. 선은 수행이다. 행동이다. 의천은 선사들이

1. 멍청한 왕자

수행을 등한시하고 입에 발린 말만을 앞세우는 현실을 비판한다. 말에 집착하여 내용을 잃어버리고 있다고 한다. 가르침을 벗어나 속이고 기만하는 폐단을 바로잡아야 한다고 한다. 의천이 만났던 선사들, 그들의 말은 화려했지만, 의천은 그들을 믿지 않았다. 의천이 찾던 사람들은 다른 곳에 있었다.

> 화장세계 함께 놀자, 다시 만날 기약에
> 푸른 파도 바다 건너, 전생 인연 알았네
> 법의 눈 오래도록, 흠 없길 바란다면
> 가르침 밖 전한 법(法), 가벼이 말을 말라.10

이 시는 『대각국사 문집』에 실려 있는, 의천이 직접 지은 시로 혜청(慧淸)이라는 화엄종의 젊은 승려에게 보낸 것이다. 가르침 밖에 전한 법, 물론 선종의 교외별전(敎外別傳)을 지목하여 비판한 것이다. 의천은 이 같은 풍조에 대해 분명히 비판적인 견해를 갖고 있었다. 송나라의 고승들 앞에서 겸손하고 과묵했던 의천, 그가 이런 시를 남기게 된 데에는 나름대로 사연이 있다.

의천은 송나라를 여행하던 중에 소주(蘇州)를 지나다 인근의 오강(吳江) 원통사(圓通寺)로 화엄종의 학승, 선총(善聰)을 찾아간 적이 있었다. 『문집』과 『외집』에는 의천이 선총에게 보낸 편지 3수를 비롯하여 선총이 의천에게 보낸 편지 7수와 시 2편이 남아 있다. 게다가 의천의 『교장총록』에는 선총의 저술 6종이 포함되어 있기도 하다. 의천과 선총은 같은 화

---

10   의천, 「대송의 혜청화엄에게 주는 시」, 『문집(文集)』 제17권.

엄종의 학승으로 학술적인 교류도 있었지만, 특히 나이를 떠나 정서적으로 깊은 교감을 나누었던 것으로 보인다. 그들이 주고받은 글에는 진심 어린 공감과 존경의 정이 담겨 있다.

> 선총은 다시 여쭙니다. 예전, 학도 혜청은 화엄 홀인사(忽因寺)에서 억지로 절의 살림살이를 맡기자 여산(盧山)으로 도망가 참선을 하며 교종의 문헌은 더 이상 읽지를 않았습니다. 근래에 스승이 열반에 들어 돌아왔기에, 제가 장편의 시를 써서 다시금 가르침을 전하기를 권하자, 이로부터 마음을 돌이켰습니다. 근일 지역의 지방관이 승천사(承天寺) 보당교원(寶幢敎院)에 주석하기를 청했습니다. 삼가 승통께서도 아시면 기뻐하시지 않을까 합니다. 이는 화엄종의 가지 하나가 말랐다가 다시 핀 것입니다. 오늘날 천하에 수십 가(家)의 선종이 퍼져 있지만 올바르지 않은 가풍이 많고, 바른 가풍은 적습니다. 대화엄의 가르침을 널리 펼치기 위해서 사람을 찾기가 참으로 어렵습니다. 그래서 그 '선(禪)을 저버리고 교(敎)를 널리 펴기를 권하는 시'를 써 보내 드리니, 알아주시면 기쁘겠습니다. 이미 도(道)로써 통하고 마음으로 교류를 하고 계시니 이 또한 법문(法門)의 좋은 일이라 의당 아셔야 할 일인 것 같아 알려 드립니다.[11]

이 글에 나오는 혜청은 화엄종에서 경전을 익히다 참선을 하기 위해 도망갔다는 선총의 제자, 바로 그 혜청이다. 선총은 다만 자신의 제자

---

[11] 의천, 「대송사문 선총에게 드리는 편지」, 『외집(外集)』 제6권.

원통사의 대웅보전

혜청의 소식을 전하기 위해 이 편지를 썼다. 교원(敎院)의 주지가 되었다는 사실은 화엄종의 강주(講主)로서 내외의 인정을 받았다는 뜻이고, 이제 바야흐로 제자들을 받아 화엄종의 가르침을 펼칠 수 있는 기반을 마련했다는 뜻이다. 당연히 선총과 혜청에게 기쁜 사건이었을 터이다. 바다 건너 왕자 승통과 함께 나누고 싶었던 기쁜 소식, 그럴 만한 사연이 있었다. 선총은 이런 인연을 '도(道)로 통하고 마음으로 교류한다'고 표현했다. '배선홍교(背禪弘敎)', 선(禪)을 저버리고 교(敎)를 펴는 일, 선총이 혜청의 마음을 돌리기 위해 썼다는 시의 내용이다. 그 시를 동봉한다고 했다. 버리고, 도망가고, 배반하고, 모두 듣기에 편하지만은 않은 거친 표현들이다.

실제 상황이 그만큼 거칠었다. 왕자 승통은 그저 망연자실한 것만이 아니었다. 송나라에 도착하여 그가 만났던 선승들, 그들에 대한 의천의 평가는 냉정하고 단호했다. 의천이 보기에 그들은 가르침의 전통을 무시

할 뿐만 아니라, 실천도 없이 입만 가지고 선을 하는 자들이었다. 의천이
비록 화엄종의 가치를 지향하는 이른바 교종의 승려이긴 했지만, 의천이
애초부터 '배선홍교(背禪弘敎)'와 같은 거친 생각을 가졌던 것도 아니었다.

원풍(元豊) 연간에 고려 승통 의천이 전당(錢塘) 지방의 정원 법사
로부터 화엄대교를 공부하기를 원해 상국(上國)을 찾아왔다. 당
대의 종장(宗匠)들을 모두 찾아뵈었는데, 그 중에는 대각(大覺)이
나 원조(圓照)와 같은 여러 선사들도 있었다. 가는 곳마다 문답을
나누었고 그 내용을 기록하여 따로 유통하였다. 하지만 (의천은)
문자의 학문에 빠져 지해(知解)밖에는 아무런 소득이 없었다. 한
번은 불인요원 선사에게 질문을 한 적이 있었다.
의천 : 배휴(裴休)가 황벽(黃蘗)을 사랑하고 규봉(圭峰)을 중시했는
데, 그 우열이 어떻습니까?
요원 : 황벽이 뛰어납니다.
의천 : 어떻게 아십니까?
요원 : 배휴가 지은 규봉의 「탑명서(塔銘序)」를 읽은 적이 있는데,
배휴와 규봉은 법(法)에 있어서는 형제가 되고 그 뜻에 있어서는
벗이 된다고 했습니다. 또 『전등록(傳燈錄)』을 살펴본 적이 있는
데, 배휴가 황벽에게 바친 시에 '스님을 모시고 제자가 되려 해
도, 누구에게 법을 줄까 알지 못하네'라고 했으니 그 사랑과 중
시하는 우열을 알 수 있습니다.
사람들은 모두 명답이라고 했다.[12]

---

[12] 목암선경(睦庵善卿) 편, 『조정사원(祖庭事苑)』 제3권.

앞의 일화를 담고 있는 『조정사원(祖庭事苑)』은 송대에 저술된 선종 계통의 사전이다. 선종 조사들의 어록을 학습하는 데 필요한 어휘와 기초 지식들을 2천 4백여 항목에 담고 있어, 선종의 입문자들에게 요긴한 자료로 오랫동안 널리 읽혀 왔다. 이 일화는 배 상국, 곧 배휴라는 인물을 소개하는 항목 말미에 달려 있다. 배휴(797~870)는 당나라 때의 상국(上國)이었다. 요즘으로 치자면 수상에 해당하는 최고의 관직을 거친 분이다. 당연히 의천과는 어떤 관계도 있을 턱이 없다. 이 자리에서는 다만 배 상국이라는 비범한 인물을 매개로 황벽희운(黃蘗希運, ?~850)이라는 탁월한 선승을 부각시키고, 나아가서는 '문자의 학문에 빠져 지해(知解)밖에는 아무런 소득도 없는' 교종의 학승에 대비하여 선종의 우월함을 과시하는 수단으로 활용되고 있을 뿐이다.

어쨌거나 의천의 처지도 참으로 딱하다. 천 년 가까운 세월이 흘렀으니 전후의 사정을 정확하게 알 도리도 없다. 그런 처지에 초심자들을 위한 사전에까지 올라, 고려에서 온 멍청한 왕자 승통으로 두고두고 조롱거리가 되어야 했으니 말이다. 선승들 사이에 퍼져 있는 의천에 대한 부정적인 선입견은 이런 기록의 탓이 크다. 하지만 이 역시 당시 의천을 만났던 선승들이 가졌던 거친 감정을 암시하는 증거라고도 할 수 있다.

그렇다 해도 『조정사원(祖庭事苑)』에 실려 있는 저 일화는 앞에 소개했던 일화들에 비한다면 상대적으로 개연성이 훨씬 높아 보인다. 송나라의 이름난 선승을 만나 의천이 던졌을 법한 질문이라는 뜻이다. 사실 배휴라는 인물을 매개로 규봉과 황벽을 빗대어 보는 일 자체가 흥미진진한 일이다. 어쨌든 당대 최정상의 인물인 이들은 당대뿐만이 아니라 천 년이 넘는 세월, 지금까지도 깊고 큰 영향력을 끼치고 있다.

배휴는 다재다능했던 인물로 불교에도 조예가 깊어 여러 저술을 남기기도 했다. 그는 위의 일화에도 나오듯 규봉종밀(圭峰宗密, 780~841)과 가깝게 교류하며 화엄학을 배웠고, 황벽희운(黃蘗希運)을 모시고 조사선을 닦기도 했다. 위의 일화는 그런 배휴의 사상적 배경에 뿌리를 두고 있다. 문제는 규봉과 황벽이라는 인물들의 성격이 너무나도 판이하게 달랐다는 데 있다. 이 같은 차이는 교종과 선종 사이에서는 물론, 선종 내에서도 끝없는 논란의 원인이 되기도 했다. 심지어 이러한 논란은 요나라에서 선종의 문헌을 불사른 사례에서도 볼 수 있듯이, 일종의 근본주의적인 이단논쟁으로 번지기도 하였다. 의천 또한 이런 차이를 충분히 이해하고 있었고, 따라서 송나라의 선승들을 만났을 때 그러한 차이에 대해 의견을 나누고 싶었을 수도 있었겠다는 뜻이다.

규봉은 중국 화엄종의 제5조(祖)였을 뿐만 아니라, 육조혜능의 제자였던 하택신회(荷澤神會)의 법맥을 이은 선승이기도 하다. 규봉은 화엄학을 기반으로 선과 교를 융합시키는 것은 물론 유(儒)·불(佛)·도(道) 삼교(三敎)를 일치시키기 위해 노력했던 폭넓은 사상의 소유자였다. 배휴는 규봉의 지적인 풍모와 크고 넓은 안목에 공감하여 규봉의 새로운 저술을 내놓을 때마다 대놓고 서문을 써 주었다. 규봉의 저술도 저술이지만, 배휴의 서문은 문장의 완성도나 사상적 깊이로 그 자체가 연구의 대상이 될 정도로 널리 유통되기도 했다. 의천이 편찬한 『원종문류(圓宗文類)』 제1권에는 26종의 서문이 담겨 있다. 화엄종을 대표하는 가장 중요한 문헌에 붙인 서문들이다. 그 안에는 배휴가, 규봉이 저술한 『원각경약소(圓覺經略疏)』에 붙인 서문도 포함되어 있다. 규봉은 선종의 전통에 대한 체계적인 연구를 위해 선종의 문헌을 수집·정리하여 백 권의 『선원제전집(禪源諸詮集)』으로 집성하기도 했다. 배휴는 『선원제전집(禪源諸詮集)』의 서문에 규봉의 집성을 대장경의 결집에 빗대어 '선장(禪藏)'이라고 불렀다. 규봉은 의천에게도 롤모델이었다고 할 수 있을 정도로 적지 않은 영향을 미쳤다. 의천이 필생의 과업으로 삼았던 ‘교장(敎藏)’의 결집 또한 『선원제전집』, 곧 선장의 영향을 받았을 가능성이 크다.

> 황벽(黃蘗)이 대중을 흩어지게 하고 홍주(洪州) 개원사(開元寺)에 있는데, 어느 날 배(裵) 상국(相國)이 들어왔다가 벽에 걸린 초상을 보고, 원주(院主)에게 물었다.
>
> "벽에 걸린 것이 무엇이오?"
>
> 원주가 말하였다.
>
> "큰스님의 초상입니다."
>
> 배 상국이 다시 물었다.
>
> "초상은 볼 만한데 큰스님은 어디에 계시오?"
>
> 원주가 말이 막히거늘, 배 상국이 다시 물었다.
>
> "여기 참선하는 스님네가 있소?"
>
> 원주가 말하였다.
>
> "희운(希運)이라는 수좌가 한 명 있는데 참선하는 납자 같았소."
>
> 이에 배 상국이 선사를 불러서 앞의 일을 들어 이야기하니, 선사가 말하였다.
>
> "마음대로 물으시오."
>
> 배 상국이 물었다.
>
> "초상은 볼 만한데 큰스님은 어디에 계시오?"
>
> 선사가 불렀다.
>
> "상공(相公)."
>
> 배 상국이 대답을 하거늘, 선사가 말하였다.

"어디에 계시오?"

배 상국이 말끝에 활짝 깨달았다.[13]

『선문염송집(禪門拈頌集)』에 실려 있는 '형의(形儀)'라는 이름의 공안(公案)이다. 배휴와 황벽이 만나는 장면을 묘사하고 있다. 『선문염송집』은 보조국사 지눌의 제자 혜심(慧諶, 1178~1234)이 집성한 공안집이다. 조선 초 승과(僧科)의 시험과목이기도 하였고, 전통 강원의 주요 교과목으로 오랫동안 널리 읽히던 책이다. 이 외에도 『선문염송집』에는 배휴와 황벽의 대화를 묘사한 '존상(尊像)'이라는 유명한 공안도 들어 있다. 그만큼 배휴와 황벽의 만남은 우리나라는 물론 선종의 승려라면 누구나 알고 있었던 유명한 사건이었다.

조선조 전통강원의 교과목에는 규봉이 집성한 『선원제전집』에 규봉 자신이 붙인 서문인, 『선원제전집도서(禪源諸詮集都序)』도 포함되어 있다. 백 권의 『선원제전집』은 중국이 당나라 말기, 어수선했던 시기에 유실되어 없어졌고, 『도서(都序)』만이 남아 전하고 있다. 『도서』는 선이나 선에 관한 기록들에 대한 개설서, 입문서의 성격을 띠고 있다. 논리적이고 체계적인 규봉의 성격만큼이나 선종의 기록에 대하여도 체계적인 소개를 하고 있다. 규봉은 특히 『원각경(圓覺經)』을 중시하여 여러 종류의 주석서를 저술했다. 그 가운데 『원각경약소(圓覺經略疏)』는 『원각경(圓覺經)』 연구를 위한 가장 대표적인 주석서로 근래에까지 널리 읽히고 있다.

이처럼 규봉이나 황벽은 물론, 배휴 역시도 우리나라 불교 전통에서 매우 친숙한 인물들이다. 그뿐만 아니라, 임제종 계열의 선종과 화엄종

---

13   혜심(慧諶), 각운(覺雲) 지음, 김월운 옮김, 『선문염송 · 염송설화』, 「제393칙 · 형의(形儀)」.

1. 멍청한 왕자

이 한국불교 전통의 사상적인 양대 산맥인 것처럼, 규봉과 황벽의 전통은 한국불교의 특성을 구성하는 주요한 요소라고 할 수 있다. 그런 점에서 규봉과 황벽의 차이, 나아가 그들 중 누가 우월한지에 대한 논란은 한국불교가 안고 있는 현재진행형의 논란이기도 하다.

규봉 선사가 선원제전(禪源諸詮)을 집성하여 선장(禪藏)으로 삼아, 묶어서 서문을 쓰시니, 하동(河東)의 배휴(裵休)는 이르기를, '일찍이 없었던 일〔未曾有〕'이라고 하겠다. 여래께서 세상에 나투시어 세상의 근기를 따라 가르침을 펴시니 보살들이 사이사이에 태어나 병에 따라 약을 처방해 주었다. 그러므로 부처님의 가르침을〔一代時敎〕 깊이에 따라 세 가지 문(門)으로 여는 것이고, 하나의 참되고 맑은 마음을 성(性)과 상(相)이라는 다른 법으로 설명하는 것이다. 마명(馬鳴)과 용수(龍樹) 두 보살은 모두가 부처님의 가르침을 널리 펴신 분들이지만 공종(空宗)과 성종(性宗)으로 종지가 달랐고, 혜능(慧能)과 신수(神秀) 두 스님은 함께 달마의 마음을 전했지만 돈(頓)과 점(漸)을 달리 전해 받았다. 하택(荷澤)은 지견(知見)을 바로 가리켰고, 강서(江西)는 모든 것이 다 참이라고 했다. 천태(天台)는 오로지 삼관(三觀)에 의지했고, 우두(牛頭)에게는 하나의 법도 없었다. 공(空)과 유(有)로 서로를 깨뜨리고 진(眞)과 망(妄)으로 서로를 용납하니, 거스르면 빼앗고, 순(順)하면 받아들이고, 은밀히 지시하기도 했고, 드러내 설하기도 했다. 그러므로 천축과 중하(中夏)에 종파들이 번성했지만 실제로는 병의 근원이 다양하여 약이 다양하게 나온 것일 뿐이다.[14]

대선사가 계셨으니, 법휘(法諱)는 희운(希運)이시다. 홍주(洪州)의 고안현(高安縣) 황벽산(黃蘗山) 취봉(鷲峰) 아래에 주석하셨으니, 조계(曹溪) 육조(六祖)의 적손이며, 서당(西堂) 백장(百丈)의 법질(法姪)이시다. 홀로 최상승(最上乘)의 문자를 떠난 도장[印]을 차고 오직 한 마음을 전했을 뿐, 이밖에는 달리 아무런 법도 전하지 않았다. 마음의 바탕이 또한 텅 비었고, 온갖 밖의 인연도 모두 고요하여, 태양이 허공에 떠올라 빛이 밝게 비추어 깨끗하기가 작은 티끌 하나 없는 것 같았다. 이를 깨친 자는 새것도 옛것도 없고, 얕고 깊은 것도 없으며, 이를 설하는 자는 의해(義解)도 세우지 않고 종주(宗主)도 세우지 않는다.[15]

따지는 자들이 대사가 '선행(禪行)을 닦지 않고 경론(經論)을 널리 강의하며 유명한 대도시로 다니면서 절 짓는 일에만 힘쓰니 이는 다문(多聞)의 일이 아니겠는가' 명예와 이익을 떨쳐 버리지 못한 것이 아닌가?'라고들 한다. 가소롭다. 따지는 자들이야말로 대도(大道)가 지향해 가는 곳을 어찌 알겠는가? 무릇 한 마음이라는 것은 만법(萬法)의 총체이다. 나누어지면 계정혜(戒定慧)가 되고, 열리면 육바라밀(六波羅蜜)이 되고 흩어지면 만행(萬行)이 된다. 만행이 일심이 아닌 것이 없고 일심은 만행에 어긋나지 않는다. 선(禪)이라는 것도 육바라밀의 하나일 뿐이다. 어찌 모든 법을 아우를 수 있겠는가? 또한 여래(如來)도 법안(法眼)으로 가섭에게 부촉하신 것이지, 법행(法行)으로 부촉하신 것이 아니다. 그러

14　배휴, 「선원제전집도서서(禪源諸詮集都序敍)」, 『대정장(大正藏)』 제48책.

15　배휴, 「황벽산단제선사전심법요서(黃蘗山斷際禪師傳心法要序)」, 『대정장(大正藏)』 제48책.

1. 멍청한 왕자

므로 자기 마음으로 깨친 것이 법이 되고 소원을 따라 실천하는 행이 되는 것이지 늘 똑같아야 할 필요는 없다.[16]

　『조정사원(祖庭事苑)』에서 의천이 질문한 내용과 같이, 배휴는 분명 규봉을 중시했고 황벽을 사랑했다. 그렇다면 그 사랑의 강도, 우열을 따져 볼 법도 하겠다. 배휴는 규봉이 열반에 든 뒤에 황벽을 만났다고 한다. 그렇기 때문에 황벽을 만난 이후로 배휴의 사상 또한 황벽에 의해 크게 바뀐 것으로 해석하는 경우가 많다. 규봉을 버리고 황벽을 따랐다는 것이다. 하지만 배휴가 지은 서문들을 순서대로 따져보면 꼭 그렇지도 않다. 배휴는 분명 황벽의 탁월한 면을 발견했고 그에 심복했으며, 스승으로 섬겼고, 그의 법을 전해 받았다. 그런 면에서 규봉은 절대로 황벽의 적수가 되지 못한다. 우열은 분명해 보인다.

　그렇지만 배휴가 쓴 서문에 의존해 보자면 배휴는 한 번도 규봉을 버린 적이 없었던 것으로 보인다. 오히려 배휴의 생각과 배휴의 글쓰기를 이끄는 것은 시종일관 규봉의 방식이다. 심지어 황벽의 어록인 『전심법요(傳心法要)』의 서문에서조차 규봉이 남긴 논리와 체계의 흔적을 남기고 있다. 배휴는 분명 황벽의 최상승(最上乘), '의해(義解)도 세우지 않고, 종주(宗主)도 세우지 않는' 황벽을 찬탄한다. 배휴는 이러한 찬탄을 규봉이 추구하던 하택종의 선법에 대비시키고 있다. 배휴는 규봉의 선법을 버리고 황벽의 선법을 선택했다. 그렇지만 그러한 선택 또한 여래가 쳐 놓고 규봉이 해석한 커다란 그물망의 한 부분일 뿐이다. 배휴는 단언한다. 선(禪)도 육바라밀의 하나일 뿐이라고. 선(禪)만 가지고 모든 법을 아우를 수

16　　배휴, 「규봉선사비명서(圭峰禪師碑銘序)」.

는 없다고.

선 수행자의 입장에서 보자면, 규봉은 분명 논란의 여지가 많은 인물이다. 근대 중국의 석학 호적(胡適)은 규봉을 사기꾼이라고까지 불렀다. 스승을 바꾸고 법맥을 속였다고 한다. 규봉은 분명 정치적으로도 유능했고 명리에도 밝았다. 속된 말로 권력자에게 빌붙었고, 그 덕으로 이른바 법을 펼 수도 있었다. 그렇지만 배휴는 그런 이유로 규봉을 비판하는 것조차 가소롭다고 한다. 원문에는 '희(嘻)!'라는 글자 하나뿐이다. '피식!' 뭐 그런 뜻일 것이다. 그러고는 불교의 목적이 무엇이겠느냐고 반문한다.

수많은 중생, 중생이 앓고 있는 숱한 병, 약을 주는 일이라고 한다. 가르침에 차이가 있는 까닭도, 종파가 분분히 갈린 까닭도 병이 다르고 약이 다르기 때문이라고 한다. 어쨌거나 규봉이 그린 그림은 원대하고 정교하다. 선이나 교뿐만이 아니다. 당대의 사상계를 하나의 그림으로 그려냈던 규봉이다. 누가 뭐라 해도 배휴는 그런 규봉의 그림 안에 들어 있다. 배휴가 쓴 서문들이 그런 사실을 입증하는 증거이다.

『조정사원(祖庭事苑)』에서 불인요원이 의지하는 근거 또한 배휴의 서문들이다. 규봉은 형제요 친구지만, 황벽은 스승이었다고 한다. 이런 말을 배휴가 들었다면 역시 희(嘻)! 하고 웃고 말았을 이야기다. 불교가 가는 길, 대도(大道)의 끝도 모르면서 따지기나 하는 자가 누구겠는가? 백번 양보하여 황벽의 길에는 얕고 깊은 것도 없고, 의해도 종주도 없고, 티끌 하나도 없다는데, 친구와 스승의 우열이 또 뭐란 말인가. 이런 것을 명답이라고 찬탄하던 송나라의 선불교. '인물이 없다'던 의천. 그럴 법도 했으리라. 의천이 정말로 규봉과 황벽의 우열을 따져 물었다면 의천 또한 배휴의 서문 정도는 챙겨 읽어서 알고 있었을 터였다. 불인이 배휴의 서문들을 찬찬히 읽고 배휴의 뜻을 조금이라도 이해하려고만 했더라도 불인의 대답은 조금 달라졌을 것이다. 이미 배휴 자신이 교통정리를 다 해 둔 처지였으니 말이다. 아무튼 불인이나 종본이나 저런 이야기들은 사실 선기(禪機)에 관한 일도 아니고 문자(文字)에 관한 일도 아니다. 기록으로 남길 만한 가치조차 없는 시시한 이야기들이란 뜻이다.

> 무릇 법(法)에는 말이나 모양이 없지만, 말이나 모양을 떠난 것도 아니다. 말과 모양을 떠났다고 한다면 곧 의혹에 떨어질 것이고, 말과 모양에 집착하게 된다면 진실을 잃게 된다. 다만, 세상에는 완전한 재주꾼은 드물고, 사람은 모든 아름다움을 다 갖추기 어렵다. 그렇기 때문에 교(教)를 배우는 사람들은 안을 포기하고 밖으로 구하는 경우가 많고, 선(禪)을 닦는 사람들은 (밖의) 인연을 잊고 안으로 치중하길 좋아한다. 모두 한군데 치우친 고집이고, 양 극단에 막혀 있는 것이다. 마치 토끼 뿔의 길고 짧음을 따지고, 허공에 핀 허깨비 꽃의 짙고 옅음을 다투는 것과 같다. 만일 이편 저편에 공정한 마음으로 고금(古今)을 홀로 걷고, 정혜(定慧)를 고루 갖추어 나와 남을 함께 이롭게 하며, 공(空)을 관(觀)하면서도 만행이 솟구치고, 유(有) 안에 머물면서도 하나의 도(道)에서 고요하여, 말을 하거나 침묵하거나 깊고 미묘함을 잃지 않고, 움직이거나 잠잠하거나 법계(法界)를 떠나지 않는 분은 오직 우리 규봉(圭峯) 조사(祖師) 한 분일 뿐이다.[17]

의천의 입장에서 보자면 그의 시대는 교(教)도 선(禪)도 정상적인 상황

---

[17]　의천, 「원각경 강의를 시작하며」, 『문집(文集)』 제3권.

에 있지 않았다. 의천은 자신의 시대가 말법(末法)의 시대라는 점을 누누히 강조하고 있다. 문자로 이어지던 학술 전통도, 스승과 제자로 이어지던 수행의 전통도 모두 흩어지고 끊어진 시대였다는 뜻이다. 정상이 아닌 현실, 입에 발린 소리가 통할 턱이 없다. 의천은 죽음을 앞두고 자신이 썼던 글들을 모아서 태워 버렸다고 한다. 그는 평생 좋은 학승으로 후학들에게 도움이 되는 글, 좋은 글을 쓸 수 있기를 염원하고 살았다. 하지만 그런 글을 쓸 수 없었다. 말법의 시대, 의천이 선택할 수 있었던 것은 공부가 아니라 일이었기 때문이다. 책을 수집하여 정리하고 출간하는 일, 끊어진 전통을 복원시키는 일, 애써 바다를 건너 송나라의 선지식들을 찾아온 까닭도 그래서였다.

이야기가 길어졌다.

봉상부(鳳翔府) 석주(石柱) 화상이 행각을 다닐 때 동산(洞山) 화상의 설법을 들었는데, 그때 동산이 이렇게 말하였다.

"네 종류의 사람이 있으니, 한 사람은 말이 불조(佛祖)보다 낫되 한 걸음도 행하지 못하고, 한 사람은 행(行)이 불조보다 낫되 한 구절도 말하지 못하며, 한 사람은 말도 하고 행하기도 하고, 한 사람은 말도 못하고 행하지도 못한다. 어느 것이 그 사람인가?"

선사가 나서서 말하였다.

" '한 사람은 말이 불조보다 낫되 한 걸음도 행하지 못하고'라는 것은 단지 혀가 없을 뿐이라 다니기를 허락하지 않는 것이며, '한 사람은 행이 불조보다 낫되 한 구절도 말하지 못하며'라는 것은 다만 발이 없을 뿐이라 말하기를 허락하지 않는 것이고, '한 사람은 말도 하도 행하기도 하고'라는 것은 함(函)과 뚜껑이

                                    1. 멍청한 왕자

서로 맞는 것이요, '한 사람은 말도 못하고 행하지도 못한다'고 한 것은 목숨을 끊고 다시 살아나려는 것과 같으니, 이는 석녀(石女)가 항쇄와 족쇄를 찬 것과 같습니다."

동산이 말하였다.

"그대 자신은 어떤가?"

선사가 대답하였다.

"해통(該通)의 회상18에 우뚝우뚝함이 어찌 드러나리요?"

그러자 동산이 말하였다.

"그렇다면 바다 위에 명공(明公)19이 솟은 것은 또 어찌 하겠는가?"

선사가 대답하였다.

"환술(幻術)로 만든 사람이 서로 만나면 손을 비비면서 깔깔 웃습니다."20

대자(大慈)가 시중하여 사람들이 빈 말만을 높이고 실행에 힘쓰지 않을까 두렵다고 했다. 고려 승통 의천은 '옛날에 선(禪)을 이

18　"해통의 회상〔該通會上〕"이란, 고조당(古祖堂) 오관산(五冠山) 순지(順之) 선사가 다음과 같이 말하였다.
"넓은 들에 한 신선이 있었으니, 이름이 해통이었다. 대중을 위해 설법하는데 무리 가운데 지통(智通)이라 부르는 한 은사(隱士)가 있다가 묻기를 '만일 영리한 근기라면 홀연히 참된 교법을 듣고 성품의 경지를 깨달을 것인데 그는 어느 사람인가?' 하니, 선인이 대답하기를 '지혜로 비추는 문수〔智照文殊〕니라' 하였다.
무리 가운데 행통(行通)이라는 여행자가 있다가 선인에게 묻기를 '이제 들으니, 선인께서는 돈교(頓敎)의 성지(性智)를 말씀하셨는데, 이 경지에 머무르지 않고 인연 따라 교화를 행하여 나와 남을 이롭게 하는 이는 어떤 사람인가?' 하니, 선인이 대답하기를 '행의 지위〔行位〕에 있는 보현(普賢)이니라'라고 하였다.
그렇다면 비로자나(毘盧遮那)가 지혜와 행을 모두 꾸려서 융통하기 때문에 해통(該通)이라 한다."
19　태양.
20　혜심(慧諶), 각운(覺雲) 지음, 김월운 옮김, 『선문염송·염송설화』, 「제939칙 사종인(四種人)」.

야기하는 사람들은 가르침에 의지해서 선을 닦는 사람들이었다. 지금에 선을 이야기하는 사람들은 교를 떠나 선을 이야기하는 사람들이다.'라고 했다. 만송(萬松)은 '선이란 것이 과연 말할 수 있고, 행할 수 있는 것일까?'라고 한다.[21]

앞의 일화는 원래 『굉지선사광록(宏智禪師廣錄)』에서 비롯한 공안이다. 『선문염송』의 기록과는 조금 차이가 난다. 굉지 선사는 굉지정각(宏智正覺, 1091~1157)을 가리킨다. 굉지는 시호이고, 천동산(天童山)에 오래 주석했기 때문에 천동정각이라고도 부른다. 굉지는 조동종(曹洞宗)의 법맥을 이어 묵조선(默照禪)이라는 선풍(禪風)을 크게 떨쳤던 선승이다. 굉지의 선풍은 비슷한 시기 임제종의 대혜종고(大慧宗杲, 1089~1163)가 일으켰던 간화선(看話禪)의 선풍(禪風)과 함께 송나라의 선종을 중흥시키는 계기가 되었다.

명주 천동사

---

21   『만송노인평창천동각화상념고청익록(萬松老人評唱天童覺和尚拈古請益錄)』하권.

이 일화를 여기에서 소개하는 까닭은 『굉지선사광록(宏智禪師廣錄)』을 편찬했던, 만송행수(萬松行秀, 1166~1264)가 이 일화와 연결하여 고려 승통 의천을 언급하고 있기 때문이다. 앞에서도 언급했듯이 이 일화는 굉지가 동산(洞山)의 설법을 들어 말(說)과 행위(行)의 문제를 제기하는 장면이다. 만송은 굉지가 옛 공안들에 대해 설법한 내용을 기초로 『종용록(從容錄)』과 『청익록(請益錄)』을 편찬하였다. 만송은 『청익록(請益錄)』에서 이 일화를 부연하여 '대자행설(大慈行說)'이라는 공안으로 제시하면서 '가르침에 의지해서 선을 닦는 사람들과 교를 떠나 선을 이야기하는 사람들'을 들고 있다. 의천이 했던 바로 그 이야기이다. 이 이야기를 두고 댓거리를 하는 만송을 보자면 의천의 비판이 헛된 것만은 아니었고, 화하에도 인물이 전혀 없었던 것은 아니었다는 생각이 든다. 물론 의천의 후배들이긴 하지만 말이다. 의천이 만일 이런 인물들을 당대에 만날 수 있었다면 의천의 이야기도 의천에 대한 평가도 사뭇 달라지지 않았을까? 허튼 상상이겠다.

만송은 의천이 제기했던 두 가지 비판, 다시 말해 '교(敎)를 떠나는 일'에 대한 비판과 '선(禪)을 이야기하는 일'에 대한 비판 가운데 '선(禪)을 이야기하는 일'을 들어 스승의 가르침과 자신의 태도를 밝히고 있다. 만송의 생각은 '빈말만을 높이고 실행에 힘쓰지 않는 수행자들을 두려워하는 일'이었다.

서로 상충되는 기록들의 한계는 그렇다 치더라도 어쨌든 의천이 그리 만만한 존재는 아니었던 게 틀림없다. 당시 송나라에서도 화엄종과 선종 사이에 적지 않은 갈등이 있었고, 화엄종의 입장에서도 선종의 도전을 매우 심각하게 받아들이고 있었다는 점도 분명한 사실이다. 송나라 화엄종의 승려들과 의천 사이에 그 같은 교감이 있었고, 의천 또한 송나

라의 화엄종, 나아가 송나라의 교종이 선종의 도전에 대하여 효과적으로
대응하지 못하고 있으며, 그래서 얼마간 실망과 회의를 가지고 있었다는
점도 분명한 사실로 보인다.

나를 알아 주는 자

> 고려 왕자 홍진우세광지승통 의천이 제자 수량(壽良)과 함께 바
> 다를 건너 법을 구하니 먼저 스님의 문하로 왔다. 원풍 8년 12월
> 28일 관반 주객학사 양걸과 함께 절에 왔다. 승통을 청해 법좌
> 에 올라 가르침을 펴시길 청했다. 의천은 놀라 두려워하면서 자
> 리를 피했다. 예를 올리고, 요동으로 돌아가 출간하여 유통하기
> 위해 저술한 책을 요청했다.[22]

『지원유편(芝苑遺編)』이라는 책에는 「의천 승통을 위해 한 강연의 요의
(要義)」라는 제목의 글이 한 편 실려 있다. 송나라 율종을 중흥했다고 하
는 원조(元照, 1048~1116)의 글을 모아 놓은 문집이다. 「의천 승통을 위해
한 강연의 요의」는 의천이 원조를 방문했을 때, 의천을 위해 원조가 했
던 강연의 내용을 요약한 글이다. 원조는 당시에 계율은 물론 천태종이
나 정토종의 문헌 등에도 해박했던 유력한 학승이었고, 만년에는 당대를
대표하는 율종의 종장으로 존경을 받았던 인물이었다.

그 글은 글의 길이도 제법 길고, 내용도 훌륭하다. 어설프긴 해도 의
천이 방문했던 정황도 그런대로 자세히 묘사하고 있어서 언뜻 보면 생동

---

22   도순(道詢) 집(集), 『지원유편(芝苑遺編)』 하권.

1. 멍청한 왕자

감이 있고, 의천에 대한 기록치고는 가장 사실에 근접한 글처럼 느껴지기도 한다. 의천의 문집에도 원조가 의천에게 계율을 전수한 전법게(傳法偈)가 남아 있기 때문에 의천의 스승으로서 의천을 위해 강연을 했다는 말도 수긍할 만하다. 『교장총록』에도 원조의 저술이 여러 편 실려 있어 개연성을 높여준다. 원조 자신도 '오늘 다행히 주객학사와 승통국사를 만나 모두가 법좌에 오르길 청하니 이런 인연으로 장황한 소리를 피할 수 없게 되었다'며 강연을 시작하고 있다.

그런데 묘한 것이 원조가 했던 바로 저 말 뒤에 이어지는 이야기가 그대로 의천의 문집 안에도 들어 있다는 점이다. 물론 문집에서는 의천이 주인공이다. 원조가 의천을 위해 했다는 강연의 내용이, 의천이 고려로 귀국하여 했다는 강연의 내용과 똑같이 일치하고 있다는 말이다. 글자 수만 해도 325자, 제법 긴 이야기이다. 중간에 몇 자씩 차이가 나긴 하지만, 똑같은 이야기라고 해도 무방할 정도의 차이다. 이런 정도의 글이라면 우연일 수가 없다. 둘 중의 하나는 표절을 했다는 뜻이다. 단지 머리에 기억하고 있었던 이야기도 아닌 것 같다. 그러기에는 너무 길고, 너무 똑같기 때문이다. 그런 이야기를 기억하고 있다가 다른 곳에서 써먹을 수 있는 사람이라면, 정말 대단한 기억력의 소유자였을 것이다. 아무튼 의천의 이야기는 앞부분이 떨어져 나가 정확한 정황을 알 수는 없다. 다만 그 이야기 말미에 '『화엄경』「십통품(十通品)」에 나오는 이야기'라는 말이 있어 의천이 『화엄경』을 강연하던 장면이 아니었나 추정할 뿐이다.[23]

옛날 기록이라는 게 이렇다. 『지원유편(芝苑遺編)』이라는 문집이 언제 편집되었는지는 분명하지 않다. 하지만 이 문집을 편집한 도순(道詢)이

---

23   의천, 『문집』 제4권.

원조의 6세 법손이라고 밝히고 있으니, 어쨌든 훨씬 후대에 편집한 기록인 것임은 틀림없다. 그만큼 오류나 왜곡이 섞일 가능성이 높다. 위에 인용한 글만 해도 그렇다. 의천과 함께 간 제자는 수량이 아니라 수개(壽介)였다. 의천이 그 날짜에 원조가 살던 항주(杭州)에 있었던 것도 사실이고 양걸이 조정의 관반사로 의천을 모시고 다녔던 것도 사실이다. 하지만 의천이 송나라에 가서 가장 먼저 원조를 찾아갔다는 말은 사실이 아니다. 그래도 이런 정도의 오류야 이해할 만한 일이다. 표절이라는 것도 그렇다. 불교적 관점에서 보자면, 표절은 자연스러운 것이다. 우리가 쓰는 말, 생각 모두가 밖으로부터 온 것들이다. 그런 이야기를 태어날 때부터 가지고 온 사람은 하나도 없다. 따지고 보면 표절 아닌 것은 아무것도 없다. 다 보고 들은 것이고 배운 것들이다. 게다가 나쁜 의도를 가지고 하는 표절도 아니다. 모두 불교를 가르치고 배우자는 뜻에서 하는 표절이다. 굳이 온 곳을 따지지도 않지만, 표절을 나쁘다고 비난하지도 않는다. 적어도 옛날에는 그랬다.

그래도 궁금하기는 하다. 표절의 사유가 궁금한 까닭은 이런 이야기에서 의천은 늘 부정적인 쪽에 서 있곤 했기 때문이다. 앞에 인용한 글에서도 '의천은 놀라 두려워하면서'라는 표현이 사족처럼 붙어 있다. 설사 의천이 정말 그랬다 하더라도 이런 기록에 굳이 이런 표현을 써야 했을까? 예의에도 어긋나거니와 글의 격도 떨어져 보인다. 그래도 송나라 측의 기록에는 정도의 차이는 있지만 이런 개운찮은 표현들이 늘 따라 다닌다. 표절만 해도 그렇다. 원조는 당시에 명실상부 시대를 이끌었고, 역사에 큰 공헌을 남긴 학승이요, 수행자였다. 누구나 그렇게 알고 있다. 원조와 의천 사이에는 체급이 다르다는 선입견이 널리 퍼져 있다. 당연히 표절한 사람은 의천이겠다는 선입견이다.

(결락)

심성이 예리한 사람은 점점 바른 것을 회복해 가지만 고지식한 사람은 자신을 비방한다고 여겨 서로 원수처럼 비난을 합니다. 자민(慈愍)과 계주는 늘 알아 주는 사람을 만나지 못했다고 한탄하지만, 울분에 겨워도 호소할 곳이 없습니다. 그렇기 때문에 '부처님 뵙고 나서 어디서 시작했는지 따져 보자'고 했던 것이니, 이는 극단적인 말입니다. 지금이야말로 몸을 잊고 법을 짊어져야 할 때입니다. 경전에 이르기를, 천 개의 칼날과 만 개의 몽둥이로 내 몸을 때리더라도 법을 깨뜨리는 소리는 차마 들을 수 없다'고 했습니다. 아, 저를 알아 주는 사람은 오직 우리 스님뿐입니다.[24]

원조가 의천에게 보낸 편지의 일부이다. 앞뒤가 떨어져 나갔기는 하지만, 의천과 원조의 관계가 널리 퍼져 있는 선입견처럼 일방적인 것은 아니었다는 사실을 짐작하기에 충분하다. 따지고 보면 의천과 원조는 나이 차이가 그리 많이 나지 않는다. 의천은 1055년 생이고 원조는 1048년 생이다. 의천과 원조가 만났던 해는 1085년이다. 둘 다 삼십대의 나이였다. 저 편지 중간에 나오는 '부처님을 뵙고 나서 어디서 시작이 된 것인지 따져 보자'는 말은 앞에서 소개했던 계주가 했던 말이다. 교외별전은 불교도 아니라는 주장, 오죽 답답했으면 부처님을 직접 만나 따져 보자고 했을까? 원조도 극단적인 말이라고 표현했다. 그만큼 계주란 인물이 알아주는 사람 없이 울분에 찬 삶을 살다 갔다는 것이다. 그런 계주를 알

---

24 원조, 「대송사문 원조의 편지 2수」, 『외집』 제3권.

아 본 것이 의천이었다. 의천은 그의 글을 비문에도 새겨 주고, 손수 발문을 써서 목판에도 새겨 널리 유통하도록 했다.

자민(慈愍, 680~748)이란 인물도 의천이 알아 본 인물이었다. 의천은 원조를 통해 당나라 때 자민 삼장이 지은 『정토집(淨土集)』이란 문헌의 가치를 알아 보았고, 역시 목판에 새겨 유통하도록 했다. 이 또한 의천의 안목과 노력이 아니었다면 영원히 단절될 수도 있었던 전통이었다. 원조는 이런 사례를 들어 자신을 알아 주는 사람은 의천밖에 없다고 호소하고 있다. 『지원유편(芝苑遺編)』에 실린 놀라 두려워하던 왕자 승통의 모습, 당당하게 자리에 올라 왕자 승통을 위해 화려한 법문을 하던 원조, 사람들은 이런 관계만을 기억한다. 원조의 간절한 호소, 저런 면모를 기억하는 사람들은 거의 없다. 의천과 원조는 일과 꿈을 통해 서로를 인정하고 의기가 투합했던 동지였다. 이들은 현실에 만족할 수 없었고, 가슴속에 더 큰 꿈과 계획을 품고 있었다.

자민 삼장은 어려서 의정(義淨)의 구법여행에 대해 접한 이후로 인도 여행을 소원했다. 그 후 외롭게 길을 떠나 18년 동안 70여 나라를 편력하며 가르침을 구했다. 천신만고 온갖 죽을 고비를 넘기며 장안(長安)으로 돌아와 정토(淨土)의 가르침으로 일가를 이룬 전설적인 인물이었다. 그런 가르침도 전승이 끊기고 이름조차 기억할 수 없던 시절이었다. 원조는 오히려 왕자 승통으로부터 새로운 희망을 발견하고 있었다. 원조의 호소에는 그런 심정과 희망이 담겨 있다. 끊어진 전승과 전통을 잇는 일이었다.

『능가경(楞伽經)』의 세 가지 번역본에 대한 주석서들은, 4권 본(本)에 수나라 때, 담천(曇遷) 선사의 소(疏) 6권이 있고, 당나라 이섭(利涉) 법사의 소(疏) 5권, 엄(嚴) 선사의 주(注) 7권 등이 있습니

1. 멍청한 왕자

다. 요즘의 강의를 하는 사람들은 이섭의 소(疏)에 의지하는 경우가 많습니다. 만일 10권 본을 강의하려면 우리나라의 고덕(古德) 원효 법사의 소(疏)를 활용할 수밖에 없습니다. 새로운 번역 7권에 대하여는 아직 장소(章疏)들을 본 적이 없고, 원효의 소(疏) 8권을 먼저 보내드립니다. 원효 스님은 수나라 말에 태어나 당나라 초에 가르침을 폈습니다. 백 군데에서 모습을 나타냈고, 여섯 방위에서 열반을 보이셨습니다. 경전을 보면 모두 주석을 달았고, 통하지 않은 논(論)이 없었습니다.[25]

의천이 원조에게 보낸 편지의 일부이다. 원효의 책을 보내주면서 자랑스레 원효를 소개하고 있다. 의천과 원조가 나누던 이야기는 이렇게 주로 책에 관한 것이었다. 의천은 귀국한 뒤에 원조가 지은 여러 편의 저술을 출간했다. 의천은 그 당시 불교에 관한 책이라면 세상에서 누구보다 많은 책을 갖고 있었다. 그러한 그가 원조와 필요한 책을 나눠 읽으며 서로를 격려하고 도와주던 관계였다는 것이다.

도구(道具) 두 가지를 우세승통께 바치며, 이로 인해 짧은 시를 지었습니다. 삼가 펴서 보아 주시길 바랍니다. 대송 법혜보각(法慧寶閣) 사문 원조 올림.

법의(法衣)를 전한다고 듣기는 했지만,
발우와 주장자로 위의(威儀)를 본떴네.

<hr>

25   의천, 「송나라, 원조 율사에게 답하는 편지」, 『문집』 제11권.

그대 아는가, 일숙각(一宿覺)의 중도(中道) 노래
형식으로 표하는 일, 헛된 것만 아니네.[26]

　원조가 의천에게 보내 준 이른바 전법게(傳法偈)이다. 도구라고 한 것
은 법을 전하는 상징으로 전해주던, 도 닦는 데 소용이 되는 물건으로 발
우와 주장자를 가리킨다. 원조는 율종의 법을 이은 스승으로서 의천에게
율종의 법을 전해 주었다. 이런 일은 아주 이례적인 일이었다. 법을 전
수한다는 것은 확인도 필요하고 시간도 필요한 일이다. 계율이란 것은
더욱 그렇다. 하루 아침에 배우고 전해줄 수 있는 일이 아니다. 그런데
도 원조는 만난 지 얼마 되지도 않은 외국의 왕자 승통에게 전법게를 지
어 법을 전하고 있다. 법을 전하는 일도 이례적이었지만 그 형식도 약식
으로 이뤄졌다. 그래서 그랬는지 원조는 일숙각(一宿覺)의 예를 들고 있
다. 선종의 육조혜능으로부터 하룻밤만에 인가를 받고 법을 전해 받았다
는 영가현각(永嘉玄覺, 665~713)의 일화이다. 의천에게 느닷없이 법을 전하
는 것도 그럴 만한 사연이 있다는 뜻이겠다. 정식으로 위의를 갖추진 못
했지만 헛된 것은 아니라고 했다. 그렇게 전해 받은 율종의 전통, 의천
도 이를 자랑스럽게 여겼고, 평생 훈장처럼 달고 다녔다.
　이례적이었건 형식적이었건, 법을 주고받는다면 스승과 제자의 관계
가 된다. 하지만 이들의 관계는 그런 상식적인 관계가 아니었다. 원조의
말투만 봐도 그렇다. 제자에게 대하는 태도가 아니다. 왕자 승통이어서
만도 아니다. 그만큼 이들의 관계는 이해와 존경을 바탕으로 이어진 관
계였다. 고매한 스승과 멍청한 왕자의 관계는 절대로 아니었다는 뜻이

26　원조, 「송나라 사문 원조의 시」, 『외집』 제10권.

　　　　　　　　　　　　　　　　　　　1. 멍청한 왕자

다. 의천은 원조를 알아 보았고, 원조는 의천을 알아 보았다. 젊은 그들은 국적과 신분을 떠나 동지로서 우정을 나누었다. '나를 알아 주는 유일한 우리 스님, 의천', 이들은 그런 사이였다. 스승과 제자니, 표절이니 무슨 말이 더 필요했겠는가?

승통국사는 여래의 자취를 따라 임금의 지위를 버리고 비구승이 되었다. 선재의 수행을 본받아 강이나 산을 머다 않고 불법을 구하는 일에 뜻을 두었다. 당시 여래가 도를 닦기 위해 산으로 들어갈 때, 중도에서 진귀한 왕자의 옷을 거친 승가리와 바꾸고 머리를 깎아 도를 따라가 육 년 동안 고행을 하여 성불하였다. 따라서 출가라는 것은 본래 부귀를 버리고 가족의 사랑을 잘라내어 욕심을 줄이고 무위하며 도를 닦는 일에만 전념하는 것임을 알겠다. 근래에 듣자니 승통이 승복을 마련하고 모든 부처의 표시로 삼아 정식으로 출가하였다고 한다. 장래에 본국으로 돌아가 계율을 바탕으로 삼보(三寶)를 크게 섬겨 나라의 스님들이 모두 의발을 받들고 계율을 받아지니기를 소원했다. 이로써 부처님의 빛을 다시 밝히고 불법의 바퀴를 다시 굴러가게 하는 일이었다. 일찍이 듣자니 시에, '나의 뜻 아는 이 어디 있으리, 다만 깊이 선재동자 기억할 뿐'이라 했고, 또 듣자니 자신의 호를 구법사문(법을 구하는 사문)이라 했다 하니 이를 통해 평생토록 추구했던 출가의 본래 목적이었다는 것을 알겠다. 문득 구법(求法)이라는 두 글자로 송을 짓는다.

승통의 호 구법이라, 출가의 마음 담았지만,

어찌 구할지 알지 못해, 방편의 법 구하네.

구하는 게 법인 줄 안다면, 밖에서 구할 일 없을 텐데,

불법을 구하는 일, 자기 안에 찾지 않나.[27]

『지원유편(芝苑遺編)』, 원조의 법문 뒤에 남아 있는 기록이다. 누가 썼는지는 분명치 않지만 어쨌든 가소로운 일이다. 이것저것 주워 듣고 잘난 체는 하고 있지만 승통국사와 불교에 대해서 아무 것도 제대로 알지 못하는 자의 글이 분명하다. 다만 의천이 남겼다고 주워 들은 시의 구절과 의천이 스스로를 구법사문이라고 불렀다는 소문 등이 눈에 뜨일 따름이지만, 이런 이야기조차 믿을 수가 없다. 오히려 '나의 뜻 아는 이 어디 있으리, 다만 깊이 선재동자 기억할 뿐'이라는 시는 말투로 보아 원조가 남긴 것일 가능성이 크다. 뒤에 붙인 송(頌)이라는 사족은 더욱 가소롭다. 제법 선기를 담는다고 했는지 모르지만 종본이나 불인이 품었던 화하의 자존심, 그런 시시한 감정의 결정판이란 생각이 들 뿐이다. 실제 원조도 의천도 이런 일에는 관심조차 없었을 것이다.

가슴에 품은 뜻, 알기나 했을까

원풍(元豊) 을축년(1085)에 국사는 홀연 몰래 바다를 건너 송나라 땅으로 여행을 떠났다. 칙명을 받은 주객낭중 양걸의 인도로 밀수(密水)로부터 변하(汴河)에 이르러 바로 대궐을 찾아뵙고 승상도 방문했다. 그리고 여섯 종파의 쟁쟁한 고수들을 찾아 문답을 나

27　도순(道詢), 『지원유편(芝苑遺編)』 하권.

　　　　　　　　　　　　　　　　　　　1. 멍청한 왕자

「흥왕사대각국사묘지명(興王寺大覺國師墓誌銘)」

넸으니, 곧 정원(淨源), 회련(懷璉), 택기(擇其), 혜림(慧琳), 종간(從揀) 등 오십여 명이었다. 이 무리들이 우리 국사가 가슴 속에 품었던 깊은 심정을 알기나 했을까?28

박호(朴浩)가 지었다는 의천의 묘지명에 나오는 이야기이다. 저 묘지명에는 '대송(大宋) 건중정국(建中靖國) 원년(元年), 대요(大遼) 건통(建統) 원년(元年) 11월 4일'이라는 날짜가 붙어 있다. 묘지명을 돌에 새긴 날짜이다. 서기로 1101년이다. 바로 이해 10월 3일, 숙종은 의천을 국사로 책봉했고, 의천은 이틀 뒤 10월 5일 입적했다. 묘지명을 돌에 새긴 날짜로부터 한 달도 채 되기 전이었다. 그만큼 생생한 기록이라고 할 수 있다.

28　박호(朴浩), 「흥왕사대각국사묘지명(興王寺大覺國師墓誌銘)」, 한국금석문종합영상정보시스템(http://gsm.nricp.go.kr).

'우리 국사가 가슴 속에 품었던 깊은 심정' 원문은 '흉중(胸中)의 묘온(妙蘊)'이라고 표현하고 있다. 오묘하고 심오한 생각. 박호 자신은 그런 묘온(妙蘊)을 알기나 했을까? 그조차 알 도리가 없다. 남은 것은 달랑 저 물음뿐이다. 길지도 않은 묘지명, 앞뒤의 문맥과도 별 상관이 없어 보이는 저 물음은 오히려 느닷없고 낯설게만 느껴진다. 하지만, 앞에 장황하게 소개했던 송나라 불교계의 기록들, 화하의 고승들이 멍청한 왕자를 훈계했던 이야기를 돌이켜 보면 저 물음이 공연한 것이 아니었겠다는 생각도 든다. 박호의 물음은 멍청한 왕자를 조롱하며 뒷전에서 시시덕거리던 무리들의 존재를 알았다는 듯, 그들에게 들으라는 것 같기도 하기 때문이다.

의천은 우리 기억 속에서 오랫동안 잊혀졌던 인물이었다. 그런 의천을 역사의 무의식 속에서 이끌어 낸 이가 바로 일본의 오야 토쿠죠라는 학자였다. 그는 일본에 전승되어 오던 의천에 관한 자료들을 모으고, 한국과 중국에서 새로운 자료를 발굴하여 1937년 『고려속장조조고(高麗續藏雕造攷)』라는 책을 출간했다.[29] 오야 토쿠죠는 그 책의 서문에서 의천의 일, 『고려속장경』을 평가하며, '고려문화, 불교문화의 정화(精華)요, 공전(空前)의 위관(偉觀)'이라고 찬탄했다. 이전에는 없던 일, 역사상 최초의 일이었다는 뜻이리라. 이런 평가를 통해 의천과 그의 속장경은 우리의 기억 안으로 돌아왔다. 속장경이란 표현은 대장경에 이어서 조성한 속편 대장경이란 의미를 담고 있다. 하지만 의천은 속장경이란 표현을 쓴 적이 없었다. '모든 종파의 교장(教藏)'이란 뜻에서 '제종교장(諸宗教藏)'이라고 불렀고, 줄여서 그냥 '교장(教藏)'이라고도 했다. 『고려속장조조고』는

29　오야 토쿠죠(大屋德城), 『고려속장조조고(高麗續藏雕造攷)』, 1937, 쿄오토.

1. 멍청한 왕자

교장이나 의천 연구의 결정판이라는 평가를 받는 책이다. 근래에 들어 교장이나 의천에 대한 연구가 활발해졌다고는 하지만, 이 책에 직간접적으로 빚을 지고 있고, 아직도 이 책의 그늘을 벗어나지 못하고 있다 해도 과언이 아니다.

의천은 문헌결집, 말하자면 책에 삶을 걸었던 인물이다. 그 삶의 중심에 『고려속장경』, 곧 『교장(敎藏)』이 있다. 누구도 상상조차 하지 못했던 일, 그런 일을 해낸 의천이다. 이제 와서 그런 위대한 일에 시비를 걸 사람은 없다. 『고려속장조조고(高麗續藏雕造攷)』의 서문에는 '소화(昭和) 10년(1935)'이란 날짜가 달려 있다. 그 밑으로는 작은 글씨로 '조선(朝鮮) 시정(施政) 25년, 만주 건국 4년'이 이어진다. 조선을 다스린 지 25년, 아무튼 그 서문은 착잡한 글이다. 식민지를 누비던 제국주의 학자의 감회와 감격이 담겨 있다. 『고려속장조조고(高麗續藏雕造攷)』는 제국주의의 산물이다. 의천의 이야기에 등장하는 화하(華夏)의 자존심에 비견해 볼 만한 대목이다. 하지만 『교장(敎藏)』이라는 물건, 그 일은 소화(昭和)나 화하(華夏) 따위의 민족적, 국가적 자존심으로 재단할 수 있는 자잘한 일이 아니다. 물론 그런 자존심들을 깔보자는 것은 아니다. 의천에게도 나라나 겨레는 소중했고, 그의 일은 무엇보다 나라와 겨레를 위한 일이기도 했다. 아무튼 고려 『교장(敎藏)』은 그 규모만 따지더라도 세계사적인 의의를 지닌 큰 일임에 틀림이 없다. 『교장(敎藏)』은 불교라는 특정 종교의 문헌을 집성한 것이긴 해도 불교라는 틀 안에서 평가하기에도, 선종이나 교종 등의 종파적인 관점에서 보기에도 그 의의와 가치는 너무도 크다.

게다가 의천은 『교장』 외에도 『원종문류(圓宗文類)』나 『석원사림(釋苑詞林)』 같은 큰 규모의 문헌집성 또한 함께 이뤄냈다. 양도 양이지만 의천이 해냈던 그런 일에는 동서고금을 통해서 유례를 찾기 어려운 창조적이고 실험적인 도전과 실천으로 가득 차 있다. 의천이 직·간접으로 남긴 기록에는 그 같은 일에 대한 강렬한 사명감과 집착이 점점이 담겨 있다. 책을 수집하고 정리하고 출판하던 일, 오랜 세월 전승되어 온 낡은 책들을 함께 읽고 토론하고 실험하여 개선시켜 가던 일. 그런 일에 대한 일머리가 담겨 있다. 긴 시간과 넓은 공간으로 유통하던 큰 기억을 다루는 일이었다.

살아서는 승통이라는 불교 최고의 권위를 누렸고, 아버지 문종을 비롯하여 순종과 선종, 숙종의 세 형, 그리고 선종의 아들 조카 헌종까지 다섯 임금을 섬겼으며, 죽어서는 국사로 받들어졌던 의천. 명실상부 최고의 권세를 누렸던 왕자 승통이었다. 하지만 고려만 따져봐도 왕자도 많았고 승통, 국사도 많았다. 그러나 이런 일을 해낸 사람은 아무도 없었다. 아니 그 많던 왕자, 승통이 의천이 해냈던 숱한 일 가운데 어느 하나만이라도 성취할 수 있었다면 역사가 되고 전설이 되었을 터였다. 의천이 해낸 일의 크기가 너무도 컸기 때문에, 그리고 그런 일을 해내기 위해 숱한 고난을 겪어야 했기에 의천의 권세가 더욱 돋보이는지도 모르겠다.

우리가 의천이라는 인물, 그가 했던 일을 잊고 있을 때, 그의 자리를 차지하고 있던 것이 바로 '멍청한 왕자'라는 선입견이었던 것 같다. 왕자 승통이 되어 송나라에는 무슨 일로 갔는지, 외국의 선승들로부터 훈계를 듣고 모욕을 당하면서도 망연자실, 전전긍긍하던 자. 박호의 느닷없는 물음이 낯설게 느껴지는 까닭은 이런 물음 자체가 워낙 드물었던 까닭이기도 하지만, 의천 자신도 그런 심정을 구구하게 설명해 본 적도 없었고, 의천의 심정 자체에 의심을 품어 본 사람들도 거의 없었기 때문이기도 하다. 대만의 고승이 그러했듯, 누구나 망연자실과 전전긍긍을 별다른 의심없이 사실로 인정해 왔기 때문이다. 오야 토쿠죠가 의천의 일, 공전의 위관을 찬탄한 뒤에도 이런 사실에는 큰 변화가 없었다. 의천이 했던 일은 고립무원의 섬과도 같다. 앞에도 없었고 뒤에도 없었던 일, 그 일만이 그 곳에 불쑥 솟아 있을 뿐이다. 일을 해낸 사람의 의도가 빠져 있고, 심정이 빠져 있기 때문이다. 아무튼 일은 남았고, 의천이라는 인물이 그 자리에 있긴 하다. 의천의 일, 공전의 위관은 작은 일이 아니다. 고립무원의 섬이라고 했지만, 의천의 일은 아시아는 물론, 인류 지식의 역사에 우뚝 솟은 높은 봉우리임에 틀림이 없다. 그런 봉우리가 이유도 없이 불쑥 솟아올랐을 리가 없다. 사람이 했던 일, 사람이 만들어 냈던 물건들, 생각과 노력과 힘이 들었을 것도 역시 틀림이 없다.

> 엎드려 바라오니 전하께옵서 간절한 마음을 살피시어 한가하게 놓아주십시요. 그렇다면 간절하게 품었던 법(法)을 보호하려는 장대한 계획을 비록 이생에서 이루지 못한다 하더라도, 여생에는 생각을 다스리고 경전을 읽어 내세를 기약할 뿐입니다.[30]

의천은 선종이 승하한 직후 흥왕사 주지를 내놓고 해인사로 은퇴를 했다. 선종을 이어 아들 헌종(獻宗)이 즉위하였지만, 1년만에 선종의 동생인 계림공(鷄林公)이 쿠데타를 일으켜 즉위하였다. 이 계림공이 숙종(肅宗)으로 역시 의천의 친형이었다. 숙종은 즉위한 이후로 여러 차례 사람을 보내 의천의 입궐을 독촉했다. 위에 인용한 글은 의천이 입궐을 거듭 물리치며 숙종에게 올렸던 표(表)의 한 부분이다.

장도(壯圖), 장대한 계획, 요즘 말로 치자면 '마스터 플랜'이랄까. 의

---

30 의천, 「입궐을 사양하는 표(表)」, 『문집』 제8권.

천 자신이 친형에게 털어놓았던 평소의 포부였다. 의천에게는 그런 장대한 플랜이 있었다. 초지일관, 어려서부터 죽을 때까지 한번도 잊은 적이 없었고, 포기한 적도 없었던 집요한 일이었다. 의천의 은퇴는 자의에 의한 것이 아니었다. 왕실과 조정, 권력 투쟁의 결과였다. 의천 자신도 그같은 권력을 배경으로 승통도 되고 주지도 지냈으니 남의 일만은 아니었을 것이다. 아무튼 의천은 해인사로 은퇴하면서 자신의 꿈, 스스로 장대한 계획이라고 표현했던 꿈을 포기했다. 아니 의천이 포기했던 것은 이승의 일이었다. 의천은 자신의 계획을 내생으로 미루었다는 말이 맞겠다. 새로 즉위한 숙종은 의천에게 다시 한 번 기회를 주고자 했지만, 의천은 숙부와 조카가 죽이고 죽는 권력의 소용돌이 속으로 들어갈 생각이 없었다. 생각을 다스리고 경전을 읽는 일이 장대한 계획을 실천할 수 있는 또 다른 길이라고 생각했기 때문이었다.

박호가 물었던 '흉중의 묘온', 그 묘온이 의천이 표현했던 장대한 계획, 바로 그것이었을까? 앞에서 소개했던, '교외별전(敎外別傳) 따위는 함부로 들먹이지 말아라'는 소리. 이런 소리 자체가 아무나 함부로 할 수 있는 것이 아니다. 그렇기 때문에 이런 한마디 구절 안에 의천의 신념과 인품이 모두 담겨 있다는 생각도 든다. 의천은 그저 삼루에서 시작하여 주어진 권력만을 누리다 간 멍청한 왕자는 아니었다. 의천은 오히려 선명한 이념과 강한 의지를 지닌 유능한 지도자였다. 다른 일들은 차치하더라도 그가 47년의 짧다면 짧은 생 동안 이룩했던 문헌결집만을 보더라도 그의 빼어난 안목과 능력은 입증되고도 남는다.

이 글은 의천이라는 인물에 대한 일종의 평전이라고 할 수 있겠다. 그렇다고 해서 교외별전(敎外別傳)이니 선종과 화엄종의 갈등이니, 그런 문제들을 직접 다루지는 않는다. 그런 복잡하고 심오한 문제들을 다루기

1. 멍청한 왕자

에는 남아 있는 기록이 너무 적기 때문이다. 반면에 의천이 남긴 일의 흔적들은 너무나도 선명하다. 이 같은 흔적들에 대한 연구 또한 빠르게 늘어가고는 있다. 그렇다 하더라도 멍청한 왕자와 같은 선입견과 그의 업적 사이에는 아직도 빈틈이 많이 남아 있다. 이 글은 그런 틈을 메워 보려는 시도의 결과라고 할 수 있다. 여기저기 산재한 기록들에 남겨진 의천에 대한 기억들. 의천이라는 인물이 도대체 어떤 인물이었기에 그 같은 큰 일을 성취해 낼 수 있었던 것일까? 이 글은 말하자면 그런 의문에서부터 시작했다.

의천이 살던 시대는 시대 자체가 책의 시대였다. 불교라는 관점에서 보자면, 대장경의 시대, 10세기 중반 송나라에서 조성한 『개보대장경(開寶大藏經)』을 수입하면서 인쇄본 대장경의 시대가 열렸다. 목판 인쇄술로 찍어낸 목판 대장경이다. 『개보대장경』이나 『고려대장경』, 이들 대장경은 목판 인쇄술로 조성된 목판 대장경이다. 목판 인쇄술은 동아시아 인쇄문화를 대표하는 인쇄 기술로 이 인쇄술의 등장은 요즘 표현으로 치자면 매체혁신과도 같았다. 목판 인쇄술이 실용화되기 전, 대부분 책은 손으로 베껴 쓰는 필사의 방법을 통해 유통하였다. 똑같은 사람이 똑같은 책을 베낀다 하더라도 손으로 베낀 책은 모두 다르다. 한 번에 하나만을 베낄 수 있기 때문이다. 베낄 때마다 오자와 탈자 등의 오류가 끼어들 수도 있다. 책도 종이도 귀하던 시절 서둘러 베끼다 보면 그런 오류가 늘어날 수밖에 없었다. 하지만 인쇄술로 찍어낸 책은 모두 똑같다. 게다가 목판에 한 번 새겨 놓기만 하면 백 권이고 천 권이고 원하는 대로 반복하여 찍어 낼 수도 있다. 손으로 베끼는 일에 비하면 가히 혁신적인 변화라고 할 수 있다. 의천은 『고려대장경』이 조성되던 시대를 살며 대장경의 역사를 함께 써갔던 분이다.

목판 인쇄술은 효율성이 높은 우수한 인쇄 기술이다. 무엇보다 보존성이 매우 뛰어나다. 해인사에 거의 완벽한 형태로 남아 있는 팔만대장경 목판이 그 증거라고 하겠다. 해인사 목판의 우수성을 단적으로 상징하는 표현이 있다. '아직도 인쇄할 수 있는[Still Printable]' 상태라는 표현이다. 지금은 문화재로 지정되어 제약이 많아졌지만, 1960년대만 해도 여러 질을 인쇄하여 국내외에 배포하기도 했었다. 지금도 마음만 먹으면 고려시대에 찍었던 책과 똑같은 책을 얼마든지 찍어낼 수 있다. 조선조에 들어 다양한 금속활자를 만들어 인쇄를 하기도 했지만, 주력의 인쇄 기술은 역시 목판 인쇄술이었다. 금속활자를 이용한 인쇄가 빠르고 편리하기는 했지만, 목판 인쇄술로 인쇄한 책들이 훨씬 더 아름답고 질이 좋았기 때문에 장기적으로 보자면 금속활자는 목판 인쇄술의 효율성을 넘어서기 어려웠다. 실제 금속활자는 근대 활판 인쇄술이 도입되기 이전까지 목판 인쇄술의 보조적인 기능을 벗어나지 못했다.

의천을 이야기 하는 일은 대장경의 시대, 목판 인쇄술의 시대라는 시대적 특성을 빼놓고는 이해하기가 어렵다. 그 시대는 혁신적인 인쇄기술이 보편화되는 과정에서 문헌을 정리하여 출판하려는 의지와 욕구가 강해졌고, 혁신적인 기술을 통해 지식과 문화를 개선 또는 혁신시킬 수 있다는 희망도 높아지던 시대였다고 할 수 있다. 그 사이 『고려대장경』의 조성과 증보, 개정이 꾸준히 추진되었고, 그런 분위기 속에서 태어나고 성장했던 의천은 『고려대장경』을 넘어 새로운 출판, 새로운 혁신을 꿈꿀 수 있었다.

이제까지 발표된 의천에 대한 연구들을 살펴보면, 대개 네 가지 측면의 평가들을 담고 있다. 첫째, 교장 및 문헌결집을 중심으로 한 평가, 둘째, 한중 교류를 중심으로 한 평가, 셋째, 화엄종의 승려였던 의천의 사상을 중심으로 한 평가, 넷째, 해동 천태종의 창종을 중심으로 한 평가

등이 그것이다.

　문헌결집을 둘러싼 평가는 일본의 연구자들로부터 시작되었고, 일본의 연구들은 주로 이 측면에 집중하는 경향이 있다. 한중 교류에 대한 평가는 근래 들어 한국과 중국의 공동 연구로 활발해지기 시작했다. 1990년대 한중 간의 수교를 계기로 양국의 교류에 대한 관심이 높아졌고, 의천의 교류가 모범적인 사례로 꼽히게 되어 몇 차례 학술회의를 통해 적지 않은 연구성과들이 발표되었다. 근래에는 중국의 학자들 사이에서 의천과 연관된 기록들을 중심으로 송나라 불교의 역사를 재구성하려는 노력도 나타나고 있다. 당시의 기록이 많이 남아 있지 않은 현실에서 의천과 연관된 기록이 지닌 가치에 주목하기 시작하면서 나타난 경향이라고 할 수 있다. 의천의 행적이, 그가 구축했던 인적 교류의 네트워크가 지닌 가치가 그만큼 높다는 반증이기도 하다. 셋째와 넷째의 경우는 주로 우리나라 연구자들에 의해 이루어졌다. 하지만 의천의 사상을 단적으로 보여주는 저술이 남아 있지 않은 상황에서 사상적인 연구는 제약을 가질 수밖에 없었다. 화엄사상의 경우만 보더라도 의천은 당시 고려를 이끌던 사상적 경향을 강하게 비판하고 당나라 시기의 저술에 이끌리는 경향을 보이고 있다. 고려적인 특성이나 독창성을 발견하기도 쉽지 않아서 중국 화엄종의 아류라는 평가를 받기도 했다. 따라서 화엄학자로서의 의천이라는 평가 또한 한계를 지닐 수밖에 없었다. 해동 천태종의 창종도 비슷한 경우라고 할 수 있다. 의천이 창종했다는 천태종은 종파로서 자리를 잡기도 전에 유명무실해진 면도 있고, 이후 사상적인 발전도 미미했기 때문에 창종의 사실 외에 연구가 진행되기도 어려운 형편이었다.

　하지만, 남아 있는 기록이 부족하다고 해서 의천이 지닌 사상적·학술적 의의를 무시해도 된다거나, 묻어둘 수밖에 없다는 뜻은 아니다. 예

를 들어 의천은 정원과 교류하면서 항주 혜인사의 중창과 발전에 큰 공
헌을 했다. 혜인사는 그 후 송나라 화엄사상을 대표하는 사찰로 발전했
다. 정원은 중국 화엄종의 중흥조로 평가받고 있으며 그 문하에서 우수
한 학승들도 다수 배출했다. 일본의 경우에도 이들 정원 계통의 화엄사
상으로부터 적지 않은 영향을 받았다. 이러한 역사에서 의천의 역할은
실로 결정적이었다고 해도 과언이 아니다. 오히려 그런 영향이 정당한
평가를 받아 본 적이 없었다는 편이 옳을 것이다.

의천은 분명 선명한 목적의식을 가지고 시대를 이끌었던 탁월한 사
상가였다. 하지만 의천은 어려서부터 일을 선택했다. 연구와 교육에 높
은 가치를 두었고, 많은 노력을 기울이긴 했어도 우선순위는 언제나 일
에 두었다.

스님은 글로써 뜻을 밝혀 남기고자 했지만 뜻을 이루지 못했다.
일찍이 문헌이 너무 방대하고 복잡하여, 그 핵심을 가리고 분류
하여 『원종문류』라 했고, 또 고금(古今)의 문장(文章)들 가운데 가
르침에 도움이 될 만한 것들을 모아 『석원사림(釋苑詞林)』을 출간
하려고 했었는데 직접 편집하여 결정하지는 못했다. 뒤에 완성
이 되었지만 그래서 선택이 완전하지 않았다. 문인(門人)들이 지
은 시와 문장의 잔편과 초고들을 모았지만 남아 있는 것이 너무
적었다. 편집을 하니 20권이 되었지만 모두 급하게 쓴 것들이고
후세에 남기려던 것은 아니었다. 그러므로 생전에 글을 베껴 출
간한 것들도 있었지만 그 판들을 거두어 불살랐다. 31

31　김부식,「영통사비명」,『문집』제12권.

　　　　　1. 멍청한 왕자

의천은 선종이 승하하고 해인사로 낙향하면서 일을 떠나 연구와 저술에 집중하려는 의욕을 보이기도 했다. 그 첫번째 결과물로『성유식론단과(成唯識論單科)』를 내놓기도 했다. 하지만 이나마 오래가지 않아 숙종이 부름을 받아 서울로, 일로 돌아올 수밖에 없었다. 이는 학술과 사상이라는 측면에서도, 일이라는 관점에서도 아쉬운 장면이었다고 할 수 있다. 다시 일을 시작한 것이 기회일 수도 있었지만 갑작스런 죽음으로 많은 일들이 미완으로 남겨졌기 때문이다. 의천이 하려고 했던 일들은 아무나 생각할 수 있는 것도 아니었고, 누구나 할 수 있는 일도 아니었기 때문이다. 의천 자신의 글을 통해 일의 목적과 계획이 남을 수 있었다면 그의 생각도 일도 그렇게 빨리 잊혀지지는 않았을 것이다.

사실 의천의『문집』에 남은 글들은 모두 일의 흔적이다. 그렇기 때문에 의천의 생각을 읽기 위해서는 일의 행간을 따라 갈 수밖에 없다.

책과 함께 살며, 책에 대한 일을 하며 의천이 꿈꾸었던 일은 무엇이었을까?

현존하는 기록에 따르면 의천의 꿈은 19세에 처음으로 공식화되었다. 그는 당시 세자이던 선종을 대신하여『교장』결집을 위하여 먼저『교장』의 목록을 작성하겠다는 서원을 밝혔다. 그로부터 20여 년, 의천은 일에 지쳐 쓰러질 때까지 문자 그대로 파란만장한 삶을 살며 화려한 일의 역사를 그려갔다. 고려는 물론 거란과 송나라, 일본과 서역 등 여러 곳에서 수집한 책들을 정리하고 교감하여 출판해내는 일이었다. 고려나 대륙 모두 전쟁을 겪으며 숱한 책들이 흩어지고 사라진 때였다. 의천 스스로도 애를 써서 수집한 책의 책장들이 찢기고 좀먹어 순서조차 매기기 어려운 지경이었다고 했다. 그런 책들을 가려내고 교정하여 목판에

새겨 내는 일, 그런 일은 예나 지금이나 따분하고 힘겨운 일이다. 높은
수준의 지식과 안목이 필요한 일이기도 하지만, 성과도 분명치 않은 단
순작업을 끝없이 반복해야 하는 일이기도 하다. 특별한 목적의식이 없다
면 시작하기도 지속하기도 힘든 일임에 틀림없다.

　열반에 들기 한 해 전, 의천은 심장에 통증이 있어 책을 보기조차 어
렵다고 토로하고 있다. 모르긴 몰라도 그런 지난한 일로부터 생긴 병이
었을 것이다. 의천은 그런 일에 왜 그토록 강한 열정을 바쳤던 것일까?

　의천은 자신의 시대를 정의롭지 않은 일들이 판을 치고, 중생에게는
지혜가 사라져 목표와 방편을 잃은 시대, 불교적으로 표현하자면 말법의
시대로 이해했다. 의천은 그런 시대를 뒤집고자 했다. 가르침을 회복시
키는 방식으로 세계와 인간을 변혁하고자 했다. 그리고 그가 선택한 방
편이 바로 책과 기억을 회복하는 일이었다. 세계와 역사를 뒤집는 일,
열아홉 왕자 승통이 책을 수집하면서 세웠던 꿈과 목표가 그런 것이었
다. 의천의 기록에 남아 있는 꿈이나 목적의식, 혹은 의지를 담은 표현
들, 아직까지는 특별한 관심을 끌어 본 적이 거의 없었던 것 같다. 사실
그런 구절은 상투적인 면이 없지 않다. 의례적인 수사로 보이기 때문에
특별한 의미를 두기도 쉽지 않다. 하지만 남아 있는 기록만 보더라도 상
투적인 수사들은 반복되어 나타나고 있고, 의천이 했던 일과 함께 뚜렷
한 일관성을 보이고 있다. 그렇기 때문에 어린 왕자의 꿈과 집념을 그저
상투적인 수사로 넘겨버릴 수도 없다.

1. 멍청한 왕자

2

의천의 길

◯

송나라 구법여행

의천의 길

기록이 부족하다고는 했지만, 의천에 대하여는 그래도 의외로 많은 종류의 기록들이 남아 있다. 의천이라는 인물이 아직도 널리 주목받지 못하는 현실에 비하자면 말이다. 가장 일차적인 기록은 물론 의천이 생전에 남긴 글들을 모아 놓은 『대각국사문집(大覺國師文集)』과 『외집(外集)』이다. 해인사에는 아직도 목판이 남아 있다. 많은 부분이 누락되고 보존 상태도 그다지 좋지는 않지만 일과 삶의 흔적을 짐작하기에는 충분한 기록이라고 할 수 있다. 이 밖에 세 종류의 비문도 잘 보존되어 있다.[32]

이른바 '의천의 구법(求法) 여행'으로 널리 알려진 송나라 방문은 의천의 일생에서 가장 두드러지는 특징이라고 할 수 있다. 의천은 서른한 살이 되던 해, 고려 선종 2년, 1085년 4월 송나라를 방문하여 1086년 6월 귀국하였다. 의천은 법을 구하기 위하여 어머니와 임금, 조정의 반대를 무릅쓰고 밀항을 감행했다. 촉망 받던 왕자 승통이 감행한 밀항, 이

---

[32] 「고려국오관산대화엄영통사(高麗國五冠山大華嚴靈通寺) 증시대각국사비명(贈諡大覺國師碑銘)」, 「고려국대성일흥왕사고국사조시대각대화상묘지명(高麗國大聖日興王寺故國師詔諡大覺大和尙墓誌銘)」, 「남숭산선봉사해동천태시조대각국사지비명(南嵩山僊鳳寺海東天台始祖大覺國師之碑銘)」.

는 그 자체가 조야를 떠들썩하게 만들었던 국제적인 사건이었다. 아무튼 의천은 이 여행을 통해 숱한 고승을 만나 교류를 했고, 여러 종파의 법을 전수 받았으며, 수천 권에 달하는 문헌을 수집할 수 있었다.

의천의 여행이 큰 사건이었던 만큼 그에 대한 기록 또한 풍부하게 남아 있는 편이다. 앞에서 거론했던 송나라 측의 역사책은 물론이고, 그가 여행했던 지역 곳곳에 자취를 남겨 놓기도 했다. 그가 만났던 사람들, 『대각국사문집(大覺國師文集)』에 남은 기록만 봐도 50여 명이 넘는다. 모두 송나라를 대표하며 당대를 호령하던 거물들이었다. 그렇기 때문에 그들에 대한 기록들 사이에서도 의천의 흔적을 찾기는 어렵지 않다.

의천은 역사상 유례를 찾아보기 힘들 정도로 방대한 문헌결집을 해낸 인물이다. 하지만 의천은 이 밖에도 숱한 일들을 해냈다. 그는 평생 강연을 쉬어 본 적이 없을 정도로 교육에 대단한 열의를 지닌 교육자였다. 아버지와 형제, 조카, 다섯 임금을 모시며 국가 경영의 중심에 있던 정치가이기도 했다. 화엄종의 승려로서, 불교 최고의 지도자 승통으로서 종단과 불교계의 개혁을 꿈꾸었던 개혁가였으며, 세계 최대의 불교문헌을 수집하고 정리했던 문헌전문가요 학자였다. 뿐만 아니라 송나라는 물론이고 송나라와 대치하고 있던 요나라와도 활발한 교류를 하였고, 일본이나 멀리 서역의 고창국 등과도 교류했던 외교전문가이기도 했다. 당대에 이런 국제적인 관계, 네트워크를 유지·관리하던 인물은 전무했다고 해도 과언이 아니다. 의천은 타고난 일꾼이었다. 가는 곳, 보는 것마다 허튼 구석을 참지 못했다. 무너진 건물을 보면 고쳐야 했고, 부족하다고 느끼면 새로 지어야 했다. 우리나라 곳곳에 그런 흔적들이 남아 있다. 1년 2개월, 송나라에 머물 때에도 끊임없이 무엇인가를 짓고, 고치고, 일을 벌였다.

그 많은 일들을 한번에 다 이야기할 수는 없다. 그래서 이야기의 실
마리를 의천의 길에서부터 찾고자 한다. 비록 짧은 기간이었지만, 의천
의 송나라 여행은 그의 일생에서 가장 극적인 장면이었기 때문이다. 이
야기거리도 많고 남아 있는 기록들도 많다. 오랫동안 벼르고 준비했던
여행이었기 때문에 여행에 얽힌 이야기들 사이에는 그런 계획과 꿈이 담
겨 있다. 의천의 길은 어려서부터 꾸어 왔던 꿈, 그런 꿈을 실현해가는
꿈의 길이었다.

서기	고려	송(宋)	일
1085년 정월	선종 2년	원풍(元豐) 7년	내전에 들어가 송나라 구법을 간청, 군신이 의논하였으나 허락하지 않음
4월 경오(庚午) 밤			선종과 태후에게 편지를 남겨 놓고 제자 수개(壽介)를 데리고 미복으로 정주로 가서 상인의 배를 타고 출발. 선종이 이를 듣고 관료를 선발해 낙진(樂眞), 혜선(慧宣), 도린(道隣) 등의 제자들과 따라가도록 함
5월 2일 갑오(甲午)			송나라 판교진(板橋鎭)에 도착, 지밀주조봉랑(知密州朝奉郎) 범악(范鍔)이 영접하고 표(表)를 올려 상주
5월 21일			철종이 주객원외랑(主客員外郎) 소주정(蘇注廷)에게 명령하여 안내하도록 함
6월 7일			해주(海州)에서 철종이 내시성(內侍省)의 황영석(黃永錫)을 보내 칙지(勅旨)와 음식을 하사
6월 13일			철종, 중사(中使)를 보내 칙지와 함께 차와 약 하사
7월 1일			남경(南京)에서 중사를 보내 칙지와 음식 하사
7월 6일			변경 교외에서 환영하고 변경(卞京)의 계성사(啓聖寺)로 들어감. 중서사인(中書舍人) 범백록(范百祿)이 주관하여 며칠 후 (철종이) 수공전(垂拱殿)에서 만나보고 손님의 예로 대접
7월 21일			계성원에 중서사인(中書舍人) 전협(錢勰)을 보내 환영연 주최
8월			철종에게 항주로 가서 정원에게 사사받을 수 있도록 해 달라는 표를 올리자 조산랑상서(朝散郎尙書) 주객원외랑(主客員外郎) 양걸(楊傑)을 보내 안내하게 함. 변경을

서기	고려	송(宋)	일
			떠나 변수(汴水)를 따라 회사(淮泗)를 거쳐 항주로 여행
9월			항주에 도착하여 정원이 주석하던 대중상부사(大中祥符寺)를 찾아 정원을 만남. 주본(周本)『화엄경』을 함께 읽기 시작
1086년 1월	선종 3년	원우(元祐) 원년	항주 지주(知州) 포종맹(蒲宗孟)의 초청으로 정원이 남산(南山) 혜인원(慧因院)으로 들어감. 정원은 전에 주석하던 곳에 각각 현수(賢首)의 교장(敎藏)과 조사상(祖師像)을 모셨는데, 이곳에도 다시 모시고자 했지만 할 수가 없었다. 양걸(楊傑)이 그런 뜻을 알고는 지주(知州) 등과 함께 애를 써서 일을 처리했다. 의천이 은을 희사하여 교장(敎藏) 칠천 오백여 권을 모셨고, 귀국한 뒤에는 다시 금으로 쓴 화엄경(華嚴經) 삼본(三本)을 모셔서 성수(聖壽)를 빌었다. 혜인원(慧因院)은 본래 선원(禪院)이었는데, 강원(講院)으로 바꾸고 특별히 세금까지 면제해 주었으니 조정에서 승통을 위해서 한 일이었다.
			선종이 송의 철종에게 모후 인예태후의 걱정을 들어 의천의 귀국을 종용해달라고 요청. 당시 의천은 천태종의 종간(從諫)과 함께 천태종의 문헌을 공부하고 있었다. 종간의 권유로 귀국을 결심하고 철종의 조서에 따라 변경으로 올라감. 정원과 함께 『화엄경』을 읽고 있던 때여서 정원에게 함께 배를 타고 가자고 청하여 공부가 계속 이어질 수 있었다.
윤 2월 13일			변경에 들어가자 영령선원(永寧禪院)에서 위로연을 베풀고, 동문관(同文館)에 쉬게 하고 조산랑(朝散郎) 시중서사인(試中書舍人) 만중행(滿中行)을 관반사로 보냄. 철종을 뵙고 닷새를 머문 뒤 하직 인사를 올림
3월 2일			변경을 떠날 때 양걸을 수행원으로 보내 안내하도록 함
3월 7일			철종, 의천의 부왕 문종의 초상화를 내려 위로
4월			변경을 떠나 내려오는 길에 수주(秀州) 진여사(眞如寺) 능엄대사탑에 들러 참배하고, 탑정(塔亭)이 허물어진 것을 보고 금을 시주하여 고치도록 함
			4월에 혜인원으로 돌아와 정원으로부터 법을 전해 받고 신표(信標)로 경서와 향로 불자(拂子)를 받음. 이는 특별히 의천만을 위한 것이 아니었고 정원을 도와 도(道)가 증진되도록 한 것이었다.

서기	고려	송(宋)	일
1086년 4월			항주를 떠나 명주(明州)로 가는 도중에 천태산(天台山)에 들러 지자(智者) 대사의 탑에 참배하고 친히 발원문을 써서 귀국하여 천태종을 전할 것을 서원함. 양걸이 이를 기록하고 중립(中立)이 비석에 새겨 기념하였다.
5월			명주(明州)에 도착
5월 19일			정해(定海) 항에서 귀국하는 고려의 조하사(朝賀使) 사신단과 합류하여 귀국길에 오름
5월 29일			정해항을 떠난 지 열흘만에 예성강을 통해 귀국. 국경에 이르러 죄를 사죄하는 표(表)를 바침

의천의 송나라 체재일정 – 「영통사비명」, 『문집』 등의 기록에 의해 재구성

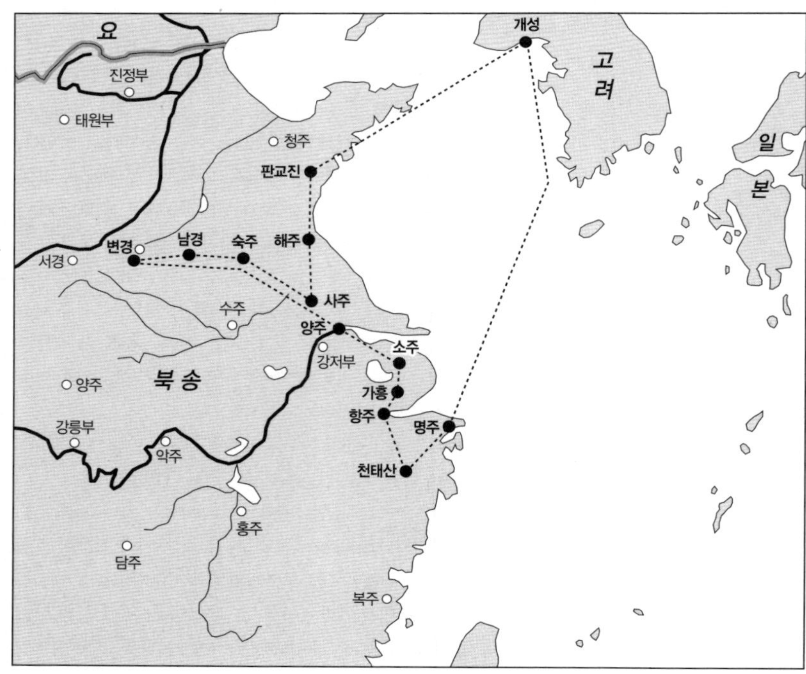

의천의 길
개성–정주–판교진–해주–사주–숙주–남경–변경(개봉)–양주–소주–가흥–항주–개봉–항주–천태산–명주–벽란도–개성

2. 의천의 길

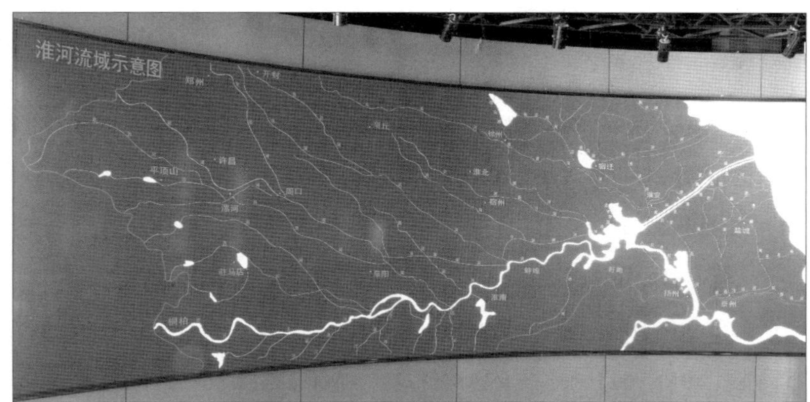

옛 사주성 회하문화회관(淮河文化會館)에 전시된 회하유역시의도(淮河流域示意圖), 의천의 송나라 여행은 운하를 따라 이루어졌다. 오른편 서해에서 운하를 따라 내륙으로 들어 오면 홍택호라는 큰 호수를 만나게 된다. 바로 이 홍택호와 호수 아래편에 위치한 사주(지금의 우의)가 운하 교통의 중심지였다. 거미줄처럼 복잡하게 얽힌 수로를 따라 서북으로 올라가면 당시의 서울 변경으로 이어지고, 남쪽 양주를 통해 양자강을 건너면 소주 항주로 이어진다.

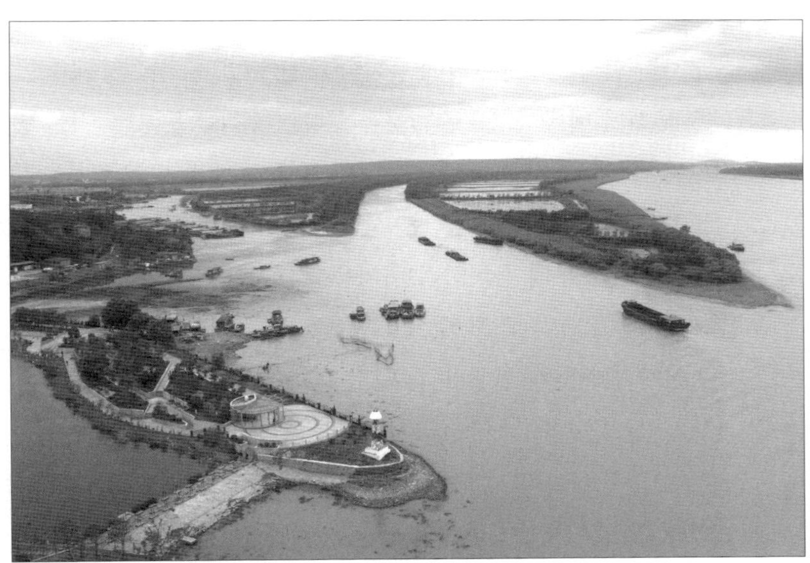

사주의 운하. 의천은 이 운하를 따라 변경과 항주를 2차례 왕복했다. 당시 사주는 운하교통의 중심지로 크게 번성했던 항구 도시였다. 고려의 사신들도 이곳을 거쳐 변경으로 갔다. 하지만 대홍수를 거치며 항구의 흔적조차 물 속에 잠겨 버리고 말았다.

밀항에 담긴 뜻

고려 선종 2년, 4월 7일 밤, 미복(微服)으로 몸을 감춘 의천은 송나라 상인의 배에 올랐다. 이른바 구법(求法)으로 알려진 의천의 송나라 여행, 14개월의 여정이 시작되는 순간이었다. 고려사는 이 사건을 '王弟釋煦逃入宋'의 단 일곱 글자로 기록했다.[33] '왕의 동생 석후(釋煦)가 달아나 송나라로 들어갔다'는 뜻이겠다. 사월 초파일, 요즘 표현으로 '부처님 오신 날' 전날 밤이었다. 다들 이런저런 행사 준비로 어수선할 때, 게다가 임금도 남쪽으로 시찰을 떠나 서울을 비운 때였다. 어쨌든 '도망치기'에는 편리한 때였을 것이다.

김부식은 당시의 정황을 다음과 같이 적고 있다.

> 국사는 일찍부터 송나라에 유학할 뜻을 두었다. 진수정원(晉水淨源) 법사가 혜행(慧行)으로 학문을 한다는 소리를 듣고, 국사는 송나라의 상인들을 통해 편지를 보내 예를 갖추었다. 원 공(源公)은 국사가 보통사람이 아니라는 사실을 알고, 바로 답장을 보내 초청하니 이로부터 유학하려는 마음이 더욱 간절했다. 선종(宣宗) 재위(在位) 2년이 되던 해, 곧 송 원풍(元豐) 7년 봄 정월 내전에 들어가 간절하게 간청하니, 군신(君臣)이 모여 의논하였으나 모두가 불가하다고 했다. 국사는 어전에서 군신에게 이르기를, '성현들은 몸을 던져 도를 구했으니 현장(玄奘)이 서역으로 간 것이나, 의상(義湘)이 중국으로 들어간 것과 같습니다. 편안하게만

지내며 애써 스승을 찾지 않는다면 출가의 본의가 아닙니다'라고 했다. 그 말이 간절하여 끝없이 눈물을 흘리니 상께서 감격하여 허락하였으나, 여러 신하들의 의지가 확고하여 허락하지 않는 것으로 끝이 났다.

이듬해 4월 경오(庚午) 밤, 상왕과 태후에게 편지를 남겨놓고 제자 수개(壽介)를 데리고 미복(微服)으로 정주(貞州)로 가서 상인의 배를 만나 떠났다. 상께서 이 말을 듣고 놀라 관료를 선발해 낙진(樂眞), 혜선(慧宣), 도린(道隣) 등의 제자들과 함께 따라가도록 했다. 5월 갑오, 대송(大宋) 판교진(板橋鎭)에 도착해 지밀주조봉랑(知密州朝奉郎) 범악(范鍔)이 영접하니 표(表)를 올려 자세한 뜻을 상주했다. 황제가 주객원외랑(主客員外郎) 소주정(蘇注廷)에게 명령하여 안내하도록 하였다. 가을 7월, 서울(변경)의 계성사(啓聖寺)로 들어갔다. 중서사인(中書舍人) 범백록(范百祿)이 주관하여 며칠 후 (철종이) 수공전(垂拱殿)에서 만나보고 손님의 예로 대접하니 은총이 두터웠다.[34]

이것이 이른바 의천이 밀항하게 된 전말이다. 이 사건에 관해서는 여러 종류의 기록들이 남아 있어 전후의 사정을 비교적 정확하게 재구성해 볼 수 있다. 얼마간의 차이들이 보이긴 해도 큰 줄거리는 김부식의 묘사와 일치한다.

의천은 송나라에 도착하자마자 그 지역을 관장하는 지방관들에게 두 통의 편지를 보냈다. 한 통은 밀주(密州)를 관장하던 지방관, 다른 한 통은

<hr>

34　　김부식, 「영통사 비명」.

고밀현(高密縣)을 관장하던 지방관에게 보낸 것이었다. 밀주 고밀현에 위치한 판교진(板橋鎭)은 지금의 청도 인근, 교주(胶州)에 있던 국제항구였다.

> 아무개는 엎드려 생각하니, 바른 법이 동쪽으로 전해져 이제 다시금 번성하게 되었습니다. 변방의 출가자들이 서쪽으로 유학을 오기는 예전부터 몹시 어려웠습니다. 다행히 밝은 성인의 시대를 만나서 멀리 유학하려는 소망을 이루고자 하였습니다.
> 가만히 생각해 보면, 아무개는 몸은 가볍게 여기고 법을 무겁게 여겨, 늘 책 상자를 짊어지고 스승을 찾아다닐 궁리를 했습니다. 임금님께 청을 올리니 임금님께서 허락을 해 주셨고, 부모님께 고하니 부모님께서도 따라 주셨습니다. 조정의 쟁신(爭臣)들이 소신없이 뇌동(雷同)하여 의지를 꺾으려 한다는 의견들을 두루 전해 듣고 바로 몸을 숨겨 나라를 떠났습니다. 몰래 바다로 나오니 사방을 둘러봐도 아무도 없고, 보이느니 큰 바다의 푸른 물결 뿐이었습니다. 외롭게 길을 찾아 바다를 건너와 두터운 인연으로 다행히 인자한 나라에 도착할 수 있었습니다. 너절한 생각이나마 예의를 갖춰 담아 보내니, 외호(外護)의 덕택으로 가는 길을 찾는 수고를 덜게 해 주십시오.[35]

이 글은 송나라에 도착하자마자 당시 밀주(密州)의 지주(知州)인 범악(范鍔)에게 보낸 편지이다. 이 글에는 '대송 밀주(密州) 지주(知州)에게 보내는 장(狀)'이라는 제목이 달려 있다. 의천은 한 나라의 왕자였고, 임금의

---

[35] 의천, 「대송(大宋)의 밀주(密州) 지주에게 보내는 장(狀)」, 『대각국사문집』 제9권.

2. 의천의 길

동생이었다. 게다가 한 나라의 불교계를 관장하던 승통(僧統)이었다. 그만한 지위를 지닌 사람이 외국에 도착하여 그 지역의 지방관에게 보낸 편지, 편지라기보다는 외교문서라는 편이 맞겠다. 의천이 『고려사』의 기록대로 도망자가 아닌 바에야, 뭐라도 조치가 필요했을 것이다. 이 편지가 말하자면 의천이 송나라에 도착하여 취한 최초의 조치였던 셈이다.

> 선종 2년 4월에 후(煦)는 몰래 2명의 제자와 함께 송나라 상인 임녕(林寧)의 배를 타고 떠났다. 왕명으로 어사(御史) 위계정(魏繼廷) 등에게 여러 길로 나누어 배를 타고 쫓아가게 하였으나 따라잡지 못했다. 예빈승(禮賓丞) 정근(鄭僅) 등을 보내 후가 무사히 바다를 건너갔는지 확인하도록 했다.[36]

의천이 탄 배는 4월 7일 정주를 출발하여 5월 2일 판교진에 도착했다. 한 달 가까운 시간이었다. 당시 고려와 송을 오가는 배들은 고려 연안을 따라 항해하다 안전한 지점에서 연안을 떠나 바다로 나가게 마련이었다. 선종이 보낸 사절단이 부지런히 쫓아갔다면 의천이 탄 배가 연안을 떠나기 전에 따라 잡을 수도 있었을 것이다. 만일 그들이 고려 연안에서 합류를 했다고 한다면, 의천의 일행은 외교관이나 역관 등은 물론, 고려 승통의 지위를 보좌할 수 있는 제자들을 포함하여 대규모의 사절단으로 형식을 갖출 수 있었다는 뜻이 된다. 하지만 『고려사』「열전」의 기록을 보면 그럴 가능성은 적어 보인다. 연안에서 따라 잡지 못해, 급하게 사절단을 구성하여 송나라로 보냈던 것으로 보인다.

---

36   『고려사』 제90권, 열전 제3, 대각국사 후(煦).

어찌됐든 밀주 지주 범악은 몸소 의천을 맞이하여 의전을 베풀고 숙소 등의 문제를 해결하는 한편, 의천의 방문 사실을 중앙 정부에 보고했다. 의천의 문집에는 의천의 일행이 밀주를 떠나 당시 송의 서울 변경으로 가는 도중에 의천이 당시 막 즉위한 철종과 철종의 후견인, 황태후에게 올린 편지 몇 통이 남아 있다. 편지에 의하면, 송의 조정은 5월 21일 소주(蘇注)37라는 외교관을 파견하여 의천의 일행이 변경으로 오기까지의 의전을 담당하도록 했다고 한다. 이후 의천의 일행이 변경에 도착한 것은 7월 6일이었다. 달포 정도의 시간이 걸렸다는 뜻이다. 이런 시간과 거리를 감안한다면 송나라 조정의 조치는 실로 신속하고 단호했다고 할 수 있다. 범악이 보고서를 작성하여 변경으로 보내고, 철종의 관할 하에 송의 조정에서 대책을 협의하고, 관원을 선발하여 파견하는 등, 일을 처리하는 데 걸린 기간은 기껏해야 보름 남짓한 기간이었다. 의천의 표현을 따르자면, '물병이나 주장자와 같은 가벼운 행장을 거두어 줄' 관리들을 파견하는 일이었다. 그만큼 큰 규모의 인원이 동원되었다는 뜻이다.38

이야기를 돌려 의천이 범악에게 보냈던 편지를 조금 더 살펴보도록 하자. 이 편지에는 몇 가지 중요한 사실이 담겨 있다. 이 여행의 성격을 규정하는 사실들이다. 첫째, 그가 송나라를 방문한 까닭은 송나라의 불법을 배우기 위한 유학이라는 점. 둘째, 고려의 임금과 부모님으로부터 허락을 받았다는 점. 셋째, 조정의 쟁신들이 반대를 하여 조정의 공식적

---

37   「영통사비명」에는 '소주정(蘇注廷)'이라고 되어 있다.
38   의천, 「안내하는 사신을 보내 주신 데 감사드리는 표(表)」, 『문집』 제5권.
"신승(臣僧) 아무개는 아룁니다. 5월 21일 삼가 폐하께옵서 신을 대궐에 들게 하였을 때, 조봉랑 수상서 주객낭중(朝奉郞 守尙書主客郞中) 소주(蘇注)를 안내하는 사신으로 보내주셔서 물병이나 주장자와 같은 가벼운 행장을 거두게 하셨습니다. 경황없이 날은 가는데 관원을 파견하셔서 길동무를 하게 해주시니 도로(道路)는 빛나고 화려했으며, 정성에 대한 송구한 마음도 지극하였습니다. 신승 아무개는 줄이옵고."

2. 의천의 길

인 허락을 받지 못했다는 점. 넷째, 그래서 하는 수 없이 밀항을 하게 되었다는 점 등이다.

의천의 밀항은 고려와 송 두 나라 모두에게 법적인 문제를 안고 있었다. 고려의 입장에서 보자면 자국의 법을 어기고 몰래 출국을 감행하였다는 점이다. 의천은 밀항을 감행하면서 선종에게 보내는 편지에서 '머뭇거리다 국경을 감히 넘고 말았으니 형벌을 달게 받겠습니다.'라고 했다. 그리고 송나라에서 돌아온 직후, 다시 임금께 사죄를 바라는 편지를 올렸다. 그의 여행은 임금의 뜻을 거스르는 일이었고, 나라의 법을 어기는 일이었다. 송나라 입장에서 보자면, 의천의 밀입국은 법적인 문제를 넘어 훨씬 더 복잡한 외교적 문제를 불러일으킬 수 있었다. 단순한 잡범의 밀입국이었다면 쫓아내던지 합당한 벌을 주면 그만이다. 하지만 의천 정도의 귀빈이 자국의 국법을 어기면서까지 밀입국을 감행했다. 받아들여도 문제였고 내쳐도 문제였다. 자국의 법질서를 엄정하게 고집하여 의천을 홀대한다면 고려와의 외교관계가 망가질 수도 있었고, 고려와의 관계를 고려하여 의천을 예외로 대접한다면, 자국의 법질서가 흔들릴 수도 있는 처지였다. 그럼에도 불구하고 송나라 조정은 밀입국자 의천을 국빈으로 맞았다. 그런 결정은 순식간에 이뤄졌다. 의천의 입국은 송의 국익에 이로운 일, 그들은 그렇게 판단했고 그들의 방식대로 빠른 조치를 취했다.

그런데 이 편지의 내용에는 묘한 어감이 담겨 있다. 송나라의 입장에서 보자면 의천이 자국의 조정으로부터 허락을 받았는지 여부는 개의할 일이 아니다. 하물며 의천이 미성년자도 아닌 바에야 부모의 허락 따위를 따질 까닭이 없다. 요즘처럼 여행이다 유학이다 왕래가 자유롭던 시절도 아니었고, 따라서 정기 여객선 따위가 있던 때도 아니었다. 의천이

타고 온 배는 송나라의 상선이었다. 송나라 정부에서는 당시 중앙집권에
장애가 된다고 하여 국제무역에 대해 매우 까다로운 규제를 하고 있었
고, 요나라와의 관계로 인해 그나마 무역 자체를 금해야 한다는 주장까
지 힘을 얻던 시절이었다. 고려의 승통, 의천의 입장에서도 일개 동네의
지방관한테 부모로부터 허락을 받았다는 둥, 굳이 그런 구질구질한 이야
기까지 했나 싶기도 하다.

> 삼가 신은 제후국의 천한 후손이요, 부처님 승단에 출가한 승도
> 로서 어릴 적을 돌아보니 오묘한 법을 깊이 구하기 위해 여러 곳
> 으로 돌아다니려는 뜻을 가지고 있었습니다. 일찍이 우리 임금
> 의 허락을 받았으나 부왕의 상을 마치지 못하여 중론(衆論)에 따
> 라 생각을 미루고 있었습니다. 은밀한 깨우침을 받들어 몰래 상
> 선(商船)을 타고 큰 바다를 건너 대륙의 땅을 밟게 되었습니다.[39]

'은밀한 깨우침을 받들어', 원문에는 '승밀유(承密諭)', '밀유(密諭)를
받들어'라고 되어 있다. 이 글에만 의존한다면 의천이 반대를 무릅쓰고
밀항을 결행했던 계기가 바로 저 밀유(密諭)에 있었다는 뜻이 된다. 글자
그대로 번역을 한다면 '남모르게 몰래 해 주는 깨우침' 정도가 되겠지만,
저 표현은 밀지(密旨)처럼, 임금이 신하에게 몰래 내리는 특명 같은 의미
로 쓰이던 표현이다. 이 글은 의천이 송나라 황제 철종에게 직접 쓴 편지
다. 글의 뜻만 따져보자면, 의천의 밀항에 송나라 황제가 직간접으로 개
입했었다는 단서가 될 만한 구절이다. 물론 다른 증거들이 충분하지 않

---

[39]　의천, 「안내하는 사신을 보내 주신 데 감사드리는 표(表)」, 『문집』 제5권.

은 처지에서 글자 몇 개 가지고 단언을 할 필요까지야 없겠다. 그렇지만 적어도 고려와 송 양측 사이에 의천의 밀항을 두고 이런저런 의논이 있었고, 송에 도착한 이후의 의전에 대해서도 묵계가 있었을 것이라는 정도의 추론은 가능할 것 같다. 속된 말로 짜고 친 게임일 수도 있었다는 뜻이다.

일면 억측처럼 여겨지기도 하는 이 같은 추론을 굳이 하게 되는 까닭은 무엇보다 의천이 배에 오른 직후 고려와 송의 조정이 취한 조치들이 매우 신속하고 구체적으로 실행되었다는 점 때문이고, 이런 조치들이 이례적으로 느껴지기 때문이다. 이러한 조치들은 이 사건을 인정하고 그 효과를 극대화시키는 방향으로 이뤄졌다. 밀주 지주가 직접 나서 의천의 일행을 맞았고, 송의 조정은 고위급 외교 관리를 대표로 의전단을 구성하여 밀주로 파견했다. 의천의 일행이 변경으로 오는 동안에도 수시로 관리와 음식을 보내 국빈으로 영접하도록 했다. 이에 반해 의천은 범악에게 고려 조정 내부에 있었던 갈등을 들어 밀입국의 사연을 변명한 이후, 초지일관 그의 여행이 고려의 임금이나 조정과는 상관없이 개인적인 결단으로 강행된 것이라는 사실을 웅변하고 있다.

의천의 밀항이라는 하나의 사건을 두고 양측의 입장은 묘한 평행선을 달린다. 후대의 기록들도 마찬가지이다. 의천은 고려의 조정과는 분명하게 선을 긋고 개인의 목적에 개인의 자격임을 강조한다. 하지만, 송나라 측의 기록은 왕자 승통을 국가적으로 영접했다는 점을 강조한다. 그래서 그런지 후대의 중국측 기록은 이 사건을 '내조(來朝)'라고 표현하는 경우가 많다. 앞에 인용했던 『선림승보전』에서는 아예 "고려 승통 의천이 왕자로서 나라의 명을 받아 우리 조정에 사신으로 왔다"고 기록하고 있다. 역시 앞에 인용했던 대만의 큰스님도 그런 기록들을 연장하여

'내조'했다고 한다. 별 일 아닌 듯도 싶지만 이런 기록에는 묘한 어감이 담겨 있다.

　의천의 밀항은 법을 구한다는 뜻의 일반적인 구법 여행은 아니었다. 무엇보다 의천의 밀항은 고려와 요·송이 대치하던 정국에서 벌어진 외교적인 사건이었다. 요나라의 영향력이 커지면서 고려는 송과의 외교 관계를 끊고 요나라의 연호를 받아들일 수밖에 없었다. 문종 조에 들어 송과의 교류가 얼마간 회복되기는 하였지만 요나라와의 관계를 무시할 수도 없는 형편이었다. 전후 사정을 따져보면 밀항이라는 수단은 잠재적인 외교적 갈등을 무마할 수 있는 기발한 발상이었겠다는 추론이 가능하다. 고려 조정의 입장에서는 왕자 승통의 개인적인 구법에의 의지를 앞세울 수 있었을 것이고, 송의 조정에서는 요나라에 편향된 고려와의 관계를 개선시키고 고려에 대한 영향력을 강화할 수 있는 절호의 기회라고 판단할 수도 있었기 때문이다. 게다가 불교는 당대의 보편적인 종교였고 학술이었다. 특히 요나라는 불교, 특히 화엄종이 크게 번성하고 있었고, 의천 또한 요나라의 학승들은 물론, 요나라 조정의 유력인사들과도 활발한 교류를 하고 있었다. 요나라의 입장에서도 진지했던 왕자 승통의 순수한 구법정신을 탓할 수만도 없었을 터였다.

　결과적으로 보더라도 의천의 밀항은 고려와 송 양측이 함께 유리한 이상적인 게임이 되었다. 송나라는 전통적인 상국(上國)으로서 명분과 자존심을 살릴 수 있었고, 고려는 송나라와의 관계를 개선시킴으로써 외교적인 지위를 강화시킬 수 있었다. 물론 밀항의 주체였던 의천은 이 여행을 통해 그가 얻을 수 있는 모든 것을 얻었다고 할 수 있다. 평소부터 소망하던 정원과의 만남이 이루어졌고, 수천 권의 문헌을 수집했으며, 많은 고승을 만나 송나라 불교 현황을 정확하게 이해할 수 있었고, 형식적으로나마 여러 종파의 법맥을 전해 받을 수 있었다.

요와 송의 교류가 제한적이었던 정황을 고려하면 의천이 얻어낸 결과들은 실로 눈부신 것이었다. 수집한 문헌만 따지고 보더라도 의천은 이 여행을 통해 당대 최대, 최고의 컬렉션을 확보할 수 있었다. 의천은 고려에서 수집한 문헌은 물론이고 요나라와 일본과도 교류하며 문헌을 수집하였다. 이는 요나라도 할 수 없고, 송나라도 할 수 없는 일, 오직 고려의 의천만이 할 수 있었던 일이었다. 불교에 대한 이해만 해도 그렇다. 의천은 이 여행을 통해 당대 최고, 유일무이의 전문가가 될 수 있었다. 고려와 요·송 세 나라의 불교 현황을 의천만큼 체험하고 이해했던 전문가는 없었다. 불교의 측면에서 보자면, 의천의 고려는 당대의 불교, 당대의 세계를 이끌어 갈 수 있는 확실한 지식과 기반을 확보했다고 할 수 있다.

어쨌든 고려 승통의 밀항은 현실이 되었고, 의천 개인의 프로젝트는 국가의 프로젝트를 넘어 국제적인 프로젝트가 되었다. 철종은 직접 의천을 만나 의천의 의지를 들었고, 의천이 원하는 바를 모두 들어 주었다. 이로써 의천의 뜻은 황제의 뜻이 되었고, 당대 지식인 사회, 특히 송의 불교계는 싫건 좋건 의천의 일거수일투족을 쫓지 않으면 안 되는 상황이 되어버렸다. 이런 과정은 실로 극적이다. 밀항하기 전, 내시를 통해 선종을 설득해야 했고, 반대하는 조정 대신들 앞에서 좌절과 분노의 눈물을 흘렸다는 의천이었다. 밤에 도망가듯 장사꾼의 배에 오를 때와는 상황이 바뀌어도 너무 크게 바뀌었다. 이후 의천은 약 14개월간 송나라에 머물렀다. 그 사이 의천은 늘 주인공이었다. 이국 땅 한 가운데 서서 자기 자신의 게임을 벌였다. 이런 일이 그저 우연히 벌어진 일이었을까?

결과만 놓고 보면 의천의 밀항은 의천의 외교력, 나아가 고려의 외교력을 내외에 과시했던 극적인 사건이었다고 할 수 있다. 특히 문화외교라는 측면에서 비슷한 사례를 찾기 어려울 정도로 모든 측면에서 성공을 거두었던 사건이었다. 송나라 체재시 의천의 행적, 그 일거수일투족은 의천이 거두었던 성과라는 관점에서 다시 해석해 볼 필요가 있다. 남아 있는 기록만 보더라도 의천은 이 여행을 위해 적어도 5년 이상의 준비기간을 갖고 있었다. 의천의 여정이나 행적이 철저하게 계산되고 기획된 것일 수 있다는 뜻이다. 게다가 의천이 거둔 성과들은 의천 자신이 내세웠던 구법(求法)이라는 명분, 불교나 화엄종이라는 특정 종교, 특정 종파에 가둬 둘 성격의 것이 아니었다. 그 당시 불교가 지니고 있었던 국제적인 영향력을 차치하고라도, 변방에서 온 젊은 왕자 승통이 세계적인 지식인, 세계적인 지도자로 부각되는 데 걸린 시간은 1년 남짓의 짧은 기간이었다.

밀항의 명분 _ 법을 구해 몸을 던지다

이야기를 잠깐 돌려보기로 하자. 어쨌거나 의천의 밀항은 우여곡절을 거친 일대 사건, 말하자면 국제적인 스캔들이었다. 그렇다면 의천은 도대체 왜 이렇게 복잡한 일을 벌인 것일까?

신(臣)이 듣자오니, 반 구절의 노래를 위해 몸을 버린 석가모니는 법을 귀중히 여기는 것으로 이름을 길이 전했고, 백 곳의 성(城)을 찾아 벗들에게 물음을 던졌던 선재(善財)는 스승을 모시는 것으로 모범을 세웠습니다. 하물며 상법(像法)의 가르침이 쇠퇴하는 시대에 철인(哲人)의 초청을 받고도 도를 구하러 갈 마음이 없

다면, 진리를 구하는 데 게으른 것이라고밖에 할 수가 없습니
다.[40]

이 글은 자신의 형님인 선종에게 올린 상소문의 부분이다. 편지는 길
지만 의도는 간결하다. 글쎄 그런 간결함이 의천만의 특성인지는 잘 모
르겠지만, 어쨌든 그의 성격을 드러내주는 특성인 것만은 틀림없다. 그
의 글에는 군더더기가 없다. '반게연구(半偈捐軀), 반 조각의 노래를 위해
몸을 버리다', 이 한 구절 안에 그가 하고 싶은 모든 말을 담았다. 의천이
송나라로 가야만 했던 명분이기도 했다.

이 네 글자의 연원은 『대반열반경(大般涅槃經)』이다. 이 경전에서 부처
님은 전생에 있었던 일화를 들려준다. 전생에 깨닫기 전 설산(雪山)에서
수행을 하던 때의 이야기이다. 어디선가 들려오는 노래소리, 오래도록
갈망하던 진리의 노래, 전생의 부처님은 그 노래를 따라간다.

제행무상(諸行無常) 시생멸법(是生滅法)
모든 행위 덧없으니, 나고 죽는 법일 뿐.

하지만 노래는 거기서 끝나고 만다. 노래의 주인공은 나찰(羅刹)로 전
설에 나오는 악귀이다. 설산의 수행자는 나찰에게 그 노래의 뒤 구절을
들려달라고 애원한다. 하지만 굶주린 나찰은 노래 부를 힘도 없다며 거
절한다. 수행자는 뒤 구절을 불러주면 자신의 몸을 먹이로 주겠다고 약
속을 한다.

[40]　　의천, 「송나라에 들어가 법을 구하기를 청하는 표(表)」, 『문집』 제5권.

생멸멸이(生滅滅已) 적멸위락(寂滅爲樂)
나고 죽음도 사라지면, 적멸이 곧 즐거움

나찰은 노래를 부르고, 수행자는 이를 기록한 뒤에 나찰에게 몸을 던
져 주기 위해 높은 나무로 올라갔다.

> 그때에 나무의 귀신이 내게 물었다.
> "무얼 하시려고 나무에 올라 가십니까?"
> "노래에 대한 값을 치르기 위해 내 몸을 버리려고 합니다."
> "이 노래가 어떤 이익이 있습니까?"
> "이 노래의 구절은 과거와 미래, 그리고 현재의 모든 부처님이
> 말씀하시는 공(空)한 도리입니다. 저는 이 법을 위해 몸과 목숨을
> 버립니다. 이익이나 명예, 재물이나 쾌락 때문이 아니라 모든
> 중생을 이롭게 하기 위하여 이 몸을 버리려는 것입니다."
> 나는 이 말을 마치고 몸을 던져 나무 아래로 뛰어내렸다.[41]

이것이 '반게연구(半偈捐軀)'의 사연이다. 노래 반 쪽, 여덟 글자를 위
해 자신의 몸을 먹이로 던졌다는 이야기. '설산(雪山)의 반게(半偈)'라고도
알려진 유명한 이야기이다. 대장경에는 석가모니 부처님의 전기에 속하
는 여러 종류의 기록이 남아 전한다. 석가모니는 오랜 세월에 걸쳐 설법
을 하면서 자신에 대해서도 많은 이야기를 남겼다. 그런 이야기 중에는
깨닫기 전, 전생의 이야기들도 섞여 있다. 이런 이야기들을 전생담이라

41　담무참(曇無讖) 역, 『대반열반경(大般涅槃經)』 제14권.

　　　　　　　　　　　　　　　　　　　　　　　2. 의천의 길

고 부른다. 전생담은 가르침을 효과적으로 전달하기 위한 방편이라고 할 수 있다. 부처님은 이런 이야기들을 어려운 설법을 하는 중간중간 비유의 형식으로 섞어 넣었다. 예전에 나도 이렇게 공부를 했으니 너희들도 그런 마음가짐으로 공부를 하라는 뜻이리라. 그런데 전생담의 상당 부분이 바로 이렇게 진리를 위해 몸을 버리는 이야기들이다. 조금 과장인 듯도 싶지만, 부처님의 전생담은 자살담이라고 해도 과언이 아니다. 그만큼 위법망구(爲法忘軀), 법을 위해 몸을 버리는 모티브가 중요한 역할을 하고 있기 때문이다.

목적이 어찌 되었건 자기 몸을 해치는 일은 예나 지금이나 과격한 일이다. 그런 점에서 인간 석가모니의 삶은 그 자체가 과격이고 파격이었다. 파키스탄 라호르 박물관에 있는 고행상은 인간이 자신의 몸을 어디까지 학대할 수 있는지를 보여주는 극단적인 표상이다. 그는 깨달음을 위해 몸과 삶을 그런 극단으로까지 몰고 갔다. 법을 위해서였고, 중생을 위해서였다. 그렇게 위법망구는 자연스러운 전통이 되었고 가치가 되었다. 법을 위하는 일에는 한계가 없다.

그래서 의천이 내세운 명분에는 한계가 없었다. 적어도 불교적인 세계, 불교적인 가치에서는 그랬다. 당연히 국경도 없고, 나라도 없고, 민족도 없었다. 가장 큰 가치에 명분을 걸었기 때문이다. 그리고 내용이야 어찌되었건 송나라의 황제와 조정은 의천의 명분을 있는 그대로 받아들였다. 그렇게 해서 의천의 여행은 구법(求法), 법을 구하는 여행이 되었다. 피차 최고의 가치, 최고의 명분을 인정한 이상, 의천에게 더 이상 제약이나 한계가 있을 수 없었다.

개성을 떠나 지금의 청도로 가는 뱃길, 요즘 관점에서 보자면 무슨 목숨까지 걸어야 했나 싶지만, 당시로서는 실제 상당한 모험이 필요했던

험한 길이었다. 서긍(徐兢)이 지은 『선화봉사고려도경』에는 고려에 파견
되었다가 목숨을 잃은 송나라 사신의 이야기가 나온다. 바다를 배경으로
살아가는 어부나 장사꾼들이야 일상의 위험이었겠지만, 사신으로 뽑혀
뱃길에 나서는 사람들에게는 어쨌든 피하고 싶은 모험의 길이었을 것이
다. 왕자 승통도 예외일 수는 없었다. 의천의 부모, 문종이나 인예태후
의 걱정도 그런 데 있었을 것이고, 조정대신들이 반대하는 데에도 그런
원인이 있었을 것이다. 굳이 바다로 나가 위험을 무릅쓰지 않더라도 얼
마든지 많은 일을 할 수 있는 환경을 갖고 있던 인물이었다. 어쨌든 의천
으로서는 많은 것을 건 모험이었고, 송의 조정은 의천의 순수한 명분과
도전의 가치를 인정했다.

본원(本願)의 힘

(결락) …… 전해 오는 여러 종파의 교승(敎乘) 가운데, 혹은 책이
아예 없어져서 유통하지 못한 것들도 있고, 혹은 틀린 글자들이
뒤섞이기도 하고, 혹은 주석〔鈔解〕이 빠진 것들도 있습니다. 게
다가 오대(五代)로부터 오늘날까지 200여 년간 여러 조사들의 저
술들이 유통하지 못했습니다. 그런 까닭에 분발하여 먼 길을 마
다않고 특별히 찾아와서 법을 구하는 것입니다. 이제 본국의 임
금님으로부터 빨리 돌아오라는 명령을 받고, 고향으로 돌아가
게 되었습니다. 엎드려 바라오니, 대법사(大法師)께서는 유통이
시급하오니 가지고 계신 고금(古今)의 여러 종파의 장소(章疏)를
항목대로 보여 주십시오. 고향으로 돌아가게 되는 날, 고금의
여러 종파의 교승(敎乘)을 수집하여 일장(一藏)으로 묶겠습니다.

만세(萬世)에 유통하여 수많은 동기를 지닌 중생을 이끌어 반본
환원(返本還源)하도록 하는 것이 저의 본원(本願)입니다.[42]

의천이 송나라에 있을 때 누군가에게 보냈던 글이다. 앞 부분이 떨어
져 나가 이 글을 받은 대법사가 누구인지 알 길은 없다. 이 글의 뒤로 정
원에게 보내는 편지 4수가 이어지는 것으로 보아 정원보다도 더 중요한
지위에 있었던 고승이었을 것으로 짐작할 뿐이다. 어쩌면 이 글은 특정
한 사람을 대상으로 적은 것이 아닐지도 모른다. 만나는 사람마다 이런
글을 주면서 문헌을 꾸준히 수집했을 수도 있었기 때문이다.

의천은 이 글에서 자신이 송나라에 온 목적을 선명하게 드러내고 있
다. 먼 길을 마다않고 찾아와 법을 구하는 까닭. 여러 종파의 문헌, 주석
서들, 당말오대의 어수선했던 시절, 흩어지고 사라져 유통하지 못했던
책들, 그 책들을 수집하여 유통시키는 것이 자신의 목적이었다고 한다.
그 책들을 하나의 독립된 장(藏)으로 결집하겠다는 소원, 곧 『교장(敎藏)』
결집의 소원이었다. 의천은 그러한 목적과 소원을 본원(本願)이라고 표현
했다.

본원은 석가모니 부처님이 깨닫기 이전, 의심을 품고 해답을 찾던 시
절, 그때 품었던 소원을 가리킨다. 나중에 큰 깨달음을 성취한 부처님은
깨닫지 못했던 때를 돌아보며 그때 품었던 소원을 본원이라고 표현했다.
깨달은 자리에서 돌아본, 본래의 소원, 그 소원이 있었기에 깨달음도 얻
을 수 있었다. 그래서 부처님은 그 본래의 소원을 깨달음이라는 결과를
가져 온 원인이었다고 정의했다. 큰 깨달음으로 이끌어 주고, 그로부터

---

42   의천, 『문집』 제10권.

다시 큰 가르침으로 이끌어 준 본래의 소원, 그 소원의 내용이 바로 '모
든 중생을 고통의 바다로부터 건지고야 말겠다'는 것이었다.

> 만일 내가 모든 중생이 가장 높은 해탈의 길에 머물도록 하지 않
> 고, 내가 먼저 가장 높은 바른 깨달음을 성취한다면 나의 본원(本
> 願)에 어긋나는 것이어서 옳지 않다. 그러므로 반드시 모든 중생
> 으로 하여금 가장 높은 지혜와 남김이 없는 열반을 얻도록 한 뒤
> 에야 성불하여야 한다. 왜냐하면 나는 중생의 부탁으로 마음을
> 낸 것이 아니라, 나 스스로 중생을 위해 요청하지도 않은 벗이
> 되어, 모든 중생이 좋은 뿌리를 내려 모든 것을 다 아는 지혜를
> 얻을 수 있도록 마음을 냈기 때문이다.[43]

> '중생이 끝이 없기 때문에 항상 머문다'고 한 것은 처음 발심을
> 할 때에 네 가지 큰 맹세를 했으니, 중생이 만약 모두 없어진다
> 면 나의 소원도 없어지는 것이고, 중생이 없어지지 않는다면 나
> 의 소원도 없어지지 않는다. 끝내 이 본원을 이루기 위해 미래의
> 끝까지 항상 머문다는 뜻이다. 게송으로 이르되,

> 중생의 이익 위해, 끝내 본원 이루려고.[44]

중생 가운데 단 하나의 존재라도 지혜와 열반을 얻지 못한다면 성불
이란 없다. 결과를 놓고 보자면 본원이란 불교의 시작이고 끝이다. 본원

---

43 실차난타(實叉難陀) 역, 『대방광불화엄경(大方廣佛華嚴經)』 「십행품(十行品)」 2.
44 원효, 『열반종요(涅槃宗要)』.

2. 의천의 길

이 있었기에 불교가 시작될 수 있었고, 본원이 있기에 불교가 존재하는 것이고, 본원이 완전히 완성되지 않는 한 불교는 영원히 사라지지 않을 것이기 때문이다. 말하자면 불교에서는 본원보다 더 큰 소원, 더 큰 가치는 없다. 단 하나의 중생이라도 고통 속에 남아 있는 한, 지혜도 해탈도 열반도 본원에 앞설 수 없다. 본원은 깨달음의 원인이고 가르침의 원인이다. 깨달음은 본원의 필연적인 결과이다. 소원을 가진다고 해서 모든 소원이 이뤄지는 것은 아니다. 반면, 본원은 깨달음과 필연으로 얽혀 있다. 본원은 반드시 깨달음으로 이어지고 가르침으로 이어진다. 본원으로부터 깨달음과 가르침이 필연으로 연결되는 까닭은, 본원은 어떤 조건에서도 꺾이지 않는 소원이기 때문이다. 최우선, 최상위의 목표이기 때문이다. 소원을 꺾지 않고 소원을 향해 쉬지 않고 도전을 하는 까닭이다.

불교는 부처님의 깨달음으로부터 시작한 종교이다. 깨달음은 완성이다. 완전하고 분명하다. 이에 비해 본원은 깨닫지 못했던 시절, 불안하고 의심스러운 단계에서 품었던 소원이다. 미완성이다. 때문에 완전할리도 없고 분명하지도 않다. 깨달음이라는 확실한 근거를 제쳐두고 불확실한 본원을 이야기하는 까닭은 본원이라는 원인으로부터 깨달음이라는 결과가 얻어졌고, 깨달음이란 결과로 원인을 바라볼 때 본원이 옳은 선택이었다는 것이 입증되기 때문이다.

중생무변(衆生無邊) 서원도(誓願度)
중생은 끝도 없어 제도하기 서원하네.

절에 가면 아침 저녁으로 늘 외우는 사홍서원(四弘誓願)이라는 네 가지 큰 소원이 있다. 그 소원의 맨 앞자리에 놓인 이 소원, 본원으로부터 불교는 시작한다. 끝끝내 성취되고야 말 소원, 그런 소원에는 힘이 있다. 실천을 이끌어내는 힘이고 필연적으로 결과를 이끌어내는 힘이다. 그런 동기, 동력, 힘을 본원력(本願力), 본원의 힘이라고 한다. 중생은 깨닫지 못한, 무명(無明)에 가리운 존재이다. 불안하고 의심스러운 조건에 놓여 있다. 중생에게 필요한 것은 깨달음이라는 완전함이 아니다. 그들에게 필요한 것은 무명의 조건, 불확실한 조건에서의 선택이다. 선택이 있어야 실천이 따르기 때문이다. 부처님이 깨닫기 이전에 품었던 소원, 바로 본원의 모델이다. 부처님은 그래서 본원을 가르친다. 소원을 품어야 실천에 나설 수 있기 때문이다. 불교가 종교인 까닭은 무명의 조건, 불확실한 전제로부터 가르침과 실천이 시작되기 때문이다. 선택과 소원을 바탕으로 몸과 마음을 움직여야 하기 때문이다. 몸과 마음을 움직이는 동력, 그런 힘이 없다면 당연히 깨달음도 가르침도 없다.

송나라의 조정과 고승들, 은근한 중화의 자존심 앞에 무릎을 꿇고 공손히 제자의 예를 올리던 의천이었다. 그런 그가 귀국에 앞서 바로 그런 본원이라는 표현을 쓰고 있다. 이 말은 의천이 처음부터, 본래부터 품고 있었던 가장 큰 목적, 가장 큰 가치를 비로소 드러냈다는 뜻이다. 유통이 시급하다고 했다. 본국의 임금님으로부터 빨리 돌아오라는 명을 받은 만큼, 의천도 마음이 급해졌다는 뜻이겠다. 의천이 품었던 반본환원(返本還源), 본래의 근원으로 돌아가도록 하겠다던 본원, 그 본원이 어떤 본원이었던가?

「세자를 대신하여 교장의 수집을 발원하는 소(19세에 지음)」
제자(弟子)는 경건한 마음으로 근본의 스승이신 석가여래(釋迦如來)께 귀명(歸命)합니다. 엎드려 비오니 원하는 바를 밝게 비추어

                                                                    2. 의천의 길

주십시오.

삼가 생각하니, 부처님께서 가르침을 베푸신 까닭은 열반의 고요함을 혼자 즐길 수 없어서 형상이 아닌 형상으로 구름을 모으셨고, 커다란 자비로서는 말씀을 하시지 않을 수 없어서 말을 떠난 말로써 바람의 깨우침을 주신 것입니다. 형상은 십중(十重)과 삼류(三流)로 나누셨고, 말씀은 팔장(八藏)과 오승(五乘)으로 보이셨으니, 우레처럼 떨치고 가르침의 비로 널리 적셔 주셨습니다. 깨달음의 길을 가리키고 해탈의 문을 열어 중생을 인도하여 지극한 교화를 펴셨으니, 마음을 알아 성품을 보고, 본래의 근원으로 돌아가게 하는 것〔返本還源〕을 어찌 말로 다할 수 있겠습니까?

나아가 학수(鶴樹)에서 빛을 감추시니(열반에 드시니), 엽암(葉巖)에서 결집(結集)을 했고, 마명(馬鳴)과 용수(龍樹)같은 분들이 논(論)을 지어서 경(經)을 널리 펴셨으며, 무착(無着)과 천친(天親) 같은 분들은 뒤를 이어서 더욱 발전시켰습니다. 그 뒤로 시절인연을 따라 가르침이 융성했으니, 중생에게 감응(感應)하기 위해서는 때를 기다려야 했습니다.

진(秦)나라 감옥의 형벌이 비록 엄중했지만, 한(漢)나라 조정에 이르러 백마사(白馬寺)에서 가섭마등(迦葉摩騰)과 축법란(竺法蘭)을 맞을 수 있었습니다.45 이후 현장(玄奘)과 의정(義淨)이 돌아왔고, 혹은 인도의 스님들이 동쪽으로 오기도 하고 중국 스님들이 서쪽으로 가기도 했습니다. 별을 보고 눈을 밟으며 줄지어 오고가

45　『송고승전(宋高僧傳)』에 다음과 같은 표현이 나온다. "진나라 감옥의 형벌이 엄중하게 막았으니 이는 인연이 없었던 것이다. 한나라 조정이 비로소 백마를 맞이하니 이는 감응이 있었던 것이다." 이를 인용하여 가섭마등과 축법란이 백마사로 들어와 불교를 처음 전한 사실을 묘사한 것.

면서, 참된 경전을 거듭 번역하여 가르침을 크게 펼치니 그 공은 크고 이익은 넓었습니다. 바른 법이 쇠약해지고 근기와 인연도 점점 둔해지니 간간이 바른 스승들이 나타나 소(疏)를 지어 선양했고, 삼장(三藏)들이 탄생하여 초(鈔)를 지어 이를 도왔습니다. 남기신 글들이 번성하고 온 세상이 받들어 행하니 참으로 한 시대에 할 수 있는 일을 마쳤다고 할 수 있겠습니다.

(중략)

돌아보면 우리나라는 오래전부터 천축의 교화를 받들어, 비록 경론(經論)을 갖추기는 했으나, 소초(疏鈔)는 빠져 있었습니다. 고금(古今)과 요나라, 송나라에 (유통하던) 모든 백가(百家)의 과교(科教)를 일장(一藏)으로 집성하여 유통시키고자 합니다.

불일(佛日)이 빛을 더해 사악한 그물망의 매듭을 풀고, 상법(像法)을 중흥하여 국가를 두루 이롭게 하소서. 모래알같이 많은 세계의 중생이 금강(金剛)의 착한 씨앗을 심어 모두가 보현보살(普賢菩薩)의 도를 배워 길이 노사나불의 고향에서 노닐게 하소서.[46]

『문집』에 남아 있는 이 글의 제목 아래에는 '열아홉 살에 지음'이라는 친절한 설명이 붙어 있다. 이 글을 길게 소개하는 까닭은 이 안에 의천이라는 인물의 진면목, 의천이 했던 일의 단서들이 모두 담겨 있기 때문이다. '반본환원(返本還源)의 본원'이 어디서부터 왔는지 어디로 가고자 하는지 그 모두를 설명해 주기 때문이다. 서른두 살의 의천이 송나라에서 피력했던 반본환원의 본원과 열아홉 의천이 세자를 대신하여 아버지 문종

---

             2. 의천의 길

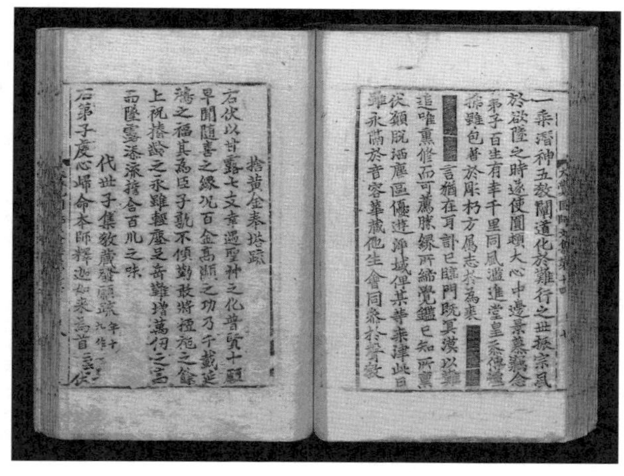

『문집』 제14권, 「세자를 대신하여 교장의 수집을 발원하는 상소문」, 제목 아래에 '年十九作'이라는 글귀가 붙어 있다.

께 바쳤던 상소문의 본원, 그 본원은 열반의 고요함을 혼자 즐길 수 없어 형상도 없고, 말도 떠난 가르침을 펴기 시작했던 부처님의 본원이다.

상소문에서 의천은 부처님의 본원으로부터 시작하여 가르침의 역사를 돌아보고 있다. 부처님이 열반에 든 후, 삼장(三藏)의 결집이 이뤄졌고, 큰 보살들이 나타나 논(論)을 지어 가르침을 풍성하게 펼쳤다. 그런 가르침이 중국 땅으로 해지하고 숱한 스님들이 오고가면서 수많은 경전들을 한문으로 번역했다. 그리고 번역한 경전에 소(疏)를 짓고, 초(鈔)를 지어 널리 유통시켰다. 경론소초(經論疏鈔)로 이어온 가르침의 역사이고 불교문헌의 역사이다. 그렇게 이어온 가르침의 역사에 단절이 생겼다. 우리나라는 경론을 갖추기는 했지만 소초는 빠져 있다고 했다. 그래서 고금으로 유통하던 모든 소초를 수집하여 일장(一藏)으로 집성하겠다고 했다.

송나라에서 했던 이야기와 똑같다. 유통이 끊긴 교승(敎乘), 다시 말해 교종의 문헌을 일장(一藏)으로 묶는 일, 의천은 나중에 여기에 '제종(諸宗)의 교장(敎藏)'이라고 이름 붙였다. 일본의 학자들은 이를 『대장경』의 속편이었다는 뜻에서 『속장경』이라고 불렀고 후대의 학자들은 이를 줄여서 『교장(教藏)』이라고 불렀다. 『교장』의 결집, 이것이 의천의 본원이었다. 최고의 가치였고, 최종의 목적이었다.

> 저라는 사람은 타고난 성품이 어리석기 짝이 없으나, 어린 나이에 다행히도 선왕의 은혜를 입어 출가하여 중이 되었습니다. 전생에 쌓은 인연의 덕택으로 열예닐곱 살부터 서방 성인의 가르침을 따른 지 이제 20년이 되어 갑니다. 그러나 부처님의 가르침이 중국에 유통한 것은 백에 한 둘도 못되고, 지금 전하는 삼장의 정문(正文)도 겨우 6, 7천 권에 불과합니다. 그 밖에 예로부터 지금까지 현철(賢哲)한 주석가들이 천 년 동안 대대로 이어져 이 또한 그 수를 헤아릴 수 없습니다. 비록 뛰어난 재주를 타고난 재목이 일생을 한결같이 해도 그 일을 모두 이룰 수 없을 텐데, 중간 이하의 사람이야 어떻겠습니까?" [47]

이 글은 왕실의 내시에게 준 글로 서른 살에 쓴 것이다. 송나라에 유학하고 싶다는 꿈을 내시에게 설득하는 내용이다. 송나라에 가고자 하는 목적, 역시 똑같다. 주석서들을 수집하고 싶다는 뜻이다. 여기서 의천은 열예닐곱이라는 나이를 들고 있다. 열한 살에 출가했던 의천이다. 문종은 의천을 출가시키면서 당대 최고의 스승들을 가려 최고의 교육을 받도록 배려했다. 앞의 몇 해는 그런 교육의 시간이었을 것이다. 열아홉에 공식화시킨 교장 조성의 의지는 그런 어름에 형성되었다는 뜻이겠다.

---

[47] 　의천, 「내시 문관에서 보내는 편지」, 『문집』 제13권.

　　의천에 문집에는 교장과 관련된 공식 문건이 세 편 실려 있다. 앞에 인용한 상소문 외에, 『신편제종교장총록』 서문과, 「선왕(宣王)을 대신하여 제종교장을 조인(調印)하는 상소문」 등이다. 뒤의 두 글은 삼십대 중후반에 쓴 글이다. 이 세 편의 글은 얼핏 보아도 대동소이하다. 말만 조금씩 다를 뿐 의지나 목표는 똑같다. 저 내시에게 주었던 편지도 그렇고 의천은 비슷한 의지와 목표를 이곳저곳에서 반복해서 주장하고 있다.

　　나는 일찍이 경론(經論)을 갖추었다 하더라도 주석서〔章疏〕가 없다면 법을 펼 길이 없다고 생각했다. 그래서 지승(智昇) 스님의 호법(護法)의 의지를 본받아 가르침의 자취〔教迹〕를 찾는 것으로 나의 임무로 삼아 최선을 다해 온 지 근 20년에 이르렀다. 이제까지 수집한 여러 종파에서 저술한 신구(新舊)의 주석서들을 혼자 감추어 두지 않고 정리하여 공개하려고 한다. 뒤에 다시 수집하는 것들도 그때마다 기록하려고 한다. 혹시 장래에 함(函)과 질(帙)로 순서를 정해, 삼장(三藏)의 정문(正文)과 함께 무궁하게 전해질 수 있다면 내 소원은 끝나는 것이다. 때는 고려 13대 치세(治世)를 하신 지 8년, 경오 8월 초파일 해동의 화엄대교를 전하는 사문 아무개는 적는다.[48]

　　가만히 우리나라를 생각해 보니, 원효 성사로부터 이 몸에 이르기까지 여러 가지 착한 일들을 두텁게 하여 나라를 도왔으며, 지극한 사랑에 의지하여 만물을 길렀습니다. 현조(顯祖)께서는 오

천 축(軸)의 비장(秘藏)을 새기셨고, 문고(文考)께서는 십만 송(頌)의 계경(契經)을 새기셨습니다. (삼장(三藏)의) 정문(正文)은 비록 원근에 유통이 되고 있지만, 장소(章疏)들은 대부분 잃어버렸습니다. 남아 있는 것들이라도 널리 보호하려면…"49

열아홉 살에 처음으로 공식화했던 의천의 본원이 처음으로 공식적으로 결실을 맺은 일이 『신편제종교장총록』의 간행이었다. 서문에 경오년(庚午年) 8월 초 8일이라는 날짜가 적혀 있으니, 선종 7년(1090), 의천의 나이 서른여섯 살 때의 일이었다. 그때까지 수집했던 장소를 정리하여 편찬한 목록이다. 의천은 이 목록의 편찬과 함께 바로 이 문헌을 출간하기 위한 계획에 착수했다.

흥왕사에 교장도감(敎藏都監)을 설치하기를 상주(上奏)하여, 요나라와 송나라로부터 서적을 구입하니, 4천 권에 달하여 이를 모두 간행했다.50

의천은 세속의 나이 마흔일곱에 입적했다. 짧다면 짧은 인생, 의천은 그 인생을 하나의 목표를 향해 일관된 의지와 함께 했다. 열여섯 어름에서 품은 뜻이었고, 열아홉에 세자의 이름으로 아버지 임금께 밝혔던 뜻이었다. 그리고 그 뜻을 실천에 옮겼고, 끝내 4천 권이 넘는 『교장』을 조성했다. 섬뜩한 느낌이 들 정도의 지독한 집념이다. 어찌 보면 의천의 문집은 그런 집념의 기록이라고 해도 과언이 아니다. 그 가장 깊은 바닥

49　의천, 「선왕(宣王)을 대신하여 제종교장을 조인(調印)하는 소」, 『문집』 제15권.
50　『고려사』 권 90, 「열전」 대각국사 조.

에 '본원'이라는 키워드가 있었다. 본원이란 게 이런 것이다. 어떤 조건에서도 꺾이지 않는 소원이고, 꺾을 수도 없는 소원이다.

정원은 편지를 통해 의천과의 인연이 막 시작되던 무렵, 의천을 가리켜 '왕궁에서 태어나 부귀영화를 꺼리시고 공문(空門)에 몸을 맡겨 부처의 깃이 되고 조사의 날개가 되어 위대한 임무를 감당하셨다'고 표현했다. 의천이 품었던 소원과 사명감을 더할 나위 없이 적절하게 표현하고 있다는 생각이 든다. 의천 자신도 이 편지에 대한 답장에서 정원의 칭찬을 거듭 인용하며 감사와 감격을 표현하고 있다.

의천이 구체적으로 묘사했던 소원의 내용, 전승이 끊긴 책들, 그것을 수집하고 정리하여 일장(一藏)으로 묶어 출간하겠다는 소원, 따지고 보면 이 같은 소원은 그저 일일 뿐이다. 온 동네를 다니며, 이 사람 저 사람 찾아 흩어진 책들을 모으는 일, 엉망진창이 된 책들을 털고 수선하여 앞뒤를 맞추고 교정하고 새로 쓰는 일, 그렇게 정리한 책들을 목록을 만들고 체계를 잡는 일, 그리고 판에 새기고 종이에 찍어 출간하는 일, 그런 일들을 하겠다는 것이다. 이런 크고 작은 일들, 소원을 품었다고 일이 저절로 되는 것은 아니다. 의천이 짧은 기간 안에 이런 일들을 기어코 해낼 수 있었던 것은 의천에게 소원을 현실로 바꾸어 놓을 수 있는 힘이 있었기 때문이다. 한마디로 꾸준히 일을 했기 때문이다. 의천으로 하여금 여러 조건 속에서도 저 소원을 향해 쉬지않고 움직이게 해 주었던 동력은 바로 본원의 힘이었다. 중생을 이끌어 반본환원할 수 있도록 돕겠다는 본원, 그래서 의천은 이 일을 '이익중생(利益衆生), 중생을 이롭게 하는 일'이라고도 표현했다.

의천의 구법여행, 누구나 의천의 밀항을 그렇게 표현한다. 말은 쉽다. 그렇지만 구법이라는 표현을 앞세우기에는 구법이라는 말에 담긴 뜻이 너무 크기 때문에 그래서 막연하다. 이익중생(利益衆生), 중생을 위하여 몸을 버리는 일이라고도 했다. 몸을 버리는 일, 결코 아무나 할 수 있는 일이 아니다. 당연히 큰 결단이 필요하다. 중생을 위한다는 일은 또 어떤가? 단지 사람만도 아니다. 중생이란 모든 생명체를 포함하는 말이다. 모든 생명체를 이롭게 하는 일, 불교에서도 가장 큰 목표이다. 그래서 그 목표를 부처님의 본원(本願)이라고 부른다. 석가모니 부처님이 깨닫기 훨씬 이전부터 세세생생 이어왔던 목표이다. 중생의 눈으로 보자면 부처님의 본원이 너무 크고 막연했기 때문에, 이런 표현을 들으면 으레 하는 말, 그저 좋은 말, 그럴 듯한 수사로 읽고 만다. 의천의 본원도 그런 정도로 읽고 마는 경우들이 많았던 것 같다.

어딘가 있을지도 모를 좋은 스승, 바른 법을 찾아 무작정 배움의 길을 나선다는 뜻일까? 그렇게만 하면 중생에게 과연 이익이 돌아갈까? 어쩌면 인간 싯다르타는 그런 막연한 목표를 향해 그렇게 왕위를 버리고 성을 떠났는지도 모른다. 그에게 생노병사의 문제는 컸고 해답은 없었다. 결과만 놓고 따져보자면 싯다르타는 그런 결단으로 큰 깨달음을 얻었고, 중생에게 큰 이익을 주었다. 생노병사의 고통으로부터 벗어날 수 있는 길을 찾았다. 그렇지만 의천은 경우가 다르다. 부처님이라는 분명한 모델이 있었고, 의천이 좋아하던 『화엄경』도 있었고, 그가 숙지하고 있었던 화엄교학도 있었다. 무엇보다 그에겐 목표가 있었다. 열아홉 살에 썼다는 『교장』 결집의 소원, 그 같은 구체적인 일도 그런 목표의 일부였을 것이다. 게다가 그는 왕자나 승통이라는 지위를 버린 적도 거부한 적도 없었다. 오히려 그는 자신의 지위와 힘이 지닌 의미를 분명하게 알고 있었고, 그런 힘을 최선을 다해 이용하기도 했다. 싯다르타의 결단이 그의 모델이었던 것은 틀림이 없겠지만, 그저 막연하게 성을 떠난 것이 아니었다. 의천에게는 분명 '속셈'이 있었다. 구체적인 목표가 있었고 계획이 있었다. 물론 싯다르타가 성을 떠난 까닭도 길게 보면 오랜 본원의 결과였고, 본원의 힘이었다. 막연하다는 말은 당시 싯다르타가 품었던 의심을 가리킨 것일 뿐이다. 그에 비해 의천에게는 그런 의심조차 없었다.

의천의 글에는 의천의 성격이 잘 담겨 있다. 성격은 꼼꼼하고 말은 간결하다. 말에는 중언부언 늘어지는 법이 없지만, 오해의 여지가 있다 싶으면 주석을 달기도 하고, 반복해서 강조하기도 한다. 고집이 세고, 집착이 강하여 김부식의 평가에도 그런 성격을 볼 수 있다. 사실『교장(教藏)』의 결집에 관한 의지는 고집이나 집착이라는 말 정도로는 표현하기 힘들 정도로 지독해 보인다. 세월이 흘러도 가슴 속에 품었던 본원이야 바뀔 까닭이 없겠다. 하지만 의천이란 인물, 열아홉 살에 품었던 소원, 밖으로 드러내는 표현조차 바뀌어 본 적이 없다. 속마음이야 알 도리가 없겠지만, 겉으로 드러나는 말, 표현조차 바뀐 적이 없었다는 말이다. 평생 한 가지 이야기만 하면서, 한 가지 일만 하다 간 인물, 그 일은 바로 문헌을 집성하는 일이었고, 중생을 이롭게 하는 일이었고, 사람을 바꾸고 세상을 바꾸는 일이기도 했다.

정원에게로_의천의 역량과 수완

가을 7월, 서울(변경)의 계성사(啓聖寺)로 들어갔다. 중서사인(中書舍人) 범백록(范百祿)이 주관하여 며칠 후 (철종이) 수공전(垂拱殿)에서 만나보고 손님의 예로 대접하니 은총이 두터웠다.

다음날, 표(表)를 올려 스승을 모시고 공부를 하고 싶다고 주청하니 황제가 이를 따라 화엄종의 유성(有誠) 법사를 뵙게 했다. 이에 앞서 황제는 승통께서 오신다는 소식을 듣고 양가(兩街)에 명하여 고재석학(高才碩學)을 미리 뽑아 가르치도록 했으니, 양가(兩街)에서 유성 법사를 추천했던 것이다. 승통이 옷자락을 들어 올리며 자신을 낮춰 제자의 예를 올리려 했지만, 유성 법사는 세 차례를 사양하다가 마지막에 받아들였다.

(예를 올리고는) '모갑(某甲)은 해외(海外)의 비루한 사람입니다. 도(道)를 구하는 마음을 품고 쓸데없는 세월을 보냈으나 아직도 얻은 바가 없습니다. 바라건대 스님께서 자비로운 마음으로 가엾이 여기시어 저의 미혹한 구름을 걷어 주십시오.'라고 말했다.

(유성 법사가) 대답하기를 '옛적의 부처(古佛)는 간절한 마음으로 법을 얻기 위하여 한 문장, 한 구절을 얻기 위해 전륜성왕의 자리도 버렸습니다. 지금 보니 상인(上人)께서 이를 능히 실천하고 계시니 참으로 어려운 일이라 하겠습니다. 함께 일승(一乘)에 뜻을 두고, 함께 만행(萬行)을 닦아 화장해(華藏海)에 노니는 것이 저의 바람입니다.'라고 했다. 이에 승통께서 이런저런 질문을 하자, 유성 법사는 감탄하여 '말과 뜻이 아름답고 적절하여 겹겹의 관문(關門)을 잘 열어주시니, 법왕(法王)의 참된 제자가 아니면 바로 의상(義湘)의 후신이십니다.'라고 했다.

다시 칙명을 받들어 주객원외랑(主客員外郎) 양걸(楊傑)과 함께 서울을 떠나 변수

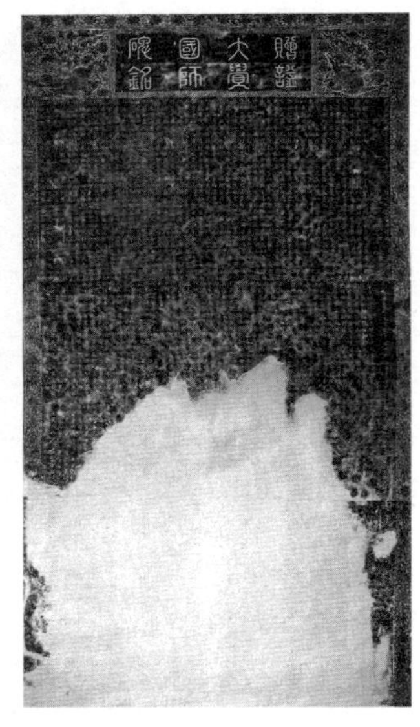

「고려국오관산대화엄영통사대각국사비명」

(汴水)를 따라 회사(淮泗)에 이르렀고, 차츰 여항(餘杭)에 도착하여 대중상부사(大中祥符寺)를 찾아 정원 법사를 뵙게 되었다.[51]

「영통사비명」의 한 장면이다. 의천이 몇 년을 두고 갈망하던 일은 일사천리로 이뤄지고 있었다. 앞에서도 소개한 바와 같이 송나라 황제와 조정은 의천의 목적을 분명하게 알고 있었다. 그래서 의천의 일행이 판교진을 떠나 송나라의 서울인 변경으로 오는 사이에 미리 화엄종의 고승을 선정하여 의천을 맞이할 준비를 해 두었다는 뜻이다. 그때 선정한 고승이 동경(東京) 각엄사(覺嚴寺)의 유성(有誠) 법사였다.

동경(東京) 각엄사(覺嚴寺)의 유성(有誠) 법사는 『화엄경』을 강의하였는데, 가장 오래도록 자리를 지켜 학자들이 의지하고 찬양했다. 사람됨이 순수하고 꾸밈이 적었으며, 높은 수행과 넓은 안목으로 근세의 강사 가운데 비길 자가 없었다. 원우(元祐) 초, 고려 승통이 바다를 건너와 현수(賢首)의 가르침을 전해 받아 본국에 유통시키고자 한다는 상소문을 올렸다. 양가(兩街)에 칙명을 내려 법을 전해 줄 사람을 천거하도록 했다. 관가에서는 유성 법사를 추천하였으나, 상소를 올려 '신은 비록 힘을 다해 강학(講學)을 해 왔지만 생각과 처신이 천박합니다. 게다가 이미 운세가 다했는데, 학자들이 헛되이 추천을 하였습니다. 이제 이국(異國)의 명승(名僧)께서 바다를 건너와 도(道)를 물으니, 의당 식견이 높고 견문이 넓은 분을 스승으로 모셔야 할 것입니다. 삼가 생각

51　김부식, 「영통사비명」, 『외집』 제12권.

해 보니 항주 혜인원의 정원 스님이 교승(敎乘)을 세심하게 연구
하였고, 외학(外學)에도 정통하였습니다. 저 대신 추천을 하오니
공의(公議)를 윤허하여 주십시오.'라고 했다. 칙명을 받들어 조봉
랑(朝奉郞) 양걸(楊傑)에게 안내를 맡겨 전당(錢塘)으로 가서 법을
받도록 했다.[52]

　　황제의 명을 받은 유성이 상소를 올려 굳이 스승의 자리를 정원에게
양보했다는 말이다. 정원이 주석했던 항주(杭州), 혜인원(慧因院)의 『사지
(寺志)』에는 유성 법사의 「강의를 양보하는 상소문」이 실려 있다. 위에 인
용한 내용과 똑같다. 그만큼 이 사건은 당시는 물론 후대에까지 송나라
지식인 사회에 널리 알려졌던 것으로 보인다. 유성은 당대 학자들은 물
론 정부의 고관들도 공인하는 최고의 화엄학자였다. 정원이 절강 지역에
서 이름을 떨친 화엄학자였다고는 하나, 황제의 서울에 주석하는 유성의
명성과 영향력에 비할 처지는 아니었을 것이다. 『사지(寺志)』에까지 이
사건을 기록해 둔 것만 보아도, 이 사건이 정원에게도 의미가 컸다는 사
실을 짐작할 수 있다.[53] 아무튼 이 사건의 중심에 있는 의천이라는 인물
의 깊은 속내와 용의주도한 일머리를 짐작할 수 있는 매우 좋은 사례라
고 할 수 있다.

　　『대각국사외집』에는 유성이 의천에게 보낸 편지 다섯 수가 남아 있다.
의천의 편지에 대한 답장이라는 제목이 붙어있지만 의천이 유성에게 보낸
편지는 한 편도 남아 있지 않다. 편지의 내용을 보면 '순수하고 꾸밈이 적

52　　각범혜홍(覺範慧洪, 1071~1128), 『석문홍각범임간록(石門洪覺範林間錄)』.

53　　유성(有誠), 「강의를 양보하는 상소」, 『옥잠산혜인고려화엄교사지(玉岑山慧因高麗華嚴教寺
志)』 제9권, p.170, http://buddhistinformatics.ddbc.edu.tw/fosizhi/ui.html?book=g017, 이하 『혜인고려
사지』.

었다'는 유성의 인품이 읽혀진다. 젊은 의천을 대하는 노승의 태도는 겸손하고 간절하다. 의천은 겸손한 노승 앞에 엎드려 간곡하게 제자의 예를 올리고, 노승은 거듭 몸을 낮춰 사양을 하는 장면이 그려진다. 그렇다 하더라도 유성이 처음부터 '강의를 양보'하려 했던 것은 아니었다.

> 유성은 마음의 밭은 혼탁하고 지혜의 거울은 먼지가 끼어, 함부로 화엄의 대교(大教)를 전했다지만, 참된 풍경을 멀찍이 보았을 뿐이며, 외람되게도 법을 강연하는 일을 욕되게 하고 분수도 없이 높은 자리에 올랐습니다. 이미 하문(下問)을 받아 사양을 할 수도 없으니 먼 인연이라도 맺기를 바랍니다.[54]

어쨌든 황제의 칙명으로 맡은 임무였다. 그렇게 유성은 스승의 자리에 올라 법문을 했다. 위에 인용한 편지의 앞부분은 그때 했던 법문으로 보이는 긴 글로 채워져 있다. 법문의 내용은 평이하다. 여기저기 『화엄경』을 인용하면서 화엄종의 종지와 가치를 이야기하지만, 의천이 정원과 나누던 논의와는 분위기가 사뭇 다르다. 구절마다 노승의 간곡한 노바심절(老婆心切)이 담겼지만, 의천이 바라던 학술적인 논증 같은 것은 없다. 김부식이 인용했던 대로 유성은 의천의 날카로운 질문에 대하여 찬탄을 하지만, 그마저도 의례적인 인사로 느껴질 뿐이다. 물었다는 이야기만 있지 답의 내용이 없기 때문이다.

유성의 이른바 「강의를 양보하는 상소문」은 이런저런 문답의 와중에서 나온 것이었다. 유성은 상소문 가운데서 강의를 양보하는 동시에 정

원을 지정하여 자기 대신 추천한다고 하였다. 그리고 '교승에 대하여 정교하게 연구를 하였고, 외학에도 정통하다'는 이유를 들었다. 의천이 좋아하는 말투였고 내용이었다. 다시 말해, 유성의 상소문은 의천의 의지에 따라, 의천의 언어로 씌어졌다는 뜻이다.

당시의 정황을 이해하기 위해 남아 있는 기록에 따라 일의 순서를 다시 정리해 보면 다음과 같다.

	날짜	일
1	1085년 5월 2일	판교진에 도착한 의천은 밀주의 지주 범악을 통해 송나라 화엄종과 화엄학에 대해 공부를 하기 위해 오게 됐다는 상소를 올렸다
2		의천의 상소를 받은 철종은 바로 명령을 내려 의천의 목적에 부응할 적당한 스승을 물색하도록 했다.
3		좌우의 추천으로 유성 법사를 의천의 스승으로 선정했고, 유성도 이를 받아들였다.
4	7월 6일	변경 도착
5	7월 22일	의천은 유성을 스승의 예로 찾아뵙고 가르침을 청했다.
6		유성은 마지못해 스승의 예를 받아들이고 법문을 시작했다.
7		의천은 유성과 법담을 나누는 과정에 정원에 대한 인연을 이야기하고 정원에게로 갈 방법을 의논했다
8		유성은 의천의 의사를 받아들이고 먼저 철종에게 상소를 올려 강의를 정원에게 양보하고자 했다.
9		의천은 철종에게 상소를 올려 정원을 스승으로 모시고 싶다는 소원을 피력했다.
10		철종은 다시 명령을 내려 양걸을 관반사로 지정, 의천을 정원이 주석하던 항주로 모시고 가도록 했다.
11	8월 14일	항주를 향해 출발

위의 순서에서 7번만 빼놓고는 모두 기록에 나오는 이야기들이다. 여러 기록에 비슷한 내용들이 남아 있기 때문에 모두 사실로 보아도 무방하겠다. 의천의 목표는 처음부터 항주의 정원에게로 정해져 있었다. 그렇지만 의천은 그런 목표를 처음부터 막무가내로 추진하지는 않았다. 오히려 그 과정을 보면 구법의 절차라기에는 다소 번잡하고 의례적으로

느껴진다. 의천은 철종으로부터 항주로 가도 좋다는 허락을 받은 뒤에 다시 감사하는 표문(表文)과 양걸이라는 고위 관료를 수행원으로 보내준 데 대해 감사하는 표문 등을 거듭 올리는 한편, 어린 철종의 모후(母后)인 황태후에게도 꼬박꼬박 표문을 올리고 있다. 명분은 구법이었지만, 송나라 조정의 입장에서 의천은 외국에서 온 귀빈이었고, 따라서 그 절차 또한 외교적인 관례를 따르고 있었다는 뜻이다.

의천 자신도 상국(上國)에 법을 찾아왔다는 명분을 내세운 마당에 특정한 목적이나 특정한 스승을 지정해서 요구할 처지는 아니었을 것이다. 의천은 송나라의 조정에서 안배하는 일정을 순순히 따랐고, 유성과의 교류에서도 정성을 다했다. 송나라를 대표하는 화엄종의 거장인 유성에게 의천은 평소에 품고 있던 의문과 소회를 간절하게 물었다. 그것은 송나라의 화엄종을 가늠하는 방법이었고, 송나라에 유통하던 화엄종의 문헌을 수집하기 위한 절차이기도 했다. 그러는 사이 유성은 의천의 목표와 취향을 실감하였을 것이고, 의천의 뜻이 정원에게 있다는 사실도 알게 되었을 것이다. 그리고 순수하고 온화한 성품의 노승, 유성은 강의를 사임하고 정원을 대신 추천하게 되었을 것이다.

삼가 신은 제후의 문턱에서 영화를 버리고, 부처님의 가르침에 뜻을 두었습니다. 깊은 가르침을 연구하기 어려워서 개탄을 하고, 바른 법이 쇠퇴하는 것이 슬퍼 촌음을 아껴 많은 경전들을 헤매고 다녔습니다. 지난번 고국에서 양절(兩浙) 지방의 정원(淨源) 강주(講主)께서 현수(賢首) 스님이 지은 조사들의 가르침에 대해 주석하신 것을 우연히 얻게 되었습니다. 열어 보니 느끼는 바가 있어, 자세히 읽어보고는 피곤조차 잊게 되었습니다. 그래서

의리를 사모하는 마음에, 멀리서나마 스승으로 모시고자 기약
을 했습니다.[55]

의천은 유성이 강의를 사양한다는 상소문을 올린 이후에야 비로소
정원과의 인연을 밝히며, 정원이 주석하고 있는 항주로 가고 싶다는 뜻
의 상소문을 올렸다. 처음부터 바라던 일이었고, 계획했던 일이었지만
의천은 저간의 절차와 송나라 조정의 배려를 묵묵히 따랐다.

혜인 법사께서 화엄으로 불사를 하시니 고려 승통께서 천만 리
바다를 건너 어려움도 마다않고 중국의 땅에 몸을 던졌습니다.
엎드려 스승을 찾아 예를 갖추니 나라와 조정을 모두 감동시켰
습니다. 현명한 분들을 두루 찾아 조정의 안내를 받아 동쪽으로
내려오면서 가는 군부(郡府)마다 이목을 끌어 놀라지 않는 곳이
없었습니다. 항주에 이르러 겨우 2~3개월 사이에 바른 법을 일
으켜 세우시니 승속이 모두 의지하여 쏠렸습니다. 참으로 일찍
이 없었던 일이었습니다.[56]

항주의 가구(可久)라는 승려가 했던 말이다. 혜인 법사는 정원을 가리
킨다. 가구의 표현대로 의천의 일거수일투족은 송나라 조야의 관심거리
가 되었다. 의천에게 천태종의 법을 전했다는 종간은 "스님의 교화(敎化)
가 대륙에 행해지니 사방의 바람이 잦듯 모두가 복종하였습니다."라고
표현하기도 했다. 이런 것이 의천이 일을 추진하던 방식이었다. 갓 서른

---

55   의천, 「정원아사리의 처소로 가서 가르침을 배우기를 청하는 표(表)」, 『문집』 제5권.
56   「가구(可久)의 편지」, 『외집』 제8권.

                                               2. 의천의 길

의 젊은 의천, 고려의 조정과 어머니의 근심을 뒤로 한 채 무작정 밀항길에 올랐다던 의천은 그저 그런 철부지 왕자가 아니었다. 그가 하는 일은 모두 계획된 일이었고 준비된 일이었다. 유성으로부터 정원에게 가는 길, 그 과정은 의천이란 인물의 성품, 목표를 성취해가는 경륜과 수완을 단적으로 보여주는 분명한 증거라고 할 수 있다. 의천은 이렇게 무리를 하지 않으면서도, 외교적인 관례와 절차를 겸손하게 따르면서 당사자는 물론, 나라와 조정을 함께 감동시켰다.

> 유성은 아룁니다. 14일에 삼가 귀한 편지를 받아 보았습니다. 두터운 정을 받았으면서도 이 늙은이는 드릴 말씀이 없으니 어쩌면 좋겠습니까? 간절한 뜻을 상주하여 황제로부터 동남쪽으로 가고 싶다는 청을 허락 받으셨으니, 머지않아 참된 선지식을 뵙게 되셨습니다. 삼가 거듭거듭 축하 드립니다.[57]

동남쪽은 송의 서울인 변경으로부터 정원이 있는 항주를 가리킨다. 친절하고 겸손한 노승 유성은 '삼가 축하한다〔奉賀 奉賀〕'는 말을 두 차례나 반복하고 있다. 이렇게 철종은 의천의 청을 받아들였고, 양걸을 관반사로 뽑아 의천의 여로를 돕도록 배려했다. 이로써 의천은 다시 한 번 자신의 뜻, 마음 속의 소원을 이루어냈다. 하지만 상국(上國)의 위상, 화하(華夏)의 자존심을 품은 송나라 조정으로서는 쉽지 않은 결정이었을 것이다. 자신들이 최고의 스승이라고 가려 뽑은 유성이었고 황제의 칙명이었다. 황제의 칙명을 바꾸는 일도, 정해진 스승을 바꾸는 일도 쉬운 일이

---

57   유성, 「대송의 사문 유성의 편지」, 『외집』 제3권.

아니었을 것이다. 얼마든지 자존심이 부딪칠 수 있는 상황이었고, 일이 꼬일 수도 있는 상황이었다. 유성의 입장에서도 난처하고 자존심도 상하는 일이었을 수도 있다. 불과 한 달 남짓의 기간, 의천은 그 일을 이렇게 풀었다.

그렇다고 해서 유성과의 인연이 이 사건으로 끝난 것도 아니었다. 끝나기는커녕 이후에 기록된 그들의 대화를 보면 의천의 인품과 역량에 다시 한 번 놀라게 된다. 그들의 대화는 이 사건을 기점으로 완전히 새로운 국면으로 바뀌고 있다. 책에 대한 주제이다. 교장(敎藏)과 장소(章疏)의 결집에 관한 일이었다. 이전까지 유성의 말은 노회한 고승의 화려한 수사로 채워져 있었다. 하지만 일은 일이다. 일에 대한 이야기, 바로 의천이 원하던 이야기였다. 그런 일에 닥치면 체면도 수사도 뒷전이 될 수밖에 없다.

의천은 밀항을 결행하면서 상당량의 책을 준비했다. 조심스레 가려 뽑은 것들이었다. 송나라에는 없는 책들이었다. 유성의 편지에는 그런 책에 관한 이야기들이 담겨 있다. 이 또한 의천의 준비가 얼마나 용의주도하고 치밀했는지를 보여주는 증거라고 할 수 있다. 엎드려 제자의 예를 올리고 친절한 가르침을 묵묵히 듣는 사이, 의천은 자신의 학술적인 역량과 열정을 조금씩 드러냈고, 오랫동안 품었던 구법의 진정한 목적들을 피력했다. 괄목상대, 정원도 그랬고, 유성도 그랬다. 수행과 학술에서 일가를 이룬 고승들이었다. 변방에서 온 젊은 왕자 승통, 그들의 말은 공손해도 권위가 담겨 있었다. 하지만 의천의 꿈과 정열, 역량 앞에서 그들의 권위는 놀라움에서 진지함으로 빠르게 바뀌고 있었다.

『현수전(賢首傳)』을 보여 주신 데 대하여는 너무나 감격스러웠습니다. 평소 생각하던 것과 은근히 부합하였습니다. 몇 년 동안 우리 화엄종의 문헌을 수집하였는데, 진(晉)나라로부터 당나라 때까지 오교(五敎)의 여러 조사들께서 혹은 장소(章疏)를 지으시거나, 혹은 강연이나 해석한 것들을 모아 집성하고, 나아가 대교(大敎)를 펴는 데 도움이 되고자 하였습니다. 그러나 문집들은 흩어지고 정본(正本)은 구하기가 어려워 이런 집성을 아직 완성하지 못했습니다.

이제 상인(上人)으로부터 『화엄전(華嚴傳)』 다섯 권을 얻고, 다시 『강장신전(康藏新傳)』 한 권을 얻으니 귀감으로 삼기에 충분합니다……. 이 모두가 들어 본 적이 없는 것들이었으니 뛸 듯이 기쁜 마음을 어찌 감출 수 있겠습니까?

가져다 주신 『장소목록(章疏目錄)』 한 권은 경건히 향을 사르고 손을 닦은 뒤 두루 살펴보니 우러러 찬탄하는 마음이 끝이 없었습니다. 이로써 상인(上人)께서 법을 전하고자 하는 마음과 도를 배우고자 하는 의지를 잠시도 잊지 않고 계시다는 사실을 깨닫기에 충분하였습니다. 게다가 논(論)을 연구하고 장소에 정통하셔서 천부적인 재주와 학술까지 풍부하고 넉넉하시니, 부처님께서 직접 말법시대를 위해 부촉하신 동량이 아니라면 그 정성이 어찌 이렇게 지극할 수가 있겠습니까? 상인께서는 임금의 후예로 (목표를 이룰 수 있는) 능력 또한 갖출 수 있습니다. 언젠가 능히 간행하여 유통시킬 수 있다면, 등불과 등불이 서로 이어져 화려한 집안을 환하게 비출 것이니 그 이익이 넓을 것입니다.[58]

---

58   유성, 「대송의 사문 유성의 편지」, 『외집』 제3권.

의천은 처음 유성을 찾아가는 길에 준비해간 화엄종의 문헌을 챙겨가서 보여주었다. 이를 받아 본 유성은 처음에는 편지를 통해 『묘리원성관(妙理圓成觀)』, 『강장전(康藏傳)』, 『화엄지귀(華嚴旨歸)』 등 세 종류의 문헌만을 가볍게 언급하고 넘어갔다. 젊은 왕자가 변방에서 가져온 책, 그저 그러려니 인사로 받아둔 정도였다. 하지만 여유를 가지고 그 책들을 살펴보면서 유성은 바로 그 가치를 알아보았다. 그는 새삼 『현수전(賢首傳)』을 들어 놀라움과 탄식을 전하고 있다. 일생을 바쳐 연구하고 가르쳤던 화엄종의 조사(祖師), 그런데 고려의 왕자 승통이 본토에서도 잊혀졌던 그런 기억들을 짊어지고 제발로 찾아왔다. 이쯤 되면 누가 스승이고 누가 제자인지 그런 차별은 더 이상 문제가 되질 않는다.

하지만 무엇보다 극적인 장면은 그 책 속에 섞여있던, 『장소목록(章疏目錄)』을 살펴 본 뒤의 놀라움이었다. '법을 전하고자 하는 마음과 도를 배우고자 하는 의지', 유성은 바로 그 『장소목록』을 통해 의천의 목표와 의지를 확인했다. 의천의 꿈이 얼마나 큰 것인지, 왜 구법의 길에 나서야 했는지를 깨달았다. 이후에 나오는 찬탄은 그저 입에 발린 칭찬이 아니었다. 어제의 유성이 아니었고, 어제의 의천이 아니었다. 목록 안에는 의천이 가지고 온 책 외에도 처음 듣는 책들이 즐비했을 터였다. 게다가 의천은 그것도 모자라 그 어려운 길을 찾아와 더 수집해야 한다고 하고, 이 모두를 정리하여 출판하겠다고 욕심을 부리고 있었다.

앞에서 멍청한 왕자 승통의 이야기를 길게 소개했던 까닭이 이런 데 있다. 의천 앞에서 『화엄경』을 강의하던 선승, 망연자실 말문이 막혔던 그들의 기록, 그런 기록들에 의지하여 의천을 과소평가하던 사람들, 하지만 정작 당대 송나라 화엄종의 태두로 꼽혔던 유성의 평가는 이렇게 달랐다. 그저 진지하고 열정적인 젊은이에 대한 입에 발린 칭찬만은 아니었다. 젊고 재주와 학술까지 겸비했다는 의천, 게다가 왕자 승통, 유성은 의천을 '부처님께서 직접 말법시대를 위해 부촉하신 동량'이라고까지 칭찬하며, 의천을 통해 화엄종의 미래와 중생의 이익을 함께 기대하고 있었다. 유성과 송나라에는 없던 희망, 불가능했던 현실이었다.

정원 또한 비슷한 과정을 통해 의천이라는 인물을 발견했다. 그리고 비슷한 놀라움을 '왕궁에서 태어나 공문(空門)으로 출가하여 부처의 깃이 되고, 조사의 날개가 된 것'이며, '숙세의 인연과 타고난 천품으로 위대한 임무를 진 것'이라고 표현했다. 그들은 그런 놀라움을 통해 의천의 역량을 믿기 시작했다. 그러면 능히 해낼 수 있는 일, 실현가능한 꿈, 그렇게 그들은 의천의 꿈 안에서 미래를 함께 꿈꾸기 시작했다. 유성도 정원도 평생 『화엄경』을 강연하며 숱한 제자를 기른 고승이었다. 그들은 의천과 같은 제자를 길러 본 적이 없었다. 그가 왕자 승통이어서만은 아니었다. 그의 꿈, 그의 정열, 그의 역량은 그들을 하나로 묶어 주는 새로운 동기였다. 그들은 어찌 보면 모두 같은 세상을 살아가는 한 집안의 한 식구, 화장세계를 함께 노닐고자 하던 도반이었다. 오랫동안 준비해 온 일, 적어도 의천에게는 큰 명분과 자신감이 있었다. 묵묵히 겸손하게 준비하고 기다리면서 송나라의 조야(朝野)를 조금씩 감동시켰다. 그렇게 의천은 정원에게로 갔다.

겨자씨 바늘에 꿰이듯_정원과의 인연

『대각국사문집』에는 의천이 쓴 편지 21편이 남아 있다. 소(疏)나 장(狀) 같은 공식 문서들을 뺀 숫자이다. 『외집』에는 의천이 받은 편지가 무려 71편이나 된다. 이 편지들은 대개 송나라의 학승과 주고받은 것들이

진수선사상(晉水禪師象)[59]

다. 의례적인 편지들도 있지만 대부분 개인의 생각이나 구체적인 일을 담고 있다. 편지 외에도 이들과 주고받은 시편들도 상당하다. 그 상대만 해도 50명이 훌쩍 넘는다. 요나라와 고창국의 스님들도 있지만 주로 송나라의 고승들이다. 당대 최고의 지성이라고 해도 과언이 아닌 면면들이다. 사료적인 가치만 따져도 비슷한 사례를 찾기 어려울 만큼 소중한 기록이지만, 그 안에 담긴 대화의 내용은 더욱 흥미롭다. 당대 최고의 지성들이 화엄(華嚴)과 천태(天台), 선(禪) 등 최고의 주제를 놓고 수준 높은 대화를 나누고 있기 때문이다. 이들 대화의 중심은 물론 의천이고, 가장 중요한 상대는 정원이다. 의천이 정원에게 보낸 편지는 모두 11편이고, 정원이 의천에게 보낸 편지는 12편이다.

지난해 8월 15일 도강(都綱) 이원적(李元積)으로부터 2월에 쓰신 편지 1통과 직접 지으신 『화엄보현행원참의(華嚴普賢行願懺儀)』, 『대방광원각참의(大方廣圓覺懺儀)』, 『대불정수능엄참의(大佛頂首楞嚴懺儀)』, 『원인논발미록(原人論發微錄)』, 『환원관소초보해(還源觀疏鈔補解)』, 『우란분예찬문(盂蘭盆禮贊文)』, 『교의분제장과문(教義分齊章科文)』 등 여덟 종류의 책 한 상자를 받았습니다. 돌아와 열어 살펴보니 (아무리 보아도) 싫증이 나질 않았습니다.[60]

59　『혜인고려사지』, p.14.
60　의천, 「정원법사에게 드리는 편지 4수」, 『문집』 제10권.

2. 의천의 길

『고려사』에는 '문종(文宗) 35년(1081년) 8월 무진(戊辰)에 송(宋)의 상인 이원적 등 68인이 와서 토산물을 바쳤다'는 기사가 남아 있다. 무진일은 14일이다. 위에 인용한 편지에 따르면 의천은 8월 15일 이원적을 만나 편지와 책 한 상자를 전해 받았다고 했다. 전후 사정을 맞추어 보면, 이원적이 개성에 도착하여 조정에 토산물을 바치고, 바로 그 다음날 의천을 만났다는 뜻이 된다. 이렇게 편지의 내용과 주변의 기록들을 비교해 보면, 의천과 정원이 1080년 이전부터 교류가 있었다는 사실을 짐작할 수 있다. 1080년 전후라면 의천이 20대 중반, 『화엄경』 강연을 갓 시작한 이후 학승으로서, 승통으로서 활발하게 활동을 시작하던 무렵이었다. 반면에 정원은 이미 70줄에 접어든 노승이었다. 의천은 밀항을 결행하기 훨씬 전, 1080년 전후로부터 정원을 마음의 스승으로 삼았고, 정원은 젊은 의천을 기꺼이 받아들였다. 이때부터 의천의 목적지는 정원이 살고 있는 항주였다.

> 바람을 타고 와 입과 마음으로 주고받으니, 바늘과 겨자가 비록 하늘과 땅에 멀리 있어도 위 아래로 서로 딱 들어맞는 것처럼 기쁩니다. 생황과 경쇠가 연주하니 궁상(宮商)이 어울려 화음을 이룹니다.[61]

바늘과 겨자, 땅 위에 바늘 한 개를 꽂아 놓고 하늘 위에서 겨자씨를 던져 바늘에 꿰는 일이다. 우리 말에 '깨알 같다'는 말이 있지만, 겨자씨는 깨알보다 훨씬 작다. 『열반경』에서 유래하여 널리 알려진 비유이다.

---

[61] 의천, 「송나라에 들어가 법을 구하기를 청하는 표(表)」, 『문집』 제5권. 정원이 보낸 편지의 내용을 인용하고 있다.

부처가 세상에 나오는 일, 그런 부처를 만나는 일이 그만큼 어렵다는 비유이다. 칠십 노객 정원은 이십대 청춘 의천의 편지를 받아보고 그 감회를 이렇게 표현했다. 그처럼 기적 같은 일이 벌어졌다는 것이다. 그리고 두 사람의 생각이 딱 맞아 화음을 이루었다는 것이다. 얼른 보면 『열반경』의 비유도 비유려니와 정원의 감회 또한 과장이 심해 보인다. 그래서 이런 표현을 그저 지나가는 겸손이나 상투적인 인사로 이해하기 쉽다. 물론 그럴 수도 있다. 하지만 이때로부터 꾸준히 이어진 두 사람의 인연, 이들이 주고받은 생각들, 그리고 이들이 함께 성취해 낸 일을 따져보면 이런 말이 다만 빈말이 아니며, 이들의 만남이 실로 극적이었다는 사실을 알게 된다.

> 대송국 양절(兩浙)의 조사의 가르침을 전하는 노승 정원은 고려국의 화엄 아사리 승통 법사께 답장을 드립니다. (중략)
> 정월 19일 도강(都綱) 이원적(李元積)이 와서 지난해 9월에 쓰신 편지를 받아 보았습니다. 편지의 내용은 간절하고 진솔했으며, 재주와 식견은 정성스럽고 겸손했습니다. 세 경전의 바른 뜻을 설명하고 세 조사(祖師)의 주석서를 말씀하시니, 이치가 분명하여 읽는 사이에 어느덧 사람을 즐겁게 해 주셨습니다. 이로 인해 귀국의 제관(諦觀) 상인(上人)께서 『천태사교의(天台四教義)』를 기록하셔서 화하(華夏)에 유통하도록 하셨고, 그래서 지자(智者)의 법손(法孫)들이 이를 나침반으로 삼았던 일을 떠올리게 되었습니다. 이제 법사께서 말씀하시는 세 조사의 주석서는 이전에 제가 후학들에게 가르치던 내용과 분명하게 부합합니다.
> 이전의 조사께서 말씀하시길, "경전의 말씀으로부터 깊은 이치

를 얻으니, 그 뜻 그대로가 나의 마음이다"고 하셨으니 어찌 정
혜(定慧)만이 아름답겠습니까? 철인(哲人)들이 간간이 나와 자세
하고 간곡하게 찬탄하지 않았다면 어떻게 지금에 이를 수 있었
겠습니까? 게다가 왕궁에서 탄생하셔서 부귀영화를 꺼리시고
공문(空門)에 몸을 맡겨, 부처의 깃이 되고 조사의 날개가 되셨습
니다. 이는 참으로 숙세에 닦은 공덕의 인연으로 타고난 재질과
높은 절개를 지니게 되었고, 이로써 위대한 임무를 감당하게 되
신 것입니다.

보내 주신 『화엄공목내장(華嚴孔目內章)』과 『정원신역경소(貞元新譯
經疏)』 등 46책에 대해서는 이원적이 와서 이르길, "경전을 의지
하여 공부하는 사람이 아침으로 읽고 저녁으로 생각하여 부지런
히 공부한다면 두 주석서의 가르침을 통달하게 될 것이다"라고
하셨다 하니, 두 가지 현기(玄記), 『수현기(搜玄記)』와 『탐현기(探玄
記)』에 의지하는 까닭일 것입니다.

그러나 지상(至相)이 지은 『화엄내장공목(華嚴內章孔目)』의 법수(法
數)는 말은 아름답고 이치는 정교하며, 문장은 고결하고 의미는
넓어 불교의 핵심을 아울렀지만 손바닥을 펴듯 분명합니다. 천
태종의 『법계차제』와 비교하면 하늘과 땅처럼 차이가 크니 어찌
동시에 이야기를 할 수 있겠습니까?

만약 규봉(圭峯)의 『원각광소(圓覺廣疏)』와 비교한다면, 저것(『화엄
내장공목(華嚴內章孔目)』)이 먼저 단락을 구분하는 항목들을 나열하
고 다음에 경의 뜻을 해석하여 항목에 따라 하나로 합한 것이면,
이것(『원각광소(圓覺廣疏)』)은 『수현기(搜玄記)』를 활용하여 의미를
확장하고 항목별로 가려 뽑아서 네 책으로 나누어 따로 엮은 것

이라 하겠습니다. 옛 사람이 "백옥과 황금은 모두 다 지극한 보물이다"라고 했으니 경전을 주석하는 묘한 이치 또한 마찬가지 아니겠습니까?[62]

이런 것이 청춘의 의천과 칠십 노객 정원이 편지를 통해 대화하던 방식이었다. 이렇게 이들의 인연은 책을 매개로 시작했다. 의천은 송나라에서 온 상인들로부터 정원이라는 인물을 소개받고, 바리바리 책을 싸서 보내며 평소의 견해를 밝히고 의사를 타진했다. 그 이야기의 중심에 "세 경전의 바른 뜻과 세 조사의 주석서들"이 있었다. 『화엄경』은 전후 세 차례에 걸쳐 한문으로 번역되었다. 이 사이에 드문드문 『화엄경』의 일부를 번역하여 유통했던 경우도 있었지만, 이 삼본(三本)의 번역본이 가장 널리 읽히던 『화엄경』이었다. 세 조사의 주석서는 지상지엄(至相智儼, 602~668), 법장현수(法藏賢首, 643~712), 청량징관(淸凉澄觀, 738~839)의 세 조사가 지은 주석서들을 가리킨다. 물론 『화엄경』에 대한 주석이다. 이에 대해 정원은 '이전부터 후학들에게 가르치던 내용과 분명하게 부합한다'고 했다. 바늘과 겨자씨가 들어맞은 듯 했다던 인연, 그 인연을 이해하기 위하여는 이런 편지를 떠나 정원이라는 인물을 좀더 객관적으로 이해할 필요가 있다.

법사의 이름은 정원(淨源)이고 자는 백장(伯長)이며 스스로 호를 잠수(潛叟)라 했다. 천주(泉州) 진강(晉江)의 양씨(楊氏) 출신이어서 학인들이 진강(晉江)이라고 불렀다. 선비의 집안에 태어나 어려

---

62   정원, 「송나라 사문 정원의 편지 2」, 『외집』 제2권.

2. 의천의 길

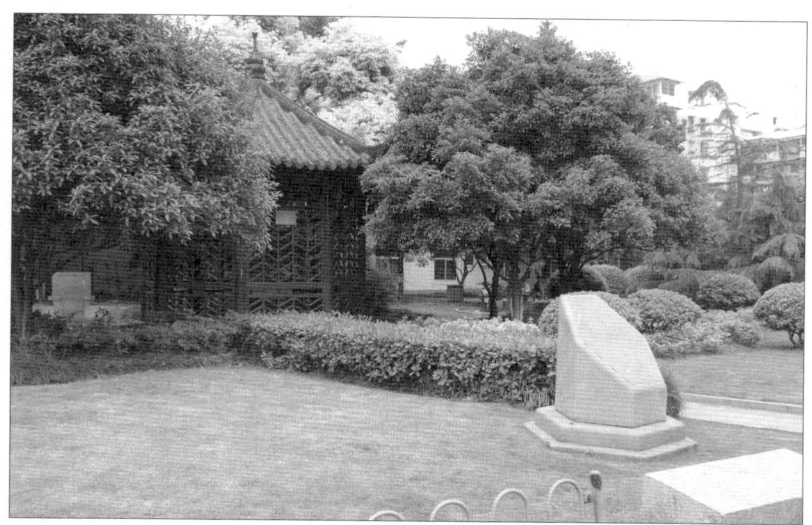

정원이 주석하던 대중상부사의 옛터. 고증을 통해 위치만 추정할 뿐 아무런 흔적도 남아 있지 않다.

항주시에서 자리를 옮겨 새로 복원한 혜인 고려사. 고려사의 옛 터에는 일본인이 지은 호텔이 들어서 있다. 정원과 의천의 상(像)을 모시고, 의천을 한중교류의 상징적인 존재로 높이 평가하며 비교적 상세한 정보를 제공하고 있다.

서부터 유학을 공부했다. 총명한 지혜를 타고나 공부를 하면 반드시 통달하고야 말았다. 약관에 들어 공부를 하는 사이 선종의 사찰들을 한가로이 다니고는 했다. 해인(海印) 스님의 한마디를 듣고 문득 마음자리를 깨쳐 단호하게 결심하고 부모님을 떠나 출가했다.

스물세 살에 동경 보자사(報慈寺) 해달(海達) 대사의 은혜로 득도(得度)하고 이듬해 구족계(具足戒)를 받았다. 처음에는 화엄대사 승천(承遷)으로부터 『화엄경』의 관법을 배웠고, 다음으로 황매명담(橫梅明覃)으로부터 이통현(李通玄)의 「화엄론(華嚴論)」을 배웠다. 북방에서 남방으로 돌아오니 그 무렵 장수(長水) 대사가 『수능엄경소(首楞嚴經疏)』를 지어 절강(浙江)으로 가 친히 그 뜻을 전수받았다. 스님은 또한 『원각경(圓覺經)』, 『기신론(起信論)』 등 여러 경론들을 강연하여, 법사는 이를 두루 듣고 본말을 완전하게 이해했다. 다시 곤산청본(崑山淸本)으로부터 『환원관(還源觀)』을 전해 받았고, 중오비사(中吳秘思)로부터 승조(僧肇)의 『사절론(四絕論)』을 전해 받았다. 가는 곳마다 하나를 들으면 열을 알아 심오한 뜻을 터득했고, 활용하는 데에도 걸림이 없었다. 노승들도 탄복하여 '가르침의 바다를 누비는 의리(義理)의 용(龍)'이라고 극찬했다.

원융(圓融)의 종파는 경관(經觀)에 대한 논장(論章)과 그 주석서들이 수백만 언(言)에 달하고, 명의(名義)가 다양하고 과목(科目)의 분류도 복잡하여 일생을 바쳐 공부를 하더라도 마치기가 어려웠다. 근세에 들어서는 그 모두를 외우더라도 전체를 두루 이해하기가 어려웠다. 『화엄경』을 가르치는 사람들은 청량교(淸凉敎)라고 하고, 『원각경』을 가르치는 사람들은 규봉교(圭峰敎)라 하여

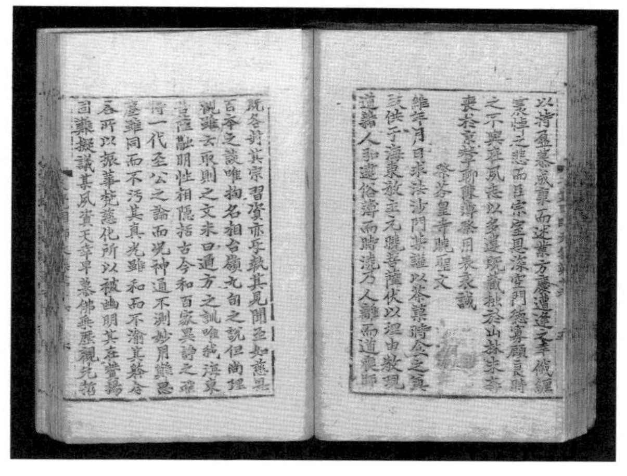

『문집』 제16권, 「분황사 원효성사 제문」, 원효를 효성(曉聖)이라고 부르고 있다.

종파가 갈려 통일되지 않았다. 이에 법사가 그 근원을 따져보니 종파는 비록 현수(賢首)로부터 시작됐지만, 그 이치는 실제 『기신론(起信論)』에서부터 나온 것이었다. 그래서 마명(馬鳴) 대사를 시조(始祖)로 용수(龍樹), 제심(帝心), 운화(雲華), 현수(賢首), 청량(淸凉), 규봉(圭峰)의 차례로 칠조(七祖)를 세우니, 현수종(賢首宗)의 후예들이 모두 하나의 근본에서 나온 것이었다. 또 오교(五敎)를 추려 십교(十敎)로 정리하니 청량과 규봉이 남긴 뜻을 밝힌 것으로 이런 전통은 법사로부터 시작된 것이다.

『화엄경』의 증성(證聖)과 정원(貞元)의 (번역본에 대한) 주석서들은 경문과 별도로 유통하였기 때문에 읽기가 어려웠다. 그래서 법사가 다른 자료들과 전기(傳記)에 준하여 주석하고 이들을 묶어 하나로 편집했다. 주석서의 문장이 넓고 복잡하며, 앞뒤가 얽혀 있기 때문에 그 뜻을 깊이 이해하지 못한다면 체계적인 해석을 이해하기 어려웠다. 경문과 소문, 전기를 묶어 편집함으로써 학

자들이 편하도록 한 것이다. 일찍부터 '참회하고 발원하는 것이
불사(佛事)의 시작이다.'고 하여 『화엄경』, 『수능엄경』, 『원각경』
에 대한 참회법을 저술했고, 이에 따라 엄격하게 수행했다. [63]

정원의 비문에 담겨 있는 그의 전기이다. 비문에도 묘사하고 있듯 당
시는 화엄종의 전통이 끊어지다시피한 시절이었다. 의천을 만나기 이전
부터 정원의 삶은 화엄종의 전통을 복원하는 일에 집중되어 있었다. '가
르침의 바다를 누비는 의리의 용'처럼 타고난 재능으로 화엄종의 문헌을
연구하고, 정리하며, 교육하는 일에 매진했다. 화엄종의 칠조(七祖)를 세
운 일은 화엄종이라는 교단의 정통성을 세우는 일이었고, 화엄종의 문헌
을 정리한 일은 교단의 이론적인 기반을 마련하는 일이었다. 의천과 정
원이 주고받은 편지의 내용을 살펴보면, 이들의 대화 또한 정원이 걸어
온 행적으로부터 크게 벗어나지 않는다는 사실을 알 수 있다. 의천은 정
원을 향해 두 가지 목표를 일관되게 이야기하고 있다. 그 하나는 화엄종
또는 화엄교학의 중흥에 관한 일이었고, 다른 하나는 교장(教藏)으로 상
징되는 문헌의 결집과 유통에 관한 일이었다. 바로 정원이 하려던 일이
었고, 평생을 해 오던 일이었다. 이외에도 비문이 묘사하고 있는 일들,
화엄의 주석서를 정리하는 일로부터, 문헌에 대한 이론적인 접근과 동시
에 참회법을 세워 실천을 겸해야 한다는 주장까지 정원의 일과 생각은
그대로가 의천이 품고 있던 의문이나 포부와 그대로 일치하는 것이었다.
전통조차 희미해져 화엄종의 주석서를 이해하는 사람조차 만나기 힘들
었던 시절, 청년 의천이 바다를 건너 책과 편지로 제기했던 의문과 포부,

---

[63]　「송항주남산혜인교원(宋杭州南山慧因教院) 진수법사비(晉水法師碑)」, 『혜인고려사지』, p.143.

　　　2. 의천의 길

정원은 그대로 의천을 인정했고, 의천은 그렇게 임자를 만났다.

저는 천남(泉南) 사람으로 젊어서 서울에 노닐며 벼슬아치들과 유학을 공부하고 과거 시험에 힘을 쏟았습니다. 어느 순간 영화와 쇠락이 엇갈리는 것이 거울에 비친 모습과도 같고, 잠을 자며 꿈을 꾸는 것과도 같다는 사실을 느꼈습니다. 그래서 유학을 버리고 불교를 선택하여 부처님의 도를 공부하게 되었습니다. 처음에는 『화엄경』으로부터 시작하여 점차 여러 부(部)의 경전에 통하게 되었습니다. 현수(賢首)와 여러 조사를 좋아하여 이들의 가르침을 전술(傳述)하려는 뜻을 세워 경(經)과 소(疏)에 주석을 달게 되었고, 여러 글도 짓게 되었습니다. 소주(蘇州)와 항주(杭州), 호주(湖州)와 수주(秀州) 등지에서 강연을 하여 문하에 수백 인의 제자를 길렀으나 우리의 도를 크게 떨친 이는 스무 명도 되지 못했습니다.[64]

정원이 일흔여덟 살이 되던 해에 의천에게 보낸 편지의 내용이다. 정원은 바로 그 해에 입적했다. 그는 죽음을 앞두고 자신의 삶을 이렇게 회고하면서 의천에게 마지막 유언을 남기고 있다. 화엄종의 전통을 지켜달라는 것과 새로 주석한 『법화경』을 보내니 자신을 위해 교정하고 판에 새겨 널리 유통해 달라는 부탁이었다. 마지막 편지는 그래서 더욱 절절하다. 정원은 이 편지에서 '그대가 아니면 누구도 할 수 없는 일'이란 말을 두 차례나 반복하고 있다. 의천에 대한 무한한 신뢰였으니, 그만큼

---

[64] 정원, 「송나라 사문 정원의 편지」, 『외집』 제3권.

정원에게도 의천이라는 인물의 존재와 역할이 막중했다는 뜻이다.

> 비록 의상(義湘)이 진종(眞宗)을 처음으로 일으키고 균여(均如)가 깊은 가르침을 아름답게 꾸몄다 하지만, 물과 골이 멀리 가로막혀 사람도 거문고도 모두 없어지고 말았습니다. 큰 가르침은 점차 쇠퇴하고 미묘한 말씀은 어느덧 사라져 버렸습니다.[65]

두 사람의 만남은 무엇보다 같은 생각을 지닌 학자요, 사상가의 만남이었다. 고려와 송, 두 나라의 화엄종과 화엄사상을 대표하는 사상가들의 만남. 이들은 화엄사상에 대한 신념과 함께 화엄사상의 전통이 심각하게 훼손되었으며, 이를 복구하기 위하여는 극적인 변화가 필요하다는 생각을 공유하고 있었다. 삼본의 『화엄경』과 삼가(三家)의 주석서, 이 책들이 의천과 정원을 연결해 주었던 첫번째, 그리고 가장 중요했던 연결고리였다. 삼본의 『화엄경』과 삼가의 주석서는 그만큼 특정한 사상적 경향을 상징하고 있었다.

> 세상에서 말하는 균여(均如), 범운(梵雲), 진파(眞派), 영윤(靈潤) 등의 스님이 지은 오류투성이의 책들은 말은 문장을 이루지 못하고, 뜻은 통하지도 않아 조사들의 도(道)를 황폐하게 하고, 후학들을 현혹시키는 게 이보다 심한 것이 없다.[66]

의천의 회고에 따르면, 의천은 스물 세 살에 『화엄경』 강연을 시작했

---

65   의천, 「정원법사에게 올리는 편지」, 『문집』 제10권.
66   의천, 「신참학도(新參學徒) 치수(緇秀)에게 주는 글」, 『문집』 제16권.

                                          2. 의천의 길

다고 한다. 의천은 이 무렵부터 전통이 단절되어 지리멸렬한 고려의 화엄종에 대해 비판적인 견해를 품고 있었다. 위에 인용한 글은 훗날 의천이 자신의 애제자에게 주었던 것이다. '말도 되지 않고, 뜻도 통하지 않는' 오류투성이의 글들, 듣기도 찾기도 쉽지 않은 강한 비판이다. 하지만 어찌 보면 당대 불교 학술의 단면을 보여주는 표현이라고도 할 수 있고, 의천의 관심사를 솔직하게 드러낸 표현이라고도 할 수 있다. 이후 의천의 일과 행적은 '오류를 고쳐, 말과 뜻을 통하도록 하는 일'과 밀접하게 연결되어 있기 때문이다. 아울러 상대적으로 삼가의 주석서, 특히 징관의 주석서가 지닌 강점과 특징을 반증하는 표현이라고도 할 수 있다. 지엄–법장–징관을 잇는 주석의 전통은 말에 있어서나 뜻에 있어서나 주석의 완벽한 모범이라 할 수 있을 만큼 완결성이 높다. 그 주석의 방법과 논리는 정교하고, 의미의 체계는 방대하고 일관되었다. '물과 골이 멀리 가로막혀 사람도 거문고도 모두 없어지고 말았다'는 의천의 말에는 이런 우수한 주석과 학술의 전통을 갖고 있음에도 불구하고, 편협한 이론이나 저술에 집착하는 현실에 대한 안타까움이 담겨 있다. 전통의 단절은 주로 전쟁과 같은 외적인 요인에 의한 것이기는 하지만, 이를 극복하려는 내적인 동기가 부족했던 데에도 원인이 있다는 뜻이다.

이처럼 의천이 중국 화엄종의 주석서를 선호하면서, 고려 학승들을 강하게 비판하는 태도에 대해, 민족이나 국가적인 주체성을 거론하는 경우들도 있었다. 하지만 이런 일은 민족이나 국가와는 상관이 없다. 이런 일은 의천의 표현대로 말과 뜻에 관한 일이고, 이론과 학술에 관한 일이기 때문이다. 의천은 중국 화엄종의 주석서들이 형성되는 과정에 원효나 의상이 끼친 공헌에 대하여 강한 애착과 자부심을 가지고 있었고, 이들의 사상적 깊이를 해동 화엄종의 원류로 이해하고 있었다. 의천은 다만 이런 전통이 훼손되고 단절된 현실, 편협하고 부족한 이론과 저술을 완고하게 전승하던 고려 화엄종의 풍토를 개혁하려고 했을 뿐이다. 의천은 고려는 물론, 화엄종이 상대적으로 크게 번성했던 요나라의 학술에 대해서도 깊은 이해를 갖고 있었다. 그런 점에서 정원이라는 인물은 젊은 의천이 품었던 신념과 의지에 꼭 들어 맞는 모델과도 같은 존재였다고 할 수 있다. 의천은 당시 고려와 요, 송, 세 나라의 학술을 조감할 수 있는 유일한 학자였다 해도 과언이 아니다. 삼가의 주석서, 그리고 정원이라는 인물은 그런 안목과 경륜으로부터 얻어진 선택이었다고 할 수 있다.

정원의 입장에서 보자면, 평생 화엄종의 전통을 복원하고 계승하기 위해 노력해 왔지만 노년에 들어 한계를 절감하고 있었다. 정원이 의천에게 남긴 유언에는 그 같은 심사가 절절하게 담겨 있다. 정원은 분명 훌륭한 학승이었다. 비판적인 역사의식과 창조적인 개혁의지를 품고 있었지만, 변방의 학승으로 적은 수의 제자를 가르치며 저술에 힘쓰는 것 외에 달리 할 수 있는 일이 없었다. 그런 정원에게 고려의 왕자 승통, 의천이 보내온 편지는 기적과도 같았을 것이다. 평생을 꿈꾸어왔던 바로 그 생각, 그 일이 담겨 있었기 때문이었고, 그런 생각과 일을 현실에서 이룰 수 있는 의지와 힘을 발견했기 때문이었다.

의천과 정원은 그렇게 편지를 주고받으며 단박에 서로를 알아 보았고 인정했다. 의천이 정원과 투합했던 의기는 첫째, 화엄종의 개혁과 중흥이었다. 무엇보다 삼본의 『화엄경』과 삼가의 주석, 이것이 이 둘을 묶어주던, 바로 서로를 인정할 수 있게 해 주었던 접착제와도 같았다. 게다가 관문(觀門)을 중시하고 예참(禮懺)의 수행을 강조했던 일, 의천은 두고두고 정원으로부터 그런 가르침을 받았다는 사실을 자랑스러워 했다. 정원은 이론과 실천을 제대로 겸비했던 고승이었고, 의천이 바라던 모델이었다. 의천은 정원을 만남으로써 평소 품었던 이상과 신념에 대해 확신을 가질 수 있었고, 송나라의 여행을 통해 본격적으로 일을 시작할 수 있는 힘을 얻었다.

둘째는 문헌의 결집에 대한 신념이었다. 정원의 경우는 물론 화엄종의 문헌결집에 큰 뜻을 품고 있었다. 정원은 의천을 만나기 전부터 화엄의 교장(敎藏)을 수집하고 있었고, 결집의 완성을 꿈꾸고 있었다. 의천의

	60화엄	80화엄	40화엄
번역시기	동진(東晉) 의희(義熙) 14년(418)	주(周) 무측천 중성(證聖) 원년(695)~성력(聖曆) 2년(699)	당(唐) 정원(貞元) 12년(796)
번역자	불타발타라(佛馱跋陀羅)	실차난타(實叉難陀)	반야(般若)
별칭	진경(晉經), 진본(晉本), 구화엄(舊華嚴)	당경(唐經), 주본(周本), 신화엄(新華嚴), 증성본(證聖本)	정원경(貞元經), 정원본(貞元本)
특징	7처(處), 8회(會) - 7곳의 장소에서 8차례 설법한 내용에 대한 기록. 총 34품(品)	7처 9회 39품	대방광불화엄경입불사의해탈경계보현행원품(大方廣佛華嚴經入不思議解脫境界普賢行願品) 보현행원품(普賢行願品) 60화엄과 80화엄 입법계품(入法界品)에 대한 별역(別譯)
주석서	혜원(慧遠) 화엄경소(華嚴經疏) 7권 지엄(智儼) 화엄경수현분제통지방궤(華嚴經搜玄分齊通智方軌) 5권 지엄(智儼) 화엄경공목장(華嚴經孔目章) 4권 법장(法藏) 화엄경탐현기(華嚴經探玄記) 20권	혜원(慧苑) 약소간정기(略疏刊定記) 15권 신수(神秀) 화엄경소(華嚴經疏) 30권 징관(澄觀) 화엄경소(華嚴經疏) 60권 복암(復菴) 화엄경륜관(華嚴經綸貫) 1권 덕청(德淸) 화엄경강요(華嚴經綱要) 80권	징관(澄觀) 화엄경행원품소(華嚴經行願品疏) 10권 중희(仲希) 화엄경별행소(華嚴經別行疏) 2권 정원(淨源) 화엄경보현행원수증의(華嚴經普賢行願修證儀) 1권

삼본화엄경

목표는 정원과는 달랐다. 의천은 화엄종을 뿌리로 성장하기는 했지만, 그의 꿈은 화엄종이라는 종파 안에 갇혀 있지 않았다. 그의 꿈을 이끌었던 것은 종파를 떠나 부처님 자신이었고, 가르침 자체였다. 그리고 그런 모델을 원효에게서 찾았다.

문헌의 결집이라는 일, 정원과 의천에게는 그 일이 그저 책을 모아두는 일 정도에 그치지 않았다. 정원과 의천에게 있어 문헌결집은 더 큰 일을 위한 준비였다. 정원과 의천은 책을 모아두는 일이 모든 일의 근본이요, 시작이라는 신념을 갖고 있었던 사람들이었다. 이런 신념을 공유하는 사람을 만나기는 더욱 힘들었을 것이다. 신념 자체가 특이하고 특별했기 때문이다. 이런 점이 두 사람을 빠르게 묶어 주었던 요인이 됐을 것이다.

> 보여주신 귀국에서 현재 유통하는 교승(敎乘)의 목록과 이곳 여러 종파에서 저술한 문헌을 따로 구하는 데 대하여는, 서쪽 성인의 가르침은 주(周)나라 때부터 근원하여 한(漢)나라 때 강물이 되고 수와 당나라 때 큰 바다를 이루다가 대송(大宋)에 이르러 말라 버리고 말았습니다. 여러 스승이 종파를 세운 것을 요약하면 네 종파가 됩니다. 이른바 징소(澄炤)의 계율종(戒律宗), 자은(慈恩)의 법상종(法相宗), 천태(天台)의 법성종(法性宗), 현수(賢首)의 원융종(圓融宗)인데 종파마다 주석서를 갖추고 대를 이어 유행하고 있습니다. 진(秦)나라 때 구마라집 문하의 네 성인이나, 진(晉)나라 혜원(慧遠) 문하의 여러 성현은 비록 주석서가 있었다고는 해도 사제지간에 전수와 계승이 이어지지를 않아 가르침이 끊어지고 말았습니다.**67**

정원과 의천은 그렇게 서로를 알아보았고 발견했다. 뜻이 통하는 벗을 지음(知音)이라고 한다. 의천은 간곡하게 스승과 제자의 예의를 갖추고, 정원은 마지못해 이를 받아들이지만, 이런 모습 또한 아름답다. 형식으로만 따지자면 스승과 제자의 관계인데 내용을 따져보면 그들은 뜻과 목표를 함께 하는 동지이자 도반이었다. 그들에게는 서로 하고 싶은 일이 있었고, 하고자 하는 뜻이 있었다. 그런 일에 국경도 나이 따위의 차이가 장애가 될 리 없다.

중국에서 가르침을 펴자 그 명성이 외국에까지 알려져 고려국의 임금이 멀리서 예를 올렸다. 원풍(元豐) 연간에 바다 상인을 통해 편지와 황금으로 만든 연꽃 향로를 공양했다. 명주(明州)를 통해 이 사실을 듣고 신종 황제께서 은혜를 베푸시어 특별히 받아들이도록 했다. 그 나라의 왕자 의천이 출가하니 법호가 우세승통이었다. 편지를 보내와 제자의 예를 올리고 법의(法義)를 묻기를 끊이지 않았다. 원우(元祐) 초에 의천이 바다를 건너와 조정에 법사를 뵙고 가까이서 배우기를 바란다고 이야기를 하니 조정이 그대로 따랐다. 상서랑(尙書郎) 양걸(楊傑)을 보내 법사가 계신 곳으로 안내하도록 했다. (의천은) 자리 아래에서 법사에게 예를 올리고 옆으로 비켜 앉아 예절에 구애받지 않았다.

아침에 강의를 듣고 저녁에 질문하며 해를 넘긴 뒤에 귀국했다. 운화가 지은 『화엄수현기』, 『공목장』, 『무성섭론소』, 『기신론의기』, 현수가 지은 『탐현기』, 『기신별기』, 『법계무차별론소』,

『십이문론소』, 『삼보제장문』, 청량이 지은 『정원신역화엄경소』, 규봉이 지은 『화엄윤관』 등은 모두 화엄종의 현요(玄要)였으나, 오대(五代)의 전쟁으로 없어진 지 오래였다. 이제 의천이 (법사의) 자리로 가져와 의문을 묻게 되어 사라졌던 문헌이 다시 세상에 유통하게 되었으니 법사의 힘이었다. (중략)

상서 좌승 포공이 (법사가) 어렵게 불법에 뜻을 두어 수행과 학문이 높고 깊은 것에 감탄하여 상소를 올려 혜인선원을 교원으로 바꾸도록 하고 법사를 모셔 주석하도록 했다. 조사상(祖師像)과 성현들의 그림을 조성하고, 법구들을 갖추었으니 모두 포공과 관직에 있는 분들이 힘을 합해 이룬 일이었다. 육백 함에 달하는 여러 부의 교장은 의천이 갖춘 것이었다. 의천이 돌아간 뒤에 다시 금으로 쓴 『화엄경』 세 가지 번역본 170권을 금으로 만든 축(軸)에 상아를 끼우고 화려하게 포장하여 법사에게 보내 황제의 성수를 빌었다. 사람들이 현수의 교관이 규봉에 이르러 끊어지고 말았는데 오늘처럼 번성한 적이 없었다고들 했다.[68]

이런 일이 의천이 한 일이었다. 송나라 사람들이 보고 듣고 평가한 일들이었다. 이때 이후로 정원은 화엄종의 중흥조가 되었고, 혜인원은 중국 화엄종의 본산이 되었다. 한마디로 말해 의천이 없었다면 정원도 없었고, 화엄종의 중흥도 없었다. 정원이란 인물을 찾아낸 것도 의천이었고, 평가한 것도 의천이었다. 또 한편으로는 학술적인 안목과 대범한 꿈으로 정원을 감동시켰고, 한편으로는 문종을 움직여 귀한 예물을 보내

68　「송항주남산혜인교원(宋杭州南山慧因教院) 진수법사비(晉水法師碑)」, 『혜인고려사지』, pp.151~154.

　　2. 의천의 길

며 신뢰를 쌓았다. 그가 가져가 유통시켰다는 문헌, 화엄종뿐만이 아니라 불교 전체의 요전들이다. 고려와 송, 두 나라를 떠들썩하게 만들면서 찾아간 항주, 의천은 항주에 도착하면서부터 양걸을 비롯하여 주위의 관료들을 움직여 정원을 혜인원으로 옮겨 갈 수 있도록 노력을 했다. 선원을 교원으로 바꾸는 일은 전례가 드물 정도로 어려운 일이었다. 모두가 의천의 의지요, 수완이었다.

혜인교원에 소장하도록 했다는 6백 함, 7천여 권의 『교장』, 해인사 『팔만대장경』을 훌쩍 넘는 숫자이다. 의천이 항주에 도착한 것이 9월이었고, 항주를 떠나 송나라의 서울 변경에 도착했던 때는 이듬해 윤2월이었다. 의천이 항주에 머물렀던 기간은 고작해야 6개월도 채 안되는 기간이었다. 갓 서른의 젊은 의천이 그 사이에 저런 일들을 해냈다. 권력이 있고 돈이 있다고 할 수 있는 일들이 아니었다. 안목과 수완, 일머리가 있었기 때문에 가능한 일들이었다. 하지만 저런 일들도 의천이 바꾸어 놓았던 역사, 사라졌던 문헌을 다시 유통시키고, 중국 화엄종을 중흥하도록 도왔던 일에 비한다면 자잘한 에피소드일 뿐이다. 하지만 그런 역사조차도 의천에게는 먼 길을 가기 위한 과정일 뿐이었다. 의천에게는 이보다 더 장대한 꿈과 계획이 있었기 때문이다.

겨자씨를 던져 바늘에 꿴 것과도 같았다는 이들의 인연에서 빼놓을 수 없는 조건이 있다. 바로 천주(泉州) 장사치들의 역할이다. 마르코 폴로는 천주를 자이툰(Zaiton)이라고 부르면서 알렉산드리아와 함께 가장 아름답고 번성하던 항구로 묘사했다. 그는 1271년 베니스를 출발, 바그다드를 거쳐 육로를 통해 원나라로 들어갔다. 그 후 24년이 흘러 돌아올 때에는 바로 이 천주를 거쳐 해로를 따라 귀국했다. 후대의 사람들은 그 길을 각각 육상의 실크로드와 해상의 실크로드라고 불렀다. 천주는 바다 실크로드의 중심, 세계의 기이한 물산들이 모이고 퍼지던 중심지였다.

앞에서 의천과 정원의 편지를 중계했던 도강(都綱) 이원적(李元積)을 언급했었다. 도강은 장사 배를 이끌던 우두머리의 호칭이다. 이외에도 홍 도강, 서 도강 등의 상인들이 수시로 편지와 문헌을 중계하고 있다. 같은 이름들이 반복해서 나타나는 것으로 보아 의천은 속된 말로 이들의 단골이었음을 짐작할 수 있다. 이들은 단순한 장사치만은 아니었다. 이들은 요즘으로 치자면 우체국이었고, 국제택배였으며, 정보원이었고 언론인이었으며, 민간 외교관이기도 했다. 의천의 아버지 문종 때, 단절되었던 고려와 송의 외교관계를 개선시킨 창구 또한 황신(黃愼)이라는 장사치를 통해서였다. 이들은 국제항구 천주를 배경으로 중국 연안은 물론, 베트남과 실론, 인도, 아랍, 멀리 유럽의 소식에도 정통했던 명실상부한 국제인들이었다.

> 혜인원의 죽은 중, 정원(淨源)은 본래 용렬한 사람입니다. 복건(福建)의 해상(海商)들과 왕래가 잦아, 상인들이 고려국 가운데 헛된 말들을 퍼뜨려 의천이 멀리까지 와서 공부를 하게 된 것입니다. 이로 인해 혜인원은 큰 이익을 얻었고, 공사간에 소란을 피웠습니다.[69]

천주는 정원의 고향이기도 하다. 소동파의 표현에 따르면 천주의 상

---

69   소식(蘇軾), 「논고려진봉제이상(論高麗進奉第二狀)」, 『동파전집(東坡全集)』.

인들은 교활하고, 천주 출신의 정원은 용렬하다. 심지어 정원을 장사꾼이나 모리배로 몰기도 하였다. 소동파는 의천의 밀항이라는 사건 안에서 매우 중요한 역할을 맡고 있었다. 물론 의천의 일을 방해하는 악역이다. 그는 의천이나 고려의 일에 관하여 여러 편의 상소문을 남겼다. 시종일관 냉소적이고 공격적이었다. 그렇지만 그런 공격성으로 인해 전후의 사정을 짐작할 수 있는 결정적인 단서들을 제공하기도 했다. 의천의 밀항에 천주의 해상들이 거간 역할을 했다는 점, 의천과 정원이 연결되는 데 천주라는 지역적 네트워크가 작용했다는 점, 의천이 이런 네트워크를 적극적으로 이용했다는 따위의 단서들이다.

의천 또한 천주 출신의 장사치들이 아니었다면 정원이라는 인물을 발견할 수조차 없었을 것이다. 천주 출신의 장사치들은 의천에게도 세계를 향한 창구였다. 당시 고려에는 육로를 통해 요나라로 향하던 길과, 바다를 통해 송나라로 향하던 두 개의 길이 있었다. 대륙의 길과 바다의 길, 이전에 불교가 오고가던 길도 그런 길이었지만 당시는 서로 끊어진 길이었다.

아무튼 의천은 바다의 길, 익숙한 단골, 천주 출신 장사치들을 통해 송나라의 인재들을 물색하던 터였다. 그렇게 찾은 인물이 정원이었고, 저런 대화를 통해 자신이 그리던 설계도에 대해 확신을 갖게 되었다. 편지의 내용을 보면, 도강 이원적과 같은 장사치들은 이들의 대화가 지닌 의미를 어느 정도는 이해할 수 있었던 지식인이었음을 짐작할 수 있다. 그들은 단순히 편지와 책, 물건만을 전달하지는 않았다. 그들은 그런 물건들과 함께 의천의 열정과 의지, 정원의 경력과 염원을 전달했다. 그리고 그들의 만남과 대화를 주선했고 소통을 도와주었다. 의천의 설계도는 이들의 거간에 따라 국제 프로젝트가 되었다. 불교에서는 그런 역할, 그런 거간을 '인로왕보살'이라고 표현한다. '길을 안내해 주는 보살'이란 뜻이다. 의천의 삶과 일에서 저들 천주 장사치, 아니 천주 보살들의 역할은 참으로 소중했으리라.

◉
의천의 게임

지식과 사상의 바른 자리, 제관(諦觀)과 천태종의 모델

귀국의 제관(諦觀) 상인(上人)께서 『천태사교의(天台四敎義)』를 기록하셔서 화하(華夏)에 유통하도록 하셨고, 그래서 지자(智者)의 법손(法孫)들이 이를 나침반으로 삼았던 일을 떠올리게 되었습니다.[70]

위에서도 인용했던 정원의 편지 안에 들어 있는 구절이다. 의천이 보낸 편지로부터 제관이라는 사람, 제관이 했던 일을 떠올렸다는 말이다. 의천이 하려는 일이 제관이 했던 일과 닮았다는 뜻이겠다.

송나라 때, 승사(僧史)를 편찬한 승통 찬녕(贊寧)의 『통혜록(通惠錄)』에 이르길, 당나라 말기 오월(吳越)의 전충의왕(錢忠懿王)이 나라를 다스리는 틈에 불교의 문헌을 열심히 연구했다. 『영가집(永嘉集)』에 나오는 구절을 보고 뜻을 알 수가 없어 운거(雲居) 소(韶) 국사에게 물었다. 국사가 '천태산 국청사에 의적(義寂) 법사가

<hr>

70   정원, 「송나라 사문 정원의 편지 2」, 『외집』 제2권.

가르침을 잘 펴시고 계시니 분명 이 말의 뜻을 아실 것입니다."
라고 하여 왕이 법사를 불러 물었다. 법사가 말하기를, 이는 천
태 지자 대사의 『묘법연화경현의(妙法蓮華經玄義)』에 나오는 말입
니다. 그 무렵 안사(安史)의 난을 당하고, 근래에는 회창(會昌)의
법란 때 태우고 훼손하여, 중국의 교장(敎藏)은 남은 것이 거의
없습니다. 오늘날 오직 고려국에 가르침이 왕성하여 모든 책이
그곳에 있습니다.

왕이 이 말을 듣고 개탄하여 국서(國書)를 내려 고려로 사신을 보
내 천태종의 장소(章疏)들을 구해 오도록 했다. 고려국의 임금이
칙명을 내리자 제관(諦觀)을 천거했다. 사신들이 천태종의 문헌
을 가지고 귀국하여, 제관은 나계(螺溪)의 의적(義寂)에게로 가서
가르침을 물었다. 마침내 (천태의) 큰 가르침이 중창을 하게 되었
다.71

　제관이 했던 일이 이런 일이다. 중국은 오대의 전란을 겪으며 문화적
으로 큰 파괴를 경험했다. 불교의 문헌도 대부분 사라지고 없었다. 중국
의 천태종, 천태종의 본산이라는 천태산의 국청사, 위 인용문에 나오는
의적(義寂, 919~987)은 천태종의 15대 조사(祖師)라는 분이다. 그런 분이 종
파를 창시한 종조(宗祖)가 쓴 글의 한 구절조차 해독을 할 수 없었다는 말
이다. 당시 중국 천태종의 처지가 그랬다. 중국의 천태종은 여러 종단
가운데서 가장 성공한 편에 속하는 크고 유력한 종단이었다. 수나라 때
(596) 창건된 국청사는 천태종의 발상지로 천태종의 상징과도 같은 유서

71　　「사교의연기(四敎儀緣起)」, 『천태사교의(天台四敎儀)』.

깊은 사찰이다. 그런 종단, 그런 사찰에서 임금이 지목한 글 한 줄을 해독할 사람이 없을 정도로 교세가 기울어져 있었다.

임금이 궁금해서 온 나라를 뒤져 물어보아도 답을 얻을 수 없었다는 의문, 제관은 그런 의문을 풀어주었을 뿐만 아니라, 가지고 간 문헌을 바탕으로 끊어진 천태종의 전통을 부활시켰다. 하지만 제관은 의적의 문하로 들어가서도 당장 큰 주목을 받지도 못했고, 본인 스스로도 그다지 만족스럽지 않았던 것 같다. 그가 저술했다는 『천태사교의(天台四教儀)』, 제관은 이 책을 지어 상자에 담아 두었고, 주위의 사람들은 이런 책의 존재조차도 몰랐다고 한다. 제관은 천태산으로 간 지 10년 뒤에 열반에 들었는데, 그가 열반에 든 뒤에야 상자에서 빛이 나는 것을 보고 이 책을 발견하게 되었다고 한다. 천태종의 역사서 『불조통기(佛祖統記)』에는 고려국 임금이 제관을 파견하면서 중국에 가서 스님들과 문답을 나누어 보고 대답을 하지 못하면 가지고 간 책을 가지고 돌아오라고 했다는 기록도 남아 있다. 제관이 의적을 만나 바로 심복을 했다고는 하지만 책을 지어놓고도 10년이나 공개를 하지 않았다는 것으로 보아 문헌이 전승되는 과정이 순조롭지만은 않았다는 것을 짐작할 수 있다. 『천태사교의(天台四教儀)』는 천태종의 어려운 교리를 체계적으로 정리한, 이론적인 입문서이다. 중국은 물론 아시아 여러 나라에도 널리 읽혔다. 이를 통해 단절되었던 천태종의 이론적인 전통이 회복하는 계기를 제공했고, 나아가 천태종이 크게 중흥할 수 있는 기반이 되었다. 정원은 이러한 역사를 '지자(智者)의 법손들이 이를 나침반으로 삼았다'고 표현했던 것이다. 지자(智者)는 천태종을 창시한 지의(智顗, 538~597)를 가리킨다.

제관이 천태산에 들어가 모셨다는 의적에게는 또 하나의 고려인 제자가 있었다. 의적에 이어 천태종 16대 조사가 된 의통(義通, 927~988)이다.

그는 후한(後漢)의 건우(乾祐, 948~950) 연간에 중국으로 건너가 의적 문하에서 천태종의 교관(敎觀)을 익혔다고 한다. 뒤에 천태산을 떠나 고향으로 돌아가기 위해 사명(四明)의 항구로 갔는데, 그곳의 군수가 의통을 존경하여 절을 지어 법을 펴도록 권했다. 의통은 이를 계기로 귀국을 포기하고 사명에 머물면서 20년 동안 가르침을 폈다. 의통의 문하에서 17대 조사가 된 지례(知禮, 960~1028)가 나와 천태종을 크게 중흥시켰다. 의통이 머물렀던 절은 태평천국(太平天國) 7년(982) 태종(太宗)이 보운(寶雲)이라고 사액을 했고, 이로부터 의통은 보운 존자(寶雲尊者)라고 불리웠다. 천태종의 15대 조사, 의적을 매개로 한 제관과 의통. 이 두 고려인이 앞과 뒤로 중국 천태종의 중흥을 위한 결정적인 계기를 제공했다는 뜻이다.

> 가만히 생각해 보니 우리나라에 제관(諦觀)이라고 하는 스님이 있었습니다. 큰스님의 교관(敎觀)을 강연(講演)하여 해외에까지 유통하였습니다. 전습(傳習)이 끊어져 지금은 사라져버려, 아무개는 분발하여 몸을 아끼지 않고 스승을 찾아 도를 물었습니다. 이제 전당(錢塘) 자변 대사(慈辯大師)로부터 교관을 이어받아 대략이나마 알게 되었습니다. 뒷날 고향으로 돌아가 목숨을 다해 크게 떨쳐, 큰스님께서 중생을 위해 설교를 하신 노고의 덕에 보답하도록 하겠습니다. 이것이 저의 서원(誓願)입니다.[72]

의천이 송나라를 방문했을 무렵, 천태종은 사상적인 혼란을 거치며 송나라를 대표하는 교단으로 안정을 구가하고 있었다. 의천이 항주나 사

---

[72] 의천, 「송나라 천태(天台)의 탑 아래서 참배하고 발원하는 소(疏)」, 『문집』 제14권.

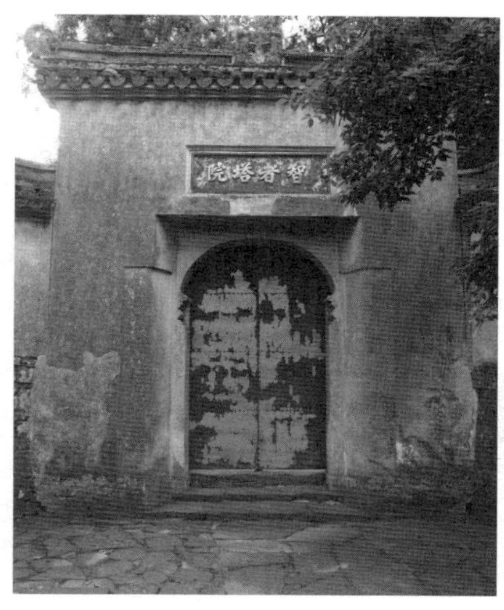

천태산 지자탑원. 이곳에 천태종의 종조 지자의 육신탑이 모셔져 있다. 의천은 이 탑에 참배하고 고향에 돌아가 천태의 가르침을 크게 펴겠다는 발원을 했다. 뒤에 관반사 양걸 등이 주선을 하여 의천의 발원문을 비문에 새겨 보존하도록 했다. 비는 남아 전하지 않지만, 그 내용이 의천의 문집 안에 남아 전한다.

명에서 만났던 천태종의 승려들도 대부분 의통과 지례의 법맥을 이은 사람들이었고, 의천이 법을 이어받았다고 하는 자변 대사 또한 지례의 손자뻘이 되는 제자였다. 중국측의 기록에 따르면 의천이 귀국한 뒤 국청사를 짓고 천태종을 세우면서 자변의 상(像)을 조성하여 해동 천태종의 초조(初祖)로 모셨다고 한다.[73] 이런 기록을 있는 그대로 믿기는 어렵지만, 아무튼 의천 자신은 물론이고, 의천이 교류했던 송나라의 승려들도 누구나 제관과 의통의 인연을 알고 있었다. 특히 천태종의 승려라면 누구나 고려에서온 왕자 승통에 대해서도 각별한 정을 느꼈을 것이다.

해동의 불법을 멀리 돌이켜 보면 7백여 년간 비록 여러 종파가 겨루고 여러 가르침이 서로 늘어섰지만 천태의 한 가지는 동방

---

[73]　지반(志磐), 『불조통기(佛祖統紀)』 제14권.

에 대가 끊겼습니다. 옛날 원효 보살이 앞에서 칭찬하였고, 제
관 법사가 뒤에서 전승하여 널리 폈습니다만, 기회와 인연이 미
숙하여 빛을 낼 길이 없었으니 어쩌겠습니까? 가르침을 유통하
는 데에도 인연을 기다려야 하는 것 같습니다.

삼가 우리 인예(仁睿) 국모께서는 여러 생애에 걸쳐 오래도록 인
연을 닦으셨습니다. 절을 짓기 시작하여 국청사(國淸寺)의 규모를
따라 천태의 묘한 가르침을 펴시고 불롱산(佛隴山)의 높은 가풍을
옮겨 오려 하셨으나, 큰 소원을 이루지 못하고 갑자기 돌아가셨
습니다.[74]

「남숭산선봉사해동천태시조대각국사비명」

국청사를 창건하고 처음으로 강연
을 개설하는 자리에서 했던 강연, 그
자리에서 의천은 원효와 제관의 전통
을 되새겼다. 국청사는 의천의 어머니
인예태후의 발원으로 선종 6년(1089) 건
립을 시작했다. 선종 9년(1092) 인예태
후가 사망하였고, 선종 또한 2년 후에
승하했다. 이후 숙종 2년(1097)에 국청
사를 낙성하였고, 의천은 국청사 주지
를 겸임하면서 천태교학에 관한 강연
을 시작한 것이었다. 이 자리는 단순히
절을 낙성하고 어머니의 유훈을 기념

74　의천, 「새로 창건한 국청사에서 강연을 열며」, 『문집』 제3권.

2. 의천의 길

하는 자리만은 아니었다. 이 자리는 해동에 천태종이라는 종파가 새로 창종되는 자리이기도 했다. 선봉사(僊鳳寺)의 대각국사 비명의 제목에는 '해동 천태종의 시조(始祖)'라는 표현이 포함되어 있다. 의천이 천태종을 창종하고 시조가 되었다는 뜻이다. 의천 자신도 저 강연 말미에 송나라 천태의 탑 아래서 소원했던 일화를 소개하면서 '이제 평생의 소원이 이뤄졌다'라고 하기도 했다.

> 숙종(肅宗)께서 즉위하시기 전, 하루는 함께 태후를 뵙고 "천태(天台)의 삼관(三觀)은 최상의 가르침인데 우리나라에는 아직 종파가 세워지지 않았으니 참으로 애석합니다. 신(臣)이 마음 속에 계획이 있습니다."라고 했다. 태후께서 매우 기뻐하셨고 숙종 또한 돕겠다는 발원을 했다.[75]

해동 천태종의 창종은 아직도 논란의 여지가 많은 사건이다. 무엇보다 의천은 해동 화엄종을 대표하고 이끌던 승통이었다. 자타가 공인하던 일이었고, 화엄종이나 화엄교학의 전통에 대한 자부심도 대단했다. 게다가 당시만 해도 흥왕사를 중심으로 화엄종의 개혁을 위해 활발하게 활동을 하던 시기였다. 한 종파의 수장이고 그 종파의 개혁에 몰두하던 인물이 별도의 종파를 세우고 그 종파의 시조가 되어 서로 다른 종지를 편다는 것, 그런 사실 자체가 쉽게 이해할 수 있는 일도 아니었다. 새로 종파를 창종하고 천 명이 넘는 제자들이 모여들어 성황을 이루었다고는 하지만, 이 일의 주역이었던 의천이 불과 4년만에 입적하고 말았기 때

---

75 임존(林存), 「남숭산선봉사해동천태시조대각국사비명(南嵩山僊鳳寺海東天台始祖大覺國師碑銘)」, 『외집』 제13권.

문이다. 당연히 일은 미완으로 남았고, 후대의 영향도 그다지 크지 않았
다.

특히 의천은 '직지인심(直指人心) 견성성불(見性成佛)'만을 고집하던 선
종(禪宗)의 풍토에 대해 비판적이었고, '교(敎)에 의지하여 선(禪)을 수행'
하여야 한다는 주장을 펴던 터였다. 국청사를 창건하고 이 같은 주장을
실천에 옮기면서 수많은 선종의 승려가 선종을 떠나 국청사로, 천태종으
로 모여들기 시작했다. 천태종은 화엄종이나 법상종에 비해 관행(觀行)을
중시하였기 때문에 선종과도 오랜 교류의 전통이 있었다. 자연히 국가적
으로 이뤄진 천태종의 창종은 선종의 수행자들에게도 영향을 미칠 수밖
에 없었다. 그만큼 선종의 전통을 고수하고자 하던 수행자들에게는 왕실
로부터 시작된 개혁과 변화가 부담스러웠을 수도 있다. 「운문사 원응국
사비(圓應國師碑)」에는 당시의 그런 어수선했던 분위기와 선종 수행자들의
착잡했던 심정이 담겨 있다.

> 국사가 송나라에 가서 화엄종지를 전해 받고 아울러 천태교관을
> 공부하여 철종(哲宗) 원우(元祐) 원년 병인에 귀국하였다. 지자(智
> 者)를 존경하여 따로 종파를 세웠다. 이때에 총림의 납자 가운데
> 천태종으로 옮겨간 자들이 열에 예닐곱이나 되었다. 스님은 조
> 사(祖師)의 도(道)가 시들어가는 것을 슬퍼하여 굳게 홀로 서서 이
> 에 맞섰다. 대각국사가 여러 차례 사람을 보내 권유했지만 끝내
> 명령을 받아들이지 않았다. (중략)
> 숙종 4년, 송 소성(紹聖) 5년(1098) 무인(戊寅)에 대각국사가 홍원
> 사에서 원각회(圓覺會)를 설치하고 스님을 부강(副講)으로 삼았다.
> 스님은 사양하면서 '선(禪)과 강(講)이 뒤섞이는 것을 감당할 수

2. 의천의 길

없다'고 했다. 다만 참석하여 듣기만 했다.[76]

아무튼 「선봉사비명(僊鳳寺碑銘)」의 기록에 따르자면, 천태종의 창종은 인예태후를 중심으로 숙종과 의천이 함께 시작했다고 한다. 게다가 국청사의 착공은 선종(宣宗)이 주도했다. 이 일이 의천의 가족, 왕실에서부터 시작됐다는 뜻이다. 의천의 출가 자체가 문종의 배려 아래 계획적으로 이뤄졌다는 사실을 감안해 보면, 이 같은 왕실의 태도 또한 쉽게 이해가 간다. 선종이나 숙종 모두 주관이 강하고 나름대로 역량을 갖춘 군주들이었다. 천태종의 창종은 말하자면, 국가를 경영한다는 차원에서 왕실의 주도로 이루어진 일이었다. 의천이 어려서부터 감당했던 승통이라는 지위는 화엄종이라는 종파에 국한된 지위가 아니었다. 종파를 떠나 나라의 불교, 지식과 사상을 함께 책임지는 일이었다.

> (송나라의 주객원외랑) 양걸이 여러 선사와 선비에게 이르길, "예로부터 성현이 바다를 건너 법을 구하는 사람이 많았지만, 승통처럼 한 번 와서 천태종, 화엄종, 남산종, 자은종, 조계종, 서천범학(西天梵學) 등을 한꺼번에 전수해가는 분이 있었습니까? 참으로 불법을 널리 펴시는 큰 보살이십니다."라고 했다. 이는 진실을 말한 것이지 과찬의 말이 아니었다. 옛날에 공자가 "위나라에서 노나라로 돌아온 뒤에 음악을 바로 잡아 아(雅)와 송(頌)이 제자리를 잡았다"라고 했다. 국사가 송나라로부터 귀국한 이후 여러 종파가 제자리를 잡았다. 하물며 천태종만은 비록 제관과 지종(智

---

76   윤언이(尹彦頤), 「운문사 원응국사비(圓應國師碑)」, 한국금석문종합연상정보시스템 (http://gsm.nricp.go.kr).

宗) 같은 분들로부터 시작되긴 했지만 우리나라에는 아직 종파를 세우지 못하여 공부하는 이들이 끊어진 지 오래 되었다.[77]

건통(乾統) 원년(1101) 신사(辛巳)에 대각국사가 처음 천태종의 요강(要綱)을 정하고 공부가 우수한 자 백 명을 뽑아 봉은사(奉恩寺)에 머물게 하였다. 천태종의 경론(經論) 120권으로 시험을 보아 인재 40여 명을 선발하였으니, 앞서 나라 초창기에 널리 유행하던 조계종(曹溪宗), 화엄종(華嚴宗), 유가종(瑜伽宗), 궤범종(軌範宗) 등, 세상에서 사대업(四大業)이라고 부르는 종파와 나란하게 되었다.[78]

아(雅)와 송(頌)이 제자리를 잡는 일, 아(雅)는 조정의 음악이고, 송(頌)은 종묘(宗廟)의 음악이다. 말하자면 살아 있는 자를 위한 음악이고, 죽은 자를 위한 음악이다. 목적이 다르고 쓰임새가 다르다. 그래서 '아(雅)와 송(頌)이 제자리를 잡는 일'은 세상의 일이 이치대로 순조롭게 흘러가는 일을 상징하기도 한다. 의천이 천태종을 창종한 것은 그런 세상을 완성시키기 위한 일이었다는 것이다. 각 종파가 제자리를 잡았을 뿐더러 꼭 있어야 할 빈자리를 채운 일이기 때문이다. 의천이 송나라에 가서 여러 종파의 가르침과 책들을 한꺼번에 전수해 온 까닭도 제자리를 잡고 채우기 위해서였다. 이런 일은 당연히 종파의 일도 아니고 불교만의 일도 아니다. 한 나라의 문화를 세우는 일이고 지식과 사상을 갖추어 세상과 백성을 안정시키는 일이다.

---

[77] 임존(林存), 「남숭산선봉사해동천태시조대각국사비명(南嵩山僊鳳寺海東天台始祖大覺國師碑銘)」, 『외집』 제13권.
[78] 임존(林存), 「선봉사대각국사비명(僊鳳寺大覺國師碑銘) 음기(陰記)」, 한국금석문종합연상정보시스템(http://gsm.nricp.go.kr).

여러 종파가 겨루고 여러 가르침이 서로 늘어섰지만……

　　의천이 국청사 강연에서 했던 말이다. 여러 종파와 가르침, 의천의 '제종(諸宗)과 중교(衆敎)'라고 표현하고 있다. 불교에서는 이 두 가지를 합하여 종교(宗敎)라고 부른다. 부처님이 했던 여러 가지 가르침, 그런 가르침은 특정한 대상들을 향해 이뤄진 것이었다. 따라서 가르침을 받는 대상, 제자들이 지닌 잠재력에 따라 표현과 방법이 달라질 수밖에 없었다. 가르침은 특정한 대상을 목표로 이루어졌고, 그런 가르침의 핵심이 되는 이치를 종(宗)이라고 한다. 특정한 대상을 향해 이루어진 여러 가르침, 그런 여러 가르침이 지향하는 최종의 목적, 궁극의 이치는 같다 하더라도, 대상에 따라 표현과 방법에 차이가 생겼다는 뜻이다. 오랜 세월에 걸쳐 형성되어 온 방대한 가르침, 그런 가르침의 기억을 정리하면서 종(宗)과 교(敎)를 구분하는 전통이 생겼다. 그런 전통을 '분교개종(分敎開宗)'이라고 부른다. 교를 나누고 종을 연다는 뜻이다. 교(敎)에도 차이가 있고, 종(宗)에도 차이가 있기 때문이다.

　　요즘 통용되는 종교라는 말, 이 말의 어원이 바로 불교의 '분교개종(分敎開宗)', 가르침을 구분하는 전통이다. 근대 일본의 학자들이 서구의 'religion'이란 말을 번역하면서 차용하여 새로 생긴 표현이다. 새로 생긴 이 표현은 원래의 불교적인 표현과는 크게 다르다. 불교는 부처님의 가르침을 바탕으로 한다. 따라서 종교(宗敎)의 구분 또한 전체 가르침의 부분일 따름이다. 종교라는 표현은 불교의 하위개념이란 뜻이다. 그렇기 때문에 종(宗)과 교(敎)의 차이나 구분은 서로 갈등하고 모순될 까닭이 없다.

　　그런 점에서 공자가 "위나라에서 노나라로 돌아온 뒤에 음악을 바로 잡아 아(雅)와 송(頌)이 제자리를 잡았다"라는 비유는 매우 적절한 비유라고 할 수 있다. 아(雅)와 송(頌)은 모두 악(樂)의 부분이다. 그렇기 때문에 아(雅)와 송(頌)이 제자리를 잡는 일이 바로 악(樂)을 바로 잡는 일이 된다. 의천이 했다는 일은 공자가 했던 일과 똑같다. 종교(宗敎)의 차이를 이해하고, 구색을 갖춰 제자리를 잡아 주는 일이었다. 그렇게 하는 일이 불교를 바로 세우는 일이었다. 의천에게 있어 천태종은 빠진 자리를 채워 주는 일이었다. 사대업(四大業)이라고 불렀다는 '조계종(曹溪宗), 화엄종(華嚴宗), 유가종(瑜伽宗), 궤범종(軌範宗)'의 네 종파, 여기에 천태종을 채워 넣음으로써 '오문(五門)'의 종파로 구색을 맞춰 불교를 바르게 세우는 일이었다. 의천이 결집했다는 『고려속장경』의 원래 명칭이 『제종교장(諸宗敎藏)』이었고, 이의 조성을 위해 편찬한 목록의 명칭은 『신편제종교장총록(新編諸宗敎藏總錄)』이었다. 모두 종교(宗敎)를 목표로 하고 있다. 종교의 구색을 갖추는 일이었고, 제자리를 잡아주는 일이었다. 그리고 그 일은 불교를 바르게 세우는 일이었다.

해동의 천태종은 지리멸렬, 흔적조차 찾기 어려운 상황이 되었지만, 당시 송나라 불교를 이끌던 천태종, 그곳에는 제관과 의통이라는 뚜렷한 흔적이 남아 있었다. 제관은 송나라 천태종에 장소(章疏)들을 전해주고, 『천태사교의』를 지어 중흥의 기반을 닦아 주었다. 이를 바탕으로 사상적인 기초를 확보한 천태종은 의통의 제자 지례의 시대를 거치며 안과 밖으로 큰 성장을 이룰 수 있었다. 의천은 어려서부터 이런 사실을 이해하고 있었고, 불교를 위해, 나라를 위해 제관이라는 모델을 염두에 두고 있었다는 뜻이다. 장소(章疏)들을 전승하여 학술을 진흥시킴으로써 종교의 구색을 갖추고 나라의 지식과 사상을 안정시킬 수 있다는 생각이었다.

국청사의 방문교수, 의천의 국제 프로젝트

법린(法隣)은 아룁니다. 진이랑(陳二郎)이 산에 와서 편지를 전해 주어 높으신 뜻을 자세히 알 수 있었습니다. 이어 명주(明州) 성 아래에서 곽도강(郭都綱)을 만나 다시 귀국의 풍습과 교육에 관해 자세히 들으니 뚜렷하게 이해가 되었고, 새로 절을 창건하고 국청사(國淸寺)라고 이름하였다는 사실을 알았습니다. 이 모두가 승통의 큰 서원(誓願)의 힘으로 이루어진 것입니다. (중략)
"다만 원우(元祐) 2년, (송나라에) 입조(入朝)하셔서 법을 구하셨을 적에, 명주(明州)에서 성지(聖旨)를 받들어 연경사(延慶寺)에서 환영을 했습니다. 주객랑(主客郎) 양걸(楊傑)이 허락해 주어 법사(法師)를 뵙고 이야기를 나눌 수 있었습니다. 이때 삼학원(三學院)에 머물던 중 법린(法隣)은 옛날 불교 책과 문자를 얼마간 배웠으니, 이 중은 운운" 하고 "이 중에게 요청하기를, 이 중이 귀국의 국청사에 머물며 3년 동안 공부를 시작하는 학생들에게 교수를 해 달라고 하니, 보내기는 하지만 중국으로 돌아오되 감히 체류하지 말라" 운운하였습니다.[79]

이 편지를 보낸 법린(法隣)은 의천이 천태산을 거쳐 귀국하는 길에 명주(明州)에서 만났던 천태종의 승려이다. 의천이 천태산 지자 대사의 탑에서 귀국하여 천태종의 가르침을 해동에 펴겠다고 서원했을 때, 양걸이 이 서원을 받아 적어 돌에 새겨 기념하고자 했다. 이때 기록을 돌에 새겨

---

79   법린(法隣), 「송나라 사문 법린의 편지」, 『외집』 제7권.

세운 사람이 명지(明智) 중립(中立)이었다. 법린은 바로 이 중립의 제자였다. 중립은 명주를 기반으로 법을 펴던 천태종의 승려였다. 중립의 비문이나 송나라측 기록에 의하면, 의천이 명주를 방문했을 때, 칙명을 받들어 중립과 법린이 의천을 접대하였다고 했다. 이때 의천이 중립의 법에 감복하여 중립을 스승으로 섬겼고, 그의 제자인 법린과는 친구로서 교류했다고도 했다. 하지만 이 또한 아전인수의 혐의가 짙어 그래도 믿기는 어렵다. 바로 저 법린이 의천에게 보낸 편지의 말투만 보더라도 스승이니 친구니 할 만큼 허물없이 교류하던 대상이 아니었음을 알 수 있다.

법린이 의천에게 보낸 편지는 매우 길고 장황하다. 요약해 보면, 의천이 고려와 명주를 오가던 송나라의 상인 진이랑(陳二郎)을 통해 법린에게 편지를 보냈다는 것이다. 편지의 내용은 분명치는 않지만, 이후의 문맥을 보면 법린에게 고려에 새로 창건한 국청사에 와서 새로 입문하는 학승들에게 천태종의 문헌을 강의해 달라고 부탁했던 것으로 보인다.

요즘으로 치자면 '비지팅 스칼라'라고나 할까. 고려에 가서 일정기간 체류하며 강의를 해주는 방문학자, 법린은 이를테면 여권과 비자 수속, 그런 수속을 하는 과정에서 이 편지를 보냈다. 앞에 인용한 부분, 이후의 내용은 법린이 고려로 가기 위해 했던 노력을 장황하게 설명하는 것이다. 법린은 의천의 제안을 받아들여 출국을 준비했으나 세 번이나 제지당했다고 한다. 그래서 몰래 밀항을 계획하기도 했지만 부모와 스승이 화를 당할까 두려워 포기했다고도 한다. 그래도 미련을 버리지 못했던 법린은 고려의 조정에서 정식으로 초청장을 보내 주면 허락을 받을 수도 있겠다는 희망에서 저 편지를 작성했던 것이다. 법린은 초청에 필요한 여러 종류의 문서를 직접 작성하여 첨부하고, 이에 대한 자세한 설명과 변명을 달고 있다. 법린이 스스로 작성한 문서에는 고려에서 꼭 법린을 초청해야만 하는 사정을 송나라의 관례와 담당 관원의 취향에 맞도록 간곡하게 설명하고 부탁하는 내용들이 포함되었기 때문이다. 법린은 고려로 건너가 국청사에서 강의하는 것을 대단한 기회로 받아들이고 있었고, 그의 편지에는 그 같은 간절함이 담겨 있다.

의천이 송나라에 입국하던 시기는 철종(哲宗)이 막 즉위했던 시기로, 개혁을 추진하던 왕안석(王安石)이 사망하고 급속히 보수화가 이뤄지던 시기였다. 특히 의천이 귀국한 직후 소동파가 항주의 지주로 오면서 고려와의 교류를 강력하게 반대하여 의천의 교류 또한 한동안 끊어지기도 했다. 소동파는 사적인 교류는 물론이고 정상적으로 이뤄지던 송나라 상인들의 경제활동에도 강력한 제재를 가했기 때문에, 상인들을 통해 편지나 문헌을 교류하던 의천 또한 어려움을 겪어야 했다. 『문집』과 『외집』에 남아 있는 기록만 보더라도 대략 십 년 가까이 고려와 송나라 사이에 편지 교류조차 어려운 상황이 지속되었다. 의천의 일, 특히 송나라 천태종과의 교류, 해동 천태종의 창종에 있어서 소동파라는 존재는 적지 않은 장애가 되었을 것이다. 의천이 좀 더 자유롭게 송나라 승려들과 교류하면서 협력을 할 수 있었다면 천태종이나 불교는 물론, 두 나라의 문화나 역사에도 많은 변화가 있었을 것이다.

이 편지, 법린의 사례는 의천의 용의주도한 일머리를 짐작하게 해 주는 또 다른 증거라고 할 수 있다. 당시 의천은 국청사를 창건하고 천태종을 세우면서, 종단의 체계를 세우기 위한 여러 가지 준비와 조치를 취하고 있었다. 앞에서도 인용했듯이 "천태종의 요강(要綱)을 정하고 공부가 우수한 자 백 명을 뽑아 봉은사(奉恩寺)에 머물게 하였다"든지, "천태종의 경론(經論) 120권으로 시험을 보아 인재 40여 명을 선발하였다"는 등의 일이었다. 당연히 이런 일을 추진하는 데 있어서 인력 자원이 문제가 되었을 것이다. 천태종의 교리나 수행의 전통조차 끊어지고 없었던 고려에서 새로 창종한 종단을 이끌어갈 인재를 구할 길은 없었을 게 분명하기 때문이다. 당장 천태종의 경론 120권으로 시험을 보았다고 하는데, 이런 시험을 준비하고 관리하는 일만 해도 보통 일이 아니었을 것이다. 어쨌든 의천의 계획이나 법린의 소망, 이후에 어떤 일이 있었는지 어느 것 하나 제대로 확인할 길은 없다. 나아가 의천이 법린이라는 인물을 특정해서 초청을 한 것인지, 아니면 좀 더 조직적으로 송나라의 인력자원을 활용하려던 것이었는지도 확인할 길이 없다.

의천의 문자 그대로 공사다망했던 삶, 법린의 사례는 그런 바쁜 삶 가운데 그렇고 그런 자잘한 에피소드에 불과한 일이었을지도 모른다. 의천이 하던 일에 비추어 보면 국청사에 교수 한 사람을 초청하는 일은 말 그대로 자잘한 업무일 것이다. 그런 자잘한 에피소드를 별도의 항목으로 소개하는 까닭은, 이 사례가 의천이 했던 일의 성격, 나아가 의천의 용의주도하고 주도면밀한 일머리를 단적으로 증거하고 있다는 생각에서이다. 의천은 항주에 체류하는 동안 천태종의 승려들과 매우 광범위한 교류를 하고 있었고, 문헌의 수집을 비롯하여 저술과 교감, 출판 등의 일에 구체적으로 협력을 하고 있었다. 이러한 교류와 협력에는 매우 뚜렷한 일관성이 존재한다. 오랫동안 송나라 방문을 계획하면서 예비한 일관성이다.

의천이 품었던 큰 꿈, 큰 계획, 그런 큰 계획에 일관성이라는 것은 어쩌면 당연한 것일지도 모른다. 일관성조차 보이지 않는다면 계획이랄 것도, 일이랄 것도 없을 것이다. 하지만 당시의 정황만 따져 보더라도 송나라의 승려를 초청하여 학생들을 가르치도록 계획을 했다는 자체가 획기적인 발상이었다. 어쩌면 의천이 아니라면 누구도 할 수 없는 발상이 없을 것이다. 그만큼 의천의 교류와 안목이 넓고 유연했다는 증거라는 뜻이다. 이 일이 성사가 되었고, 이후의 기록이 남을 수 있었다면, 아마도 한국과 중국, 고려와 송나라의 교류를 상징하는 유명한 사건이 되었을 것이다. 게다가 그런 발상이 의천이 송나라에 머물던 시절부터 갖고 있었던 것이었다면 발상의 가치는 더욱 커질 수 있다. 요즘 식으로 치자면, 명주의 연경원에서 있었던 법린과의 만남은 말하자면 '잡 인터뷰' 같은 것이다. 국청사를 창건한다든지, 천태종을 창종한다든지, 그런 큰 일들, 의천 정도의 유력한 인물이라면 능히 할 법도 하고 할 수도 있는 일이라 하겠다. 그렇지만 그런 일을 계획하고 준비하면서, 그 절이나 종파에서 새로 뽑은 학생들을 교육하는 문제, 나아가 교육을 감당할 인적 자원을 준비하는 문제까지는 아무나 할 수 있는 일이 아니다. 송나라에서 만났던 숱한 인물들, 의천은 그런 인물들을 하나하나 잠재력을 지닌 자원으로 생각했다. 아무튼 갓 서른의 의천, 그의 일머리가 이랬다. 이 같은 일머리에 대하여는 이후에 다시 부연하도록 하겠다.

불교를 세우고, 나라를 세우고

국사의 휘(諱)는 석후(釋煦)이고, 속성은 왕씨이며, 자는 의천(義天)이다. 뒤에 이름이 (송나라) 철종(哲宗)의 휘와 같아 이름 대신 자(字)를 대신 썼다. 국사는 우리 태조대왕의 4세손이며, 또한 문종 임금의 넷째 아들이다. 어머니 인예태후(仁睿太后) 이씨가 어느 날 밤 용이 품 안으로 들어오는 꿈을 꾸고 임신하였다.

을미년 9월 28일에 궁중에서 탄생하시니 향기가 가득하여 오랫동안 사라지지 않았다. 국사는 어릴 때부터 영특함이 다른 사람보다 뛰어나서 책을 읽거나 글을 쓸 때 꼼꼼하고 재빠르기가 오래 전부터 익힌 것 같았다. 형제들이 모두 행실이 어질었지만 국사가 유난히 빼어났다.

상께서 어느 날 왕자들에게 이르기를, '누가 스님이 되어 복전을 지어 이익되게 할 수 있겠느냐'라고 물었다. 국사께서 일어나 '신(臣)이 출세(出世)할 뜻이 있습니다. 상께서 굽어 허락해 주시기 바랍니다'라고 했다. 상께서 '착하다'라고 하시니, 모후(母后)께서는 이전 태몽의 귀한 징조를 몰래 애석히 여겼지만, 이미 임금의 명을 받았으니 어쩔 도리가 없었다.

을사년 5월 14일 경덕국사(景德國師)를 불러 내전에서 머리를 깎고, 상께서 재배한 뒤 경덕국사를 따라 영통사에 나가 살도록 허락하였다. 그 해 겨울 10월에 불일사(佛日寺) 계단(戒壇)에 나아가 구족계를 받았으니, 그때의 춘추가 11세였다. 쉬지 않고 학문을 닦아 성인이 되어, 어떤 사람이 징관(澄觀) 법사의 책을 전해 주는 꿈을 꾸었다. 이때로부터 혜해(慧解)가 날로 증진하였다.

나이가 장년에 이르도록 애써 공부하기를, 밤낮으로 부지런히 광범위하게 읽고 외우려 했다. 정한 스승은 없었으나 도(道)가 있는 곳이면 바로 찾아가 배웠다. 현수(賢首)의 교관(敎觀)으로부터 돈점(頓漸), 대승과 소승의 경율론과 장소(章疏)에 이르기까지 모두 탐색하지 않은 것이 없었다. 여력이 있으면 외학(外學)에도 힘써 견문이 깊고 넓었으니 중니(仲尼)와 노담(老聃)의 경서로부터 제자(諸子), 역사, 집록(集錄)과 백가(百家)의 설(說)에 이르기까지 그 정수를 체험하고 또한 뿌리까지 탐색하였다. 그래서 의논이 종횡으로 치닫고 한계가 없었다. 노스님이나 큰스님이라도 모두가 절로 따라갈 수 없다고 했으니, 명성이 퍼져 '불법문중에 종장(宗匠)이 났다'고 했다.

정미년 7월 을유(乙酉)에 교서(敎書)로 우세승통(祐世僧統)으로 삼았다. 국사는 일찍부터 송나라에 유학할 뜻을 두었다. 진수정원(晉水淨源) 법사가 혜행(慧行)으로 학문을 한다는 소리를 듣고, 국사께서는 송나라의 상인들을 통해 편지를 보내 예를 갖추었다. 원공(源公)은 국사가 보통사람이 아니라는 사실을 알고, 바로 답장을 보내 초청하니 이로부터 유학하려는 마음이 더욱 간절했다.[80]

의천은 승통이기 이전에 왕자였다. 김부식이 지었다는 의천의 비문만 보더라도 의천의 출가가 문종에 의해 예비된 사건이었다는 사실을 쉽게 짐작할 수 있다. 당대 최고의 고승 경덕국사를 내전으로 불러 왕실이 보는 앞에서 출가를 하도록 했다. 그의 출가는 그렇게 왕실의 일이었고 조정의 일이었고, 나라의 일이었다. 게다가 열한 살에 출가한 의천을 2년 후에 승통으로 삼았다. 이 일은 불교의 일도 아니었고, 화엄종이라는 종단의 일도 아니었다. 우세(祐世), 승통으로 임명하며 주었다는 법호, 세상에 도움이 되라는 뜻이겠다. 그 이름만 보더라도 열한 살 어린 아들에게 두 번 절하고 절로 떠나보낸 문종의 의도가 어디에 있었는지 짐작이 간다. 그 후 예비된 승통 의천은 최고의 엘리트 교육을 받았다. 교육은 의천이 출가했던 화엄종이나 불교의 문헌은 물론이고, 유가와 도가, 제자백가, 역사와 집록에 이르기까지 광범위하게 이뤄졌다. 말하자면

80　　김부식, 「영통사비명」.

가르칠 수 있는 것은 다 가르쳤고 배울 수 있는 것은 다 배웠다는 뜻이
다. 그만큼 문종이나 조정이 의천에게 거는 기대도 컸고 그만큼 의천에
게도 역할과 사명이 있었다는 뜻이기도 하다.

의천은 서른 살이 되던 무렵 그 같은 기대와 사명감을 다음과 같이 스
스로 술회하고 있다.

저라는 사람의 됨됨이가 비록 지극히 어리석은 성품을 타고 났
습니다만, 다행히 어려서 선군(先君)의 은혜로 출가하여 중이 되
었고, 숙세의 인연 덕택으로 열예닐곱 살 이래 서방 성인의 가르
침에 종사했으니, (출가한 지) 어언 20년이 되었습니다.

그러나, 석가모니의 가르침이 중국으로 유통하였지만 백 가지
중에 한두 가지도 안 됩니다. 지금 전해오는 삼장(三藏)의 정문(正
文)은 겨우 6~7천 권이고, 그 외에도 고금의 현철(賢哲)이 지은
주석서가 천 년 동안 끊어지지 않아 이 또한 그 수를 헤아릴 수
조차 없습니다. 비록 빼어난 재능을 가진 사람이 평생을 바치더
라도 그 일을 해낼 수 없을 텐데, 하물며 중간에도 미치지 못하
는 사람이야 어쩌겠습니까?

저는 참으로 영리하지는 않지만 학문을 성취하기가 어렵다는 것
은 알고 있습니다. 그러니 제가 근래에 도(道)를 중히 여기고 목
숨을 가벼이 여기어 중국으로 가는 길을 모색하는 뜻이 어디에
있겠습니까? 성인의 마음 씀씀이를 본받자는 것입니다. 성인의
마음 씀씀이는 광대하고도 완벽합니다. 사람의 길이 있고, 하늘
의 길이 있고, 성문(聲聞)의 길이 있고, 연각(緣覺)의 길이 있으며,
보살의 길이 있습니다. 이 다섯 가지 길81이 불교를 공부하는 사

람이 의당 따라야 할 길이고, 마음을 바쳐야 할 전부입니다. 십선(十善)과 오계(五戒)는 사람의 길입니다. 사선(四禪)과 팔정(八定)은 하늘의 길입니다. 사성제(四聖諦)는 성문의 길입니다. 십이인연(十二因緣)은 연각의 길입니다. 육도만행은 보살의 길입니다.

사람의 길을 이야기하자면 주공(周公)과 공자(孔子)가 가고자 했던 길과 목표가 같습니다. 하늘의 길은 노자(老子)와 장자(莊子)의 학문과 일치합니다. 옛사람들은 유가와 도가의 가르침을 닦으면 사람과 하늘의 응보를 벗어나지 않는다고 했습니다. 고금의 현인과 달인(達人)이 모두 도리에 맞는 말을 했다고 하겠습니다. 그 뒤의 세 가지 길은 출세(出世)의 법이니 어찌 세간의 가르침과 비교하여 이야기할 수가 있겠습니까? 대개 하나의 길에 전념하는 학자가 도(道)를 이야기할 수 없는 까닭은 그 가르침에 매어있기 때문입니다. 여름 벌레가 겨울의 얼음을 이야기할 수 없고, 우물 안 개구리가 큰 바다를 이야기할 수 없으니, 자기의 견해에만 집착하는 경우라고 할 수 있습니다.

요사이 제가 하고자 하는 뜻을 말씀드리자면, 선군(先君)께서 출가를 허락하신 은혜에 보답하고, 전하께서 널리 법을 보호하시는 뜻을 도우며, 부처님을 스승으로 모신 덕을 갚고, 중생의 삿된 마음을 구제하여, 법의 바퀴〔法輪〕가 염부제에 다시 굴러, 그 도의 빛이 다시 천 년을 비추도록 하겠다는 것입니다.[82]

---

81   다섯 가지 길은 오승(五乘)을 뜻한다. 승(乘)은 수레나 배 따위의 운송수단으로부터 길 또는 실어서 옮겨 주는 기능이나 수단 등의 뜻으로 널리 쓰인다. 오승은 인승(人乘), 천승(天乘), 성문승(聲聞乘), 연각승(緣覺乘), 보살승(菩薩乘)의 다섯 가지를 가리킨다. 각각의 수단과 방편을 통해 각각의 목적으로 가는 길〔道〕과 문(門)이 있다.
82   의천, 「내시 문관(文冠)에게 주는 편지」, 『문집』 제13권.

이 자리에서 김부식과 의천의 글을 나란히 따져 보는 까닭은 이 두 글이 똑같이 의천의 송나라 구법여행으로 바로 이어지고 있기 때문이다. 의천은 이십 대 중반 무렵부터 송나라 상인을 통해 정원과 편지를 나누기 시작했다. 김부식의 묘사에 따르자면, 의천이 그 이전부터 송나라 구법여행을 바라고 있었고, 이를 실현시키기 위하여 다각적인 모색을 하고 있었다고 한다. 이 또한 의천이 정원과 나눈 편지의 내용과 부합한다. 의천이 내시 문관에게 저 같은 편지를 보낸 까닭도 그를 통해 왕실이나 조정을 설득하려는 노력의 일환이었을 것이다. 의천의 구법여행은 그만큼 오랫동안 집요하게 벼러 왔던 소망의 결과였다. 이 두 편의 글 외에도 의천이 남긴 글에는 비슷한 소망, 비슷한 노력에 대한 언급이 반복해서 나타나고 있다. 때로는 시로, 때로는 편지로, 때로는 강연으로, 때로는 논문으로, 의천은 어릴 때부터 꾸어왔던 꿈과 사명에 대해 거듭 반복하고 강조한다. 이런 양상은 집요하고 단순해 보이는 의천의 성격을 보여 주는 듯도 하지만, 그의 삶이나 생각이 얼마나 강하게 그의 꿈과 일에 집중되어 있었는지를 드러내 주기도 한다. 의천의 구법여행은 오랫동안 기획하고 준비했던 꿈의 일부였다.

불교의 최고 지도자로서 집중적인 교육과 훈련을 받은 의천은 20대 전후로부터 후학을 지도하기 시작했다. 화엄종의 전적을 함께 읽는 일이었다. 그만큼 의천이 꼼꼼하고 재빨랐다는 뜻이기도 하겠지만, 그 무렵부터 예비된 지도자로서 경륜과 역량을 키워가고 있었다는 뜻이기도 하겠다. 무엇보다 의천의 술회를 보면, 그의 교육과정이나 생각이 김부식이 묘사했던 정황과 크게 다르지 않다는 점을 알 수 있다. 비문에 담긴 평가가 그저 상투적인 찬탄이 아니었으며, 문종이나 조정의 의천에 대한 기대가 그만큼 공식적이었고, 의천 또한 그런 기대에 충실히 응했다는 사실이다. 그리고 그런 기대와 사명감 또한 왕실의 복을 빈다든지 하는 사적인 영역에 있지 않았다. 의천의 표현에 따르면 그런 기대와 사명감 은 문종으로부터 시작하여 그의 형 선종에 이르기까지 일관되게 유지되고 있었다.

의천은 「내시 문관(文冠)에게 주는 편지」에서 '선군(先君)께서 출가를 허락하신 은혜'를 앞뒤로 두 번이나 반복하며 강조하고 있다. 의천이 하고자 하던 일, 그 일이 의천 개인의 일이 아니라는 뜻을 강조하자는 뜻이 겠다. 그 일은 문종이 예비했던 일이었고, 그만큼 조정의 일이었고, 나라의 일이었다. 적어도 '내시 문관(文冠)'을 설득하여 송나라 여행을 관철하려는 명분으로서는 그렇다. 문종으로부터 부여받은 기대와 임무가 있고, 그래서 '도(道)를 중히 여기고 목숨을 가벼이 여기어 중국으로 가는 길을 모색하는 뜻'도 그런 기대와 임무를 실천하기 위한 수단이라는 명분이다.

의천은 그 일을 주공과 공자, 노자와 장자의 길에 빗대어 설명하고 있다. 앞에서 인용했던 '아(雅)와 송(頌)이 제자리를 잡는 일'과 비슷한 맥락이다. 의천이 문종과 조정으로부터 부여받은 임무는 불교의 길이었다. 그 말은 문종에게는 불교의 길 외에도 다른 길도 있었고, 다른 아들들도 있었다. 그만큼 다른 일, 다른 임무도 있었을 것이라는 뜻이다. 의천은 자기가 맡은 길, 곧 불교의 길을 다섯 가지로 구분하고, 이를 다시 주공과 공자의 길, 노자와 장자의 길'과 연결짓고 있다. 이른바 유불도(儒佛道) 삼교(三敎)의 길이다. 이 또한 구색을 갖추는 일이고 제자리를 찾아주는 일이다.

대개 하나의 길에 전념하는 학자가 도(道)를 이야기할 수 없는 까닭은 그 가르침에 매어 있기 때문입니다. 여름 벌레가 겨울의 얼

음을 이야기할 수 없고, 우물 안 개구리가 큰 바다를 이야기할
수 없으니, 자기의 견해에만 집착하는 경우라고 할 수 있습니다.

이것이 의천이 목숨을 걸고라도 꼭 송나라로 가야만 하는 이유였다.
그가 부여받고 자임했던 불교의 길, 그 길의 구색을 갖추고 제자리를 잡
아 주는 일이었다. 유통이 끊긴 '삼장(三藏)의 정문(正文)'과 헤아릴 수조
차 없는 '백가(百家)의 장소(章疏)', 이들을 수집하고 정리하여 완비하는
일이었다. 의천은 이런 일을 통해 불교를 바로 세우려고 했다. 그리고
그렇게 불교를 바르게 세우는 일이 또한 나라의 구색을 갖추고 나라를
바로 세우는 일이라고 생각했다.

살아서의 복과 죽어서의 복, 종교의 일에는 대개 이런 복이 따라다닌
다. 기복불교라는 표현도 있듯이 특히 우리나라 불교에는 이런 경향이
더욱 강한 것 같다. 조선조에 있었던 억불정책이라는 희한한 정책으로
인해 불교라는 종교는 복을 비는 일 외에 달리 할 일이 없었던 탓도 있
다. 그래서 그런지 이전에 있었던 불교의 일에 대해서도 먼저 복부터 따
지고 보는 경향도 생겼다. 그 대표적인 사례가 『고려대장경』이 아닌가
싶다. 불보살의 가호를 빌어 외침으로부터 침략을 막아보겠다는 심정.
물론 종교적인 측면에서 이런 심정을 무조건 부정할 수도 없다. 복을 빌
고, 가호를 믿고 인지상정이기 때문이다.

앞에서 잠깐 언급했듯이 의천의 일에는 사적인 영역, 부모나 왕실의
복을 비는 따위의 언급이 전혀 개입하지 않고 있다. 기복불교라는 선입
견에서 보자면 의천의 태도는 오히려 이례적으로 보인다. 물론 의천 자
신도 하던 일을 포기하고 해인사로 은퇴했을 때, 말년에 죽음을 앞두고
왕생정토의 복을 언급하기는 한다. 가족의 복, 나라의 복을 언급한 적도

있다. 하지만 의천 자신의 기복은 그의 일과는 아무런 상관도 없다. 의천에게 있어 일은 일이고 복은 복이다.

의천의 일도 『고려대장경』의 연장선상에 있다. 아니 그의 일이 그대로 『고려대장경』이었다고 표현하는 것이 옳을 것이다. 고려사(高麗史)에는 '선종 4년(1087), 임금이 개국사(開國寺), 홍왕사(興王寺), 귀법사(歸法寺) 등에서 『대장경』의 완성을 경축했다'는 기록이 남아 있다. 그때 의천은 홍왕사의 주지를 맡고 있었다. 송나라에서 귀국하여 화엄종을 개혁하고 『교장(敎藏)』을 조성하기 위해 한창 바쁘게 일을 하던 때였다. 의천은 홍왕사의 주지로서 당시에 『대장경』 낙성기념식을 주관했을 것이다. 『대장경』과 『교장(敎藏)』은 그렇게 가깝게 붙어 있던 일이었다. 의천은 그런 일을 하면서 누구의 복, 어떤 복도 빌지 않았다. 오히려 의천은 그의 형, 선종(宣宗)을 향해 '수문언호(修文偃虎)'의 덕을 칭찬하고 있다. 문교(文敎), 곧 문화와 지식을 앞세우고 무력과 폭력을 억눌러야 한다는 것이다. 의천이 선종에게 올렸던 「송나라에 들어가 구법(求法)을 청하는 표(表)」에 들어 있는 말이다. 이 말이 세속의 말, 혹은 유가(儒家)의 표현이었다면, 역시 의천이 했던 이익중생(利益衆生)이라는 말은 불교의 표현이었다. 수문언호와 이익중생, 의천의 구법(求法), 의천의 일은 그런 일이었다.

의천의 것은 의천에게

멍청한 왕자, 의천에 대한 평가는 냉정하고 가혹했다. 적어도 제국의 학자 오야 토쿠죠 같은 이들이 긍정적인 평가를 시작할 때까지는 그랬다. 그 뒤로 『교장(敎藏)』의 집성이나 천태종의 창종 등, 의천이 했던 일들에 대한 조명이 활발해지고는 있다지만, 그래도 의천이라는 인물은 오히려 소외되어 있다는 느낌이 든다. 의천이 했다는 일, 그 일에 대한 의지나 목적, 역량이나 방편 따위에 대한 이해는 여전히 부족해 보인다. 의천이라는 인물의 관점에서 보자면 의천의 일은 마치 덤처럼 느껴진다. 왕자 승통이라는 운 좋은 인물이 재수 좋게 덤으로 얻었던 훈장 같다는 뜻이다.

이런 느낌은 의천이라는 개인에게도 부당한 느낌이겠지만, 사실이나 역사를 위해서도 좋은 느낌이라고 할 수가 없다. 의천의 일, 의천의 역사가 그저 덤처럼 거저 얻어진 것이라는 느낌을 지울 수 없기 때문이다. 큰 일을 했다고는 하지만 그만큼 큰 일의 가치를 실감할 수가 없기 때문이다. 일이 크건 작건 원인이나 과정이 없는 일은 없다. 『교장(敎藏)』의 집성이란 일이 그렇게 큰 일이었다면, 그런 일을 감당한 사람이 있었을 것이고, 그런 과정이 있었을 것이다. 그렇기 때문에 『교장』, 또는 『교장』의 집성이라는 일, 그 일을 우리의 역사로, 우리의 일로 자신있게 받아들이기 위하여는 의천이라는 인물, 그 인물이 했던 일을 먼저 받아들일 수 있어야 한다.

의천은 구법 여행, 이 일만 보더라도 이 일은 온전히 왕자 의천의 일이었다. 의천이 기획하고, 의천이 준비하고, 의천이 결단했던 의천의 게임이었다. 처음부터 끝까지 의천은 이 여행의 주인이었다. 구법이라는 표현 자체에 부정적인 의미는 전혀 없다. 어찌 보면 스님들이나 불교인들에게 모든 여행은 구법의 여행일지도 모른다. 어디 여행뿐이겠는가? 하지만 중국인들이 가졌던 중화(中華)의 자존심, 오야 토쿠죠 같은 학자들이 품었던 제국의 영광, 그런 영역 안에서 살아왔던 우리 조상들, 그런 관계를 염두에 두기 시작하면 구법이라는 표현에도 부정적인 어감이 개입하게 된다. 우리에게 없는 어떤 것을 찾아 가는 길이고, 그래서 송나라나 중국에는 그런 것이 이미 존재하고 있었다는 어감 같은 것이다. 송나라측 기록에 보이는 중화의 자존심, 우리의 의식 안에도 알게 모르게 그런 중화의 자존심을 긍정하는 요인들이 있다. 그런 어감, 그런 요인들이 의천에게도 작용하는 것 같다. 의천의 일이 덤처럼 느껴지는 까닭이다. 이를테면 중화로부터 얻어온 덤이랄까.

중화라는 관점에서 보자면, 중국에서 벌어지는 모든 일의 주체는 중화가 될 수밖에 없다. 법을 가진 것도 중화이고, 법을 펴고 가르치는 주체도 중화의 인물들이다. 법을 구하는 자는 당연히 중화로 가야 한다. 물론 불교가 처음 중국 땅으로 들어올 때는 중화의 인물들도 법을 구하러 인도로 서역으로 가지 않으면 안되었다. 의천이 송나라에 도착했을 때, 송나라의 승려들, 특히 선종의 승려들은 의천의 절을 앉아서 받으려고 했다. 그것을 중화의 법이요, 중화의 자존심이라고 했다. 그런 자존심, 그런 선입견 아래서 의천은 늘 부차적인 존재였고, 잘해야 조연일 뿐이었다. 송나라 선종의 승려들, 앞에서 소개한 불인이나 종본, 이런 스님들은 의당 중화의 주인이었고, 그래서 의당 주인공이어야 했다. 그들은 변방에서 온 의천을 깨우쳐 주어야 할 의무가 있었고, 권리가 있었다. 그리고 그들은 그런 의무와 권리에 맞게 처신했다. 의천의 생각은 들을 필요조차 없었다. 그들은 의천을 만나자마자 대뜸 '깨닫지 못했다'는 핀잔과 함께 장광설을 늘어 놓았다. 그리고 중화의 사람들은 이런 이들을 '예(禮)'를 안다고 평가했고, 국체(國體)를 세웠다고도 했다. 고려나 조선의 지식인은 물론이고 근대의 우리들조차 이를 당연하게 여겨 왔다.

의천에 대해서 우호적이었던 인물들에 대한 평가에서조차 그런 경향이 나타나고 있다. 멀리 갈 것도 없다. 정원과 의천, 정원은 나이 든 스승이었고, 의천은 철부지 제자였다. 의천의 일은 당연히 정원의 교화에 따른 것일 수밖에 없었다. 하지만 일의 전말을 곰곰히 따져보면 어느 모로 보더라도 일의 주인공은 당연히 의천이었음을 알 수 있다. 정원이라는 인물을 발견한 것도 의천이었고, 정원이라는 인물을 찾아간 것도 의천이었다. 정원은 의천이 귀국한 2년 뒤에 입적했다. 화엄종의 중흥조라는 정원, 의천이 없었다면 그런 중흥조도 없었고, 중흥도 없었을 것이다. 정원이나 정원의 후손들도 인정했던 사실이다. 김부식은 그나마 정원으로부터 법을 전해 받은 사실을 두고 '이는 특별히 의천만을 위한 것은 아니었고, 정원을 도와 도(道)가 증진되도록 한 것이었다'고 표현했다. 정원과 의천은 분명 스승과 제자의 관계였다. 의천은 정원을 존경했고, 스승으로 모셨으며, 법을 전해 받은 것을 자랑스럽게 여겼다. 제자가 스승 앞에서 몸을 낮추고, 모든 공을 스승에게 돌리는 일은 당연하고 아름다운 일이다. 의천도 알고 있었고, 그에 합당하게 행동했다. 하지만, 그들의 관계는 그렇게 일방적인 관계가 아니었다. 정원조차 의천을 제자로 대하지 않았다. 정원도 의천을 존경했고, 예의를 갖추었다. 연배나 예의로 보자면 스승 정원의 역할은 당연한 것이었다. 하지만 일이라는 측면에서 보자면, 일을 이끌고 추진했던 것은 언제나 의천이었다.

'은밀한 깨우침을 받들어', 앞에서 했던 이야기다. 밀항 사건의 배경에 있었음직한 일들, 외교적인 묵계 같은 문제만 해도 그렇다. 당시의 외교관계는 양국 사절단의 왕래로 유지되게 마련이었다. 고려와 송 사이에는 육로가 끊긴 상태였기 때문에 바다 길을 통할 수밖에 없었다. 따라서 대규모 사절단의 왕래는 그 자체가 큰 일이었다. 지금이야 가까운 바닷길이 되었지만 그때만 해도 바다를 건너는 일은 목숨을 걸어야 하는 위험한 일이었다. 그래서 사신으로 뽑히면 먼저 조상의 사당이나 절에 가서 안전한 항해와 귀국을 빌기도 했다. 의천이 달랑 제자 한 사람만 데리고 사월 초파일 한밤중에 미복으로 상인의 배에 올랐다는 사실, 송나라 측과 밝힐 수 없었던 묵계가 있었다면 의천의 용의주도한 역량을 보여주는 사건일 수 있고, 그런 묵계조차 없었다면 의천의 의지와 용기를 상징하는 사건이 될 것이다. 아무튼 기록에 남아 있듯 어머니가 반대하고 임금이 반대하고, 온 조정이 반대하던 일, 그 길을 외롭게 울면서 갔던 의천이다. 멍청한 왕자 승통이 할 수 있는 일이 아니었다는 뜻이다.

> 온 천지 노니느라 경계는 텅 비었는데
> 모깃소리 깔보아 시궁창에 숨었구나
> 대천세계 한숨에 여든 번 돌아드니
> 웃으며 고래타고 동해를 건넜네
> 삼한의 왕자 서쪽으로 법을 구해,
> 습착지와 미천처럼 강적으로 만났구나
> 강바람 거세고 풍랑은 산 같은데,
> 손님 잘 모시라 사공에게 전하네.[83]

『외집』 말미에 붙어 있는 소동파가 지은 시의 한 부분이다. 의천의 일, 의천의 삶에서 가장 불가사의했던 존재, 그가 바로 소동파라는 인물이라 하겠다. 의천의 일을 사사건건 반대했고, 방해했던 인물, 그런 인물이 지은 시가 의천의 문집 안에 들어가 있다는 사실 자체가 해독 불능의 불가사의라고도 할 수 있다. 저 시의 앞에는 "조칙을 받들어 고려 승통과 노니니, 모두 임금의 일이지만 방외(方外)의 즐거움을 따른다. 좋구

83　소식(蘇軾), 「양걸을 송별하며」, 『외집』 제11권.

나, 이전에 없던 일이다. 이 시를 지어 송별한다"라는 설명이 붙어 있다. 이 시는 승통에게 준 시도 아니고 승통을 이별하는 시도 아니다. 사랑하는 후배, 양걸에게 주는 시이다. 고려 승통을 만나는 일도 왕의 일이라 했다. 왕의 일, 굳이 비판적인 의미를 담았다고 할 것까지야 없겠지만, 아무튼 애써 외면하고 싶은 심정이 담긴 것은 틀림이 없다. 소동파라는 이름에 걸맞게 호탕하고 당당하다. 방외(方外)를 넘나드는 호기야 뭐랄 것도 없지만, 의천의 문집에 담기에는 도도함이 지나치다는 느낌이다.

정원이 머물던 항주의 혜인사, 의천의 꿈과 땀이 배인 그 곳, 그래서 후대에 그 절은 고려사(高麗寺)라는 이름으로 더 널리 알려졌다. 바로 그 항주시, 서호(西湖) 인근에 항주시에서 새로 복원한 고려사가 남아 있다. 고려사의 옛 터에는 일본인들이 지은 호텔이 있고, 바로 그 자리에서 파 냈다는 소동파의 석상이 서있다. 소동파는 항주의 지주를 지내면서 자청하여 고려사를 보호하는 가람신(伽藍神)이 되었다고 한다.

문충공(文忠公) 소식(蘇軾)
문충공이 지은 각공소(却貢疏)에
"희녕(熙寧, 1068~1078) 이래 고려에서 자주 조공을 하러 오니 양절(兩浙) 지방이 소란스러웠습니다. 모두가 간사한 백성 서전(徐戩) 따위가 교통하고 유인하여 용렬한 중 정원이 불법(佛法)에 통했다는 등 헛소리를 하고 다닌 탓입니다. 이로 인해 의천이 정원을 흠모하게 되었고, 내조(來朝)하여 정원을 따라 공부를 하게 되었습니다. 정원이 죽고 의천의 무리들이 다시 초상화와 사리를 얻으러 법을 어기고 바다를 건너왔습니다. 의천은 사람을 시켜 제사를 지내게 하고, 이와 함께 금탑(金塔)을 진상하며 눈치를 보고 있습니다. 조정에서 이를 받게 되면 바깥 오랑캐들에게 탐욕을 보이는 것이 되어 분분히 꾀를 부려 조공(朝貢)이 끊이지 않게 될 것입니다. 오랑캐의 사신들이 와서 산천의 지도를 그리고 서적들을 구입할 것이니, 중국이 피곤해질뿐더러 변방 또한 허술해질 것입니다. 엎드려 바라오니 금탑을 받지 말아 내조하려는 뜻을 끊어버리게 하소서."

운운했으니, 곧 문충공이 진수(晉水)를 지목하여 '용렬한 중'이라고 했다는 것이다. (그런 자가) 어떻게 가람신이 되겠다는 서원을 세워 이 절을 이렇게 크고 오래 가도록 지키게 되었는가? 그 당시 문충공은 법(法)을 보호하자는 마음보다 나라를 보호하려는 마음이 더욱 컸기 때문에 진수(晉水)의 명성이 높고 멀리 퍼져 일개 고려의 섬 오랑캐들로 인해 지방의 비용을 지출하게 될까 걱정이 되어 우환의 뿌리를 끊어버리려고 부득이 '용(庸)'이라는 글자 하나를 집어넣어 오랑캐들의 사신이 오는 것을 막고자 했던 것이다.[84]

간사한 백성, 용렬한 중, 바깥 오랑캐, 분분한 꾀, 문충공 소식의 분노와 염려가 참으로 크긴 컸던 모양이다. 문충공의 마음이야 그렇다 해도 『혜인고려사지』를 편집했던 분들의 심사는 더욱 복잡해 보인다. 바로 이 절을 창건하고 화엄종을 중흥시켰다는 스승 정원을 '용렬한 중'으로 강하게 비난했던 동파를 가람신으로 모셔야 했던 심사. 저 글은 다시 의

<hr>

84　「단나(檀那), 문충공 소식」, 『혜인고려사지』 제4권, p.49.

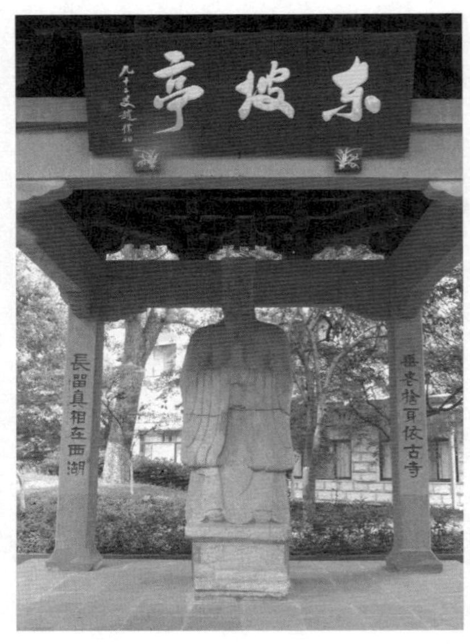

항주 고려사 옛터에 남은 소동파의 석상. 소동파는 고려사를 수호하는 가람신을 자처했다. 근래 고려사의 옛터에서 석상이 발굴되어 고증을 거쳐 소동파의 상으로 확인이 되었다. 지금은 호텔이 들어선 자리 한편에 정자를 짓고 석상을 세워 놓았다.

천의 절을 앉아서 받아 중국의 국체를 세웠다는 불인 선사의 예를 들며 마치고 있다. 역시 결론은 중화의 자존심이고 애국심이다. 문충공의 숨은 뜻을 애써 변명하면서 스스로를 위안하는 명분이다. 의천과 고려는 중화를 귀찮게 굴던 하찮은 섬 오랑캐의 무리로 간주해버리면 그것으로 그만이다. 다른 기록에 따르면 소동파가 서호에 뚝을 새로 쌓으면서 고려사의 땅을 침범하게 되어 분란이 있었다고 한다. 그때 소동파가 본인이 이 절의 가람신이 되어 죽어서도 고려사를 지키겠다고 스님들을 설득하였다고 한다.

의천과 소동파, 두 인물의 만남과 인연, 소동파도 얼마쯤은 의천의 배포와 의지를 짐작하고 있었을 것이 틀림없다. 의천을 처음부터 끝까지 모시고 다녔던 양걸은 소동파 정도는 아니라 해도 그리 만만한 인물이 아니었다. 재주와 인품은 이미 조야에 널리 알려져 있었고, 불교에 대한 조예도 매우 깊었다. 도도한 소동파는 저 시에서 의천을 '미천(彌天) 석도안(釋道安)', 양걸을 '사해(四海) 습착치(習鑿齒)'로 견주며 내려다 보는 듯 평가를 하고 있다. 재주꾼 습착치가 도안을 만나 시험을 하던 장면을 비유한 것이다. 사해를 주름잡는 습착치와 천하를 가득 채우는 석도안의 만남이다. 이런 비유에 대해 양걸은 의천과 이별하면서 남긴 장문의 시에서 '미천을 모시기도 부끄럽고, 재주와 말은 습착치만 못하다'고 자신을 낮추고 있다. 양걸은 열 달 가까이 의천을 모시며, 의천의 일거수 일투족을 보좌하며 체험했다. 누구보다 의천의 인품과 의지를 정확하게 알고 있었을 것이다. 그의 시에는 그런 경험, 존경의 정이 담겨 있다. 소동파도 왕의 일이라고 했듯이 의천을 모시는 일은 왕의 일이었고, 나라의 일이었다. 양걸과 가까웠던 소동파가 의천의 의도를 몰랐을 리가 없다. 천 년을 이어온 문헌을 모조리 모아 일장(一藏)으로 결집하겠다던 소원, 그런 소원이 지닌 지적·문화적 의의를 몰랐을 리가 없다. 그의 상소문에 담긴 강한 염려와 분노, 그 밑바닥에는 어쩌면 의천이란 인물의 배포와 의지에 대한 두려움이 깔려 있었을지도 모른다.

아무튼 소동파는 의천의 꿈과 일을 인정하지 않았다. 아니 언급조차 하지 않았다. 오히려 그는 의천의 일, 송나라와 요나라를 오가며 책과 지식, 문화를 교류하던 일을 간첩 행위로 간주했다. 중국과 중화를 위협하는 원인으로 경계하고 적극적으로 막으려고 했다. 중국과 중화를 지키려던 애국자 소동파는 의천의 땀이 서린 고려사의 가람신이 되어 지금도 그 자리를 지키고 있다. 의천의 문집에조차 호탕하고 도도한 시를 남겨 의천의 본원을 깔보는 듯도 하다. 의천의 비문을 지은 김부식 형제는 소식과 소철을 흠모하여 그 이름자를 따라 이름을 지었다고 한다. 고려는 물론, 조선 선비들이 품었던 소동파에 대한 흠모의 정은 상상을 넘는다.

이에 비해 의천의 처지는 어떤가?

> 궁중의 여러 여자 수재(秀才)가 말하기를, "요즘 있었던 어씨(魚氏)와 여씨(呂氏)의 난은 전례가 없던 일입니다. 조선국의 임금은 어질어서 중국에 버금갑니다. 게다가 옛날 책을 보니 처음 불교가 여러 나라에 퍼질 때, 조선은 중화(中華)가 될 뻔 했습니다. 다만 작은 나라였기 때문에 중화가 되지 못했습니다. 또 요동(遼東)의 동쪽은 이전 시대에는 조선에 속했었는데, 이제 만일 (조선이 요동을) 얻는다면 중국 또한 맞서지 못할 것이 분명합니다. 이런 난리를 알려서는 안 됩니다."라고 했다.[85]

좀 뜬금없는 사례이긴 하지만, 『조선왕조실록(朝鮮王朝實錄)』에 남아 있는 기록이다. 세종(世宗) 6년(1424)의 기록이다. 명나라 성조(成祖) 때 조선의 여인을 여럿 뽑아다 후궁으로 삼았던 모양이다. 그때 명나라 궁중에서 후궁들 사이에 환관과 사통을 하는 불미스런 일들이 있었고, 이로 인해 2,800명이나 되는 연루자를 모두 죽였다고 했다. 그 와중에 조선에서 온 후궁들도 여럿 죽음을 당했다. 나중에 황제가 승하하자, 남은 후궁들 모두 순사(殉死)하도록 했다. 나중에 인종(仁宗)이 즉위하여 일을 정리하면서 조선에서 온 후궁의 가족에게라도 사실을 알리고자 했으나 궁중의 여자 수재(秀才)들이 저런 조언을 했다는 것이다.

불교를 통해 중화(中華)가 될 뻔 했다는 이야기, 그러나 나라가 작아서 그런 기회를 놓쳤다는 이야기, 명나라 궁중의 수준이 어땠는지, 저 수재

85 　『조선왕조실록(朝鮮王朝實錄)』, 세종(世宗) 6년 10월 17일(http://sillok.history.go.kr/).

(秀才)가 읽은 기록은 어떤 기록이었는지 알 도리는 없지만, 아무튼 중화의 지식인들이 했던 말인 것은 틀림이 없겠다. 요동이라는 땅, 예를 들어 동아시아 삼론학(三論學)에 큰 공헌을 했다는 승랑(僧朗)은 고구려 요동 출신으로 널리 알려졌다. 오랫동안 요동이라는 키워드는 고구려나 고려를 의미했다. 명나라 인종에게 저 같은 조언을 했던 수재(秀才)는 중화라는 표현에 땅의 크기를 빗대었지만, 중화라는 표현에는 땅의 크기나 주인이란 뜻 외에도 '지식과 문화의 중심'이라는 의미도 있었다.

우리의 긴 역사 속에서 의천의 꿈과 일, 의천의『교장』은 분명, 중화가 될 뻔 했던 그런 사건들 가운데 하나였다. 누구도 할 수 없는 생각이었고, 누구도 할 수 없는 일이었다. 의천의 일이 비록 미완의 꿈으로 잊혀지고 말긴 했어도, 의천의 덕택으로 고려는 세상에서 책을 가장 많이 보유한 나라가 될 수 있었다. 다른 부문은 몰라도 적어도 불교에 관련된 책에 대해서는 의심의 여지가 없다. 의천이 스스로 자임했던 일, 불교의 책을 열심히 모았듯이, 다른 분야의 전문가도 의천의 모델을 따라 열심히 자기의 일을 할 수 있었다면 고려의 운명은 달라졌을 것이다. 요즘의 세태나 관점에서 보자면 중화라는 표현은 오히려 구태의연한 옛날의 가치이다. 땅의 크기나 주인이라는 관점도, 지식과 문화의 중심이라는 관점도 부러워하거나 본받을 만한 가치도 아니다. 오히려 중화에 치여 사대(事大)라는 명분으로 살아온 작은 땅의 우리로서는 극복해야 할 키워드요 가치라는 편이 낫겠다. 역사에 가정이 필요없다는 말도 있다지만, 아무튼 우리는 의천이라는 인물을 알아보지 못했고, 그래서 까맣게 잊을 수밖에 없었다. 이전에 있었던 일도 반복되기 마련이다. 의천이란 인물, 그의 꿈과 일을 알아볼 수 없었던 사람들, 그런 환경이라면 미래의 의천을 그릴 수도 기대할 수도 없을 것이다.

3

의천의 일

삼태기 하나의 흙이라도

아무개는 다행히 숙세의 인연에 기대어 외람되게도 큰 공덕을
입어 저는 성사(聖師)를 조사(祖師)로 삼고, 성사께서는 저를 법손
(法孫)으로 삼게 되었습니다. 이제 (성사께서 머물던) 옛 거처를 찾
아뵈오니 공연히 깊은 탄식만 더합니다. 황량한 땅을 보았으니
어찌 고쳐 세울 마음을 잊을 수 있겠습니까? 나중에 공을 이루
면 삼태기 하나의 흙이라도 보탤 것을 기약하오며 오늘 아침 공
양을 올려 일의 시작을 표합니다.[86]

의상(義湘)이 머물던 적천사(磧川寺)에 들러 올린 제문의 일부분이다.
앞 부분이 잘려 나가 한 조각 저 구절만이 남았다. 황폐해진 도량을 보고
느끼는 탄식에다, 일에 쫓겨 당장에는 어찌할 수도 없는 안타까움이 더
해진다. 그래서 언젠가는 삼태기 하나의 흙이라도 보태겠다고 약속을 한
다. 그리고 그런 약속이 곧 일의 시작이라고 한다. 이 한마디에 의천의
성격이 고스란히 담겨 있는 듯하다. 허튼 구석을 보면 참지를 못하고,
할 수 있는 일은 무리를 해서라도 꼭 해내고야 마는 성격. 의천이 남긴

---

[86]　의천, 「적천사(磧川寺) 의상조사를 제사 지내는 글」, 『대각국사문집』 제16권.

자취 곳곳에서 그런 성격, 그런 면모를 읽을 수 있기 때문이다.

의천은 일꾼이었다. 의천은 일을 좋아했고, 일머리를 알았고, 일 처리에 능란했다. 그리고 무엇보다 많은 일을 해 냈다. 김부식은 영통사 비명에서 의천의 저 같은 성격을 다음과 같이 묘사했다.

> 또한 복을 짓는 일도 잊은 적이 없었으니, 누군가 '영신현(永新縣)의 앞길은 모든 고을로 들고 나는 곳이어서 예전에는 관사와 객사가 있었으나 지금은 허물어져 없어졌다'고 하자, 바로 아래 사람에게 일러 새로 짓도록 하고 관사는 지남관(指南館), 객사는 겸제원(兼濟院)이라고 이름지었다. 예종(睿宗) 때에 이르러 논밭을 하사했다. 국사가 어렸을 때부터 태후께서 말씀하시길, '나는 흥왕사 안에 별원을 하나 열었으면 하는 바람이 있다. 훗날 도를 닦는 곳으로 쓰고자 한다'고 하셨다. 사람을 불러 자리를 잡았는데, 그 뒤에 별원을 짓고 천복원(薦福院)이라고 했다. 이 밖에 불상이나 경문 따위를 조성한 일들은 이루 다 기록할 수조차 없다. 국사는 이미 한 나라의 큰 어른이어서, 나라에 중요한 일이 생길 때마다 반드시 가깝게 의논하여 결정을 하곤 했다. 따라서 나라의 큰 일들을 임금님과 함께 의논한 경우가 아주 많아 인민들에게 큰 도움을 끼쳤으나 세상 사람이 모두 다 알기는 어려웠다.[87]

그래도 이런 일은 다 자잘한 일이다. 일로 치자면 국청사나 홍원사와 같은 국가적인 대규모의 건설사업들도 있었다. 이외에도 이곳저곳의 사

---

[87] 김부식, 「고려국오관산대화엄영통사증시대각국사비명」, 이하 「영통사 비명」, 『대각국사외집』 제12권.

선암사 대각암의 대각국사 부도. 1828년 지어진 선암사 중건기에는 의천이 대각암에 머물며 선암사를 크게 중창했다는 기록이 남아 있다. 선암사에서는지금도 매년 음력 9월 8일 의천의 탄신 다례를 지낸다고 한다. 의천이 남방으로 문헌 수집을 위한 여행을 하며 이 지역을 다녀간 것은 틀림없는 사실이지만, 장기간 머물며 직접 대규모 불사를 이끌 시간은 없었다. 다만 의천의 성향으로 보아 가는 곳마다 불사를 지원했을 개연성은 매우 높다.

선암사 대각국사 중건건도기

3. 의천의 일

순천 동화사 전경

동화사 중창기. 1724년의 날짜가 적힌 중창기에도 의천이 이 지역에 머물며 동화사 불사를 지원했다는 기록이 남아 있다. 의천의 일은 의천의 사후 빠르게 잊혀지고 말았지만, 지역의 전설로 오랫동안 전승되었던 것으로 보인다.

찰을 중창했다는 기록도 남아 있다. 선암사의 경우처럼 사찰이나 지역의 기록, 또는 민간의 전설로 전해오는 사례도 적지 않다. 속된 말로 '삽질'이란 말도 유행하듯, 짓고 고치고 그런 이야기는 하도 많아서 삽질만 하다 가신 것이 아닌가 하는 생각이 들 정도이다. 사실 이런 일들은 왕자 승통이라는 지위만으로도 능히 했을 법한 일들이다. 전국에 흩어진 우리 나라 절의 내력을 보면 원효나 의상, 이런 저명한 스님들이 창건 또는 중 건했다는 전설이나 기록들로 넘쳐난다. 물론 이런 내력을 말 그대로 읽 을 필요는 없다.

하지만 적천사에서 의상에게 했던 약속은 특별하다. 일에 대한 애틋 함이랄까, 일에 대한 어떤 정서, 또는 태도가 담겨 있기 때문이다. 김부 식의 묘사에도 그 같은 태도와 열정이 읽혀진다. 김부식은 '복을 짓는 일'이라고 표현했다. 인민들에게 도움을 주는 일이라고도 했다. 앞에서 도 설명했듯 의천은 '이익중생(利益衆生)'이라는 본원을 품고 살았던 분이 다. 사람은 물론 뭇 생명 모두에게 도움을 주는 일을 실천했던 분이다.

여기저기 흩어진 기록들, 그 안에는 이런저런 일의 흔적들이 남아 있 다. 의천에게 일이라는 키워드가 특별한 까닭은, 한 일이 많은 까닭도 있지만, 그런 흔적 안에 보이는 '일에 대한 일관성' 탓이다. 한 나라의 왕자요, 당대 불교계를 대표하는 승통이라는 최고의 지도자, 해야 할 일 도 많았을 것이고, 그만큼 해낸 일도 많았을 것이다. 어찌 보면 당연한 일들일지도 모르겠다. 그렇다 하더라도 의천의 일머리에는 남다른 면이 있다. 의천에게는 성격이 다른 여러 일들을 동시에 추진해내는 특별한 역량이 있었다. 그리고 그런 일들을 귀찮아 하거나 힘들어 하지 않고 기 꺼이 자신의 일로 받아들였다. 일을 바라보는 취향이나 태도, 의천에게 는, 아니 남아 전하는 의천에 대한 기록, 그의 자취 안에는 그런 태도가 담겨 있다.

의천의 일에 대한 취향은 송나라 여행 중의 행적에도 그대로 드러나 고 있다. 의천이 송나라에 체재했던 기간은 약 14개월 정도의 짧다면 짧 은 기간이었다. 오히려 그 정도의 기간에 남아 있는 기록이 풍부한 만큼,

송나라 체재시의 기록들은 일꾼 의천의 진면목을 조감하고 재구성하기에 최적의 조건을 제공해 주고 있다고 할 수도 있다.

> 수주(秀州) 진여사(眞如寺)에 이르러 『능엄경(楞嚴經)』을 주석한 소주(疏主, 長水子璿)를 참배하였다. 탑정(塔亭)이 허물어진 것을 개탄하한 나머지 금(金)을 시주하여 스님들로 하여금 고치도록 하였다. 양걸 공이 이르기를, '자선(子璿) 스님이 오늘에야 비로소 지음(知音)을 만났다'고 했다. 오흥(吳興)의 장형(章衡)이 이 일을 기록하여 이르기를, '승통은 독실하고 인정이 두터운 호학군자(好學君子)라 할만하다'고 했다.[88]

이를테면 이런 종류의 기록들이다. 고려 적천사의 일이나 송나라 진여사의 일이나 비슷한 일이다. 일의 성격도 비슷하고 상황도 비슷하다. 다만 진여사의 일이 남의 눈에 비친 객관적인 평가였다면, 적천사의 일에는 의천 자신의 마음이 담겨 있다. 허물어진 도량, 안타까운 마음, 이를테면 이런 일관성이다. 열아홉 왕자 승통이 선종에게 바쳤던 본원도 그랬다. 말법에 무너진 가르침, 안타까운 마음, 의천이 일을 선택할 수밖에 없었던 현실과 조건, 의천이 아니라면 누구도 엄두조차 낼 수 없었던 일들, 그런 현실, 그런 조건, 그런 태도이다.

의천은 송나라에 머물던 약 14개월 정도의 기간 중에 정말로 바쁜 일정을 소화해내고 있다. 오고 간 거리도 거리려니와, 두 차례에 걸쳐 철종 황제를 면담한 것을 비롯하여, 공식·비공식으로 숱한 사람을 찾아 만

---

88   김부식, 「영통사비명」.

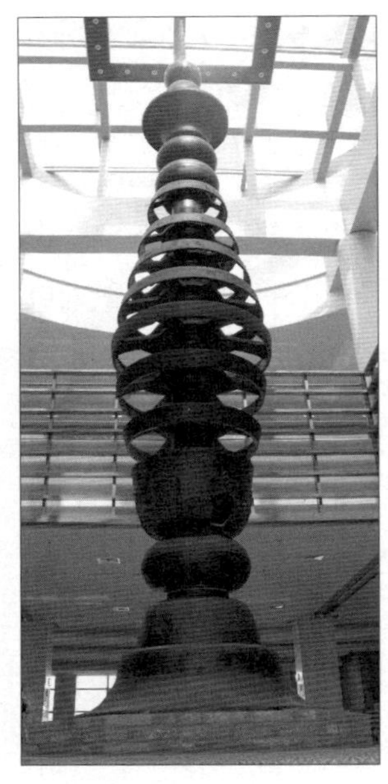

가흥(嘉興) 박물관에 남아 있는 진여사 탑정의 상륜부 장식. 진여사의 탑정은 50미터가 넘는 큰 탑이었다. 이 장식만 해도 10여 톤이 넘는다고 한다.

나고, 토론을 하고 문헌을 수집했다. 정원과 함께 『화엄경』을 읽었고, 정원이 주석하던 혜인원(慧因院)을 중창하면서 이와 동시에 화엄종과 불교의 미래를 설계했다. 송나라에 체재할 때에 의천을 모시고 다녔던 송나라의 관원 양걸(楊傑)은 의천이 일 년 사이에 다섯 종파의 가르침을 통달했다고도 했고, 가는 곳마다 탑사(塔寺), 명산도량에서 공덕을 닦고 받들지 않은 경우가 없었다고도 했다. 양걸은 그때 의천을 가장 가까운 곳에서 모셨던 인물이다. 의천은 그렇게 바쁜 와중에도 여행 경비를 아껴가며 도중에 들른 사찰의 탑이나 전각을 보수하도록 돕기도 했고, 문헌을 출간하고 강연회를 후원하기도 했다.

김부식은 여행 중에 "선종과 태후가 보내 준 경비 외에도 송의 철종이 내려준 재보(財寶)가 수만(數萬)이 넘었지만 가는 곳마다 모두 보시했다"고 기록하고 있다. '인정이 두터운 호학군자' 의천의 일에 대한 취향과 행적은 이국 땅 송나라에서도 사건이 되었고 전설이 되었다.

세속의 나이 마흔일곱, 짧다면 짧은 삶에 담긴 크고 작은 일들. 그런 일들을 새삼 돌이켜 보는 까닭은 『고려 교장(教藏)』이라는 일 때문이다. 천 년의 세월을 넘어 이구동성으로 찬탄하는 역사적인 문헌결집, 일의 규모도 규모려니와 그 일이 의미하는 것들이 너무도 많고 크기 때문이다. 일이 크다는 것은 그만큼 많은 힘이 들었을 것이라는 뜻이 된다. 일

3. 의천의 일

의 의미가 많고 크다는 것은 그만큼 생각과 준비도 필요했겠다는 뜻이
된다. 아무튼 하루 아침에 불쑥 할 수 있는 일이 아니겠다는 뜻이다. 이
런 규모의 일을 해내기에는 마흔일곱이라는 의천의 일생이 너무도 짧다.
그런 반면에 이 일은 너무 빨리 잊혀져 버렸고, 너무도 오랫동안 잊혀져
있었다. 의천이나 그의 문헌결집에 대한 연구가 활발해지고 있다고는 하
지만, 그런 일을 왜 해야 했는지, 어떻게 해낼 수 있었는지 아직도 충분
하게 이해하지 못하는 형편이다. 이런 일을 의천이라는 인물 혼자서 해
냈을 리는 없다. 하지만, 이 일에서 의천이라는 인물의 존재는 거의 독
보적으로 보인다. 이 일 안에서, 남아 있는 기록들 속에서 의천이라는
이름 외에 다른 이름, 다른 인물을 찾기는 어렵다. 이 일은 의천이라는
이름과 함께 시작됐고, 그 이름과 함께 중단됐고, 그 이름과 함께 잊혀
졌다. 이래저래 이 일은 피할 수 없는 의천의 일이 되어 버렸다. 그래서
이 일에 대한 이해는 의천이라는 인물에서부터 시작할 수밖에 없게 되어
버렸다.

> 스님은 말을 세워 오래도록 길이 남을 만한 저술을 지으려고 하
> 였으나 뜻을 이루지 못했다.
> (중략)
> 문인들이 모은 저술과 시문 등의 잔편과 원고를 순서도 없이 20
> 권으로 묶었는데, 이들 대부분이 가볍게 쓴 것들이어서 후세에
> 전하려던 것이 아니었다. 그래서 생전에 글을 베껴 판에 새긴 것
> 들을 모아 태워 버렸다.[89]

[89]   김부식, 「영통사비명」.

이 일을 일이라고 부르는 까닭은 의천이 문헌결집을 처음부터 일로 생각했고, 일로 받아들였기 때문이다. 위의 기록도 또한 김부식의 기록이다. 의천은 처음부터 일만 하고 싶어 하지는 않았다. 의천은 공부도 하고 싶고, 수행도 하고 싶었다. 하지만 의천은 마음 먹었던 대로 공부도 수행도 마음껏 해 보지 못했다. 그 대신 일을 선택했기 때문이었다. 어찌 보면 의천에게는 공부도 수행도 일의 일부였고, 일을 위한 것이었다고도 할 수 있다. 열한 살 어린 나이에 출가하여 마흔일곱, 병으로 짧은 삶을 마감했던 의천. 그는 말 그대로 일을 위해 모든 것을 다 버린 분이었다.

의천이 송나라를 방문했을 때, 승속의 많은 사람이 왕자 승통의 용맹한 구법정신을 싯다르타에 비교하고 선재동자에 비교해 감탄하고 칭찬했다. 왕위를 버리고 몸을 버려 용맹하게 수행하여 큰 깨달음을 성취했던 싯다르타. 사람들은 의천에게서 그런 모습을 보았는지도 모른다. 그러나 의천은 왕위를 버리고 몸을 버려 일을 선택했던 분이다. 의천의 입장에서 보자면 거꾸로 일을 위해 수행이나 깨달음조차 버렸다고 표현하는 편이 더 옳을 것 같다. 의천이 스승으로 모셨던 송나라의 정원, 그는 의천을 직접 만나기도 전에 '왕궁에서 태어나 부귀영화를 꺼리시고 공문(空門)에 몸을 맡겨 부처의 깃이 되고 조사의 날개가 되어 위대한 임무를 감당하셨다'고 칭찬했다. 의천이 가슴 속에 품었던 묘온(妙蘊), 장대한 계획, 그 모두가 그가 감당했던 위대한 임무였을 것이다. 의천이 선택하고 계획하고 추진했던 일이었다.

해인사는 오히려 여산(廬山)의 절보다 빼어나고
가야산 계곡은 호계(虎溪)의 물을 닮았네

혜원(慧遠)의 높은 자취 잇기는 어려워도
다행히 종국에 뜻을 이뤘구나

서울에 기대어 산 굴욕의 세월
교문(敎門)에 공(功)도 없이 부끄러워라
이때 닦은 수행도 헛수고일 뿐
숲과 개울가의 즐거움만 못해라

일은 가고 몇 차례나 탄식해야 했던가
임금과 부모님 보답할 길도 없어
가련쿠나 젊은 시절 마음은 똑같은데
깨닫지도 못한 채 사십 년을 보냈구나

영화와 부귀 모두가 춘몽(春夢)이고
모이고 흩어지고 살고 죽고 물거품 같아
남은 것은 오로지 정토(淨土)로 가는 길
무슨 일을 따지고 추구할 게 있을까.[90]

앞에서도 언급했듯이 의천은 선종 11년(1094) 5월에 선종이 승하하고, 바로 해인사로 은퇴를 하였다. 마흔 살이 되던 때였다. 2년전에는 가장 강력하고 적극적인 후원자였던 어머니 인예태후가 돌아가시기도 했다. 서른두 살 흥왕사 주지를 맡은 이후로 해동 화엄종을 개혁하고, 국청사

---

90   의천, 「해인사에 퇴거(退去)하여 지은 네 편의 시」, 『문집』 제20권.

를 착공하여 천태종의 창종을 준비하며, 흥왕사에 교장도감을 설치하여 문헌의 결집과 출간을 의욕적으로 추진하는 등 명실상부 전성기를 누리며 활발하게 활동을 하던 때이기도 했다. 그 모든 일들이 갑작스런 선종의 승하와 함께 중단되고 말았다.

위에 인용한 시는 의천이 해인사로 퇴거한 직후에 지은 것으로 보인다. 평생 일밖에 몰랐던 의천, 일을 떠난 좌절감이 절절하다. 의천의 문집에는 여러 편의 시가 남아 있긴 하지만, 의천은 평소 시나 감상을 즐기던 사람도 아니었다. 시를 주고받는 풍습에 따라 의례적으로 지은 것들이 대부분이고, 감상이 담긴 것들은 몇 수 되지도 않는다. 그때나 지금이나 속된 말로 맛도 모르고 멋도 없는 개성으로 보인다. 다 태워 버리고 남은 기억의 조각들, 그 안에는 그저 일에 대한 집착과 열정만이 남아 있다. 그런 의천이었다. 김부식은 그때의 정황을 "해인사로 퇴거하여 계곡과 산을 더불어 자적하며 호연하게 생을 마감하려는 생각을 가졌다."라고 묘사했다. 죽을 자리를 찾아갔다는 뜻이겠다. 아마도 저 시를 참작했던 모양이다. 이제는 마지막이라는 절망, 기대도 희망도 없다. 다만 숲과 개울가의 즐거움을 누리다가 극락정토로 가기만을 바랄 뿐이라고 했다. 의천은 그때까지 했던 일조차 모두 실패라고 판단했다. 완성하지 못하고 중단한 일, 일을 이끌던 의천이 떠나면 모두가 물거품으로 돌아갈 일들이었기 때문이다. 실제 이 일의 끝이 그랬다. 아무려나, 의천은 일 년 남짓, 해인사를 떠나 일로 다시 돌아갈 수는 있었다. 그리고 그 일 속에서 일생을 마칠 수도 있었다. 하지만 그뿐, 그의 일은 빠르게 잊혀지고 말았다.

『고려 교장(敎藏)』, 유례를 찾을 수 없다는 대규모의 문헌결집, 의천의 일은 어차피 이 일로 돌아가게 되어 있다. 무엇보다 이 일은 열아홉 왕자 승통의 본원 안에 뚜렷하게 새겨져 있다. 의천의 자취 안에 남아 있는 일에 대한 태도와 일관성, 따지고 보면 그조차 본원을 향한 지독한 집념일 뿐이다. 그가 했던 크고 작은 일들은 그렇게 얽혀 있었다.

책과 일

의천의 결집

『원종문류』

『문집』 제1권에는 다섯 편의 서문류가 편집되어 있다. 맨 앞에 「신집원종문류서(新集圓宗文類序)」가 자리를 잡고, 뒤를 이어 「신편제종교장총록서(新編諸宗敎藏總錄序)」, 「간정성유식론단과서(刊定成唯識論單科序)」가 배치되어 있다. 명실공히 의천의 대표작이라 할 만한 작품들이다. 『원종문류』는 전체 22권 가운데, 현재 제1권, 제14권, 제22권의 3권이 남아 있다. 제14권과 제22권의 2권은 『만신찬대일본속장경(卍新纂大日本續藏經)』에 수록되어 대만의 CBETA 데이터베이스에서도 내용을 확인할 수 있다. 제1권은 『고려속장조조고』에 따르면 본래 최남선이 소장하고 있던 것인데, 현재 일본의 용곡대학도서관에 소장되어 있다. 해제와 원문이 공개되어 확인이 가능하다. 이 밖에도 일부 사본이나 단

『문집』, 제1권.

편들이 남아 있다.[91]

『고려속장조조고』를 저술한 일본의 오야 토쿠죠는『원종문류』가 송나라 천태종의 여길(如吉)이 편찬했던『중편천태제문류(重編天台諸文類)』를 모델로 삼은 것이라고 했다. 오야 토쿠죠가 지적했듯이, 의천의『교장총록』안에는 "『천태문류(天台文類)』, 십권(十卷) 여길(如吉) 편(編)"이라는 항목이 들어 있다.[92]

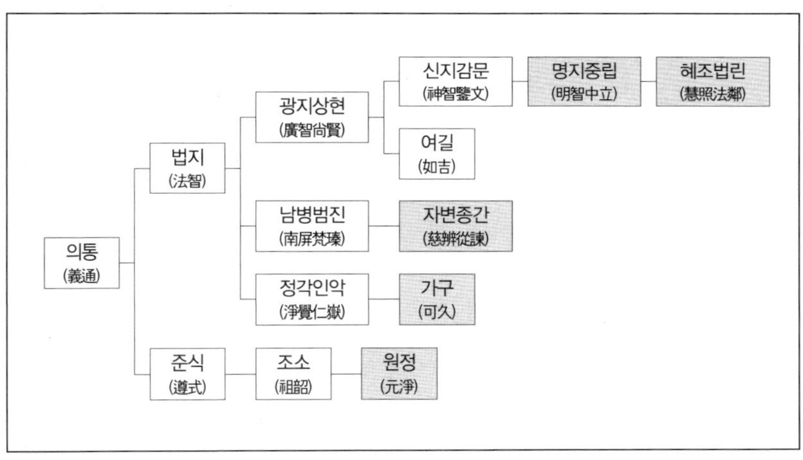

의천이 송나라에 체재하며 교류했던 천태종 승려(회색)[93]

앞의 도표에서 보듯 의천은 중국 천태종의 제16대 조사였던 의통(義通, 927~988)과, 그의 제자이며 17대 조사, 법지(法智, 960~1028)의 문도들과 폭넓은 교류를 가졌다. 앞에서도 소개했듯, 의통은 고려 사람으로 천태

---

91 요시스 요시히데(吉津宜英), 시바사키 테루카즈(柴崎照和), 1998, 「의천편찬(義天編纂) 원종문류(圓宗文類) 권제일(卷第一) 해제(解題)와 번각(翻刻)」,『고마자와대학(駒澤大學) 불교학부연구기요(佛敎學部硏究紀要)』56, pp.87~125.

92 오야 토쿠죠(大屋德城),『고려속장조조고(高麗續藏雕造攷)』, 1937, 쿄오토, p.122.

93 종감(宗鑑),『석문정통(釋門正統)』제3.

종의 조사가 되었던 분이다. 의천이 중국에서 교류했던 천태종의 승려들은 대개 의통의 문도이다. 그만큼 친근감도 있었을 것이다. 이 가운데 자변종간(慈辨從諫)은 의천에게 천태종의 교관을 전수했던 인물이다. 의천 자신도 종간으로부터 법을 받았다고 했으며, 중국측 자료에는 종간이 해동 천태종의 시조가 되었다고 기록하고 있다. 중국 천태종의 법맥을 따르자면, 의천은 자변종간의 제자가 된다. 중국 천태종의 법맥을 세속의 족보에 비해 보자면, 『중편천태제문류(重編天台諸文類)』를 편찬한 여길은 의천과 형제뻘이 된다고 할 수 있다. 의천과 여길이 만났다는 기록은 없지만, 그만큼 밀접한 관계가 있었다는 뜻이다. 의천 또한 당연히 『중편천태제문류(重編天台諸文類)』의 성격과 편집의 과정에 대해 정확한 지식을 갖고 있었다는 방증이기도 하다.

앞에서 잠깐 소개했듯, 천태의 저술들은 전란을 겪으며 전승이 끊어졌다. 고려나 일본 등으로 문헌을 다시 수집하여 전승을 회복하고 학문적인 성과를 내고는 있었지만, 의통 이후로 장소의 해석을 두고 논쟁이 이어졌고, 특히 산가파(山家派), 산외파(山外派) 등으로 분파가 갈려 정통성을 두고 분란이 끊이질 않았다. 천태문류는 그런 상황에서 나온 저술이었다. 당시 천태종의 학술과 사상을 주도하던 법지(法智)와 그의 문도들이 천태종의 기본적인 교리를 체계적으로 분류하여 정통성을 강화하려는 의도를 갖고 있었다.

●『원종문류』의 서문 _ 해동 화엄종 개혁선언문

종남산의 조사, 두순 존자(杜順尊者)가 찬탄하여 이르기를, "위대하구나, 법계의 경전이여, 등지보살(登地菩薩)이 아니라면 어떻게 그 문장을 파헤쳐 그 법을 볼 수 있겠는가? 내가 문을 열어 보여 주리라.”고 하였다. 그리고 『법계관문(法界觀門)』을 지어 수제자인 지엄 존자(智儼尊者)에게 주니, 지엄은 이를 받아 오교(五敎)로 바꾸고 십현(十玄)으로 부연하였다. 이어서 현수(賢首)가 앞선 가르침들을 조술(祖述)하고, 청량(淸涼)이 뒤를 위한 모범을 세우니 비로소 할 수 있는 일을 다했다고 하겠다. 그러므로 『화엄경』을 강의하는 사람들은 모두 지엄, 법장, 청량 등 삼가(三家)의 주석서를 영원한 표준으로 삼고, 그 외 제가의 주석서를 곁으로 참고하였다. 우리 해동에서는 부석 존자(浮石尊者)가 법을 구해 온 뒤로, 원돈(圓頓)의 가르침이 여러 종파를 대표해 온 지 4백여 년이 되었다.

(중략)

다만 지극한 이치는 깊고 정교한데, 여러 가지 말은 무성하여, 문답을 할 때도 인용조차 하기 힘들다. 게다가 요즘 우리 종문(宗門)에 이상한 것을 좋아하는 무리들이 근본은 저버리고 끄트머리만을 좇아 억설이 분분하다. 끝내 조사들의 깊은 뜻에 대해 꽉 막혀 통하지 않는 제자들이 열에 일고여덟이나 된다. 교관(敎觀)에 정통한 사람이라면 어찌 큰 걱정이 아니겠는가?

주상께서 이런 사실을 아시고 의리를 연구하는 학승들을 모아 편찬하는 일을 의논하여 수많은 문장을 간추려 요람(要覽)으로 만들도록 하였다. 수집한 것을 분류하여 22권으로 나누고, 새로 공부를 시작하는 사람들에게 반포하니, 잘 활용한다면 공이 있을 것이다. 혹 요약한 것으로부터 소초(疏鈔)에 통하게 되고, 경전의 취지를 얻게 되며, 경전의 취지로부터 이치의 성품을 증득(證得)하게 된다면 어떤 것이 광범한 것이고 어떤 것이 간략한 것이겠는가? 우리 자신의 영묘한 깨달음〔靈覺〕에 달려 있을 뿐이다. 뛰어난 식견으로 불법에 깊은 사람들은 우리 주상의 은혜에 감격하고 부처님과 조사들의 덕택을 고마워해야 할 것이다.

글을 써서 주상께 바치니 『원종문류(圓宗文類)』라는 책 이름을 특별히 하사하시고, 재주 없는 내게 서문을 쓰도록 명하셨다. 간절히 사양하였으나 뜻을 이루지 못해, 부족하나마 시작과 끝을 적어 삼가 서문으로 삼는다.[94]

의천이 지은 『원종문류(圓宗文類)』의 서문이다. 언뜻 보면 원종, 곧 화엄종에서 펴낸 까다로운 학술서의 서문이겠거니 싶다. 하지만 이 글은 책에 붙인 서문이라기보다 일종의 선언문의 성격이 더 짙다. 개혁의 선언문이다. 송나라 천태종의 『중편천태제문류(重編天台諸文類)』가 종단의 특정한 환경에서 특정한 목적으로 편찬되었던 것처럼 『원종문류(圓宗文類)』 또한 특정한 목적을 가지고 편찬된 책이다. 다만 『중편천태제문류(重編天台諸文類)』는 현재 10권 가운데 제10권만이 남아 있어 주변의 기록들을 통해 목적을 추정할 수 있을 뿐이지만, 이 「신집원종문류서(新集圓宗文類 序)」에는 편찬의 목적이 선명하게 요약되어 담겨 있다.

앞의 문장은 5단의 단락으로 구성되어 있다. 원문에는 맨 앞에 『화엄경』의 교리를 찬탄하는 문단이 하나 더 있어, 모두 6단의 단락으로 구성되어 있으나, 인용에서는 제외했다.

앞 문장의 첫째 단락에서는 화엄경에 대한 주석의 역사를 간략하게 조감하고 있다. 두순(杜順)—지엄(智儼)—현수(賢首)—청량(清凉)으로 이어 온

94 　의천, 「신집원종문류서(新集圓宗文類 序)」, 『문집』 제1권.

중국 화엄종의 계보이다. 의천은 『화엄경』 주석의 계보를 '삼가(三家)의 의소(義疏)' 곧 세 주석가의 주석서들을 영원한 표준이라고 단언하고 있다. 둘째 단락은 부석 존자(浮石尊者), 곧 의상(義湘)으로부터 시작된 해동 화엄종의 역사를 요약한 부분이다. 화엄종이 해동불교의 맹주로 4백 년을 면면히 이어왔다는 것이다. 셋째 단락은 둘째 단락에 이어지는 것으로 해동 화엄종의 폐해를 지적하고 있다. 화엄의 이치는 깊고, 주석서들은 광범위하기 때문에 제대로 해석을 할 수도 없는 처지인데다, 종단 내에 이설과 억설이 분분하여 본말이 뒤집혔으며, 그로 인해 종단 내에 7~8할의 제자들이 교리조차 이해하지 못하고 있다는 것이다. 넷째 단락에서는 주상이 이런 폐해를 고치기 위하여 광범위한 문장을 요약하여 요람으로 만들게 했으니, 새로 공부를 시작하는 사람들에게 큰 도움이 될 것이라고 한다. 이 요람으로부터 화엄종의 주석서에 능통하게 되고, 이를 통해 『화엄경』의 취지를 이해하게 되며, 나아가 이치를 증득하도록 하는 것이 목적이라는 것이다. 마지막 다섯째 단락에서는 책의 이름이 정해진 인연과 자신이 서문을 쓰게 된 인연을 간단히 밝히고 있다.

> 여러 종류의 책 삼백여 권을 강연했으니, 3본(本) 『화엄경』은 합해서 180권이다. 옛사람들이 이어오던 해석이 있었지만, 나는 이런 것들을 모두 쓰지 않고, 다만 『본소(本疏)』에만 의거해 우리말〔방언(方言)〕로 번역했다.[95]

> 그러나 성인이 떠난 지는 점점 더 멀어지고 게다가 변방이어서,

[95] 의천, 「경진년 6월 4일 국청사에서 천태의 묘현에 대한 강의를 마친 뒤에 뜻을 담아 제자들에게 보이다」, 『문집』 제20권.

세상에 바른 도는 드물고 공부를 하더라도 삿된 것을 따르니, 우리 화엄종의 가르침이 거의 사라질 지경이 되었다. 나는 해동의 선대(先代) 여러 스승들이 남긴 저술이 학문이 정교하지도 않고 범위도 좁아, 억설만 많고 후학들을 깨우칠 만한 모범이라고는 백 가지 가운데 하나도 없기 때문에, 성인의 가르침을 거울삼아 자기 마음을 비춰볼 수 없다는 사실이 늘 한스러웠다. 일생을 구구하게 단지 남의 보물만을 세고 있으니, 세상에서 말하는 균여(均如), 범운(梵雲), 진파(眞派), 영윤(靈潤) 등의 스님이 지은 오류투성이의 책들은 말은 문장을 이루지 못하고 뜻은 통하지도 않아 조사들의 도(道)를 황폐하게 하고, 후학들을 현혹시키는 게 이보다 심한 것이 없다.[96]

의천은 『원종문류(圓宗文類)』의 서문에서 '삼가(三家)의 주석서', 지엄─현수─청량의 주석서들을 『화엄경』을 읽고 가르치는 영원한 표준이라고 선언했다. 이를 '선언'이라고 표현하는 까닭은 해동 화엄종의 전통에서는 이와는 다른 주석의 전통이 이어져 왔기 때문이고, 이런 전통을 대신하여 새로운 전통을 제시하고 있기 때문이다. 고려의 화엄종에 대한 의천의 비판은 냉정하고 가혹하다.

앞에 인용한 글 가운데 앞의 것은 의천이 열반에 들기 1년 전에 쓴 것이다. 의천은 이십여 년간 『화엄경』의 세 가지 번역본을 강의하고 번역하면서 해동에 전통으로 이어오던 해석의 전통을 배격하고 오직 본소(本疏)에만 의지했다고 한다. 말은 짧지만 태도는 단호하다. 본소(本疏)란 물

96　　의천, 「신참학도(新參學徒) 치수(緇秀)에게 주는 글」, 『문집』 제16권.

론 삼가의 주석서를 가리킨다. 뒤의 인용문은 새로 들어 온 제자 치수(緇
秀)에게 교시를 내리는 글의 일부이다. 의천은 해동 화엄종을 대표하는
화엄학자들을 실명을 들어 냉혹하게 비판을 하고 있다. 그들의 저술을
유서(謬書), 오류투성이의 엉터리 책이라고 단언하며 말도 안 되고 뜻도
통하지 않는다고 혹평하고 있다. 이런 책들 때문에 해동 화엄종이 황폐
해졌다고도 한다. 치수에게 주는 저 글의 앞에는 두순으로부터 이어지는
중국 화엄종의 전통에 대해 좀 더 자세한 설명이 담겨 있다. 그 내용은
물론 『원종문류(圓宗文類)』 서문의 취지와 같다.

앞에 인용한 서문의 첫번째 단락, '영원한 표준'이라는 말에는 이런
무시무시한 의미가 담겨 있다. 해동 화엄종을 근본적으로 개혁하겠다는
의지요, 선언이었다. 의천이 줄곧 마음 속에 품고 있었던 생각이었다.
해동 화엄종의 전통, 화엄학승들의 학술과 권위를 깨끗이 정리해 버리
고, '삼가의 의소'라는 표준으로 완전하게 바꾸어 버리겠다는 의지였다.
이런 의지는 학술적인 판단으로부터 나온 것이긴 하지만, 단순히 학술적
인 것만은 아니다. 과거의 전통을 이어 온 사람들에게는 심각한 공격이
요, 도전이 될 것이기 때문이다. 그렇기 때문에 이 서문이 단순한 책의
서문이 아니라, 해동 화엄종 전체를 뒤집어 엎겠다는 개혁선언이었다고
하는 것이다. 두번째 단락에서 간단하게 넘어간 해동 화엄종의 전통, 그
리고 세번째 단락에서 지적했던 해동 화엄종의 폐해, 이렇게 해서 개혁
선언의 틀이 짜여졌다.

넷째 단락의 내용은 말하자면 개혁의 방향과 방법이다. 먼저 국왕의
권위를 빌어 물러설 수 없는 개혁의 필연성을 확보하고 있다. 그리고 개
혁의 방법으로 우선 방대한 화엄종 주석의 전통을 체계적으로 정리하여
요람으로 묶는다고 했다. 요람의 목적은 이를 통해 영원한 표준, 삼가의

주석을 중심으로 한 소초의 전통에 익숙해지고, 『화엄경』의 취지를 제대로 이해하여 황폐해진 화엄종의 현실을 개혁하겠다는 것이다. 이 요람은 기본적으로 교육을 목적으로 저술된 것이다. 말하자면 교육을 통한 개혁이다. 먼저 통일된 교재를 개발하고, 이로써 교육을 개혁하고, 교육의 개혁을 통해 화엄종의 해석과 이념을 개혁하고, 이를 기반으로 해동 화엄종 자체를 개혁하겠다는 개혁의 청사진이다. 책 하나의 서문을 두고 개혁이니 선언이니, 어찌 보면 무리해 보이는 비약을 하는 까닭은, 이 서문이 우리가 알고 있던 상태를 벗어나 있으며, 앞뒤의 생각과 일에 뚜렷한 일관성이 읽혀지기 때문이다.

● 개혁의 전위

『원종문류』 권제1에는 후기(後記)가 실려 있다. 편집에 참여했던 학승들의 명단이다. 글씨를 쓴 비서성(秘書省)의 정선을 제외하고 모두 17인이다. 편정(編定)을 담당했던 의천을 비롯하여, 상교(詳校)가 14명, 중교(重校)가 2명이다. 도린(道隣), 혜선(慧宣), 이기(理琦) 세 사람은 맨 앞에 편집이 되어 있고, 그 뒤로 한 쪽이 비어 있다. 그 뒤로 17인의 이름이 이어지는데, 이 세 사람은 중복되어 표기되고 있다. 그만큼 편찬 과정에서 이 세 사람의 역할이 중요했다는 뜻이겠다.

『원종문류』 제1권, 「제부발제류(諸部發題類)」97

97　　오야 토쿠죠(大屋德城), 『고려속장조조고(高麗續藏雕造攷)』 도판(圖板), p.99.

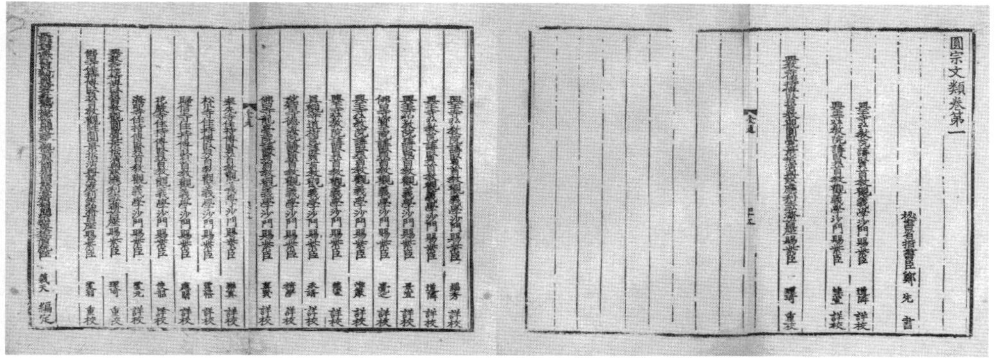

「원종문류」 권제1의 후기에 실린 편집자[98]

　　의천을 포함하여 이들 17인에게는 모두 긴 호칭이 붙어 있다. 이 호칭에는 두 가지 공통점이 있다. 첫째는 전현수교관(傳賢首教觀), 곧 현수(賢首)의 교관(教觀)을 전해 받았다는 뜻이다. 이 호칭이 이들의 정체성이다. 의천이 서문에서 단언했던 '영원한 표준'을 확인하는 인증서와도 같다. 두순의 『법계관문(法界觀門)』을 이어받아 법장현수(法藏賢首)가 완성시켰다는 교관(教觀)이다. 송나라의 정원도 이 호칭을 쓰고 있고, 의천에게 전수한 것도 바로 이것이다. 이 호칭을 쓸 수 있는 사람은 정식으로 자리를 펴고 현수교관을 강의할 수 있는 자격을 가진 사람이다.

　　열한 살(1065)에 문종(文宗)의 염원을 받들어 경덕국사(景德國師) 난원(爛圓, 999~1066)의 문하에서 머리를 깎고 출가하여 현수교관(賢首教觀)을 전수했다. 경덕국사가 입적한 뒤에도 그 문도들과 함께 강연과 학문을 중지하지 않았다. 또 널리 여러 종파의 학자들

98　　오야 토쿠죠(大屋德城), 『고려속장조조고(高麗續藏雕造攷)』 도판(圖板), pp.105~106.

	이름	역할	소속	비고
1	정선(鄭先)	서(書)	비서성	
2	도린(道隣)	상교(詳校)	흥왕사(興王寺) 홍교원(弘敎院)	의천이 입송(入宋)할 때 수행
3	혜선(慧宣)	상교(詳校)	흥왕사(興王寺) 홍교원(弘敎院)	의천이 입송(入宋)할 때 수행
4	이기(理琦)	중교(重校)	홍교사(興敎寺) 주지	본래 경덕(景德)의 문인, 의천이 젊었을 때 수학
5	치수(緇秀)	상교(詳校)	흥왕사(興王寺) 홍교원(弘敎院)	의천의 제자, 『문집』 제16권에 장문의 '신참학도 치수에게 주는 글'
	도린(道隣)	상교(詳校)	흥왕사(興王寺) 홍교원(弘敎院)	의천이 입송(入宋)할 때 수행
6	경의(景宜)	상교(詳校)	흥왕사(興王寺) 홍교원(弘敎院)	
7	각지(覺之)	상교(詳校)	불일사(佛日寺) 보왕원(寶王院)	
8	유엄(惟儼)	상교(詳校)	흥왕사(興王寺) 홍교원(弘敎院)	
	혜선(慧宣)	상교(詳校)	흥왕사(興王寺) 홍교원(弘敎院)	의천이 입송(入宋)할 때 수행
9	승서(承諝)	상교(詳校)	진관사(眞觀寺) 도수원(道樹院)	
10	정형(精瑩)	상교(詳校)	묘지사(妙智寺) 덕해원(德海院)	
11	품현(稟賢)	상교(詳校)	불일사(佛日寺) 용대원(龍臺院)	
12	낙진(樂眞)	상교(詳校)	봉선사(奉先寺) 주지	반야사(般若寺) 원경왕사(元景王師). 의천이 입송(入宋)할 때 수행
13	영오(靈悟)	상교(詳校)	송천사(松川寺) 주지	
14	응천(應闡)	상교(詳校)	귀신사(歸信寺) 주지	
15	준소(俊韶)	상교(詳校)	화엄사(花嚴寺) 주지	의천의 제자
16	처원(處元)	상교(詳校)	해인사(海印寺) 주지	
	이기(理琦)	중교(重校)	홍교사(興敎寺) 주지	
17	처연(處淵)	중교(重校)	불일사(佛日寺) 주지	
18	의천(義天)	편정(編定)	흥왕사(興王寺) 주지	

『원종문류』 제1권 후기(後記)에 첨부된 편집자 명단

을 모아 함께 강론하였으니 그렇게 얻은 바가 탁월하고 비범하여 스승이나 노승들의 경지였다.[99]

의천의 스승 경덕국사에 대하여는 묘지명(墓誌銘)이 남아 있긴 하지만, 그의 사상이나 업적에 대하여는 남아 있는 기록이 거의 없다. 아무튼 경덕국사의 문하에도 '전현수교관(傳賢首敎觀)'의 전통이 남아 있었던 것으로 보인다. 『문집』에는 경덕국사에 대한 제문(祭文)의 일부가 남아 있다. 원래 두 수가 있었다고 했지만, 한 수의 앞부분만 남아 있다. 의천은 이 제문에서 자신을 '전교제자(傳敎弟子) 우세승통(祐世僧統)'으로 표현하고 있다. 경덕국사는 의천이 출가한 이듬해, 의천이 열두 살 때 입적했다. 그리고 그 이듬해 의천은 승통(僧統)에 봉해졌다. 이 모든 일이 경덕국사의 입적 전후에 일사천리로 진행되었다. 열두 살 의천은 경덕국사의 법을 정식으로 이어받았고, 유업을 이어갈 최고의 지도자가 되었다. 위의 「선봉사비명」에는 이후의 강연과 학문, 여러 종파의 학승들과의 강론 등이 의천의 주도로 이뤄진 것처럼 묘사되어 있지만, 경덕의 문하에 이미 상당한 수준의 학술과 인재들이 축적되어 있었고, 의천은 그런 환경에서 왕실의 도움을 받으며 교육받고 성장했을 것이다. 의천의 일은 이미 이때부터 예정되고 계획되어 있었던 프로그램이었을지도 모른다. 의천을 매개로 문종과 경덕국사가 합의하고 예비했던 프로그램이겠다.

둘째는 사자(賜紫), 곧 붉은 가사를 하사받았다는 점이다. 국가에서 인정한 화엄종의 고승이라는 뜻으로 서문에 나오는 이른바 의학사문(義學沙門)들이다. 이 중에 의천을 포함하여 7명이 절의 주지를 맡고 있었다.

---

99   임존(林存), 「남숭산 선봉사 해동 천태시조 대각국사 비명」, 『외집』 제13권.

의천은 흥왕사(興王寺)의 주지였다. 그리고 중교(重校)를 담당했던 이기와 처연의 호칭은 좀 더 길고, 높게 편집이 되어 있다. 당시의 지위와 역할을 짐작할 수 있다.

이 프로젝트에서 의천의 역할은 편정(編定)이라고 되어 있다. 요즘 표현으로 치자면 '책임편집'에 해당하는 말로, 마지막 결정을 내리는 역할이다. 마흔다섯 자에 달하는 의천의 호칭은 기록하기도 힘들 정도로 길고 복잡하다. 의천의 호칭에는 전현수교관(傳賢首教觀) 외에, 전천태교관(傳天台教觀), 남산율초(南山律鈔), 인명등론(因明等論) 등이 붙어 있다. 화엄 교관과 함께 천태의 교관, 남산 율종(律宗)의 주석서, 『인명론(因明論)』 등의 여러 논서들을 모두 전수했다는 이를테면 훈장 같은 것이다. 그 뒤로는 승통(僧統)의 지위에 따라 붙는 화려한 수식어들이 나열되어 있다. 훈장치고는 유례를 찾아보기 힘든, 아니 역사상 의천이라는 인물만이 유일하게 치장할 수 있었던, 말 그대로 화려한 훈장이라 하겠다. 최고의 학술적 권위와 정치적 권위를 겸비했다는 뜻이다. 개혁을 이끄는 지도자로서의 완벽한 권위이다.

이들 17인의 의학사문들, 국왕의 명으로 소집된 최고의 학승들이었다. 이들은 말하자면 의천의 개혁을 이끌었던 개혁의 전위대나 마찬가지였다. 무엇보다 이들은 학문을 떠나 의천과 일생을 함께 했던 동지들이었다. 이기(理琦)와 낙진(樂眞)은 본래 경덕국사의 제자였다. 경덕국사가 의천이 출가한 이듬해 입적하였기 때문에, 이기는 사형으로서 어린 의천의 공부를 지도하는 스승의 역할을 담당하기도 했다. 이들은 영통사 대각국사 비문에 의천의 문도로 기록되어 있다. 사형으로 스승의 역할을 담당하기도 했지만, 의천이 경덕국사의 법을 정식으로 전해 받은 이후로 의천이 문도를 대표했던 것으로 보인다.

이 17명의 리스트 안에서 가장 두드러지는 인물들이 의천이 송나라를 방문했을 때 수행을 했던 세 사람이다. 김부식이 지은 영통사 비명에 따르면, 의천이 선종 2년(1085) 송나라로 밀입국을 단행하자 놀란 선종은 급히 관리들을 선발하고 제자 낙진(樂眞), 혜선(慧宣), 도린(道隣) 등과 함께 의천을 쫓아 가도록 했다고 한다. 김부식이 의천의 제자라고 이해했던 이 세 사람에게 주는 시 세 수가 『문집』 제19권에 순서대로 실려 있다.

봉선사로 돌아가는 문인(門人) 낙진 대사를 송별하며

오월(吳越)의 강산 다시 찾기 어렵고
돌아가 숨는 자리 흰구름만 깊어라
우리 도(道)를 빛낼 이 그대에게 달렸으니
호법(護法)의 마음 간직하길 잊지 마오.

문인 혜선 대사가 주지를 맡아 작별을 고하므로 지어 보내다

전당(錢唐)의 높은 자리 공부한 지 오래건만
지리산의 좋은 가람 주지할 때 되었구려
가르침을 전하는 일 사람 얻기 어려운데
우리 집안 다행히도 서로 도와 지켜가네.

학도(學徒) 대사 도린이 문류(文類)를
사양함으로 노래를 지어 권장하다

현수(賢首)의 종지 아는 이 드물어
한 번 깊이 생각하고 한 번은 흐느끼네

근년에 새로이 편찬한 글 보고 나서

향로와 불자(拂子) 돌아갈 곳 알겠네.100

　　세 편의 시, 사람은 다르지만 내용은 똑같다 싶을 정도로 닮았다. 의
천의 마음 속엔 단 한 가지 생각밖에 없다. 우리의 도(道)와 우리 화엄종,
현수(賢首)의 가풍과 종지를 빛내고 지키는 일뿐이다. 오월(吳越)과 전당(錢
唐), 그들이 함께 여행했던 송나라의 동네들, 낙진과 혜선에게 주는 시는
그런 동네들을 회고하면서 시작한다. 도린에게 주는 시에는 '향로와 불
자'라는 표현이 들어 있다. 의천이 정원으로부터 받아 온 향로와 불자,
정원의 현수교관, 이 또한 그때의 추억이다. 그만큼 그때 그곳에서 함께
누렸던 감개가 컸기 때문이겠다.

푸른 향로, 검은 불자, 담병(談柄)101 삼아서

연꽃 자리 함께 올라 어언 오십 년

오늘 이제 한꺼번에 동해 나라 전하니

태우고 휘두르며 설법하여 제도하오.102

　　이들은 이렇게 같은 정서, 같은 이념으로 얽혀 있었다. 영통사에서
함께 공부하며 키웠던 꿈이었고, 송나라에서 함께 확인했던 기개였다.

100　　의천, 『문집』 제19권.
101　　불자(拂子)의 다른 이름으로, 대화를 나눌 때 불자를 사용했기 때문에 담병, 곧 '말자루'라는
뜻으로 생긴 이름이다. 향로와 불자는 법(法)을 전수할 때 법의 상징으로 전해 주던 물건이다. 그런 물
건의 권위에 기대어 법좌(法座)에 함께 올라 설법을 할 수 있었다는 뜻.
102　　정원, 「향로와 불자 두 가지를 법자(法子) 화엄승통에게 맡기며 이에 절구 한 수를 짓는다. 대
송(大宋)의 운한좌주(雲閒座主) 정원 올림」, 『외집』 제10권. 이 시는 제자에게 법을 전하며 주는 말하
자면 전법게(傳法偈)이다. 그런데도 정원은 상(上)이라는 표현을 쓰고 있다. 정원과 의천의 특별했던
관계를 짐작할 수 있는 표현이라 하겠다.

　　　　　　　　　　　　　　　　　　　　　　　　3. 의천의 일

그 힘으로 의천은 귀국한 직후 흥왕사의 주지로 취임해, 선종(宣宗)의 절대적인 지지 하에 개혁을 실천하던 터였다.

낙진은 그 중에서도 의천이 가장 신뢰하고 존경하던 학승이었다. 낙진은 훗날 예종 때 왕사로 책봉되었다. 해인사에 남아 있는 「반야사원경왕사비(般若寺元景王師碑)」에는 그런 흔적이 여기저기 남아 있다. 닳아 없어진 글자들이 많아 일관된 해석은 어렵지만, 낙진이 경덕국사가 입적한 이후 의천이 지적으로나 정서적으로 가장 의지하던 도반이었던 것은 틀림이 없다. 의천은 그때부터 낙진에게 '내가 송나라에 가서 그 법을 구하고자 하니 나를 따를 사람은 오직 그대뿐이다'라고 했다고 한다. 낙진은 의천이 송나라 황제를 만날 때는 물론이고, 유성(有誠)을 만날 때도, 정원과 『화엄경』을 읽을 때도 마음이 통하는 도반으로 벗으로 늘 함께했다.103

의천은 선종 3년 병인년(1086) 송나라로부터 귀국하여 흥왕사 주지에 취임하였다. 「반야사원경왕사비(般若寺元景王師碑)」에 따르면 그로부터 2년이 지난 무진년(1088) 봄 원래 머물던 곳으로 돌아가기를 청했다고 한다. 바로 그때 의천은 정원으로부터 전해 받은 향로와 불자를 낙진에게 전해 주며, 바로 저 시를 함께 주었다고 한다. 낙진에게 준 저 시는 전법(傳法)의 징표였다. 이로써 정원으로부터 받은 향로와 불자, 그리고 현수교관은 낙진에게로 이어졌다.

낙진 대사의 강연을 듣고

부처님이 남긴 글, 어떤 인연 때문인가
다만 전해 주어 중생제도하자는 것

103　김부일(金富佾), 「반야사원경왕사비(般若寺元景王師碑)」, 한국금석문종합영상정보시스템 (http://gsm.nricp.go.kr).

근래의 강주(講主)들 거칠고 게으른데
그대만이 가지런히 남들과 다르네.[104]

　　이런 때에 『원종문류』의 편찬이 이루어졌다. 이제 삼십대 초반의 젊
은 의천은 거칠 것이 없었다. 뜻이 맞는 동지들이 있었고, 선종의 후원
이 있었다. 게다가 아버지 문종(文宗)이 남겨준 흥왕사라는 거찰의 주지
였다. 흥왕사의 「대각국사묘지명」에 따르면 의천이 송나라에서 급거 귀
국을 결심한 데에는 분명한 까닭이 있었다고 기록하고 있다. 바로 문종
이 세운 흥왕사, 그 뒤로 오래도록 주인이 없던 그 절에 주지를 약속했기
때문이었다고 한다.[105] 이 기록이 사실이라면, 형 선종과 어머니 인예태
후는 의천에게 날개를 달아 준 셈이었다. 아니 오히려 문종이 의천을 위
해 준비했던 흥왕사가 비로소 임자를 만났다고 하는 편이 옳을지도 모르
겠다. 흥왕사는 12년에 걸쳐 완공된 총 2천 8백 칸에 달하는 그야말로
거찰이었다. 낙성식을 할 때에는 승려들이 너무 많이 몰려와, 그 중에
천 명을 골라 낙성식에 참석하도록 하고, 흥왕사의 대중으로 살게 했다
고 한다. 낙성을 기념하여 닷새 동안 연등회를 열었는데, 성대하기가 전
례가 없었다고도 했다.[106]

　　『원종문류』의 편찬은 흥왕사(興王寺)의 홍교원(弘敎院)에서 이루어졌
다. 흥왕사에 있었던 강원(講院)이었을 것이고, 이곳이 바로 의천이 이끌
던 개혁의 중심지였을 것이다. 「후기(後記)」의 기록으로 보아 편찬에 관
련된 일은 주로 도린과 혜선이 주도했고, 이기(理琦)가 자문을 했던 것으

104　　의천, 『문집』 제19권.
105　　박호(朴浩), 「흥왕사대각국사묘지명(興王寺大覺國師墓誌銘)」, 한국금석문종합영상정보시스
템(http://gsm.nricp.go.kr).
106　　『고려사(高麗史)』.

로 보인다. 후기에 따르면 흥왕사 외에도 봉선사(奉先寺), 송천사(松川寺), 귀신사(歸信寺), 화엄사(華嚴寺), 해인사(海印寺), 흥교사(興敎寺), 불일사(佛日寺) 등 일곱 사찰의 주지들이 참여하고 있다. 그리고 흥교원(弘敎院) 외에 불일사(佛日寺)의 보왕원(寶王院)과 용대원(龍臺院), 진관사(眞觀寺)의 도수원(道樹院), 묘지사(妙智寺)의 덕해원(德海院) 등의 강원(講院)으로 짐작되는 이름들이 들어 있다. 흥왕사를 중심으로 개혁의 역량이 조직적으로 확장되어 있었다는 뜻이겠다.

『원종문류』는 의천이 스스로 '새로 공부를 시작하는 사람들에게 반포'한다고 밝혔듯이 교육을 목적으로 편찬한 문헌이었다. 새로운 문도들을 대상으로 새로운 교육을 통해 새로운 전통을 확립해 가겠다는 뜻이다. 말하자면 교육방식의 개혁이고, 교육제도의 개혁이며, 교육을 통한 해동 화엄종의 개혁이다. 그리고 이 개혁의 전위에 이들 17명의 의학사문이 있었고, 이에 동조하는 전국의 사찰과 강원이 있었다는 뜻이다.

문종의 뜻에 따라 열한 살에 출가했던 의천, 그 뒤 경덕국사가 입적하고, 열두 살에 그 법을 이어받아 문도의 수장이 되고, 승통이 되고, 송나라에 건너가 화엄과 천태의 법을 전해 받고, 귀국하자마자 문종이 창건한 뒤 주인이 없었다던 흥왕사의 주지가 되었다. 이런 와중에서 추진된 『원종문류』의 편찬, 이런 과정은 한 편의 드라마처럼 너무도 빠르고 극적으로 이루어졌다. 우연이라고 하기에는 「서문」에 담겨 있는 어조는 너무도 단호하고 「후기(後記)」에 담겨 있는 역량은 너무도 견고하다. 문종이 의천을 승통으로 봉하면서 주었다는 직함에 달린 수식어가 '광지개종(廣智開宗) 홍진우세(弘眞祐世)'였다. '지혜를 넓혀 종파를 열고, 진리를 넓혀 세상을 돕는다' 는 뜻이다.

열한 살 때 문종이 (의천의) 총명함을 특이하게 여겨 영통사의 경
덕국사를 불러 친히 스승으로 삼아 출가하도록 하고 바로 불일
사 계단에서 구족계를 받게 하니 전생으로부터 쌓인 공부가 놀
랄 정도였다. 한 시대의 종승(宗乘)들을 스스로 깨치지 않는 것이
없었다. 경덕국사가 입적하자 국사가 그 법문(法門)을 계승했다.
그 시대에 불교를 공부하는 데에는 계율종(戒律宗), 법상종(法相
宗), 열반종(涅槃宗), 법성종(法性宗), 원융종(圓融宗), 선적종(禪寂宗)
등이 있었는데, 국사는 이 여섯 종파 모두에 지극한 경지에 이르
렀다. 게다가 육경(六經)과 칠략(七略) 등의 책에도 관심이 깊었기
때문에 문종이 이를 칭찬하여 '광지개종(廣智開宗) 홍진우세(弘眞
祐世)' 승통으로 삼았던 것이다. 순종(順宗)과 선종(宣宗)도 은혜와
예의를 매우 두텁게 하여 거듭 법호(法號)를 추가하여 내렸다.107

송나라에서 의천의 길을 인도했던 양걸(楊傑)은 고려 우세승통에게 바
치는 시를 지어, 현장(玄奘) 삼장(三藏)과 신라 의상(義湘)은 각기 상(相)과
성(性)의 한 부분만을 얻어 완전하지 않았다고 평가하면서, 우세승통만
이 일 년 사이에 현수(賢首)의 성종(性宗), 자은(慈恩)의 상종(相宗), 달마의
선종(禪宗), 남산(南山)의 율종(律宗), 천태의 관종(觀宗) 등 다섯 종파의 묘
한 이치를 모두 터득했다고 찬탄했다.108

고려의 여섯 종파를 통달하고, 송나라의 다섯 종파를 터득했다, 과장
이 섞인 의례적인 찬탄이라고 하더라도 아무튼 비교할 만한 사례가 없는
일이었다. 「후기(後記)」에 적혀 있는 45자에 달하는 의천의 길고 긴 호칭,

107　박호(朴浩), 「흥왕사대각국사묘지명(興王寺大覺國師墓誌銘)」.
108　양걸(楊傑), 「삼가 고조시(古調詩) 200언(言)으로 고려 우세승통께 바침」, 『문집』 제11권.

이 모두가 우연이었다고 하기에는 앞과 뒤가 너무도 치밀하게 그려진 그림이었다.

> 흥왕사(興王寺)라는 절은 문종(文宗) 인효대왕(仁孝大王)께서 발원 창건하시어 장엄하게 불사(佛事)를 했고, 대각국사(大覺國師)가 교리를 선양하여 큰 이익을 이룬 곳입니다. 그 뒤 근 30년 사이에 교의(敎義)는 점점 쇠퇴하였으나 이어갈 사람이 없었습니다. 제자들이 삼가 유지(遺志)를 받들어 중흥(重興)할 길을 찾아, 국사의 수제자 계응(戒膺)과 학도 160인을 청하여 홍교원(弘敎院)에서 이 달 모일(某日)부터 시작하여, 약 21일 동안 화엄법회(華嚴法會)를 열게 되었습니다. (중략)
>
> 대각국사는 왕실의 세속적인 영화를 물리치고 공문(空門)에 들어 수행하는 즐거움을 선택하셨습니다. 부지런히 여러 곳을 다니며 선지식들을 찾아뵙고 궁극의 도를 체득하여 대종사가 되셨습니다. 먼저 아는 지혜로 뒷사람들을 깨우치고 바른 견해로 삿된 견해를 깨뜨리셨습니다. 전단향 나무가 우거진 곳에 잡목은 끼어들 수 없고 사자가 으르렁거리면 스스로 엎드리지 않는 짐승이 없습니다. 선군(先君)의 뜻을 받드는 데서 그치지 않고 옛 부처님의 은혜를 충분히 갚으셨습니다. 세월은 개울처럼 흘러 머무르지 않는 것이 슬프고, 태산이 무너지듯 떠나시어 우러를 수 없는 것이 한탄스럽습니다.[109]

---

[109] 김부식, 「홍왕사(興王寺) 홍교원(弘敎院) 화엄회소(華嚴會疏)」, 『동문선(東文選)』 제110권, 한국고전종합DB(http://db.itkc.or.kr/).

『고려사^(高麗史)』에 인종 6년⁽¹¹²⁸⁾ 3월 임진일에 홍교원에서 화엄도량을 열었다는 기록이 남아 있는 것으로 보아 그때 지었던 글로 보인다. 의천이 입적한 지 27년이 흘렀다. 문종이 창건하고 대각국사가 선양했던 홍왕사, 그 사이 교의는 쇠퇴하였고, 이어갈 사람조차 없는 지경이 되었다고 한다. 저 글을 지은 김부식은 전후의 사정을 정확하게 이해하고 있었을 것이다. 문종이 의천을 위해 예비해 놓았던 일, 의천이 바로 그 자리에서 의욕적으로 추진하던 담대한 개혁, 그리고 의천의 입적과 함께 순식간에 흔적조차 찾기 어려울 정도로 빠르게 잊혀져버린 일들을.

● 『원종문류』의 구조_개혁의 설계도

【 읽는 방법, 공부하는 방법 】

앞에서 언급했듯이 『원종문류』는 현재 온전하게 남아 전하는 것이 제1권, 제14권, 제22권 등의 세 권 뿐이다. 『원종문류』는 방대한 화엄종의 문헌을 체계적으로 분류하고 발췌·요약하여 교육용으로 편찬한 요람이다. 이 세 편만 가지고 전체를 조감할 수는 없지만, 이 세 편이 지닌 구조적인 특성만을 보더라도 『원종문류』의 목적과 방법을 짐작하는 데에는 무리가 없다.

> 혹 요약한 것으로부터 소초^(疏鈔)에 통하게 되고, 경전의 취지를 얻게 되며, 경전의 취지로부터 이치의 성품을 증득^(證得)하게 된다면 어떤 것이 광범위한 것이고 어떤 것이 간략한 것이겠는가? 우리 자신의 영묘한 깨달음^[靈覺]에 달려 있을 뿐이다.

서문의 끄트머리에 남긴 의천의 말이다. 이 말 안에 『원종문류』의 목적이 모두 담겨 있다. 불교를 공부하는 방법이며, 불교의 문헌을 읽는 방법이다. 화엄종의 종지에 따라 화엄종의 문헌을 섭렵하고 통달해 가는 길이고, 이를 통해 불타의 깨달음을 재현하는 길이다. 이전에는 없었던 새로운 방법, 『원종문류』는 그런 새로운 길에 대한 도전이고 실험이었다.

『원종문류』→ 소초에 통(通)하고 → 경전의 취지를 얻고 → 이성(理性), 곧 진리의 성품을 증득(證得)한다.

이것이 의천이 제시하는 공부의 방법이다. 서문을 쓰면서 의례적으로 포함시킨 말처럼 보일 수도 있지만, 남아 있는 『원종문류』의 구조와 특징을 대입해 보면 이 말이 그저 지나가는 수식어가 아니라는 사실을 알 수 있다. 이 공부는 책을 읽는 것으로부터 시작한다. 그 목표는 진리의 성품을 증득하는 일, 깨달음을 성취하는 일이다. 의천은 『원종문류』가 '신학(新學), 즉 공부를 새로 시작하는 학도'를 대상으로 한다는 점을 분명히 밝히고 있다. 『원종문류』는 신학(新學)들에게 주는 선물이다. 역시 의천의 표현에 따르면, '지극한 이치는 깊고 정교한데, 여러 가지 말은 무성하여' 공부를 시작하기가 쉽지 않다. 양은 많고 내용은 어려운 화엄종의 문헌, 『원종문류』는 그러한 문헌인 원종의 소초(疏鈔)로 가기 위한 말하자면 지름길이라 할 수 있다.

『원종문류』는 방대한 화엄종의 문헌을 읽기 위한 요람이자 안내서이다. 특히 장소(章疏) 또는 소초(疏鈔)를 통해 경전을 읽고 그 안에 담긴 뜻을 이해할 수 있도록 도와주는 역할을 한다. 다시 말해 『원종문류』는 화엄종의 방대한 문헌 전체를 목적으로 설계되었다는 뜻이다. 비유하자면 읽기를 도와주는 지식의 지도와도 같다. 의천이 했던 일은 먼저 화엄종에 관한 문헌 가운데 수집할 수 있는 것은 '몽땅' 수집하는 일이었다. 그리고 의천의 전위대, 곧 『원종문류』의 편집자들은 그런 문헌을 체계적으로 정리하고 분류하여 모든 문헌의 지도를 그리는 일을 담당했다. 그리고 그렇게 그려진 지도를 바탕으로 방향을 정하고 길을 내었다. 『원종문류』는 그런 목적으로 설계되고 그려진 지도였다. 그 안에는 사방팔방, 그 문헌으로 접근할 수 있는 길들이 그려져 있다.

공부를 하고자 한다면, 『기신론(起信論)』과 『유식론(唯識論)』의 두 논서가 있으니, 이들은 성종(性宗)과 상종(相宗), 두 종파의 핵심이다. 공부하는 사람은 마땅히 마음을 있는 대로 다 쏟아야 할 것이다. 그러나 『기신론(起信論)』은 대강이라도 공부한 적이 있지만, 『유식론(唯識論)』에 대하여는 열심히 읽지 않았기 때문에 그 현란한 말에 빠져 중요한 의미를 혼동하게 될까 두려웠다. 그래서 본문을 연구하고, 옛 과문(科文)을 어림잡아 간행하여 표준을 정하니 근근 세 권이 되었다. 만일 같은 뜻을 가진 사람이 과문

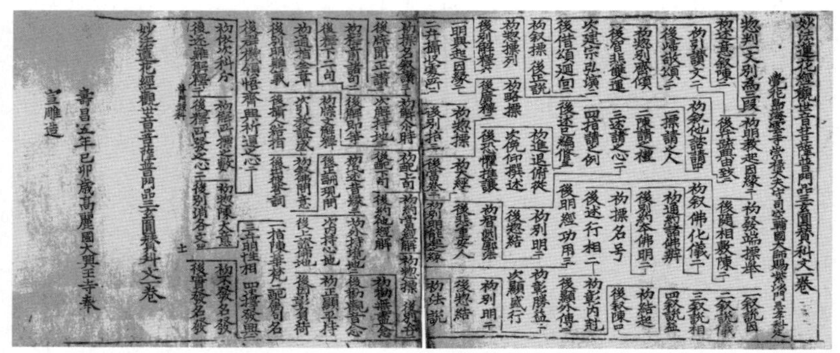

송광사 소장, 『묘법연화경관세음보살보문품삼현원찬과문(妙法蓮華經觀世音菩薩普門品三玄圓贊科文)』

3. 의천의 일

을 통해 논서(論書)를 익히려 한다면, 먼저 본문에 익숙해진 뒤에
소초(疏鈔)들을 다뤄야 할 것이다. 그렇게 하면 유식의 종지가 어
느덧 쉽게 보일 것이다.

간혹 '현수(賢首) 오교(五敎) 중에서 『유식론』과 『유가론(瑜伽論)』을
대승시교(大乘始敎)로 교판했으니, 따라서 절대로 구경(究竟)의 깊
고 묘한 가르침이 아니다'고 하며, '법사(法師)는 화엄종을 감당하
면서 하필 곁으로 힘을 …?'라고 하는 사람들이 있지만 …. (결락)
(오교를 통달하려는 까닭에) 겸하여 배우는(兼學) 것이다. 대개 (결락)110

이 글에서 의천은 또 다른 하나의 길을 제시하고 있다. 이른바, '과문
(科文)'을 통해 논서를 익히는 방법이다. 이 또한 책을 읽는 방법이자 공부
하는 방법이다. 이 글은 『성유식론단과(成唯識論單科)』라는 책에 붙인 서문
의 일부인데, '과문(科文)'이라고 알려진 독특한 성격의 책이다. 위의 그림
은 교장(敎藏)의 원문을 저본으로 조선 세조 7년(1461) 간경도감에서 간행
했던 과문(科文)의 사례이다. 보물 제204호로 송광사에 소장되어 있다.

과문이라는 문헌 형식은 동서고금을 통해 유사한 사례를 찾아볼 수
없는 독특한 형식이라고 할 수 있다. 과문은 문헌을 체계적으로 세밀하
게 분석하여 그 구조를 트리 구조(tree structure)로 도식화한 것이다. 그림
에서 볼 수 있듯이 문헌의 구조를 분석한 여러 항목을 선과 기호로 연결
하여 문헌 전체의 내용을 하나의 도표, 하나의 그림으로 표현하고 있다.
과문은 극도로 정교하게 발달했던 주석의 기술을 단적으로 보여주는 증
거라고 할 수 있다. 선으로 연결된 항목은 복잡한 경우에는 수만 개가 넘

110　의천, 「성유식론단과서(成唯識論單科序)」, 『문집』 제1권.

고, 트리 구조의 단계도 수십 단계에 달하기도 한다. 의천이 만들었다는 『성유식론단과(成唯識論單科)』는 『성유식론(成唯識論)』이라는 논서(論書)의 구조를 분석하여 도식화한 3권의 과문이다. 선으로 연결된 항목으로만 구성된 책, 그런 책이 세 권이나 되었다는 뜻이다. 참고로 의천의 스승인 정원이 만든 화엄경 주석서의 과문은 20권에 달한다. 단 하나의 도표를 20권에 나누어 그려 담았다는 뜻이다. 예를 들어 「대동여지도」는 22첩으로 나누어 편집되어 있다. 나누어 편집된 쪽들을 펼쳐 순서대로 이어 붙이면 하나의 그림, 하나의 지도가 된다. 3권이나 20권 등으로 편집된 과문도 하나의 그림, 하나의 지도이다. 책으로 편집된 과문을 넘기면서 전체 그림을 읽거나 보기는 어렵다. 하지만 그림에 익숙한 전문가들은, 항목을 연결하는 선을 따라 가면서 그림 전체를 보고 읽을 수 있다.

의천의 『교장총록』 안에는 대략 천여 종, 4,800여 권의 주석서가 담겨 있다. 이 가운데 160종, 335권이 과문이다. 문헌의 종수로 따지자면 전체의 약 16%로, 분량으로는 7%에 달한다. 단독으로 출간된 과문의 양이다. 별도의 과문 없이 주석서 안에 과문의 구조를 포함하고 있는 주석서들도 많이 있다. 이런 숫자만을 보아도 의천의 시대에 이르기까지 과문이라는 형식의 문헌, 혹은 이 같은 분석의 방법이 얼마나 광범위하게 실천되어 왔는지, 나아가 의천이 과문 수집을 위해 얼마나 많은 노력을 기울였는지 짐작할 수 있다. 과문이라는 문헌의 형식과 방법은 불교문헌의 읽기와 학습, 해석을 위한 필수불가결한 조건이었다.

본문 ↔ 과문(科文) ↔ 소초(疏鈔)

이것이 의천이 제시하는 '본문에서 시작하여 과문을 매개로 소초를 다루는 방법'의 모델이다. 읽기의 모델, 바로 공부의 모델이다. 여기서는 『성유식론(成唯識論)』이 본문이 된다. 아래의 도표는 『교장총록』 안에 포함되어 있는 『성유식론(成唯識論)』에 대한 주석서와 소초들이다. 신라 학승의 저술도 여럿 포함되어 있다.

서명	권수	저자
술기(述記)	20권(혹 10권)	규기(窺基)
요의등(了義燈)	7권	혜소(惠沼)
연비초(演祕鈔)	7권	지주(智周)
의경초(義鏡鈔)	12권(혹 6권)	청소(淸素)
의경초(義景鈔)	20권(혹 14권)	담응(澹凝)
과(科)	5권	종식(從式) 집(集), 담응(澹凝) 산보(刪補)
소서초(疏序鈔)	1권	종식(從式)
상경유미신초(詳鏡幽微新鈔)	17권	전명(詮明)
응신초(應新鈔) 과문(科文)	4권	전명(詮明)
대과(大科)	1권	전명(詮明)
변현초(辯玄鈔)	20권	의유(義幽)
과(科)	7권	의유(義幽)
의온장(義縕章)	10권(혹5권)	공상(空相)
소(疏)	20권(혹 10권)	원측(圓測)
강요(綱要)	13권	도증(道證)
요집결명장(要集決明章)	4권	신웅(神雄)
요집략술(要集略述)	10권	신웅(神雄)
소(疏)	20권	현범(玄範)
폄량(貶量)	25권	경흥(憬興)
고적기(古跡記)	10권	태현(太賢)
개발장(開發章)	4권(혹 2권)	규기(窺基)
장중추요(掌中樞要)	4권(혹 3권, 혹 2권)	규기(窺基)
의진초(義津鈔)	6권	장용(藏用)
집해(集解)	3권	혜소(惠素)
의원초(義苑鈔)	3권	오진(悟眞)
광술(廣述)	6권	신웅(神雄)
종요(宗要)	1권	원효(元曉)
별장(別章)	3권	원측(圓測)
요결(要決)	2권	둔륜(遁倫)
결택(決擇)	1권	태현(太賢)

　　과문을 이용한 주석과 읽기는 문헌을 구조적으로 주석하고 읽는 방법이다. 하나의 주석서에는 두 종류의 구조가 포함된다. 하나는 주석하려는 본문의 구조이고, 다른 하나는 본문을 주석하는 주석가의 구조, 주석서의 구조이다. 과문은 이 두 가지 종류의 구조를 매개한다. 다시 말하면 서로 다른 주석가의 주석들은 다른 구조를 가질 수 있다는 뜻이며, 다른 구조를 표현하는 다른 과문이 존재할 수 있다는 뜻이다. 하나의 과문을 매개로 본문과 주석서를 읽고 이해하게 되면, 다른 주석서와 다른 과문을 이와 비교하여 나란히 읽음으로써 구조의 차이, 주석의 차이를 이해할 수 있고, 이런 과정을 통해 본문에 대한 이해를 심화시켜 갈 수 있다. 『성유식론단과(成唯識論單科)』의 기능은 이처럼 『성유식론(成唯識論)』 본문을 구조적으로 읽고, 이해를 심화·확장시켜 갈 수 있는 읽기와 공부의 방법이요 수단이었다.

　　의천이 주도하여 편찬했던 『원종문류』나 『성유식론단과(成唯識論單科)』는 이처럼 새로운 방식의 읽기, 새로운 방식의 공부를 도와주려는 목

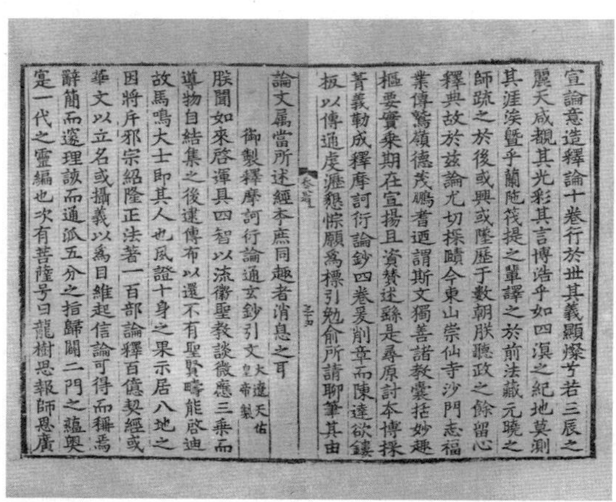

『원종문류』 제1권, 요나라 황제가
지은 『석마하연론통현초인문』

　　　　　　　　　　　　　　　　3. 의천의 일

적으로 출간된 문헌이다. 새로운 방식이라고는 했지만, 실제 이런 방식
은 수많은 주석서들이 저술되고 장소의 전통이 만들어지는 과정에서 형
성된 방식들이었다. 화엄종의 경우에도 7~9세기 법장과 청량의 시대에
이미 정형화되었던 방식이었다. 다만 전란을 겪으며 문헌이 소실되고 전
승이 끊기면서 읽는 방법과 공부하는 방법 또한 함께 잊혀지고 말았다.
『원종문류』의 편찬은 이런 전통과 읽고 공부하는 방법의 전통을 복원하
는 일이었고, 이를 제도로 안정시키는 일이었다.

【 나란히 읽기, 골라 읽기 】

『원종문류』는 방대한 화엄종의 문헌으로부터 간추려 정리한 요람이
다. 17명의 의학사문(義學沙門)이 화엄종의 가르침 전체를 조감하여 골라
내고 분류한 짤막한 글들이다. 가령 제1권은 화엄종에서 중시하는 경전
의 주석서들 가운데서 서문류(序文類)를 모아 편집하고 있는데 모두 26편
의 문장이다. 이 목록에 올라 있는 문헌과 저자들은 화엄종의 학술, 화
엄교학(華嚴敎學)을 대표하는 명저요, 인물들이다. 『원종문류』는 이 목록
에 포함된 문헌과 인물을 목표로 삼고 있다고 해도 과언이 아니다. 예를
들어 『교장총록』에는 서문에 포함된 경론(經論)에 대한 주석서가 대략
400종 가까이 포함되어 있다. 그 가운데서 26편을 골라 편집한 것이다.
저자를 보면 법장(法藏)의 글이 7편, 징관의 글이 3편, 종밀의 글이 2편으
로 절반에 가깝다. 이 숫자만 보아도 의천이 서문에서 선언했던 영원한
표준, 특정한 주석의 전통에 충실한 선택이었고 편집이었다는 사실을 짐
작할 수 있다.

번호	제목	저자
1	진신역화엄경표(進新譯華嚴經表)	홍경(弘景) 等
2	신역대방광불화엄경총목(新譯大方廣佛華嚴經摠目)	
3	어제신역화엄경서(御製新譯華嚴經序)	
4	진역화엄경탐현기서(晉譯華嚴經探玄記序)	법장(法藏)
5	속신화엄경약소간정기서(續新華嚴經略疏刊正記序)	혜원(慧苑)
6	신역화엄경소서(新譯華嚴經疏序)	법선(法銑)
7	신역화엄경청량소서(新譯華嚴經淸凉疏序)	육장원(陸長源)
8	신화엄경소서(新華嚴經疏序)	징관(澄觀)
9	수소연의초서(隨疏演義鈔序)	징관(澄觀)
10	정원신역화엄경소서(貞元新譯華嚴經疏序)	징관(澄觀)
11	원각경약소서(圓覺經略疏序)	배휴(裴休)
12	원각경약소서(圓覺經略疏序)	종밀(宗密)
13	반야심경약소서(般若心經略疏序)	법장(法藏)
14	금강반야경찬요서(金剛般若經纂要序)	종밀(宗密)
15	인왕반야경소서(仁王般若經疏序)	양분(良賁)
16	수능엄경소서(首楞嚴經疏序)	왕수(王隨)
17	범망경소서(梵網經疏序)	법장(法藏)
18	기신론소서(起信論疏序)	법장(法藏)
19	기신론소서(起信論疏序)	원효(元曉)
20	어제석마하연론통현초인문(御製釋摩訶衍論通玄鈔引文)	대요천우황제(大遼天佑皇帝)
21	법계무차별론소서(法界無差別論疏序)	법장(法藏)
22	십이문론소서(十二門論疏序)	법장(法藏)
23	화엄망진환원관서(華嚴妄盡還源觀序)	법장(法藏)
24	주법계화엄법계관문서(注華嚴法界觀門序)	배휴(裴休)
25	화엄경수품찬인문(華嚴經隨品讚引文)	요경희(姚景禧)
26	제종지관인문(諸宗止觀引文)	유선(劉詵)

「원종문류」, 제1권, 「제부발제류(諸部發題類)」[111]

---

[111]　요시스 요시히데(吉津宜英), 시바사키 테루카즈(柴崎照和) , 1998, 「의천편찬(義天編纂) 원종
문류(圓宗文類) 권제일(卷第一) 해제(解題)와 번각(翻刻)」, 『 고마자와대학(駒澤大學) 불교학부연구
기요(佛敎學部硏究紀要)』56, p.90.

3. 의천의 일

18번 법장(法藏)의 「기신론소서(起信論疏序)」를 예로 들어 보기로 하자.

夫眞心寥廓絶言象於筌罤沖漠希夷忘境智於能所非生非滅四
相之所不遷無去無來三際莫之能易但以無住爲性隨派分歧逐
迷悟而升沈任因緣而起滅雖復繁興鼓躍未始動於心源靜謐虛
凝未嘗乖於業果故使不變性而緣起染淨恒殊不捨緣而卽眞凡
聖致一其猶波無異溼之動故卽水以辨於波水無異動之溼故卽
波以明於水是以動靜交徹眞俗雙融生死涅槃夷齊同貫但以如
來在世根熟易調一稟尊言無不懸契大師沒後異執紛綸或趣邪
途或奔小徑遂使宅中寶藏匿濟乏於孤窮衣內明珠弗解貧於傭
作加以大乘深旨沈貝葉而不尋群有盲徒馳異路而莫反爰有大
士厥號馬鳴慨此頹綱悼斯淪溺將欲啓深經之妙旨再曜昏衢斥
邪見之顚眸令歸正趣使還源者可卽反本非遙造廣論於當時遐
益群品旣文多義邈非淺識所闚悲末葉之迷倫又造斯論可謂義
豐文約解行俱兼中下之流因茲悟入者矣

앞 글은 「기신론소서(起信論疏序)」의 본문으로, 『대승기신론(大乘起信論)』
을 주석하면서 앞에 붙인 서문이다. CBETA 데이터베이스에서 가져 온
것이다. 모두 329자로 띄어쓰기도 없다. 글이라고 할 것도 없다. 검은 것
은 글자고, 흰 것은 종이일 뿐이다. 『원종문류』가 대상으로 삼았던 신학
(新學)의 초심자에게 이런 글은 문자 그대로 철의 장벽과도 같다. 새카만
한문이라서도 아니다. 불교 주석서의 서문은 유독 해독이 어렵다. 유불도
(儒佛道) 삼교(三敎)의 용어를 섞어 쓰고 있는 데다, 은유도 많고 무엇보다
짧은 글 안에 복잡한 의미를 농축시켜 담았기 때문이다. 글자 하나도 허

투루 넘길 수가 없다. 이런 글을 해독하기 위해서는 글을 쓴 사람의 '글을 쓰는 방식'을 이해해야만 한다. 철저하게 계산되고 조직화된 글쓰기이다.

다음의 도표는 장수자선(長水子璿)이 만든 『기신론소과(起信論疏科)』를 풀어서 도식화한 것이다. 장수자선은 의천이 송나라에서 『화엄경』을 공부했던 정원의 스승이다. 자선은 법장의 주석서 『대승기신론소(大乘起信論疏)』를 구조적으로 분석하여 과문(科文)을 만들어 강연에 활용했다. 위의 도식은 저 329자, 서문의 부분에 해당한다. 329자를 모두 29개 항목으로 분류, 18개의 문장으로 나누어 해석을 하고 있다. 다음의 도표에서 회색 부분으로 표시한 항목들이 아래 짙은 글씨 부분에 해당한다.

夫眞心寥廓絶言象於筌罤沖漠希夷忘境智於能所**非生**非滅四相之所不遷無去無來三際莫之能易**但以**無住爲性隨派分歧逐迷悟而升沈任因緣而起滅**雖復**繁興鼓躍未始動於心源靜謐虛凝未嘗乖於業果**故使**不變性而緣起染淨恒殊不捨緣而卽眞凡聖致一**其猶**波無異溼之動故卽水以辨於波水無異動之溼故卽波以明於水**是以**動靜交徹眞俗雙融生死涅槃夷齊同貫**但以**如來在世根熟易調一稟尊言無不懸契**大師**沒後異執紛綸或趣邪途或奔小徑**遂使**宅中寶藏匱濟乏於孤窮衣內明珠弗解貧於傭作**加以**大乘深旨沈貝葉而不尋群有盲徒馳異路而莫反爰有大士厥號馬鳴慨此頹綱悼斯淪溺**將欲**啓深經之妙旨再曜昏衢斥邪見之顚眸令歸正趣使還源者可卽反本非遙**造廣**論於當時遐益群品**旣文**多義邈非淺識所闚**悉**末葉之迷倫又造斯論**可謂**義豐文約解行俱兼**中下**之流因兹悟入者矣

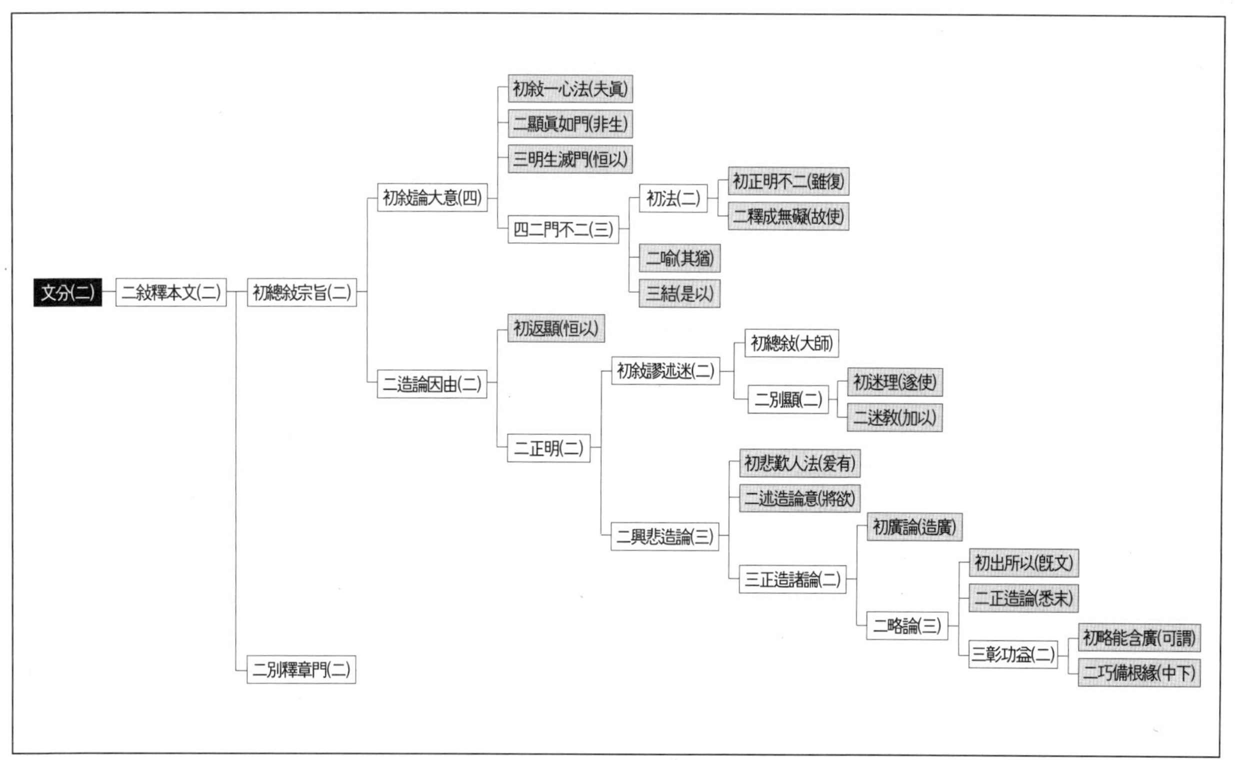

장수자선(長水子璿)이 만든 『기신론소과(起信論疏科)』

이런 것이 과문의 기능이다. 이 과문의 구조를 따라 저 329자의 글자들을 읽어가면 오독(誤讀)의 가능성이 현저하게 줄어든다. 이런 것이 법장이 글을 쓰던 방식이고, 후대의 학승들이 글을 읽던 방식이었다. 글을 쓰는 사람도 글을 읽는 사람도 한 치의 빈틈도 없다. 주석서 서문의 구조는 주석서 본문의 구조와 정확하게 일치한다. 예를 들어 서문 첫머리의 세 문장을 아래와 같은 세 가지 키워드에 대응시키고 이 키워드를 『대승기신론(大乘起信論)』의 골격인 대의(大義)로 해석하고 있다.

일심(一心) → **夫眞**心寥廓絕言象於筌罤沖漠希夷忘境智於能所

진여문(眞如門) → **非生**非滅四相之所不遷無去無來三際莫之能易

생멸문(生滅門) → **但以**無住爲性隨派分歧逐迷悟而升沈任因緣而起滅

이 세 문장 안에 『대승기신론(大乘起信論)』과 『대승기신론소(大乘起信論疏)』의 내용이 축약되어 모두 담긴다. 법장은 그렇게 주석의 구조에 맞추어 서문을 지었고, 자선은 그런 구조를 도식화하여 과문을 만든 것이다. 장소(章疏)의 전통은 문장을 구조적으로 분석하고 구조적으로 쓰고 읽는 전통이다. 따라서 서문을 제대로 읽을 수 있다는 뜻은 논문(論文)과 소문(疏文)을 제대로 읽을 수 있다는 뜻이 된다. 자선도 정원도 이런 식으로 글을 읽고 가르쳤다. 의천이 강연을 시작한 뒤로 '삼가의 의소'를 따라 실험하던 방식도 이런 것이었다. 정원과 의천을 묶어준 인연도 바로 이런 읽기의 전통이었다.

『원종문류』 제1권에는 법장(法藏)의 『대승기신론소(大乘起信論疏)』 외에 원효(元曉)가 저술한 『대승기신론소(大乘起信論疏)』의 서문도 들어 있다. 그리고, 『교장총록』에는 원효의 『대승기신론소』도 들어 있고, 이를 바탕으로 작성한 과문도 들어 있다. 위와 똑같은 방식으로 원효의 서문과 주석서를 과문에 대응하여 읽을 수 있다는 뜻이다. 『교장총록』에는 이외에도 『대승기신론(大乘起信論)』에 대한 주석서 30여 종이 포함되어 있다. 원효와 법장의 서문은 그 안에서 가려 뽑은 것이다. 이 두 서문을 나란히 놓고 비교하며 읽으라는 뜻이다. 원효의 서문 또한 만만찮게 비유로 농축된 글이다. 두 서문을 나란히 읽는다는 것은 두 개의 과문을 나란히 읽는다는 뜻이 된다. 그리고 두 개의 과문을 나란히 읽는다는 것은 두 개의 구조를 나란히 읽는다는 뜻이고, 두 개의 주석서를 나란히 비교하며 통달해 간다는 뜻이기도 하다. 이런 방식으로 훈련을 받은 신학(新學)들은 나머지 30여 종의 주석서들 또한 같은 방식으로 읽고 통달할 수 있다. 『원종문류』는 그런 읽기의 방법을 통해 대량의 문헌을 섭렵해 갈 수 있도록 설계된 문헌이다.

『원종문류』 제1권에 담겨 있는 26편의 서문류, 이 짧막한 글들은 이런 읽기와 쓰기의 전통을 고려하여 가려 뽑은 문장들이다. 26편의 서문을 읽고 이해할 수 있다는 것은 깊고 넓은 화엄종의 문헌에 통(通)했다는 뜻이 된다. 이렇게 문장을 분류하여 짤막한 글들로 모으는 데는 두 가지 목적이 있다. 첫째는 '나란히 읽기'의 효과이다. 예를 들어 『대승기신론(大乘起信論)』에 대한 두 사람의 주석서, 법장의 주석과 원효의 주석을 나란히 비교하며 읽는 것이다. 나란히 읽는다는 말의 뜻은 두 사람의 글, 두 사람의 구조를 비교하면서 읽는다는 뜻이다. 그래서 같고 다름을 비교하여 읽는 일이다. 나란히 읽기는 같은 문헌에 대한 다른 주석에 해당

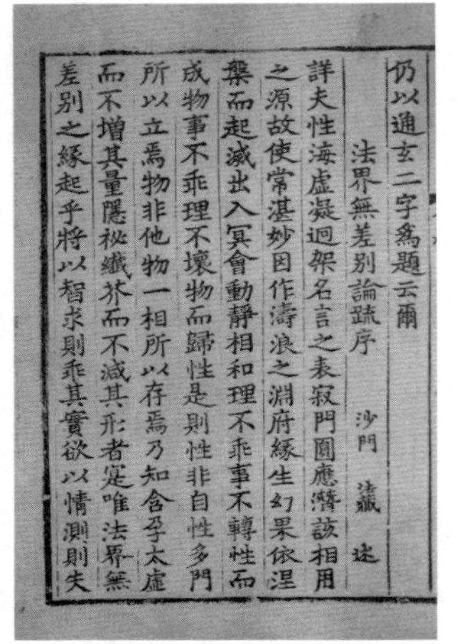

仍以通玄二字爲題云爾

法界無差別論疏序

沙門 法藏 述

詳夫性海虛凝迴架名言之表寂門圓應濟談相用之源故使常湛妙因作濤浪之淵府緣生幻果依涅槃而起滅出入冥會動靜相和理不乖事不轉性而成物事不乖理不壞物而歸性是則性非自性多門所以立爲物非他物一相所以存焉乃知含孕太虛而不增其量隱秘纖芥而不減其形者寔唯法界一無差別之緣起乎將以智求則乖其實欲以情測則失

『원종문류』 제권1, 법장(法藏)이 지은 법계무차별론소(法界無差別論疏)의 서문(序文)

하는 것만은 아니다. 다시 말해 법장의 『대승기신론(大乘起信論)』과 『반야심경약소서(般若心經略疏序)』를 나란히 읽을 수도 있고, 다른 경전, 다른 주석가의 주석들을 나란히 읽을 수도 있다. 둘째는 '골라 읽기'의 효과이다. 『원종문류』 22권에 담긴 숱한 토막글들, 체계적으로 분류해 놓은 토막글들을 필요에 따라 찾고 골라서 읽는다는 뜻이다. 사실 『원종문류』의 일차적인 목표는 '골라 읽기'에 있었다고 해도 과언이 아니다. 골라 읽기는 또 다른 형태의 극적인 변화요 실험이라고 할 수 있다. 이에 대하여는 이후에 다시 부연하기로 하겠다.

나란히 읽고 골라 읽고, 이런 읽기의 효과는 지극히 극적이다. 전체와 부분을 향한 긴장감이 극대화된다. 전체를 조감하면서도 정교한 구조와 분석을 함께 따라 가는 일이기 때문이다. 무엇보다 이런 방식의 읽기는 비판적인 사고를 길러준다. 같고 다른 점, 전체와 부분을 함께 읽으면서 비판에 익숙해지도록 이끌어 준다. 의천이 원효의 초상화 앞에서 한탄했듯, 스승들은 자신의 종습(宗習)만을 고집하고, 제자들은 그런 스승만을 무작정 바라보고 따라 가는 현실에서 이런 새로운 읽기는 도전이요 해결책이라 할 수 있다.

다른 예를 하나 더 들어 보기로 하자. 제14권에는 행위(行位)에 관한 짧은 글들을 모아 놓았다. 수행을 통해 도달할 수 있는 단계에 관한 글들이다.

3. 의천의 일

권	분류	문헌	저자	항목수
14	제문행위류(諸文行位類) 상(上)	탐현기(探玄記)	법장(法藏)	18
		교의분제장(敎義分齊章)	법장(法藏)	1
		수현기(搜玄記)	지엄(智儼)	1
		공목장(孔目章)	지엄(智儼)	2
		지상문답(至相問答)	지엄(智儼)	1

『원종문류』 제14권 제문행위류(諸文行位類) 상(上)

이것이 상권(上卷)이라 했으니 이 뒤로도 한 권이나 두 권의 내용이 더 이어졌을 것이다. 위 표에서 볼 수 있듯이 전체 23편의 짧은 글 가운데 법장의 글이 19편이다. 그 중의 18편이 『탐현기(探玄記)』에서 뽑은 것이다. 『탐현기(探玄記)』는 60권본 화엄경에 대한 주석서이다. 모두 20권이다. 뒤편에는 아마도 징관(澄觀)의 주석서에서 뽑은 글이 주류를 이루었을 것이다. 이 또한 의천이 선언했던 영원한 표준, 삼가(三家)의 주석서를 중심으로 편집한 것이라는 사실을 알 수 있다.

제14권에 실린 글은 화엄종 장소의 구조적 특성과 기능을 보다 적극적으로 활용하기 위한 방법을 보여준다. 제1권의 서문류는 그 자체로 완결된 문장이다. 겉으로 보아 구조적인 특성을 알기는 어렵다. 이에 비해 제14권에 실린 문장은 화엄종 장소의 구조적 특성을 그대로 드러내 준다. 항목들의 선정을 과문(科文)의 항목을 기준으로 뽑았기 때문이다. 과문의 항목 가운데서 행위(行位)와 관련된 항목을 체계적으로 뽑아 정리한 것이라는 뜻이다.

다음의 도표는 제14권에 실린 글 가운데 『탐현기(探玄記)』에서 뽑은 항목만을 정리한 것이다. 이들 항목은 『탐현기』 과문의 과목(科目), 곧 각 항목을 뽑은 것으로 이 뒤로 행위(行位)와 관련된 짧은 글이 이어진다. 이 항목은 그 짧은 글들의 주소 역할을 하고 있다. 요즘으로 치자면 인터넷

『원종문류』 제14권 제문행위류(諸文行位類), 『탐현기(探玄記)』에서 뽑은 항목. 각 항목들은 『탐현기(探玄記)』를 찾아가기 위한 주소의 기능을 하고 있다. 예를 들어 요즘의 기술을 이용해 항목을 클릭하기만 해도 그대로 『탐현기(探玄記)』의 원문으로 이동할 수 있다.

3. 의천의 일

의 'URL'과 같은 기능이다. 『탐현기』나 『탐현기』의 과문에 익숙한 사람이라면 금새 그 위치를 찾아가 본문을 확인할 수 있고, 전후 맥락을 따라 읽기를 계속할 수 있다. 이러한 형식의 편집이 『원종문류』를 편집하는 기본 원칙이었다. 화엄종의 교리를 대표하는 여러 키워드들 가운데 우선순위를 가려 뽑은 키워드를 중심으로 주요한 주석서의 본문과 연결시켜 주는 편집이다. 이것이 『원종문류』가 지향하고 있는 '골라 읽기'의 방식이다. 읽는 사람들은 필요에 따라 키워드를 찾아 선택하고 짧은 글을 읽은 뒤에 주석서의 본문을 찾아가 읽기를 계속할 수 있다. 이런 방식의 읽기는 의천이 서문에서 지적했던 '문답을 할 때도 인용조차 하기 힘들다'는 문제에 대한 해결책일 수 있다.

【 읽기의 혁신, 교육의 혁신 】

앞에서 지적했듯, 『원종문류』는 방대한 화엄종의 주석서를 대상으로 하는 요람이자 안내서이다. 『원종문류』의 특별한 편집방식, '나란히 읽기'나 '골라 읽기'의 방식은 『원종문류』가 목표로 삼고 있는 장소(章疏), 곧 주석서의 구조적 특성에 따른 것이다. 과문(科文)의 구조에서 볼 수 있듯이, 화엄종의 장소는 정교한 구조를 통해 계획되고 설계된 문장이다. 그리고 과문은 그렇게 설계된 주석서에 대한 지도, 구조의 지도, 의미의 지도라고 할 수 있다. 하나의 과문이 하나의 주석서에 대한 지도라면, 『원종문류』는 여러 종류의 주석서, 과문, 지도를 대상으로 설계된 또 다른 형태의 지도이다.

과문이나 『원종문류』의 구조적 특성을 지도에 비유하는 까닭은 '읽기의 방식'이 비슷하기 때문이다. 지도를 읽는 방식은 전통적인 텍스트를 읽는 방식과는 질적으로 다르다. 지도에서는 날줄과 씨줄이 만나는 교차점으로 위치를 정의한다. 따라서 특정한 위치를 찾아가기 위해서는 날줄과 씨줄이 지정하는 숫자만을 따라 가면 그만이다. 날줄과 씨줄이 지정하는 숫자가 바로 특정한 장소의 주소가 된다. 이러한 읽기의 방식을 전통적인 방식과 구분하여 '하이퍼텍스트의 읽기'라고 부른다. 앞에서도 간단하게 언급하고 지나갔지만, 『원종문류』 안에 편집된 여러 장소의 과목(科目)은 인터넷의 주소, URL과 비슷한 기능을 갖고 있다. 하이퍼텍스트의 기능이다. 『원종문류』가 지향하는 '나란히 읽기'와 '골라 읽기'의 방식은 하이퍼텍스트의 전형을 보여준다.

물론 전통적인 텍스트에서도 목차라든지 찾아보기와 같은 하이퍼텍스트 읽기를 도와주는 기능이 있기는 하다. 하지만 이런 정도의 기능은 『원종문류』의 특성과 기능과는 말 그대로 질적으로 다르다. 무엇보다 화엄종 장소의 구조는 거의 문장이나 키워드 단위로까지 세밀하게 분석되어 있다. 게다가 화엄종의 장소는 대개 유사한 구조를 지니고 있다. 분석적인 장소의 전통이 꾸준히 전승되었기 때문이다. 위에 예로 들은 「제문행위류(諸文行位類)」만 보더라도, 『탐현기(探玄記)』 20권에 담긴 행위(行位)에 관한 토막글 16건이 연결되어 있다. 이 키워드는 1권부터 20권까지 고르게 분포되어 있다. 마찬가지로 『수현기(搜玄記)』나 『공목장(孔目章)』 등에 포함된 키워드를 찾아 읽을 수도 있다. 이런 편집이 가능했던 것은 『탐현기(探玄記)』는 물론, 『공목장(孔目章)』이나 『수현기(搜玄記)』 등의 주석서가 구조적인 유사성을 지니고 있으며, 이미 구조적으로 충분히 분석되어 있기 때문이었다.

과문의 구조는 형식적으로는 상하관계로 이어지는 트리 구조로 구성되어 있다. 따라서 과문을 읽는 방식은 항목과 항목을 이어주는 선을 따라가며 트리 구조를 읽는 것이다. 하지만 『원종문류』는 이런 트리 구조를 망상의 네트워크 구조로 변환시켜주는 기능을 갖고 있다. '나란히 읽기'의 기능이다. 예를 들어 위의 도표에서 보듯, 『탐현기(探玄記)』 안에 포함된 '행위(行位)'에 관한 16건의 토막글을 나란히 읽음으로써, '행위(行位)라는 키워드'를 다층적으로 읽을 수 있다. 이들 토막글들 사이에 의미의 관계구조가 연결되어 있다는 뜻이다. 나아가 『원종문류』는 여러 주석서를 함께 연결함으로써 주석서들, 나아가 주석가들의 문장과 생각을 연

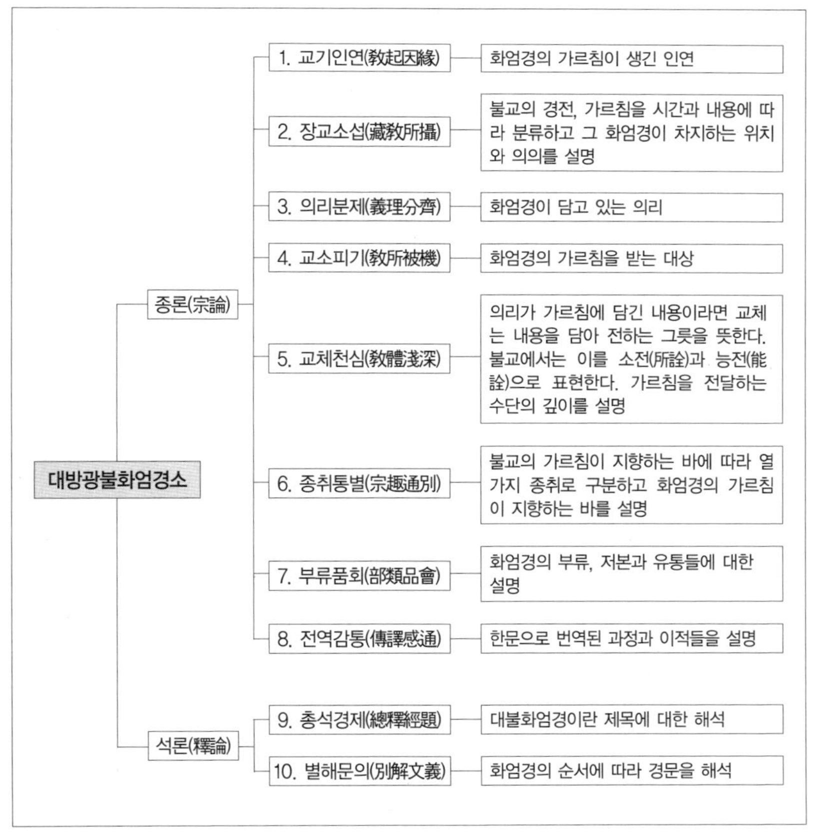

화엄경 주석서의 구조: 종론과 석론

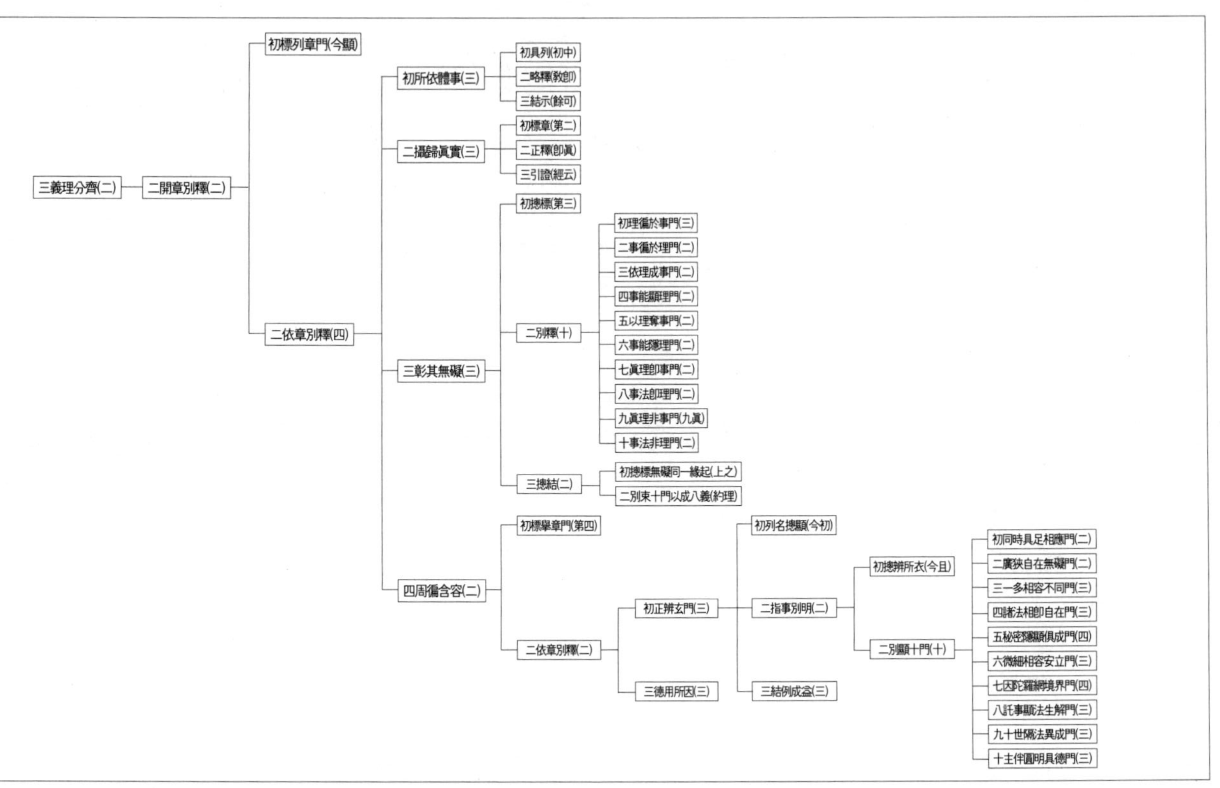

화엄경소(華嚴經疏)의 의리분제(義理分齊) 부문을 과문으로 도식화한 경우

결시키고 있다. 이처럼 『원종문류』는 화엄종의 주석서, 그 전체를 하나의 망상구조, 의미의 네트워크로 설정하고 있다. 『원종문류』의 편집 방식은 그런 의미의 망상구조를 이해하고 활용하기 위해 설계된 방식이다. 겉으로 보이는 트리 구조 밖에 형성된 의미의 네트워크, 바로 이것이 『원종문류』가 갖는 혁신성의 핵심이라고 할 수 있다.

　물론 『원종문류』라는 제한된 텍스트 안에 그 모든 구조를 다 담을 수는 없다. 그런 점에서 『원종문류』는 하나의 모델이고 실험이라고 할 수 있다. 화엄종의 문헌을 통째로 읽을 수 있는 '읽기의 모델'이고, '읽기의 실험'이라는 뜻이다. 『원종문류』는 새로 출가한 신학(新學)을 대상으로 편찬한 것이다. 이들 신학들은 구체적으로는 흥왕사의 홍교원을 비롯하여, 불일사(佛日寺)의 보왕원(寶王院)과 용대원(龍臺院), 진관사(眞觀寺)의 도수원(道樹院), 묘지사(妙智寺)의 덕해원(德海院) 등, 전국에 산재한 화엄종의 강원(講院)에 입학했던 학생들이었다. 이런 강원들이 실험의 현장이었고, 강원의 학생들이 실험 대상이었다. 전통적인 읽기의 방식과는 완전하게 다른, 새로운 읽기의 모델은 새로운 교육의 모델이었고, 화엄종을 개혁하는 개혁의 모델이기도 했다. 이 같은 실험과 모델의 성격에 대하여는 뒤에 다시 부연하도록 하겠다.

제종의 교장

● 배경

【 보이지 않는 일 】

　　『원종문류(圓宗文類)』 모으시고 『석원사림(釋苑詞林)』 편찬하니

후생(後生)에 모범되고, 역대로 유전하리.112

　　이 글은 예종이 직접 지은 의천의 초상화에 붙인 찬문(讚文)의 일부이다. 예종(睿宗, 1072~1122)은 숙종의 아들이자 의천의 조카로서 의천이 남긴 유업을 찬탄하며 쓴 글이다. 책으로 시작해서 책으로 마감했던 의천의 일생, 그 삶을 가장 가까이서 접했을 조카 임금 예종은 의천의 일을 이렇게 요약하고 말았다.

　　　　선철(先哲)을 사모하여,
　　　　중화(中華)로 유학하려
　　　　넓은 바다 훌쩍 건너,
　　　　깨친 이들 찾아뵙고
　　　　현수(賢首)와 지자(智者),
　　　　인명(因明)과 율초(律鈔)
　　　　여러 종파 두루 찾아
　　　　묘한 이치 은밀히 전해
　　　　(중략)
　　　　요나라 황제 믿음으로 시주하고,
　　　　왜나라도 책을 보내.113

　　현수(賢首)와 지자(智者), 인명(因明)과 율초(律鈔), 『원종문류(圓宗文類)』에 남아 있던 의천의 호칭에 담긴 표현이다. 송나라에 머물던 시절의 행

112　예종(睿宗), 「본국 예종(睿宗)의 (대각국사) 진영(眞影)에 대한 어제(御製) 찬(讚)」, 『외집』 제1권.
113　위의 책.

적이나, 거란과 왜국에서 장소^(章疏)를 수집하던 일도 그저 그렇게 언급하고 말뿐이다. 대범했던 대장부요, 홍법^(弘法)의 보살^(菩薩)이라고 극찬하지만 그저 입에 발린 칭찬으로만 들리니 묘한 일이다.

조카가 올리는 극찬, 그 마음을 의심할 필요는 없겠다. 그래도 뭔가 서운함이 남는 까닭은 그 극찬 안에 의천의 본원^(本願)이 보이지 않기 때문이다. '백가^(百家)의 과교^(科敎)'를 일장^(一藏)으로 묶어 '삼장^(三藏)의 정문^(正文)'과 함께 영원히 유통하겠다는 본원이다. 의천이 그토록 갈망했던 일, 보이지 않는 마음이야 어쩔 수 없다 치자. 그래도 의천 자신은 물론이고, 김부식의 비문과 고려사에서도 다 했던 말이다. 흥왕사에 교장사^(敎藏司)를 설치하고 4천여 권을 새겨서 유통했다는 바로 그 사실, 그 일은 도대체 어디로 간 것일까?

교장^(敎藏)이라는 키워드, 『신편제종교장총록^(新編諸宗敎藏總錄)』이라는 목록, 그리고 4천여 권의 장소들, 그런 일들은 모두 다 의천의 본원으로부터 시작했던 일들이다. 그 일들은 그 본원으로 가기 위한 수단이요 과정이었다. 그 일을 위해 했던 많은 일들, 의천이 떠난 후로 그 일들은 전부 흩어져버리고, 잊혀지고 말았다.

자은^(慈恩)이 지은 이 『아미타경통찬^(阿彌陀經通贊)』 1권은 우세승통이 원풍^(元豊), 원우^(元祐) 연간에 중화^(中華)에 들어가 수집하여 유통하려던 책이다. (나는) 큰 소원을 돕고자 광교원^(廣敎院)에 맡겨 기술자들로 하여금 다시 새기도록 했다. 무진년 10월 19일에 시작하여 12월 10일에 마쳤다. 이 공덕이 있다면 나와 남이 모두 이롭고 이 세상과 다음 세상이 모두 복과 지혜가 원만하고 모든 중생이 안락한 세계에 함께 하기를 빈다. 대안^(大安) 5년 을사

2월 그믐에 적는다.

해동 대자은 현화사(玄化寺) 주지 광우승통(廣祐僧統) 석소현(釋韶顯) 제(題)114

법상종(法相宗)의 혜덕왕사(慧德王師) 소현(韶顯, 1038~1097)은 의천의 외숙이다. 의천의 어머니 인예태후의 아버지 이자연(李子淵)의 다섯째 아들로, 의천의 동생인 도생(道生) 승통의 스승이기도 하다. 집안의 내력이랄까. 그나마 소현은 의천이 품었던 큰 소원[弘願]에 대해 이 기록 하나를 남겼다. 이 책을 출간한 까닭이 의천의 큰 소원을 돕기 위한 것이었다는 것이다. 소현이 표현했던 의천의 큰 소원, 그 구체적인 뜻이 무엇이었던

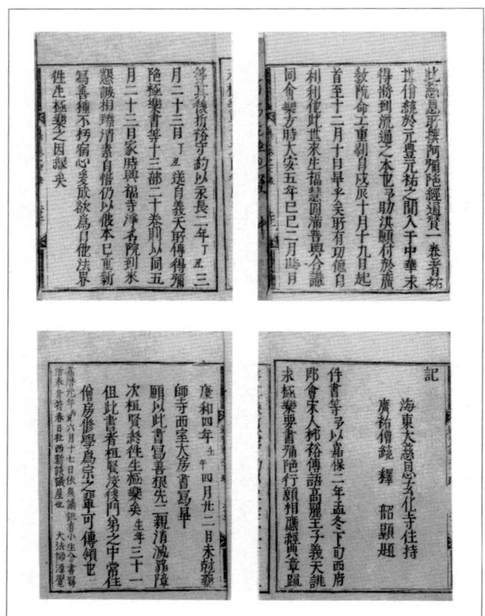

「아미타경통찬」, '해동(海東) 대자은현화사(大慈恩玄化寺) 주지(住持) 광우승통(廣祐僧統), 소현(韶顯)'의 후기가 붙어 있다. 후기에는 '이 책은 고려 왕자 승통 의천이 송나라에서 구해 온 것으로, 홍원을 돕기 위해 광교원에서 새겨 유통한 것'이라는 내용이 담겨 있다.115

114　『불설아미타경통찬소(佛說阿彌陀經通贊疏)』하권.
115　오야 토쿠죠(大屋德城), 『고려속장조조고(高麗續藏雕造攷)』, 도판(圖板) 하권, p.76.

3. 의천의 일

간에, 의천에게 그런저런 큰 소원이 있었다는 사실이나마 기억하고 남긴 유일한 기록이 아닌가 생각된다. 의천의 본원은 이처럼 지독하고도 완벽하게 잊혀지고 말았다.

> 스님은 일찍이 금산사(金山寺) 남쪽 60보 가량 되는 곳에 좋은 자리를 골라 전각을 지어 광교원(廣敎院)이라 하고, 경판(經板)을 새겨 소장했다.(중략)
> 대강(大康) 9년(1083)부터 말년에 이르기까지 자은(慈恩)이 지은 『법화현찬(法華玄贊)』, 『유식술기(唯識述記)』 등의 장소(章疏)를 수집하여, 32부(部) 합계 353권을 고증하고 교정하고 기술자들을 모아 판각했다. 사적으로 종이와 먹을 갖추어 찍어 유통시켜 법보시를 크게 했다.(중략)
>
> 광교원 세우시고 두루 책을 구해
> 숱하게 새겼으니 실에다 꽃을 꿴듯
> 법의 비 고루 젖고 자비바람 두루 부니
> 원효와 태현이 이 땅에 다시 난듯.116

혜덕왕사 소현의 비문에 담긴 기록이다. 책을 수집하고 교정하고 판에 새겨 유통하는 일에 소현과 의천은 이처럼 닮은 점이 많았다. 소현은 법상종의 승통이었고 왕사였다. 법상종과 화엄종은 고려 불교를 대표하는 교종의 종파로 오랫동안 일종의 경쟁 관계에 있었다. 때에 따라서는

116　이오(李䫨), 「금산사(金山寺) 혜덕왕사(慧德王師) 진응탑비(眞應塔碑)」, 한국금석문종합영상정보시스템(http://gsm.nricp.go.kr).

왕실의 권력을 배경으로 투쟁에 휘말린 경우도 있었다. 의천이 선종이 승하한 뒤, 바로 해인사로 은퇴하게 되는 배경에도 법상종과의 갈등이 있었다. 그때 의천이 느꼈던 좌절감을 돌이켜보면 종파 간의 경쟁과 갈등의 무게를 짐작할 수 있다. 그러나 소현과 의천은 종파를 넘어 이념과 목표를 공유했을 뿐더러 의지하고 협력했다. 소현의 비문에 묘사된 성격이나 취향, 사상적인 면모에서도 소현과 의천은 비슷한 점이 많다. 각자 몸담고 있었던 종파의 이념과 발전을 위해 노력을 했지만, 종파는 물론, 불교에 국한되지 않았고, 폭넓은 독서와 수양을 통해 자유롭고 활달한 사상적 면모를 보이고 있다.

> 복과 지혜 두 가지, 위엄을 갖추시고
> 오롯한 마음으로, 강연에 힘쓰셨네
> 경박하고 문란해진, 천 년의 가르침
> 넓히고 지키려던, 일생의 인연
> 도솔천 내원(內院)에서, 심었던 인행(因行)
> 이 땅에 받은 몸, 바꾸고 말았구나
> 어찌하면 구름 안개 헤쳐 버리고
> 앉아서 도안(道安)의 하늘 볼 수 있을까.
> 〔도안 법사는 천안통(天眼通)을 얻어서 멀리 도솔천(兜率天)을 보았다.〕[117]

소현에 대한 의천 자신의 감회이다. '말세의 가르침을 지키고 넓히려던 일생의 인연', 그대로가 의천 자신의 본원과 임무였다. 아마도 의천이

---

[117]   의천, 「혜덕왕사를 애도하며」, 『문집』 제20권.

성장하는 과정에서 소현은 의천의 좋은 모델이자 동지였을 것이다. 특히 문헌결집과 유통에 관한 일에 대해서는 더욱 깊은 교감이 있었을 것이다. 『문집』 제16권에는 혜덕왕사에 대한 제문(祭文)의 제목이 남아 있지만, 아쉽게도 본문은 떨어져 나가 전하지 않는다. 제문이 남아 있었다면 소현에 대한 의천의 감회, 종파를 넘어 홍원(弘願)을 공유하고 협력하던 아름다운 관계를 좀 더 소상하게 알 수 있었을지도 모르겠다.

【 뜻을 세우다_가르침의 자취를 찾는 일 】

> 개원(開元) 시대에 위대한 법사(法師)가 나타났는데 지승(智昇)이라고 하는 분이었다. 잘못된 부분을 제거하고 중복된 부분을 간추려 한 권의 책으로 묶으니 바로 『개원석교록(開元釋教錄)』이라는 목록이었다. 모두 20권으로 가장 정교하고 긴요했다. 사람들이 경법(經法)의 목록으로서는 지승을 능가할 사람이 없다고 평가했으니, 부처님이 남긴 가르침을 지키는 데 이보다 더 큰 공이 없다고 하겠다. 나는 일찍이 경론(經論)을 갖추었다 하더라도 주석서〔章疏〕가 없다면 법을 펼 길이 없다고 생각했다. 그래서 지승(智昇) 스님의 호법(護法)의 의지를 본받아 가르침의 자취를 찾는 것으로 나의 임무로 삼아 최선을 다해 온 지 근 20년에 이르렀다.[118]

『신편제종교장총록(新編諸宗教藏總錄)』, 곧 의천이 편찬한 목록의 서문

---

[118] 의천, 「신편제종교장총록서(新編諸宗教藏總錄序)」, 『문집』 제1권.

에 담긴 내용이다. 가르침의 자취를 찾는 일, 의천은 그 일을 자신의 임무로 삼았다고 했다. 이 목록을 출간한 해가 선종 7년(1090년)이었으니 서른 여섯살이 되던 해였다. 열한 살에 출가했고, 열아홉 살에 『교장(敎藏)』 출간의 꿈을 밝힌 상소문을 썼으니 그 사이 언제서부터인가 의천은 결심을 굳히고 있었던 것으로 보인다. 십대 중반, 의천은 그때 이미 자신의 삶을 스스로 결단하고 있었다는 뜻이다. '가르침의 자취를 찾는 일'이다.

> 낮으로 밤으로 남의 보물 세더라도
> 정작 제게는 반 푼의 돈도 없어.

『화엄경』의 한 구절이다. 다문(多聞), 곧 부처님의 가르침을 많이 듣고 많이 기억하는 사람들을 지목해서 하는 말이다. 아무리 부처님의 말씀이라도 남의 이야기일 뿐이다. 그런 이야기 많이 듣고 많이 기억해도 남의 보물을 세는 일일 뿐이라고 한다. 돈은 세자고 있는 게 아니듯 가르침은 듣자고 있는 게 아니기 때문이다. 돈은 쓰자고 있는 것이고, 가르침은 실천하라고 있는 것이다. 『화엄경』의 저 구절은 말과 기억에만 집착하는 제자들을 비판하면서 나온 비유이다. 부처님은 실천은 제쳐두고 말로만 떠드는 일을 희론(戲論)이라고 했다. 말장난이다. 진지한 수행자는 자연히 말장난을 싫어한다. 그런데 가르침의 자취를 좇는 일, 그 자체가 말장난에 가까운 일이다. 이 모두가 『화엄경』에서 이야기하고 있는 다문(多聞)에 관한 일이다. 자취를 아무리 좇아 봐야 남의 돈을 세는 일일 뿐이다. 아무튼 의천이 스스로 지승을 지목했으니 지승의 말을 직접 들어 보기로 하자.

목록이 발전한 까닭은 참과 거짓을 구별하고, 시비(是非)를 밝히며, 사람과 시대의 고금을 기록하고, 권(卷)과 부(部)의 다소(多少)를 나누며, 빠진 것들은 채우고, 군더더기는 깎아내자는 것이다. 그리하여 바른 가르침을 고르고, 부처님의 말씀의 실마리를 따라 줄거리를 잡고 요점을 들어 분명히 볼 수 있도록 해 주자는 것이다. 다만 법문이 그윽하고 깊은데다 교화의 그물이 넓고 크다 보니 전후로 번역하여 유통한 것들이 세월이 흐르고 시대가 끊기면서 경전은 흩어져 사라지고 권축(卷軸)은 들쭉날쭉해져 버렸다. 게다가 이상한 사람들이 거짓되고 망령된 내용을 더하기도 하여 혼잡한 지경에 이르니 그 자취와 연원을 찾기 어려워지고 말았다…119

이런 것이 의천이 잇겠다고 했던 『개원석교록(開元釋敎錄)』의 의지이다. 목록을 만드는 까닭은 단순히 문헌을 분류하거나 검색하기 위해서가 아니다. 시비와 진위를 가리는 일이며, 바른 법의 자취와 연원을 밝히는 일이다. 하지만 이런 일은 모두 말이나 글에 달려 있다. 말의 실마리를 좇는 일, 게다가 그윽하고 깊고, 넓고 큰 말의 자취를 좇다 보면 넓은 대륙을 넘고 긴 시간을 건너야 한다. 평생을 바치고 대를 물려도 이룰까 말까, 진지한 수행자들의 눈에는 이런 게 모두 부질없이 '남의 돈을 세는 일'로 보인다. 그때도 그랬고, 지금도 그렇다. 남의 돈을 세는 일, 의천은 그런 일을 자임하고 나섰다. 그나마 눈 앞에 있는 돈도 아니다. 전쟁 통에 불타고 흩어져 버린 보물이다. 돈을 세려면 먼저 보물을 찾아야 한다.

<hr>

119　지승(智昇), 『개원석교록(開元釋敎錄)』 제1권.

그러나 성인이 가신 뒤로 점점 멀어지고, 게다가 변방의 땅에 바른 도(道)는 드물어 공부를 해도 삿된 곳에 떨어진다. 그래서 마침내 우리의 도(道)가 어느덧 사라질 지경이 되었다. 나는 해동의 선대(先代) 여러 스님들이 유통하던 기록이 학문적으로 정교하거나 넓지도 못하고 억설이 심해 모범이 될 만한 것이 백 가지 중에 하나도 없어서 성인의 가르침을 밝은 거울로 삼아 자기 마음을 비춰 볼 수 없다는 사실이 늘 한탄스러웠다. 한평생을 구구하게 단지 남의 보배만을 세고 있으니, 세상에서 이른바 균여(均如), 범운(梵雲), 진파(眞派), 영윤(靈潤) 등 여러 스님이 지은 잘못된 글들은 말이 글을 이루지도 못하고 뜻이 통하지도 않아 조사의 도(道)를 황폐하게 만들고 후배들을 현혹하는 것이 이보다 심한 것이 없었다.[120]

의천은 출가한 뒤로 평생 화엄경을 연구하고 강의하던 분이었다. 당연히 남의 돈을 세는 일의 의미도 잘 알고 있었다. 위의 인용한 글은 자신의 제자에게 남긴 글의 한 부분이다. 의천은 진지한 교육자이기도 했다. 그의 문집에는 제자들에게 주는 글이 네 편 남아 있다. 제목에는 다섯 편이라고 했는데 한 편은 떨어져 나가 전하지 않는다. 제자들에게 남긴 글은 자상하고 간곡하다. 교육자로서의 책임과 의무로 절절한 느낌이 들기까지 한다. '성인의 가르침을 밝은 거울로 삼아 자기 마음을 비추어 보는 일', 이런 것이 의천이 생각하는 교육의 길이었다. 그의 글에는 그런 마음과 당부가 담겨 있다.

---

[120] 의천, 「새로 참여한 학도(學徒), 치수(緇秀)에게 주는 글」, 『문집』 제16권.

   3. 의천의 일

하지만 정작 의천 자신은 그런 길을 걷지 못했다. 오히려 그의 삶은 '늘 한탄스러움'으로 일관되었다고 할 만큼, 의천이 생각하는 바른 도(道)가 사라질 지경이 되었기 때문이다. 그래서 그 길을 회복시키는 것으로 목표를 삼고 그 일을 해 왔기 때문이다. 그의 처지에서는 남의 돈을 세는 일 외에 달리 할 길이 없었기 때문이다.

> 취봉(鷲峰)의 샘과 바위,
> 한가하다 하니
> 찾아오면 비로소,
> 숨어들 것 생각하네
> 다만 교문(敎門)을
> 넓히는 일 시급하여 〔나는 교문(敎門)의 가르침을 유통하는 일을 맡고 있
> 어 널리 선양하고 지키는 것을 나의 임무로 삼았다〕
> 평생 즐길 만한
> 겨를이 없구나.[121]

> 몸을 꾀해 법(法)을 훔치는 요즘의 인심
> 도(道)는 무겁고 목숨은 가벼웠던 옛 사람 마음
> 아깝다 부처님의 진실한 마음 도장
> 하루 아침 너절한 자 품속으로 들었으니.[122]

의천은 '성인의 가르침을 밝은 거울로 삼아 자기 마음을 비추어 보는

---

[121]　의천, 「삼각산(三角山) 취령사(鷲嶺寺)에서」, 『문집』 제19권.
[122]　의천, 「강의하다 우연히 읊다」, 『문집』 제19권.

일'을 이상적인 공부의 길로 삼았다. 하지만 그는 그런 길을 마음껏 가보지도 못했다. 늘 산천에 은거하여 안빈낙도를 꿈꾸었지만 그럴 겨를조차 없었다. 다만 타의에 의해 해인사에 은퇴하여 잠시 산과 계곡의 한가로움을 즐길 기회가 있었지만, 그조차 숙종의 종용으로 서울로, 일로 복귀할 수밖에 없었다. 가르침을 유통하는 일, 의천은 그 일을 자신의 임무로 삼았고, 그 일에 충실했다. 흔적을 찾는 일이었고, 흔적을 모아 편찬하고 간행하는 일이었다. 의천은 법을 지키고 선양하는 일이라고 했다. 『문집』에 남아 있는 몇 편의 시, 도를 닦고 공부하고, 그런 일에 대한 아쉬움이 담긴 시편이 남아 있긴 하다. 그렇지만, 그런 글의 행간에서 읽히는 것은 오히려 자부심이다. 임무에 대한 사명감, 일에 대한 자부심, 의천은 스스로 선택하여 그런 길, 남의 보물이나 세는 일과 가르침의 흔적을 찾는 길을 갔던 분이다.

【 백가(百家)의 과교(科敎)를 일장(一藏)으로 묶다 】

돌아보면 우리나라는 오래 전부터 천축의 교화를 받들어, 비록 경론(經論)을 갖추기는 했으나, 소초(疏鈔)는 빠져 있었습니다. 고금(古今)과 요나라, 송나라에 (유통하던) 모든 백가(百家)의 과교(科敎)를 일장(一藏)으로 집성하여 유통시키고자 합니다.

열아홉 살에 아버지 임금께 상소문의 형식으로 밝혔던 의천의 본원, 그 본원의 정체가 이 한 문장 안에 고스란히 담겨 있다. 더할 것도 뺄 것도 없다. 의천은 일도 잘 했지만 요약도 무척 잘했다. 그래서 의천의 글은 간결하고 단순하다. 이 또한 좋은 일꾼의 덕목이랄 수도 있다. 어쨌든 이후 의천의 삶은 이 문장을 빼 놓고는 이해할 수도 없고, 설명할 수도 없다. 이 문장 안에 담긴 뜻을 본원으로 삼았고, 필생의 사명으로 삼았고, 자신의 일로 삼았기 때문이다.

이 문장에 담긴 뜻을 따져 보면, 다음과 같은 네 가지 키워드로 구성되어 있다는 것을 알 수 있다.

1. 고금(古今)과 요송(遼宋)
2. 백가(百家)의 과교(科敎)
3. 일장(一藏)으로 집성
4. 유통

고금(古今)은 시간의 표현이다. 예와 지금, 시간 전체를 가리킨다. 이에 비해 요나라와 송나라는 공간의 표현이다. 이 또한 공간 전체를 가리킨다. 요와 송, 그리고 당연히 포함되어야 할 고려, 그것이 의천 시대의 천하였다. 시간과 공간, 불교에서는 이를 세계(世界)라고 표현한다. 세(世)는 시간 개념이고 계(界)는 공간 개념이다. '고금과 요송'이라는 말에는 모든 세계가 담긴다. 시간과 공간을 넘어 이제까지 존재했던 모든 것을 대상으로 삼겠다는 뜻이다.

'백가(百家)의 과교(科敎)'는 이것이 바로 의천이 목표로 삼았던 구체적인 대상이다. 의천은 '제가(諸家)의 장소(章疏)'나 '제종(諸宗)의 장소(章疏)'라는 표현도 함께 쓰고 있다. 모두 비슷한 말이다. 모든 종파를 통칭하는 까닭에 백가(百家)라고 한 것이다. 시간과 공간을 아우르듯, 불교의 모든 종파에서 나온 모든 문헌을 대상으로 삼겠다는 뜻이다.

장(章)은 단락을 가리킨다. 『시경(詩經)』에 이르기를 '저 동네 사람들은 말만 하면 문장이 된다'고 했다. 혹은 장단(章段)이라고도 한다. 단락을 나누어 해석하여 몇 개의 장(章)을 이루는 것이다. 소(疏)는 의미를 통하게 한다는 말이다. 기(記)라고도 한다.[123]

장소(章疏)라는 말은 '단락을 나누어 분석하고 해석하여 의미를 통하게 한다'는 뜻에서부터 시작되어 경율론(經律論) 삼장에 대한 주석서를 통칭하는 말로 사용되어 왔다. 불교의 주석서를 장소라고 부르는 까닭은 불교문헌의 주석이 '단락을 나누어 해석'하는 방법을 중심으로 이루어져 왔기 때문이다. 그런 점에서 장소(章疏)와 과교(科敎)는 같은 뜻을 가진 말이다. 과교(科敎) 또한 가르침〔敎〕을 과(科), 또는 과단(科段), 다시 말해 단락으로 나누어 분석하고 해석한다는 뜻이기 때문이다. 이처럼 장소나 과교는 불교의 분석적인 주석 또는 해석의 전통으로부터 유래한 표현이다.

한(漢)나라 조정에 이르러 백마사(白馬寺)에서 가섭마등(迦葉摩騰)과 축법란(竺法蘭)을 맞을 수 있었습니다. 이후 현장(玄奘)과 의정(義淨)이 돌아왔고, 혹은 인도의 손님이 동쪽으로 오기도 하고 중국 스님이 서쪽으로 가기도 했습니다. 별을 보고 눈을 밟으며 줄지어 오고가면서, 참된 경전을 거듭 번역하여 가르침을 크게 펼치니 그 공은 크고 그 이익은 넓었습니다. 바른 법이 쇠약해지고 근기와 인연도 점점 둔해지니 간간이 바른 스승이 나타나

123　담연(湛然), 『법화문구기(法華文句記)』 제1권.

소(疏)를 지어 선양했고, 삼장(三藏)이 탄생하여 초(鈔)를 지어 이를 도왔습니다. 남기신 글들이 번성하고 온 세상이 받들어 행하니 참으로 한 시대에 할 수 있는 일을 마쳤다고 할 수 있겠습니다.[124]

의천이 목표로 삼고 있는 일의 대상은 한문으로 번역된 불교 문헌, 그리고 이에 대한 주석과 해석의 전통이다. 의천은 그 같은 문헌의 전통을 경론(經論)과 소초(疏鈔)라고 요약했다. 소(疏)는 삼장에 대한 주석을 가리키고, 초(鈔)는 다시 소(疏)에 대한 주석을 가리킨다. 주석에 대한 또 다른 주석이다. 인도나 서역(西域)에서 형성된 삼장(三藏)에 비하여 장소(章疏) 또는 소초(疏鈔)는 불교가 한문문화권으로 전해진 후 저술된 문헌을 통칭한다. 이들 장소나 소초는 주로 종파 위주로 발전되어 왔기 때문에 백가(百家), 또는 제종(諸宗)이라는 표현을 앞세우는 것이다.

불교의 장소는 남아 전하는 양도 방대하지만, 주석의 내용 또한 정교하고 복잡하다. 한문으로 저술된 장소에는 수 세기에 걸친 번역의 역사를 포함하여, 불교가 한문문화권과 접촉하면서 나타났던 숱한 지적, 문화적 논란들이 생생하게 담겨 있다. 동아시아 불교의 전통은 장소의 전통이라고 해도 과언이 아니다. 이처럼 장소의 전통이 방대하고 정교하게 발전할 수 있었던 까닭은 무엇보다 그 주석의 대상이 워낙 방대했기 때문이다. 주석의 직접적인 대상은 물론 경율론 삼장이다. 삼장은 오랜 시간과 광대한 대륙, 다양한 문화와 언어권역에 걸쳐 형성되고 유통되어 왔다. 의천의 표현대로 '인도의 손님과 중국의 스님이 동쪽으로 혹은 서

---

124 의천, 「세자를 대신하여 교장(教藏)의 결집을 발원하는 소」, 『문집』 제14권.

쪽으로 별을 보고 눈을 밟으며 오고가면서 참된 경전을 번역'하였다지만, 번역만으로는 의미가 쉽게 통할 수가 없었다. 불교문헌에 담긴 시간과 공간, 언어와 문화의 폭이 너무도 넓고 깊었기 때문이다.

천성(天聖) 4년(1026)

여름 4월, 내전에서 천태(天台) 지자(智者)의 경론(經論)에 대한 과교(科敎) 150권을 꺼내, 유정(惟淨) 삼장(三藏)에게 명령을 내려, 좌우가(左右街)의 승려들과 경성(京城)의 의학(義學), 문학(文學)을 연구하는 스님 20인을 모아 함께 교감하고 목록을 정해 대장경에 포함시키도록 하였다. 항주(杭州)에 칙명을 내려 인쇄한 판본들을 찾아 올려 보내도록 하고, 빠진 것이 있으면 인경원(印經院)에 맡겨 간행하도록 했다.

5월, 다시 당나라 자은사(慈恩寺)의 경전을 번역하던 규기(窺基) 법사의 경론(經論)에 대한 장소(章疏) 43권을 내어, 편집하여 대장경에 포함시키도록 하였다. 유정(惟淨) 등이 지자(智者)와 자은(慈恩)의 저술들을 『개원석교록(開元釋敎錄)』의 「동토집전(東土集傳)」 뒤에 첨부하도록 청하였다.[125]

오야 토쿠죠는 의천의 결집을 '공전(空前)의 위관(偉觀)'이라고 표현했다. 하지만 위에 인용한 글을 보면 과교(科敎)와 장소(章疏), 모두 의천 이전부터 널리 쓰이던 말이었다. 게다가 천태와 자은의 과교, 또는 장소를 정리하여 대장경에 편입시켰다고도 했다. 천태는 천태종의 창시자이고,

---

125   『경우신수법보록(景祐新修法寶錄)』 제17권. http://tripitaka.cbeta.org/A112n1502_012.

자은은 자은종, 곧 법상종의 창시자이다. 천성(天聖)은 송나라 인종(仁宗, 1010~1063) 때의 연호로, 1026년이면 의천이 태어나기 30년 전이다. 의천이 태어나기 30년 전에 송나라에서 여러 종파의 과교, 장소를 편집하여 대장경에 편입시켰다는 말이다.

송나라에서는 태조(太祖) 개보(開寶) 4년(971)에 시작하여 태종(太宗) 태평흥국(太平興國) 8년(983) 무렵 목판대장경을 조성했다. 최초의 목판대장경인 『개보대장경(開寶大藏經)』이다. 송나라의 『개보대장경』에는 『개원석교록(開元釋敎錄)』이라는 목록에 준해 총 481함(函), 5,048권의 불전이 포함되었다. 『개원석교록(開元釋敎錄)』은 당나라 개원(開元) 18년(730) 지승(智昇)이 지은 불전목록이다. 불교가 중국으로 처음 전래했다고 하는 서기 67년, 한나라 명제 때부터 개원 18년까지 664년 동안, 176명의 번역자가 한문으로 번역·저술한 문헌을 정리하여 작성한 목록이다. 불전을 보살장(菩薩藏)과 성문장(聲聞藏), 곧 대승과 소승으로 크게 나누고, 대승과 소승을 다시 경율론 삼장으로 구분하였다. 그리고 후대에 저술되어 삼장(三藏)의 구분에 포함시키기 어려운 문헌을 「현성집(賢聖集)」, 또는 「성현전기록(聖賢傳記錄)」이라 하여 삼장 뒤에 편성하였다. 「성현전기록(聖賢傳記錄)」은 인도에서 범어로 저술된 문헌을 한문으로 번역한 「범본번역집전(梵本翻譯集傳)」과 중국에서 한문으로 저술된 「차방찬술집전(此方撰述集傳)」으로 구분하였는데, 위 인용문에 나오는 「동토집전(東土集傳)」은 중국에서 저술된 「차방찬술집전(此方撰述集傳)」을 가리킨다. 동토(東土)나 차방(此方)은 모두 중국을 가리키는 말이다. 천태종의 과교 150권과 법상종의 장소 43권을 중국에서 저술한 문헌으로 분류하여 대장경에 편입시켰다는 뜻이다.

『개원석교록(開元釋教錄)』의 분류		
보살장(菩薩藏)	계경장(契經藏)	563부 2172권 203질
	조복장(調伏藏)	26부 54권 5질
	대법장(對法藏)	97부 518권 50질
성문장(聲聞藏)	계경장(契經藏)	240부 618권 48질
	조복장(調伏藏)	54부 446권 45질
	대법장(對法藏)	36부 698권 72질
성현전기록(聖賢傳記錄)	범본번역집전(梵本翻譯集傳)	68부 173권
	차방찬술집전(此方撰述集傳)	40부 368권

현재 『개보대장경』은 겨우 십여 권만 남아 있는 실정이어서 장소를 입장했다는 기록을 직접 확인할 도리는 없다. 다만 저 같은 기록을 통해 『개보대장경』이 완성된 이후 몇 차례의 개정·증보가 있었다는 사실, 그런 증보의 과정 안에 천태·법상·화엄종 계통의 장소가 포함되어 있었다는 사실을 추정해 볼 수 있을 뿐이다. 『속장경』이라는 표현은 후대에 생긴 것이지만, 이들 장소를 후대 『속장경』의 범주에 포함되는 문헌이다. 비록 저 장소는 별도로 분류하지 않고 기존의 「동토집전(東土集傳)」으로 분류하여 입장(入藏)하였다 하더라도 이를 속장경의 연원으로 간주하여도 큰 무리는 없어보인다. 의천의 일을 '공전의 위관'이라고 찬탄했다지만, 그 일도 그저 불쑥 시작되었던 것은 아니라 연원이 있었고 전통이 있었다.

> 『개원석교록(開元釋教錄)』은 지승(智昇)이 편찬했고, 『정원속개원석교록(貞元續開元釋教錄)』은 원소(圓炤)가 편찬했습니다. 두 책에 포함된 경율론(經律論) 등과 송나라에서 새로 번역한 경론 등 모두 6천여 권은 이미 판을 새겨서 유통하였습니다."[126]

---

126 의천, 「일본의 여러 법사들에게 교장(教藏)을 보내 줄 것을 청하는 편지」, 『문집』 제14권.

현조(顯祖)께서는 오천 축(軸)의 비장(秘藏)을 새겼고, 문고(文考)께
서는 십만 송(頌)의 계경(契經)을 새겼습니다. 정문(正文)은 비록 원
근에 반포했습니다만, 장소(章疏)는 거의 잃어버렸습니다.[127]

의천이 대비시킨 경론과 소초, 의천은 이를 다시 '삼장(三藏)의 정문
(正文)'과 '백가(百家)의 과교(科敎)'로 요약했다. '삼장의 정문'은 기존의 대
장경을 가리킨다. 『개보대장경』의 전통이고, 이를 이어 고려에서 조성
했던 이른바 『고려초조대장경』을 가리킨다. 현종 때에 새겼다는 오천 축
의 대장경은 송나라에서 가져온 『개보대장경』의 권수, 5,048권과 일치
한다. 『개원석교록(開元釋敎錄)』에 기초하여 조성했던 초기의 대장경이다.
이후에 증보했다는 『정원속개원석교록(貞元續開元釋敎錄)』의 문헌과 송나
라에서 새로 번역했다는 문헌 도합 6천여 권의 숫자는 현존하는 『초조대
장경』, 그리고 『고려재조대장경』, 곧 해인사 『팔만대장경』의 목록과 일
치한다.[128] 『개보대장경』을 증보하여 '삼장의 정문'은 그런대로 모습을
갖춰 반포했다는 뜻이다.

의천은 『개보대장경』 조성의 인연이나, 이후 증보의 정황에 대해서도
잘 알고 있었다. 무엇보다 지승(智昇)은 의천에게 매우 중요한 롤모델이었
다. 의천 스스로 고백하고 있듯, 그의 본원은 지승과 『개원석교록(開元釋敎
錄)』을 모델로 시작되었고, 이후의 일 또한 그 같은 모델을 충실히 따르고
있다. 의천은 『개원석교록(開元釋敎錄)』을 기초로 조성된 대장경을 '삼장
(三藏)의 정문(正文)'이라고 불렀다. 이에 비해 자신이 하고자 했던 새로운

---

127 의천, 「선왕(宣王)을 대신하여 제종교장을 조인(調印)하는 소」, 『문집』 제15권.
128 오윤희, 『대장경, 천 년의 지혜를 담은 그릇』, pp.174~175 참조.

문헌결집을 '백가(百家)의 장소(章疏)'라고 표현했다. 의천의 정의에 따르자면 『개원석교록(開元釋敎錄)』이 '삼장의 정문'을 결집하기 위한 목록이었다면, 자신이 편찬한 『신편제종교장총록(新編諸宗敎藏總錄)』은 '백가의 장소'를 결집하기 위한 목록이었다. 물론 『개보대장경』에 천태와 자은의 장소를 입장(入藏)한 사연도, 의천이 '과교와 장소'의 결집에 주목하는 데에 일정한 영향을 미쳤을 것이다. 특히 천태의 장소는 고려와도 밀접한 인연을 갖고 있었기 때문에 의천에게도 좋은 모델이 되었을 것이다.

의천은 송나라에 입국하여 변경(卞京)에 머무는 동안 태평흥국사(太平興國寺)를 방문하여 인도에서 온 천길상(天吉祥) 삼장을 만나 인도의 사정에 대하여 자세한 대화를 나누었다고 한다.[129] 천길상 삼장은 인도 나란타사의 스님으로 인종(仁宗) 때(1051) 송나라로 건너와 역경에 힘썼던 분이다. 당시 태평흥국사는 역경과 전법의 중심지였기 때문에 의천 또한 번역의 현장은 물론, 대장경의 편집과 출간, 유통에 대해서도 생생한 경험을 했을 것으로 짐작된다.

【 백가의 장소, 원효의 모델 】

모년 모일 구법(求法)의 사문 아무개는 다과와 제철 음식을 차려 해동의 교주(敎主), 원효 보살께 공양합니다.

삼가 이치는 가르침으로 말미암아 드러나고 도(道)는 사람을 통해 넓게 퍼집니다. 풍속은 경박스럽고 시절은 야박해지니 사람은 떠나고 도(道)는 망가졌습니다. 스승은 각기 자신의 종습(宗習)

129　임존(林存), 「남숭산선봉사해동천태시조대각국사비명(南嵩山僊鳳寺海東天台始祖大覺國師碑銘)」, 『외집』 제13권.

만을 북돋우려 하고, 제자는 또한 보고들은 것만을 집착합니다. 자은(慈恩)의 백본(百本)이나 되는 담론에 이르러서는 명상(名相)에만 집착하고, 천태산(天台山)에서의 90일간의 설법은 이관(理觀)만을 존중하고 있으니, 어느 한구석 얻어서 본받을 만한 문장이라고 할 수는 있겠으나, 두루 통한 가르침이었다고 할 수는 없겠습니다. 오직 우리 해동의 보살이 성상(性相)을 함께 밝히고 고금(古今)을 자세히 살펴 백가(百家) 이쟁(異諍)의 극단을 화합시키고, 한 시대의 지극히 공정한 논의를 세우셨습니다. 신통(神通)으로도 헤아릴 수 없고 묘용(妙用)으로도 생각하기 어렵습니다. 비록 먼지 속에 묻히더라도 참된 것을 더럽히지 않았으며, 비록 빛을 감추더라도 그 바탕을 바꾸지 않았습니다. 아름다운 명성을 중국과 인도에까지 떨치고 자비로운 교화가 이승과 저승에까지 미친 이유를 찬양한다고 하더라도 참으로 헤아리기조차 어렵습니다. 아무개는 타고나기를 천행으로 어려서부터 불전(佛典)을 좋아하여, 선철(先哲)을 두루 살펴보았지만 성사(聖師)를 능가하는 사람이 없었습니다.

미묘한 말씀을 오해하는 것이 아프고, 지극한 도가 쇠퇴하는 것이 슬퍼서, 명산들을 멀리 찾아다니고, 없어진 전장(典章)을 널리 구했습니다. 지금 계림(鷄林)의 옛 절에서 다행히 살아계신 것과도 같은 얼굴을 우러러 뵈니 영취산 옛 봉우리에서의 첫 법회에 참석한 듯 합니다. 여기 변변찮은 공양을 빌어 감히 두터운 자비를 바라오니 굽어 밝은 귀감을 드리우소서."130

---

130   의천, 「분황사 원효성사에게 드리는 제문」, 『문집』 제16권.

　의천이 경주 분황사에 들러 원효의 초상화를 보고 감격해서 제사를 올리며 지은 글이다. 글은 역시 짧고 간결하다. 앞에서 언급했듯 의천은 죽음을 앞두고 이전에 출간했던 자신의 저술을 모두 태워버렸다. 그런저런 연유로 남아 있는 자료들이 많지 않기 때문에 의천의 지적인 면모를 가늠하기가 쉽지 않다. 하지만 이 짧은 글, 역시 요약을 잘하던 의천의 역량이 유감없이 발휘된 명문이라는 생각이다. 이 글만 가지고도 의천이 평소에 품었던 꿈과 의지를 충분히 그려 볼 수 있기 때문이다. 특히 의천이 평생의 과업으로 삼았다던 문헌결집이라는 일, 그 일머리의 연원이 이 짧은 글 안에 농축되어 있기 때문이다.

　참고로 『문집』 제16권에는 모두 11편의 제문(祭文)이 남아 있다. 이 가운데 세 편은 아버지 문종, 형 순종과 선종에 대한 제문이고, 나머지 8편은 스님들에 대한 제문이다. 임금과 스님들에 대한 제문이 섞여 있는 것으로 보아 시간적인 순서로 편집을 했던 것으로 보인다. 원효에 대한 제문의 앞에는 선종에 대한 제문, 그리고 그 앞에 의상(義湘)에 대한 제문이 편성되어 있다. 이 순서대로 보자면 이 제문은 선종이 승하한 1094년 이후에 쓰인 셈이 된다. 선종의 앞뒤로 편성된 의상과 원효에 대한 제문, 해동의 화엄종을 대표하는 고승들이다. 의상의 제문은 뒷부분의 일부만이 남아 있어 그 전모를 알 수는 없지만, 어쨌든 글의 흐름으로만 보아도 두 편의 느낌에는 크게 차이가 난다. 화엄종의 승려, 의천은 의상을 할아버지(祖)로 자신을 손자로 표현하고 있다. 종파의 계보인 셈이다. 그뿐이다. 이에 비해 원효에 대해서는 해동의 교주, 원효 보살이라는 존칭으로 글을 시작하고 있다. 보살이란 표현은 인격(人格)을 초월한 최상의 존칭이다. 종파의 계보와는 격이 다르다. 성사(聖師)라는 표현도 쓰고 있다. 이런 존칭만으로만 따져 보아도 의천에게 원효란 존재는 최고, 최상의 모델이었음을 짐작할 수 있다.

> 『능가경(楞伽經)』의 세 가지 번역본에 대한 주석서는, 4권 본(本)에 수나라 때, 담천(曇遷) 선사의 소(疏) 6권이 있고, 당나라 이섭(利涉) 법사의 소(疏) 5권, 엄(嚴) 선사의 주(注) 7권 등이 있습니다. 요즘 강의를 하는 사람들은 이섭의 소(疏)에 의지하는 경우가 많습니다. 만일 10권 본을 강의하려면 우리나라의 고덕(古德), 원효 법사의 소(疏)를 활용할 수밖에 없습니다. 새로운 번역 7권에 대하여는 아직 장소(章疏)를 본 적이 없고, 원효의 소(疏) 8권을 먼저 보내드립니다.
>
> 원효 스님은 수나라 말에 태어나 당나라 초에 가르침을 폈습니다. 백 군데에서 모습을 나타냈고, 여섯 방위에서 열반을 보이셨습니다. 경전을 보면 모두 주석을 달았고, 통하지 않은 논(論)이 없었습니다.[131]

의천이 송나라의 원조(元照)에게 원효의 주석서를 소개하면서 했던 자랑으로 앞에서도 소개했던 글이다. 온갖 곳에서 모습을 나투었다는 신통한 원효, 『삼국유사』나 『송고승전』에도 같은 기록이 남아 있다. 이런 신통력이 갖는 의미는 차치하고라도, 아무튼 원효란 인물은 신라는 물론이고 국제적으로도 널리 알려졌던 인물이었던 것만은 틀림이 없다. 저 편지에서도 짐작할 수 있듯이 의천은 대장경은 물론 방대한 주석서에 대해서도 해박하고 정교한 지식을 갖추고 있었다. 원효에 대한 존경 또한 그

131　의천, 「송나라, 원조율사에게 답하는 편지」, 『문집』 제11권.

같은 폭넓은 독서와 비교 연구를 통해 나온 것이라고 할 수 있다.

제문의 내용을 살펴보면, 글자 하나를 덜기 아까울 정도로 귀중한 단서들이 농축되어 있다. 큰 일을 치러낸 의천, 그의 사상적 면모, 나아가 의천이 했던 일에 대한 목적 의식 등이 골고루 담겨 있기 때문에 글을 따라 가며 좀 더 자세히 살펴보기로 하겠다.

> 이치는 가르침으로 말미암아 드러나고 도는 사람을 통해 퍼집니다. 풍속은 경박스럽고 시절은 야박해지니 사람은 떠나고 도는 망가졌습니다. 스승은 각기 자신의 종습(宗習)만을 북돋우려 하고, 제자들은 또한 보고 들은 것만을 집착합니다.

이 구절은 이치(理)와 가르침(敎), 도(道)와 인(人)의 두 가지 대구(對句)로 구성되어 있다. 불교의 가르침과 이치의 관계, 특히 그 같은 관계에 있어서 사람의 역할을 강조하고 있다. 스승과 제자로 이어지는 사람의 관계를 통해 교리(敎理), 또는 도리(道理)가 전승되고 퍼진다는 견해를 담고 있다. 불교의 전통적인 사자(師資)의 관계를 강조한 것이다. 가르침은 이미 존재하는 것이기 때문에 이후의 일은 사람에게 달려 있다는 생각이다. 의천이 문헌의 전승과 유통에 집착하고, 교육을 중시하는 까닭이 여기에 있다. 도리(道理)의 전승과 유통이 사람에 달려 있기 때문이다. 사람으로부터 사람으로 이어 온 가르침의 전통을 되살려야 한다고 생각하기 때문이다.

의천은 자신의 시대를 말법(末法)의 시대로 규정하고 있다. 이 같은 견해는 『문집』은 물론 의천의 문장 여러 곳에서 반복적으로 나타나고 있다. 말법(末法)이란 표현은 삼시(三時)라는 불교 전통의 역사관을 담고 있다. 부처님의 출현, 또는 열반을 기점으로 불교의 가르침이 시간적으로 점차 쇠퇴해간다는 관점이다. 세 가지 시간이란 정법(正法), 상법(像法), 말법(末法)을 가리킨다. 정법의 시대는 가르침이 널리 퍼져 가르침에 의지하여 수행을 할 수 있고, 수행의 결과로 깨달음을 얻을 수 있는 시대이다. 상법의 시대는 가르침도 남아 있고, 수행도 이루어지지만 극히 적은 수의 수행자만이 깨달음을 얻을 수 있다. 말법의 시대는 가르침이 전해지더라도 수행도 할 수 없고, 따라서 깨달음도 얻을 수 없다. 하지만 경전에 따라 시간의 구분에도 차이가 있고, 각 시대의 시한(時限)도 천 년이나 오백 년 등으로 차이가 난다.

사람이 떠나 도가 망가진 현실, 사람과 사람으로 이어 온 전승의 전통이 끊어짐으로써 가르침으로 가기 위한 길이 끊어졌다는 뜻이다. 말법 시대의 특징이다. 의천은 이러한 관점에서 당시의 종파주의를 비판하고 있다. 종습(宗習)이란 표현에는 그런 비판적인 견해가 담겨 있다. 스승은 자신이 몸 담고 있는 종파, 자신이 이어 받은 종파의 종지(宗旨)만을 가르치려 하고, 제자들은 그렇게 보고 들은 가르침만 비판없이 받아들이고 집착하게 되었다는 말이다. 다시 말해 자기네 이야기만 하고 남의 이야기는 들으려고도 하지 않는다는 것이다. 자기가 좋아하는 책만 읽고, 생각이 다르고 그래서 맘에 들지 않는 책은 쳐다보지도 않는다는 뜻이다. 의천은 이런 풍속을 경박한 말세의 풍속이라고 거듭 한탄하고 있다.

> 자은(慈恩)의 백본(百本)이나 되는 담론에 이르러서는 명상(名相)에만 집착하고, 천태산(天台山)에서 90일간의 설법은 이관(理觀)만을 존중하고 있으니, 어느 한구석 얻어서 본받을 만한 문장이라고 할 수는 있겠으나, 두루 통한 가르침이었다고 할 수는 없겠습니다.

자은(慈恩)과 천태(天台), 앞에서 소개했듯 이들의 장소(章疏)를 대장경에 입장(入藏)했다던 인물들이다. 그만큼 시대를 넘어 불교를 대표하는 최고의 스승으로 존경받던 거물들이다. 의천은 이들을 일언지하, 한마디로 묶어 비판하고 있다. 비판의 내용을 떠나 어쨌든 의천의 배포만큼은 알아줘야 한다. 의천의 눈, 의천의 일이 그만큼 컸고, 그만큼 멀리까지 내다 본 것이었다는 반증이기도 하다. 의천에 대한 이해는 이런 배포, 이런 눈에서부터 시작해야 한다. 이런 눈, 이런 배포가 없었다면 당시의 불교계를 향해 '종습(宗習)에 얽매어 있다'는 강한 비판을 할 수도 없었을 것이고, 이를 말법시대의 현상으로 규정할 수도 없었을 것이기 때문이다. 말법시대라는 인식과 강한 비판정신이 있었기 때문에 개혁과 변화를 위한 일을 시작할 수 있었기 때문이다.

자은규기(慈恩窺基, 632~682)는 법상종(法相宗)을 세운 분이다. 법상종은 고려에서도 가장 유력한 종파의 하나였다. 그런 종파, 그런 인물을 비판하는 일, 아무나 할 수 있는 일이 아니다. 아무튼 자은은 17살에 삼장법사 현장(玄奘)의 문하로 출가했다. 현장이 한창 역장(譯場)을 열고 번역사업을 활발하게 추진하던 때였다. 자은의 학문은 범어 원전을 한문으로 번역하던 역장(譯場)에서 단련된 것이었다. 자은은 현장이 『유식론(唯識論)』을 번역하여 『성유식론(成唯識論)』으로 묶던 때로부터 가장 신뢰하는 제자로서 이후 모든 번역 과정에서 중요한 역할을 담당하였다. 당시 번역했던 대부분의 논서(論書)들에 대해 주석서를 저술하는 등, 숱한 저술을 남겨 '백본(百本)의 소주(疏主)' 또는 '백본(百本)의 논사(論師)'로 불리었다. 당시 번경원(翻經院)이 있던 자은사(慈恩寺)를 기반으로 활동하였기 때문에 자은 대사란 이름을 얻었다.

천태지의(天台智顗, 538~597)는 천태종(天台宗)을 개종(開宗)했다. '구십

일 간의 설법'은 이른바 '구순담묘(九旬談妙)'라고 알려진 이야기를 가리킨다. 천태가 『묘법연화경(妙法蓮華經)』을 강의할 때, 제목 가운데 묘(妙)라는 글자 하나만 가지고 90일 동안 강의를 했다는 이야기이다. 천태는 『묘법연화경』을 독송하다 깨달음을 얻은 이후로 자유자재한 기억력과 말솜씨가 생겼다고 한다. 원효의 신통했던 행적과 마찬가지로 신통한 전설이라 하겠다. 아무튼 이때의 강의를 제자가 받아 적은 것이 『법화현의(法華玄義)』라는 책이다. 당시 유통하던 경전의 가르침을 형식과 내용에 따라 '오시팔교(五時八敎)'로 분류하고 이를 다시 하나의 체계로 통일시킴으로써 천태종의 종지를 세우는 계기가 되었다고 한다. 자은이 역장(譯場)에서 숱한 문헌을 번역하며 얻은 지식과 경험을 바탕으로 학술적인 성취를 이루었다면, 천태는 타고난 재능과 수행을 통한 깨달음을 바탕으로 종지(宗旨)를 세웠다고 할 수 있다. 천태의 저술이 신통한 설화로 쌓여있긴 하지만, 그가 다루는 문헌은 방대하고 분석은 정교하다. 그의 저술에 담긴 내용은 물론이고, 장소(章疏)라는 주석의 형식 또한 천태의 저술을 통해 체계화되었고, 후대에 끼친 영향 또한 지대하다.

'명상(名相)과 이관(理觀)', 백본(百本)의 소주(疏主), 자은의 말은 명상에 치우쳤고, 구순담묘(九旬談妙), 천태의 말은 이관에 치우쳤다는 비판이다. 의천은 여기서 '취칙지문(取則之文) – 본받을 만한 문장'과 '통방지훈(通方之訓) – 두루 통하는 가르침'이라는 대구를 사용하고 있다. 통방지훈(通方之訓)은 이전부터 일우지설(一隅之說)과 대구로 쓰이던 표현이다. 일우(一隅), 곧 한 귀퉁이에 치우친 편견이란 뜻에 대해 모든 귀퉁이에 통하는 보편적인 가치를 담은 가르침이란 뜻이다. 취칙지문이란 표현은 그래도 일우지설, 일방적인 편견이라는 표현보다는 완화된 것이긴 해도, 의도는 분명하다. 훌륭한 말씀들이긴 하지만 어쨌건 두루 통하는 가르침은 아니라는 비판일 뿐이다. 말은 간단해도, 자은과 천태의 영향력을 고려한다면 이 또한 아무나 할 수 있는 말이 아니다. 그만큼 오해나 분란의 여지도 크다.

명상(名相)이란 표현은 불교의 전통적인 언어, 인식, 소통의 이론에서 유래한 표현이다. 명(名)은 말 그대로 이름이다. 이름은 사물에 대한 이름이다. 상(相)은 모양이다. 사물의 모양이다. 사물의 모양을 보고 사물을 인식한다. 그렇게 인식한 사물을 이름에 대응시킨다. 이름은 표현하고, 소통하기 위한 수단이고 그릇이다. 말을 하는 사람은 사물이라는 대상을 이름이라는 그릇에 담아 목소리로 표현한다. 말을 듣는 사람은 이름을 듣고 그 안에 담긴, 이름에 대응하는 사물을 인식한다. 이것이 소리를 통해 대화하고 소통하는 방식이다. 인간의 인식과 소통의 중심에 명상이 있다. 자은의 장소(章疏), 유식학(唯識學)이라고 부르는 학문은 명상에 대한 이론을 극한으로까지 몰고 간 정교한 학술의 체계라고 할 수 있다.

불교는 문자 그대로 깨달은 자, 불타의 가르침이다. 가르침이란 사람들이 하는 소통의 행위, 그런 여러 행위 가운데 하나이다. 불교의 가르침은 여러 종류의 통로와 방편을 통해 이뤄지지만, 주로 목소리를 이용한 대화를 중심으로 이루어졌다. 이 말은 가르침 또한 명상(名相)을 중심으로 이뤄졌다는 뜻이기도 하다. 명상(名相)을 통해 이뤄지는 가르침에는 몇 가지 전제가 필요하다. 무엇보다 명상을 통한 소통의 가능성이 전제되어야 한다. 명상을 통해 생각을 전달할 수 있어야 하고, 그렇게 전달된 생각을 이해할 수 있어야 한다. 가르침의 목적은 명상에 있지 않다. 이를 실천함으로써 삶을 변화시켜야 한다. 불교의 경우에는 부처님의 깨달음을 똑같이 재현하는 일이다. 그렇기 때문에 이러한 명상으로 소통하는 가르침의 내용을 실천에 옮길 수 있어야 한다. 가르침이 아무리 훌륭하다 하더라도 실천할 수 있는 길이 없다면 가르침 자체가 성립할 수 없다. 나아가 실천의 가능성이 전제된다 하더라도 실천을 통해 똑같은 결과, 똑같은 깨달음이 성취될 수 있다는 가능성 또한 전제되어야 한다. 소통의 가능성, 이해의 가능성, 실천의 가능성, 깨달음의 가능성, 이런 여러 종류의 가능성들이 전제되어야 가르침이란 행위가 성립할 수 있다. 게다가 그런 가능성이 모두 입증되었다고 하더라도 모든 사람이 가르침을 성취할 수도 없다. 다시 말해 그러한 가능성을 스스로 하나하나 구현해 갈 수 있는 능력과 방편이 있어야 한다는 뜻이다. 가르침은 이런 전제를 모두 포함한 상태에서 이뤄져야 한다.

따라서 명상에 대한 집착은 가르침에 대한 집착이다. 천태는 명상을 껍데기요, 가짜라고 한다. 불교에서 명상을 활용하는 까닭은 중생을 위해 임시로 사용하는 방편일 뿐이라고 한다. 그래서 이름과 모양을 떠나 성품을 보고 느껴야 한다고 한다. 임시로 가설(假設)된 모양에 대하여 실상(實相), 곧 참된 모양을 보아야[觀] 한다고 한다. 겉으로 보이는 모양 뒤에 숨어 있는 성품을 보아야 한다고 한다. 명상의 쓰임새를 부정하는 것은 아니지만, 명상만 가지고는 가르침의 전제를 보장할 수도 없고, 가르침을 실현할 수는 더더욱 없다고 한다. 이관(理觀)은 이런 것이다.

이런저런 이야기들, 말이야 간단해 보여도 그렇게 쉽게 넘어 갈 수 있는 이야기들이 아니다. 이야기 하나 하나에 심각한 함정이 도사리고 있다. 사소해 보이는 전제 하나가 전혀 다른 결론으로 이어질 수 있다. 논쟁이 이어지고 종파가 갈리는 것도 공연한 일이 아니다. 자은과 천태를 명상과 이관이라는 지극히 단순화된 말로 규정하는 일도 그렇거니와, 이들을 대립시키고, 나아가 이들의 체계를 일방에 치우친 편견으로 평가하는 일, 이 모두가 부당하고 위험해 보인다. 자은과 천태의 이론체계는 지극히 정교하고 복잡하다. 그 안에는 우리가 상상할 수 있는 온갖 종류의 이론적인 논쟁들, 인식, 소통, 수행, 윤리 등의 문제가 얽혀 있다. 그들의 이론체계 안에는 오랜 세월에 걸쳐 이어 온 논쟁의 역사가 담겨 있기 때문에 빈틈을 발견하기도 어렵고, 비판하기도 쉽지 않다.

아무튼 의천이 이처럼 부당하고 위험해 보이는 비판을 감행하는 배후에 원효가 있었다.

> 오직 우리 해동의 보살이 성상(性相)을 함께 밝히고 고금(古今)을 자세히 살펴 백가(百家) 이쟁(異諍)의 극단을 화합시키고, 한 시대의 지극히 공정한 논의를 세우셨습니다. 신통(神通)으로도 헤아릴 수 없고 묘용(妙用)으로도 생각하기 어렵습니다. 비록 먼지 속에 묻히더라도 참된 것을 더럽히지 않았으며, 비록 빛을 감추더라도 그 바탕을 바꾸지 않았습니다. 아름다운 명성을 중국과 인도에까지 떨치고 자비로운 교화가 이승과 저승에까지 미친 이유를 찬양한다고 하더라도 참으로 헤아리기조차 어렵습니다. 아무개는 타고나기를 천행으로 어려서부터 불전(佛典)을 좋아하여, 선철(先哲)을 두루 살펴보았지만 성사(聖師)를 능가하는 사람이 없었습니다.

오직 우리 해동의 보살만이 성(性)과 상(相)을 함께 밝혔고, 옛날과 지금의 일들을 모두 자세히 살폈다. 의천이 하고 싶었던 말이 바로 이것이었다. 그래서 자은과 천태를 마주 세웠고, 그들의 이론체계를 명상과 이관으로 단순화시켰던 것이다. 당시 불교의 이론체계를 대표하던 양대산맥, 자은의 법상종은 상(相)에 치우쳤고, 천태의 천태종은 성(性)에 치우쳤다는 것이다. 그래서 그들의 이야기는 취칙지문(取則之文)은 될지언정 통방지훈(通方之訓)은 될 수가 없었다는 것이다. 오직 원효만이 한 시대의 지극히 공정한 논의, 바로 통방지훈을 세웠다는 뜻이다.

'경전을 보면 모두 주석을 달았고, 통하지 않은 논(論)이 없었습니다.' 의천이 송나라의 원조(元照)에게 자랑했던 말이다. 원효는 백여 종이나 되는 주석서를 저술했다. 지금은 대부분 없어지고, 잔편을 포함하여 20종 정도가 남아 전하고 있다. 백본(百本)의 소주(疏主), 양으로 치자면 자은에 비길 만하지만, 질로 따지자면 비교가 되지 않는다. 자은의 저술이 주로 『유식론』에 관련된 문헌에 집중되어 있는 데 비해, 원효의 저술은 경률론 삼장에 골고루 퍼져 있고, 고금에 있었던 논쟁을 넓게 아우르고 있기 때문이다. 원효가 여러 종류의 문헌과 종파를 넘나드는 광범위한 저술을 했던 까닭은 그 뜻이 백가(百家)의 다툼을 화합시키려는 데 있었다. 그래서 빈 자리 없이 어디에나 통하는 가르침을 바로 세우려 했던 것이다. 게다가 원효의 세계는 이론의 세계에 갇힌 것도 아니었다. '먼지 속에 묻히고, 빛을 감추고', 노자(老子)가 했다는 말, 즉 화광동진(和光同塵)이다. 그토록 자유자재한 삶을 살며 헤아릴 수 없는 실천과 교화를 남겼다고 한다.

사람이 떠나고 도가 망가진 말법의 시대, 종파와 종습(宗習)에 얽매어 자기네 이야기만 하고 남의 이야기는 듣지도 보지도 않으려는 경박한 말세의 풍속. 의천이 원효를 그리워하는 까닭이 여기에 있다. 말법의 시대를 돌이킬 수 있는 길은 자은도 천태도 아니다. 그래서 의천은 이렇게 무지막지하고 위험천만한 이야기를 늘어놓고 있는 것이다. 말법의 시대가 안타깝고 그래서 이를 바꾸기 위한 길이 간절하기 때문이다. 오직 원효만이 그 길임을 알기 때문이다.

앞에서도 지적했듯, 원효는 자은도 천태도 쉽게 접근할 수도 비판할 수도 없는 정교하고 복잡한 이론의 체계를 갖고 있다. 섣부른 단순화나 비판은 쓸데없는 희론(戱論)과 이쟁(異諍)만을 불러일으킬 뿐이다. 의천은 '어려서부터 불전을 좋아하여 선철들을 두루 살펴보았지만 원효를 능가하는 사람이 없었다'고 했다. 섣부른 단순화나 비판이 아니라는 뜻이겠다. 충분히 살펴보았고 그럴 만한 근거를 가지고 비판을 했고, 그래서 원효를 선택했다는 것이다. 자은과 천태, 그리고 그들을 포섭하고 회통하는 원효의 세계, 이론적으로만 따지더라도 의천의 배포는 이렇게 크고 깊었다. 의천은 화엄종의 승려였고, 해동의 천태종을 새로 세웠다고 하지만, 어찌 보면 그는 화엄종도 천태종도, 그 어느 종파에도 얽매이지 않았다는 게 옳을 것이다. 굳이 종파를 따지고 사상의 경향을 규정해야 한다면 차라리 원효를 최고의 모델로 삼았던 원효종의 신도였다고 하는 편이 나아 보인다. 다만 아쉬운 것은 의천의 그런 생각, 판단의 근거가 남아 있지 않다는 사실이다. 그래서 그의 배포와 결기가 섣부르고 위험스러워 보인다는 것이다.

> 미묘한 말씀을 오해하는 것이 아프고, 지극한 도가 쇠퇴하는 것이 슬퍼서, 명산을 멀리 찾아다니고, 없어진 전장(典章)을 널리 구했습니다. 지금 계림(鷄林)의 옛 절에서 다행히 살아 계신 것과도 같은 얼굴을 우러러 뵈니 영취산 옛 봉우리에서의 첫 법회에 참석한 듯 합니다. 여기 변변찮은 공양을 빌어 감히 두터운 자비를 바라오니 굽어 밝은 귀감을 드리우소서.

의천은 그런 근거를 구구하게 설명하느니 차라리 일을 선택했다. 멀리 명산을 찾아다니며 흩어지고 사라진 책을 애써서 구하는 일이었다. 밝은 귀감, 원효는 의천에게 지고지상의 롤모델이었다. 의천이 백가(百家)의 장소(章疏)를 수집하고 정리하여 다시 유통시키려던 까닭은 원효의 모델을 따르고자 했기 때문이었다. '성상(性相)을 함께 밝히고 고금(古今)을 자세히 살펴 백가(百家) 이쟁(異諍)의 극단을 화합시키고, 한 시대의 지극히 공정한 논의'를 다시 세우기 위해서였다. 자기가 좋아하는 책을 읽고 정리하고 유통하는 일은 누구나 할 수 있는 일이다. 자기가 싫어하는 책, 자기와 다른 생각을 담고 있는 책, 그런 책을 몽땅 모아서 함께 유통시키는 일, 그런 일은 아무도 하지 않는 일이었다. 의천은 그 일이 원효의 모델을 따르는 일이라고 생각했고, 두루 통하는 가르침을 회복하여 말법의 시대를 극복하는 길이라고 믿었다.

의천의 일은 그저 좀먹은 책을 수선하고, 얽힌 문장들, 틀린 글자를 가지고 고심하던 고리타분하고 지루한 일만은 아니었다. 의천에게는 크고 화려한 꿈이 있었다. 자유분방한 상상력도 있었다. 의천의 꿈과 상상력은 천 년을 넘나들고 사막과 설산을 주름잡았다. 그 세계를 종으로 횡으로 모두 잡아 세계를 온통 바꾸어 버리려던 꿈이었다.

【 일장(一藏)으로 묶다, 선장(禪藏)의 모델 】

『선원제전집(禪源諸詮集)』은 여러 계파에서 선문(禪門)의 근원이 되는 도리를 표현하는 문자와 구절, 게송 등을 기록하여 일장(一藏)으로 묶어 후대에 전하고자 한 것이다. [132]

---

132 종밀(宗密), 『선원제전집도서(禪源諸詮集都序)』 상권.

규봉 선사가 선원(禪源)의 제전(諸詮)을 결집하여 선장(禪藏)으로
삼고, 전체에 대해 서문을 지으니 하동(河東)의 배휴(裵休)는 일찍
이 없었던 일이라고 말한다.[133]

규봉종밀(圭峰宗密, 780~841)은 화엄종(華嚴宗)의 조사(祖師)인 동시에,
하택선(荷澤禪)을 이어 받은 선종의 조사이기도 했다. 종밀은 이런 배경으
로 선종의 영향력이 빠르게 성장하는 환경에서 교선일치(教禪一致)를 주장
했던 대표적인 인물이었다. 출가 이전에 유학을 익혀 세속의 학문에도
정통하였다고 하니 그의 폭넓은 사상적 바탕을 짐작할 수 있겠다.

종밀은 선종의 여러 계파에서 전승되고 유통하던 기록들을 모아 『선
원제전집(禪源諸詮集)』이라는 제목으로 집성하였다. 백 권에 달하는 방대
한 집성이었으나 회창(會昌)의 법란(法難, 845) 때 유실되어 없어지고 말았
다. 종밀은 『선원제전집(禪源諸詮集)』을 집성하면서 선종의 기록들을 체계
적으로 분류하고, 총론이라고 할 만한 장문의 서문을 붙였다. 이것이
『선원제전집도서(禪源諸詮集都序)』로, 『도서(都序)』라는 이름으로도 널리
유통하였다. 우리나라에서도 전통강원의 주요한 교과목으로, 선종의
글, 교선일치(教禪一致)의 이론을 익힐 수 있는 입문서의 역할을 했다.

배휴는 『선원제전집(禪源諸詮集)』을 가리켜 선장(禪藏)이라고 표현했다.
이것이 선장이라는 표현의 효시이다. 60권본 『화엄경』에 선장이라는 말
이 나오긴 하지만, 장(藏)이라는 글자가 지닌 비유적인 의미로 쓰일뿐,
문헌집성이라는 의미는 없다. 배휴가 선장이란 표현을 썼을 때에는 응당
대장경이라는 단어에 쓰인 의미로서의 장(藏), 곧, 결집이나 문헌집성의

---

133   배휴(裵休), 「선원제전집도서서(禪源諸詮集都序敍)」.

                                     3. 의천의 일

의미를 담고 있었다. 이에 대해 종밀은 '일장(一藏)으로 묶어 후대에 전한다'고 응답했다. 여기에서의 일장(一藏)이란 물론, 대장경의 삼장(三藏)을 염두에 둔 것이겠다.

> 일장(一藏)의 경론(經論)에는 세 가지 종류가 있고, 선문(禪門)의 말과 가르침에는 세 가지 종(宗)이 있다.[134]

종밀이 말하는 '일장(一藏)의 경론'이란 물론 대장경을 가리킨다. 종밀은 대장경 전체를 교(敎)의 역사로 간주한다. 그리고 이를 선(禪)과 대비하여 경(經)은 부처님의 말씀이고, 선(禪)은 부처님의 뜻이라고 정의한다. 다시 말해 종밀이 말한 '일장(一藏)으로서의 선장'은, 일장(一藏)으로서의 대장경 전체에 대응된다는 것이다. 종밀은 이런 전제 위에서 선과 교를 각각 세 종류로 분류하고 이들의 대응관계를 따져 이른바 교선일치라는 목표로 융합시켜 간다.

> 고금(古今)과 요나라, 송나라에 (유통하던) 모든 백가(百家)의 과교(科敎)를 일장(一藏)으로 집성하여 유통시키고자 합니다.[135]

집위일장(集爲一藏), '일장으로 묶는다'는 말이다. 일단 내용은 미뤄두기로 하자. 열아홉 살 의천은 종밀과 똑같은 표현을 사용하고 있다. 이 표현뿐만이 아니다. 위 문장의 구성은 종밀의 문장과 구성이 완전히 똑같다. 다만 집성하려는 대상이 다를 뿐이다. 종밀은 대상은 '여러 계파에

134　종밀(宗密), 『선원제전집도서(禪源諸詮集都序)』 상권.
135　의천, 「세자를 대신하여 교장(敎藏)의 결집을 발원하는 소(疏) 19세에 지음」, 『문집』 제14권.

서 선문(禪門)의 근원이 되는 도리를 표현하는 문자와 구절, 게송 등'인 데 비해 의천의 대상은 '고금(古今)과 요나라, 송나라에 (유통하던) 모든 백가(百家)의 과교(科敎)'로 차이가 날 뿐이다. 목적도 똑같다. 종밀은 '후대로 전한다'고 했고, 의천은 '유통시키겠다'고 했다. 일장으로 묶어 후대로 전하여 유통하고, 의천의 일은 종밀의 일과 이렇게 닮았다. 다만 종밀의 일은 선장(禪藏)이 되었고, 의천의 일은 교장(敎藏)이 되었을 뿐이다.

물론 종밀과 의천의 표현이 비슷하다고 해서 의천의 교장(敎藏)이 종밀의 선장(禪藏)을 모델로 삼았다고 단정할 직접적인 증거는 없다. 시간적으로 차이가 나긴 하지만, 의천이 편집한 『원종문류(圓宗文類)』에 『선원제전집도서(禪源諸詮集都序)』의 내용과 선장(禪藏)이라는 표현을 다루는 글이 담겨 있다.136 당시 고려에서도 종밀의 문장이 널리 알려져 있었고, 의천 또한 이를 숙지하고 있었다는 근거는 될 수 있다. 이 글에서는 '일장의 경론'이라는 표현을 '대승의 경교(經敎)'라고 바꾸고, 세 가지 종류 또한 교종(敎宗)의 법상종(法相宗), 파상종(破相宗), 법성종(法性宗)으로 구체적인 종파를 명시하고 있다. 이러한 표현은 '성상(性相)의 겸학(兼學)'을 주장하던 의천의 말투와 더욱 닮았다.

의천 당시 교장(敎藏)이라는 표현은 '천태의 교장(敎藏)'으로, 천태종의 장소를 통칭하는 표현으로 널리 쓰이던 말이었다. 예를 들어 의통(義通)의 제자 자운(慈雲, 964~1032)은 『교장수함목록(敎藏隨函目錄)』이라는 목록을 작성하였다고 한다.137 의천의 교장은 이 같은 종파의 교장을 백가, 또는 제종(諸宗)의 교장으로 의미를 확장시킨 것이다. 의천은 이와 함께 천태종이나 법상종처럼 각 종파의 교장을 대장경의 하위개념으로 편입시킬

---

136   의천 편, 『원종문류(圓宗文類)』 제22권.
137   지반(志磐), 『불조통기(佛祖統紀)』 제10권.

것이 아니라, 제종의 교장을 따로 묶어 대장경에 대하여 일장(一藏)으로 결집하려는 목표를 세웠다. 이런 점에서도 의천의 의도는 종밀의 의도에 근접해 보인다. 종밀이 '선원(禪源)의 제전(諸詮)'을 대장경에 대응하여 '일장으로 묶었'듯이, 의천 또한 '백가의 과교'를 대장경에 대응하여 '일장으로 묶었다'는 것이다.

【 성상(性相), 겸학(兼學)의 모델 】

> 본 강주(講主)로 말하자면 뒤에 현화사(玄化寺) 우상 대사(祐翔大師)로부터 『유식론(唯識論)』 강의를 들었고, 또 여항(餘杭) 혜인사(慧因寺) 정원(淨源) 스님의 문하에서 『화엄경』을 전해 받았으며, 동경(東京) 현성사(顯聖寺)의 임 법사(琳法師) 문하에서 질문을 하고 의문을 해결하였다. 그 후 가르침을 전하는 일을 자임하고 흥왕사(興王寺)에 주석하게 되면서 『화엄경』을 강연한 지 열 차례를 채웠다. 그리고 가야산 해인사에 은퇴하여 숲과 샘이 주는 즐거움을 사랑하며, 저술을 하려는 마음을 내어 백가(百家)의 책을 두루 읽었다.[138]

『성유식론단과(成唯識論單科)』의 서문이다. 앞에서 과문(科文)을 통한 구조적인 읽기의 모델을 다루면서 소개했던 책이다. 아무튼 이 책은 의천이 해인사에 은퇴했을 때의 작품이다. 의천은 '숲과 샘이 주는 즐거움을 사랑하며 저술을 하는 마음을 내어 백가의 책을 두루 읽었다'고 표현

---

138   의천, 「성유식론단과서(成唯識論單科序)」, 『문집』 제11권.

했다. 의천의 일생에서 이런 생활, 이런 일, 이런 저술은 매우 이례적인 것이었다. 의천은 늘 이런 삶을 꿈꾸었지만, 그가 선택했던 것은 문헌을 수집하고 정리하여 유통시키는 일이었다.

> 미묘한 말씀을 오해하는 것이 아프고, 지극한 도가 쇠퇴하는 것이 슬퍼서, 명산을 멀리 찾아다니고, 없어진 전장(典章)을 널리 구했습니다.

원효의 초상화 앞에서 고백했던 일, 일에 몰두하던 의천의 삶은 해인사로의 은퇴를 계기로 큰 위기를 맞게 된다. 앞에서 소개했듯 은퇴 직후 지은 시편에는 극심한 좌절감이 담겨 있다. '남은 것은 오로지 정토(淨土)로 가는 길뿐', 모든 것을 포기하고 죽음을 대비하는 일밖에 남은 것이 없다고 했다. 그러던 그가 마음을 잡고 안정을 찾게 해준 계기가 바로 이 저술, 『성유식론단과(成唯識論單科)』였다. 앞에서도 소개했듯 김부식은 『영통사비명』에서 의천이 평소 '오래도록 길이 남을 만한 저술을 남기려고 했지만 뜻을 이루지 못했다'고 했다. 공부나 저술 대신에 일을 선택했기 때문이었다. 의천은 타의에 의해 일을 떠나 해인사에 은퇴하면서 비로소 일을 떠나 공부와 저술에 몰두할 수 있는 기회를 얻었던 것이다.

> 공부를 하고자 한다면, 『기신론(起信論)』과 『유식론(唯識論)』의 두 논서가 있으니, 이들은 성종(性宗)과 상종(相宗), 두 종파의 핵심이다. 공부하는 사람은 마땅히 마음을 있는 대로 다 쏟아야 할 것이다. 그러나 『기신론(起信論)』은 대강이라도 공부한 적이 있지만, 『유식론(唯識論)』에 대하여는 열심히 읽지 않았기 때문에 그

3. 의천의 일

현란한 말에 빠져 중요한 의미를 혼동하게 될까 두려웠다. (중략)
간혹 '현수(賢首) 오교(五敎) 중에서 『유식론』과 『유가론(瑜伽論)』
을 대승시교(大乘始敎)로 교판했으니, 따라서 절대로 구경(究竟)의
깊고 묘한 가르침이 아니다'라고 하며 '법사(法師)는 화엄종을 감
당하면서 하필 곁으로 힘을 ……?'라고 하는 사람들이 있지만
… (결락)
겸하여 배우는〔兼學〕 것이다. 대개 (결락)
그러므로 자은(慈恩)의 소(疏)에서 여섯 경전을 인용하면서 『화엄
경』을 제일 앞에 내세웠고, 또 "경전은 근본이니 법상(法相)을 따
라 선양한 것이고, 논서는 말종(末宗)이니 부처님의 말씀을 받아
서 논리를 세운 것이다."라고도 하였다. 서명(西明)이 지은 소(疏)
에서, 귀명게(歸命偈)의 '만분(滿分)'이라는 말을 해석하면서 "만
(滿)은 곧 여래(如來)이며, 분(分)은 금강장(金剛藏), 해탈월(解脫月, 보
살)이다."라고 한 것을 보면, 경(經)과 론(論)의 본(本)과 말(末)을 깊
이 이해했다고 하겠다. 게다가 청량(淸凉)이 "성(性)과 상(相)은 하
늘의 일월(日月), 주역(周易)의 건곤(乾坤)과 같다. 두 가지 축을 겸
해서 공부해야 비로소 통한 사람이라고 하겠다."라고 했다.
이로써 알 수 있으니, 『구사론(俱舍論)』을 배우지 않고서는 소승
의 주장을 이해할 수 없고, 『유식론』을 배우지 않고서 어떻게 시
교(始敎)의 종취를 알겠으며, 『기신론』을 배우지 않고서 어떻게
종교(終敎)와 돈교(頓敎)의 취지를 밝히겠는가. (중략)
요즘 불법을 배우는 사람들이 '몰록 깨달았다'라는 말을 하면서
방편과 소승을 멸시하다가, 성상(性相)을 논하는 자리에서 곧잘
사람들의 웃음거리가 되곤 한다. 이는 모두 겸해서 공부하지〔兼

[學] 못한 허물이다.[139]

『성유식론(成唯識論)』은 세친(世親)이 지은 『유식삼십론송(唯識三十論頌)』에 대한 주석서로 법상종에서 가장 중시하는 문헌이다. 이 문헌은 본래 호법(護法) 등의 이른바 십대논사(十大論師)가 세친의 저술에 대해 각기 10권씩의 주석을 달아, 합하여 백 권으로 유통하였다. 현장(玄奘)이 이 문헌을 번역을 할 때, 그의 제자 자은(慈恩)의 주장에 따라 호법(護法)의 주석을 중심으로 10권으로 추려 번역했다고 한다. 해인사에서 은퇴했던 의천은 다른 문헌을 다 제쳐두고 다른 종파인 법상종에서 중시하는 『성유식론』을 선택했다. 의천 스스로 그 까닭을 '『성유식론』이 상종(相宗)의 핵심인데, 열심히 읽지 않았기 때문에 그 현란한 말에 빠져 중요한 의미를 혼동하게 될까 두려웠기 때문'이라고 설명하고 있다.

> 오직 우리 해동의 보살이 성상(性相)을 함께 밝히고 고금(古今)을 자세히 살펴 백가(百家) 이쟁(異諍)의 극단을 화합시키고, 한 시대의 지극히 공정한 논의를 세우셨습니다.[140]

의천이 모델로 삼았던 원효, 아마도 의천은 이 같은 신념을 확인하고 싶었는지도 모른다. 성상(性相)을 함께 밝히는 것, 그래서 두루 통한 가르침을 확인하고 계승하는 것, 다만 책을 정리하여 가르침을 지키는 일을 넘어 그런 이야기들을 직접 해 보고 싶었는지도 모른다. 의천은 불전을 좋아하여 여러 저술을 두루 살펴보았지만 원효를 능가하는 사람이 없었

---

139   의천, 「성유식론단과서(成唯識論單科序)」, 『문집』 제1권.
140   의천, 「분황사 원효 성사에게 드리는 제문」, 『문집』 제16권.

다고 했다. 그래서 원효를 보살이라 부르고 성사(聖師)라고 칭찬했다. 그렇다 해도 그런 평가는 말하자면 아직까지는 심중에 불과하다. 의천은 그런 이야기를 본격적으로 해 본적이 없었다. 자은의 저술, 천태의 설법을 한 구석에 치우친 것이라고 비판은 했지만, 그런 이야기를 입증해 본적도 없었다. 어찌 보면 이런 점이 의천에게 빠진 부분이었다. 큰 일을 하는 사람에게는 큰 꿈이 있어야 하고, 큰 계획이 있어야 한다. 의천은 큰 꿈과 큰 계획을 갖추고 있었고, 이를 실천해 낼 역량도 있었다. 그렇지만 큰 일에는 큰 설득력도 필요하다. 원효를 모델로 삼는다지만, 그것도 아직은 의천의 심중에만 담겨 있던 생각이다. 의천은 그런 생각을 표현하고 설득해야 했다.

> 신이 듣기에 석가모니가 세상에 나와 가르침을 세우신 것은 중생을 교화하려는 것이었습니다. 그러므로 설법(說法)에는 권실(權實)과 점돈(漸頓)의 차이와 반만(反滿)과 편원(偏圓)의 차별이 있습니다. 이 때문에 인도 오천 축의 높은 학자들과 중국의 저명한 학자들 가운데 공(空)이나 유(有)에 집착한 이들이 매우 많았고 성(性)이나 상(相)을 종(宗)으로 삼는 이들도 매우 많았습니다. 그러나 성(性)과 상(相)은 회통하면 하나일 뿐입니다.[141]

앞에서 현화사의 소현과의 인연을 소개하며 인용했던 「혜덕왕사비」에 들어 있는 말이다. 이 비문을 지은 이오(李顥, 1042~1110) 또한 집안 사람이다. 소현은 의천의 외숙이고, 이오는 외사촌이다. 문종부터 예종까

141　이오(李顥), 「금산사(金山寺) 혜덕왕사(慧德王師) 진응탑비(眞應塔碑)」, 한국금석문종합연상정보시스템(http://gsm.nricp.go.kr).

지 여섯 임금을 섬겼던 관료요 문장가였다. 의천과의 인연도 깊어서『고려사(高麗史)』에는 의천이 입적하였을 때, 이오의 주장으로 숙종과 조정이 검은 관에 소복을 하고 3일 동안 조회를 쉬었다고 했다.

이 자리에서 이오의 문장을 소개하는 까닭은 저 글의 내용이 의천이 주장하던 내용과 대동소이하기 때문이다. 이오가 소현의 비문을 지으면서 저런 내용을 집어넣은 까닭은 소현의 삶을 묘사하기 위해서였다. 소현의 삶이 그랬고, 이오도 그걸 알고 있었다는 뜻이다. 성(性)과 상(相), 성종(性宗)과 상종(相宗), 회통하면 하나일 뿐이라는 사실, 이오가 불교에도 조예가 깊었던 학자였다고는 하지만, 불교를 조금이라도 공부한 사람이라면 누구나 하던 이야기이고 누구나 알던 사실이다. 이치로 보아도 뻔한 사실, 그래도 성(性)에 집착하고 상(相)에 집착하여 갈등하고 다툰다. 말은 쉬워도 실제로 이해하고 실천하는 일은 어렵기 때문이다.

이오가 소개했던 네 가지 대구, 권실(權實), 점돈(漸頓), 반만(半滿), 편원(偏圓), 이 모두 부처님의 가르침을 구분하는 범주들이다. 권(權)은 방편이나 수단을 뜻한다. 권교(權敎)는 가르침을 받는 대상의 잠재력에 맞추어 방편으로 세운 가르침을 뜻한다. 이에 대해 실교(實敎)는 방편이나 수단을 개입시키지 않은 진실한 가르침이다. 점(漸)은 차례와 단계를 거친다는 뜻이고, 돈(頓)은 차례나 단계없이 단박에 이뤄진다는 뜻이다. 가르침에도 점돈이 있고, 수행에도 점돈이 있다. 하나하나 차례를 거쳐 이해를 시켜 가는 방법과 단박에 핵심을 짚어주는 방법이다. 단계를 거쳐가며 수행을 채워가는 방법도 있지만, 단계를 뛰어넘어 한 순간에 목표를 이루는 수행도 있다. 반만(半滿), 곧 반자교(半字敎)와 만자교(滿字敎)의 구분은 본래 고대 인도의 문법에서 유래했다. 반자는 자음과 모음을 가리키고 만자는 자모를 합해 만든 글자들을 가리킨다. 불완전하고 완전한 가르침이란 구분으로 보통 소승의 가르침을 반자교라 하고, 대승의 가르침을 만자교라고 한다. 편(偏)은 치우친 가르침이고 원(圓)은 원만하고 구족한, 완전한 가르침이다.

가르침에 이런 차이와 구분이 생긴 것은 수기설법(隨機說法), 곧 부처님이 가르침을 받는 대상의 근기(根機), 성격과 잠재력에 맞추어 차이를 두어 설법을 했기 때문이다. 시간이 흐르고 가르침의 기억들이 기록되어 유통하고 전승되면서 그런 차이들로 인해 오해와 갈등이 생겨났기 때문이다. 가르침을 구분하는 까닭은 그래서 차이를 이해하고 인정하자는 뜻이고, 차이를 극복하고 전체를 체계적으로 이해하자는 뜻이다. 공(空)과 유(有), 성(性)과 상(相)의 대구도 마찬가지이다. 하나의 가르침 가운데는 공을 강조한 부분도 있고, 유를 강조한 부분도 있다. 본성(本性)을 바로 가리킨 가르침도 있고, 현상(現相)을 자세히 구분하는 가르침도 있다. 차이가 있기 때문에 능력과 취향에 따라 어느 하나를 선택하고 종으로 삼을 수는 있지만, 크게 보면 같은 가르침의 부분일 뿐이다. 상종(相宗)의 가르침 안에도 성(性)을 이야기하고 성상을 합하는 부분이 있다. 마찬가지로 성종(性宗)의 가르침 가운데도 상을 이야기하고 성상을 융합하고 회통한다.

소현이나 이오, 의천과 원효, 모두가 같은 생각이다. 의천은 그런 모델에 따라 모든 종파의 가르침, 문헌을 차별없이 수집하고 정리하여 하나의 장(藏)으로 묶는 일을 시작했던 것이다. 누구나 알고, 너무나 뻔한 사실, 그래도 종파는 존재하고 갈등은 여전하다. 의천이 새삼 『성유식론(成唯識論)』을 다시 공부하고 『성유식론단과(成唯識論單科)』를 지은 까닭은 그런 갈등을 치유하기 위해서였다. 의천은 이를 겸학(兼學)이라고 표현했다.

겸학(兼學)이나 겸수(兼修), 지금은 의천의 사상을 대변하는 트레이드

마크처럼 따라다니는 수식어들이다. 하지만 상식적으로만 따져봐도 이런 표현들은 뻔한 이야기이다. 특별히 꼬집어서 견해랄 것도 없고 사상이랄 것은 더더욱 없다. 그런데도 의천이 이런 표현에 집착했던 까닭은 그 뻔한 생각, 뻔한 일조차 아주 잊혀져 버렸기 때문이다. 하나의 종파, 하나의 전통에 매몰된 사람들은 차이를 인정하지 못한다. 차이를 인정하고 이해할 필요조차 없다. 의천은 그런 풍속을, '스승은 각기 자신의 종습(宗習)만을 북돋우려 하고, 제자들은 또한 보고 들은 것만을 집착한다.'고 표현했다. 그런 현실을 말법의 현상이라고 이해했고, 사람은 떠나고 도(道)는 망가졌다고도 했다. 의천의 일, 의천의 사명은 함께 읽고, 함께 배우며, 함께 토론하고 함께 수행할 수 있는 환경을 만드는 일이었다. 무엇보다 흩어지고 잃어버린 기억들, 문헌을 수집하여 유통시킬 수 있어야 했다. 함께 읽고 함께 배우고 싶어도 그럴 환경이 없다면 말법의 현실을 돌이킬 방도가 없다. 책이 있어야 읽을 수도 있고, 읽을 줄 알아야 배울 수도 닦을 수도 있다. 의천은 그런 일을 선택했고 일생을 걸었다.

『성유식론단과(成唯識論單科)』의 서문에는 그런 이야기들이 담겨 있다. 이 또한 자신의 종파, 화엄종의 학생을 위해 편집한 것이다. 남의 종파, 남의 책을 읽어야 한다는 것이고, 읽는 방법을 찾고 일러주는 것이다. 의천의 입장에서 보자면 이런 책을 만들고 이런 이야기를 하는 것도 모두 일의 연장일 뿐이다. 겸학이나 겸수를 할 수 있는 환경을 만드는 일이다. 아무나 꿈꾸고 시도할 수 있는 일이 아니다. 의천은 이런 큰 일에 집착하면서 저런 생각, 저런 이야기를 펼칠 준비도 기회도 만들지 못했다. 그는 다만 뻔한 이야기에 대한 신념을 가지고 일에 집중했을 뿐이었다. 그런 의천이 정작 저런 생각, 저런 이야기를 시작하게 된 것은 일에서 밀려나고 쫓겨난 뒤였다. 일을 포기하고 죽음을 대비하던 때였다. 어찌 보

면 의천이라는 인물과 의천이 하려고 했던 일에도 불행이라면 불행이랄
수 있는 아이러니라고 할 수 있겠다.

● 교장의 일머리
【『신편제종교장총록(新編諸宗教藏總錄)』】

옛날 영평(永平) 시대 이후 패엽경(貝葉經)이 이어 들어와 번역하
고 유통한 것이 대대로 끊어진 적이 없었다. 정관(貞觀) 시대에
이르러 경과 논이 크게 갖추어지니 이에 따라 서방 성인의 가르
침이 밀물처럼 쏟아져 감당하기 어려울 지경이 되었다.
섭도진(聶道眞)과 도안(道安)으로부터 명전(明佺)과 선율사(宣律師)에
이르기까지 각각 목록을 작성하였으니 진록(晉錄) 또는 위록(魏錄)
등으로 불렀다. 하지만 같은 책이 따로 발견되어 과거의 목록과
다른 이름을 붙이게 되니 혼동이 많았다. 진위(眞僞)가 서로 엉키
어 때로는 하나의 경전이 두 개의 경전으로 되기도 하고, 때로는
(한 경전에 포함된) 지품(支品)을 별도로 번역하기도 하여 40여 가
지 목록이 어지러워진 지 오래되었다.
개원(開元) 시대에 위대한 법사(法師)가 나오니, 지승(智昇)이라고
하는 분이었다. 잘못된 부분을 제거하고 중복된 부분을 간추려
한 권의 책으로 묶으니 바로 『개원석교록(開元釋敎錄)』이라는 목
록이다. 모두 20권으로 가장 정교하고 긴요했다. 사람들이 경법
(經法)의 목록으로서는 지승을 능가할 사람이 없다고 평가했으
니, (부처님께서) 남기신 가르침을 지키는 데 이보다 더 큰 공이
없다고 하겠다.

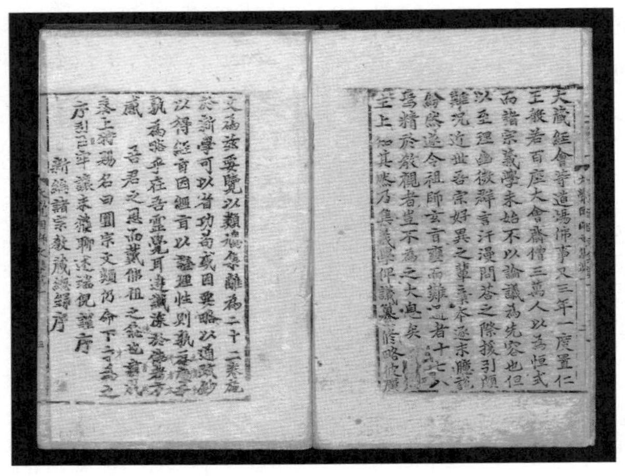

『문집』 제1권, 「신편제종
교장총록서」

나는 일찍이 경론(經論)을 갖추었다 하더라도 주석서〔章疏〕가 없
다면 법을 펼 길이 없다고 생각했다. 그래서 지승 스님의 호법(護
法)의 의지를 본받아 가르침의 자취〔敎迹〕를 찾는 것을 나의 임무
로 삼아 최선을 다해 온 지 근 20년에 이르렀다. 이제까지 수집
한 여러 종파에서 저술한 신구(新舊)의 주석서를 혼자 감추어 두
지 않고 정리하여 공개하려고 한다. 뒤에 다시 수집하는 것들도
그때마다 기록하려고 한다. 혹시 장래에 함(函)과 질(帙)로 순서
를 정해, 삼장(三藏)의 정문(正文)과 함께 무궁하게 전해질 수 있다
면 내 소원은 끝나는 것이다.

때는 고려 13대 치세 8년, 경오(庚午) 8월 초 팔일 해동의 화엄대
교를 전하는 사문 아무개는 적는다.[142]

---

[142]　의천, 「신편제종교장총록 서문」, 『문집』 제1권.

앞에서도 일부 인용했던 『신편제종교장총록』의 서문이다. 경오년이면 1090년이다. 일본에서 편찬한 『대정신수대장경(大正新修大藏經)』에는 『신편제종교장총록』 3권이 포함되어 있다. 1693년에 간행한 오타니 대학 소장본을 저본으로, 1176년의 고산사(高山寺) 소장 필사본을 대조했다고 한다. 이 안에 들어 있는 서문도 『문집』의 서문과 같다. 몇 군데 차이가 나는 곳이 있긴 하지만, 베껴 쓰는 과정에서 생긴 오류로 큰 차이는 없다. 무엇보다 마지막에 적힌 날짜가 동일하다. 『대정신수대장경』에 들어 있는 목록이 『문집』의 목록과 동일하다는 뜻이다. 다만, 『대정신수대장경』본에는 제목 아래에 '이것은 초본(草本)이다. 뒤에 보완(重廣)하려고 한다. 만일 빠진 것을 본다면 용서를 바란다.'는 주석이 붙어 있다. 이 목록이 완성본이 아니라는 뜻이다. 의천은 일단 급한대로 이 목록을 출간했고, 이후에 수집과 정리가 이루어지는 대로 보완하려고 했다는 말이다.

의천이 마음먹었던 보완은 서문 안에 그 계획이 담겨 있다. 첫째, 의천은 뒤에 수집하는 책들을 계속해서 추가할 계획이라고 했다. 둘째, 의천은 이렇게 개선하고 보완한 목록에 장차 함질(函帙)의 순서를 매기려고 계획하고 있었다. 책을 세는 단위인 권(卷)은 두루마리를 가리킨다. 질(帙)은 두루마리를 싸던 보자기를 가리키고, 함(函)은 책을 담던 상자를 뜻한다. 이렇게 쓰던 권, 질, 함이 10권, 30권 등으로 책을 세는 단위로 바뀐 것이다. 의천이 말하는 '삼장의 정문'은 기존의 대장경을 가리킨다. 대장경에는 순서가 있다. 책에 순서를 매긴 뒤에 열 권 단위로 묶어 천자문의 글자 순서에 대응시켰다. 이것을 질호 또는 함차라고 한다. 책에 순서가 있는 것은 그 안에 포함된 책들이 하나의 완성된 체계 안에 들어 있다는 뜻이다. 순서가 한 번 매겨지면 바꾸기가 어렵다. 빼기도 어렵고 추가하기도 어렵다. 바꾼다는 것은 순서를 깨뜨리고 체계를 망가뜨리는 일이기 때문이다. 책에 정해진 순서, 그 자체가 대장경의 가장 중요한 특징이다. 의천의 목록은 장소(章疏)의 목록이다. 의천이 하려는 일은 이 목록을 기초로 장소를 목판에 새겨 출간을 하려는 것이다. 함질의 순서를 매기겠다는 계획은 그렇게 출간한 장소를 하나의 체계로 묶겠다는 뜻이고, 기존의 대장경에 대응하는 새로운 체계를 만들겠다는 계획이다.

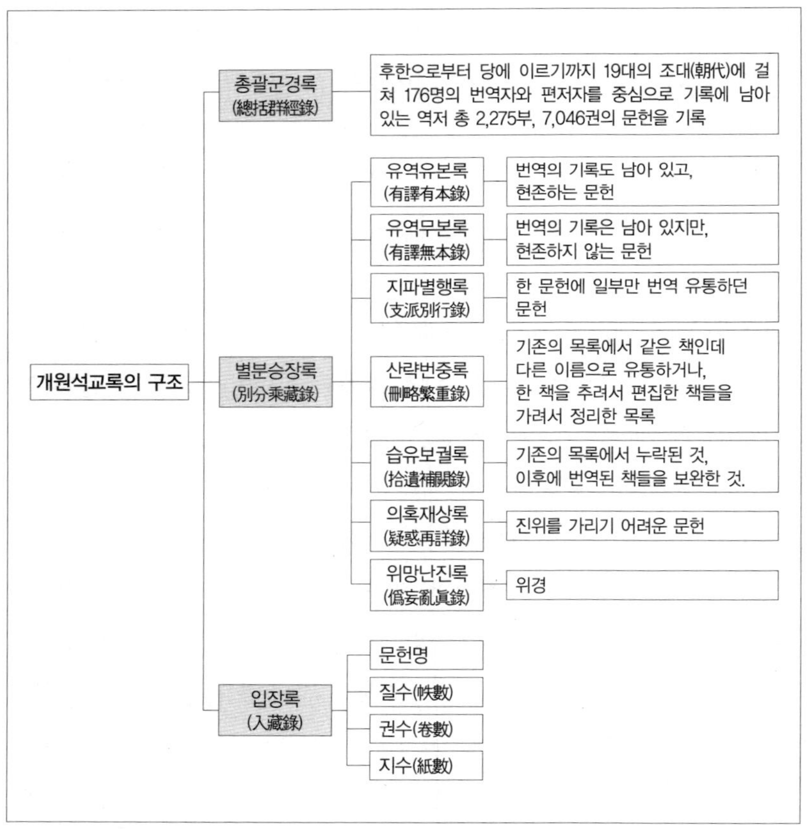

『개원석교록(開元釋敎錄)』의 구조

셋째, 의천은 그런 체계의 모델을 지승(智昇)의 『개원석교록(開元釋敎錄)』
에서 찾았다. 『개원석교록(開元釋敎錄)』의 체재를 본받아 장소목록을 보완
해 갈 계획이고, 이를 기반으로 새로운 체계, 교장을 조성하려는 계획이
었다. 넷째, 의천이 생각했던 새로운 체계는 기존의 대장경과 교장을 합
한 새로운 문헌집성을 의미했다. 삼장의 정문과 백가의 장소를 함께 무
궁하게 전하는 일이었다.

『대정신수대장경』에 실린 의천의 목록에는 「해동유본견행록(海東有本
見行錄)」이라는 부제가 달려 있다. 해동에 현존하는 책의 목록이라는 뜻
이다. 이 부제가 바로 『개원석교록(開元釋敎錄)』의 모델을 따른 것이다.
『개원석교록(開元釋敎錄)』은 의천이 묘사한 대로 가장 정교하고 긴요한 목
록이었다. 『개원석교록(開元釋敎錄)』은 크게 「총록(總錄)」과 「별록(別錄)」으
로 구분되어 있고, 이와 별도로 「입장록」을 두고 있다. 아래의 도표에서
볼 수 있듯이 「해동유본견행록(海東有本見行錄)」이란 부제는 『개원석교록
(開元釋敎錄)』의 「별록」인 「별분승장록」 안에 포함된 「유본록(有本錄)」에 해
당한다. 해동에서 수집하여 현존하는 문헌의 목록이란 뜻이다.

따라서 현존하는 『신편제종교장총록』의 서문과 구조, 그리고 『개원
석교록』의 구조를 대비하여 보면 의천이 『신편제종교장총록』을 출간하
던 순간의 일머리를 짐작할 수 있다. 목록의 관점에서 보자면 의천의 목
표는 『개원석교록』을 모델로 한 교장총록이었고, 교장의 조성과 유통의
측면에서 보자면 함질을 갖추어 대장경의 편제에 상응하는 입장록을 만
들어 체계적인 출간을 추진하는 일이었다. 다시 말해 현존하는 『신편제
종교장총록』은 이제 겨우 「유본록(有本錄)」의 초고를 완성한 단계였다는
뜻이다.

1)

보여주신 **귀국에서 현재 유통하는 교승**(敎乘)**의 목록**과 이곳 여러 종파에서 저술한 문헌을 따로 구하는 데 대하여는, 서쪽 성인의 가르침은 주(周)나라 때부터 근원하여 한(漢)나라 때 강물이 되고 수와 당나라 때 큰 바다를 이루다가 대송(大宋)에 이르러 말라버리고 말았습니다. 여러 스승이 종파를 세운 것이 요약하면 네 종파가 됩니다. 이른바 징조(澄炤)143의 계율종(戒律宗), 자은(慈恩)의 법상종(法相宗), 천태(天台)의 법성종(法性宗), 현수(賢首)의 원융종(圓融宗)인데 종파마다 주석서를 갖추고 대를 이어 유행하고 있습니다. 진(秦)나라 때 구마라집 문하의 네 성인이나, 진(晉)나라 혜원(慧遠) 문하의 여러 성현들은 비록 주석서가 있었다고는 해도 사제지간에 전수와 계승이 이어지지를 않아 가르침이 끊어지고 말았습니다.144

2)

이전부터 천친(天親)의 논(論)과 지자(智者)와 자은(慈恩)의 두 가지 주석서에 의해 법화경을 주석하고자 했으나 주지와 강의 등에 일에 매어 붓을 잡을 틈이 없었습니다. 지난번 보내주신 귀국(貴國)의 **교승수목**(敎乘數目)을 보니 그 안에 승예(僧叡) 법사의 『법화경주(法華經注)』 7권과 길장(吉藏), 원효(元曉), 경흥(憬興), 현일(玄一), 신웅(神雄), 대현(大賢) 등 여러 스님의 저술이 있었습니다. 혹 내년 봄에 가져와 우리나라에서 수집한 문헌과 한 군데로 모아 함께 널리 유통한다면 공도 크고 쓰임새도 클 것입니다. 작은 일

---

143 징조(澄炤 = 澄照) : 도선(道宣, 596~667)의 시호(諡號). 남산율종(南山律宗)의 창시자.
144 정원, 「대송(大宋) 사문 정원의 편지 2」, 『외집』 제2권.

3. 의천의 일

이 아니니 거듭 부탁드립니다.[145]

3)

가져다 주신 **장소목록**(章疏目錄) **한 권**은 경건히 향을 사르고 손
을 닦은 뒤 두루 살펴보니 우러러 찬탄하는 마음이 끝이 없었습
니다. 이로써 상인(上人)께서 법을 전하고자 하는 마음과 도를 배
우고자 하는 의지를 잠시도 잊지 않고 계시다는 사실을 깨닫기
에 충분하였습니다. 게다가 논(論)을 연구하고 장소에 정통하셔
서 천부적인 재주와 학술까지 풍부하고 넉넉하시니, 부처님께
서 직접 말법시대를 위해 부촉하신 동량이 아니라면 그 정성이
어찌 이렇게 지극할 수가 있겠습니까? 상인께서는 임금의 후예
로 (목표를 이룰 수 있는) 능력 또한 갖출 수 있습니다. 언젠가 능히
간행하여 유통시킬 수 있다면, 등불과 등불이 서로 이어져 화려
한 집안을 환하게 비출 것이니 그 이익이 넓을 것입니다.[146]

위의 인용한 두 수의 편지는 정원이 의천에게 보낸 것이고, 끝의 한
수는 유성이 보낸 것이다. 정원의 편지 두 편은 1081년부터 의천이 송나
라에 입국하는 1085년 사이에 쓴 것이고, 유성의 편지는 1085년 유성을
만난 직후에 쓴 것이다. 이들 모두 표현은 다르지만 의천이 보내준 목록
에 대해 언급하고 있다. 의천은 1080년 전후, 정원과 교류를 시작하면서
바로 이 목록을 보내주고 종파별로 전해오는 장소를 수집할 가능성을 타
진했다. 첫 번째 편지는 그러한 질문에 대한 대답인 셈이다. 다시 말하
면, 이 편지만 보더라도 의천이 이십대 중반에 이미 일정한 수준의 장소

145　　정원, 「대송(大宋) 사문 정원의 편지 2」, 『외집』 제3권.
146　　유성, 「대송 사문 유성의 편지」, 『외집』 제3권.

목록을 만들어 가지고 있었고, 이를 바탕으로 끊임없이 장소를 수집하고 정리하는 일을 하고 있었다는 것이다. 이때의 정원의 대답은 어찌 보면 의례적인 대답으로 보인다. 그 일이 중요한 일이긴 하지만, 송나라의 현실이 이미 종파나 장소의 전승이 끊겨 씨가 마른 상태였기 때문이겠다. 하지만 두 번째 편지를 보면, 의천의 목록이 지닌 가치와 의미를 새삼 확인하고 놀라는 듯한 분위기가 담겨 있다. 신라의 저술들을 포함하여 듣도 보도 못한 책들이 숱하게 들어 있었고, 게다가 당장 자신이 아쉬워하던 자료들이었기 때문이다. 유성이나 정원은 송나라 화엄종을 대표하던 고승들이었다. 젊은 의천은 이들 이국의 고승들을 단박에 감동시킬 만한 실력과 의지를 갖추고 있었고, 성과 또한 이미 거두고 있었다. 송나라 구법, 그 눈부셨던 14개월의 행적은 이때부터 이미 성공을 예고하고 있었다고 할 수 있다.

유성의 경우에는 의천이 송나라를 방문하면서 직접 가져간 목록을 전해 준 것이었다. 유성은 이 목록을 '한 권'이라고 표현하고 있다. 앞에서도 언급했지만, 의천이 전해 준 책들을 살펴본 뒤의 유성의 반응은 실로 극적이다. 유성은 장소목록을 본 소감으로 의천이 일에 대한 의지도 굳세고, 논서와 장소에 능통하여 학술적인 능력을 겸비한데다 임금의 후예로 일을 해낼 수 있는 능력도 갖추었다고 칭찬을 하고 있다. 누구도 생각하지 못했던 일, 누구도 할 수 없는 일, 흩어지고 사라진 장소를 되살려 간행하여 유통시킬 수 있겠다는 기대와 믿음이었다. 목록에 담긴 뜻이 그런 것이었다. 의천의 목적은 목록에 있지 않았다. 목록을 보여주는 까닭도 참조하고 활용하라는 게 아니었다. 목록을 보여주는 까닭은 일을 하자는 것이었다. 그것이 의천의 일이었다. 이런 점이 유성이나 정원이 의천과 구별되는 차이였다.

정원은 자신의 관점, 자신이 하던 일의 관점으로부터 목록을 바라보고 있었다. 조사들이 남긴 장소에 의지해 새로운 주석서를 쓰는 일이었다. 의천은 처음부터 생각이 달랐다. 책을 모아 정리하는 까닭은 공부를 하고 글을 쓰기 위해서가 아니었다. 의천은 수집하고 정리하여 그 모두를 출간하여 유통시키는 일, 그 일 자체를 목적으로 삼았다. 중생의 이익을 위해 끊임없이 목록을 보완하고 개선하여 언젠가 그렇게 수집한 장소를 출간하고 순서를 매겨 대장경과 함께 영원히 유통시키는 일이 목적이었던 것이다.

4)

변진(辯眞)은 아룁니다. (중략) 이강수(李綱首)가 돌아오는 길에 보내주신 해동의 이공(李公)이 지은 『협주금강경(夾注金剛經)』 1책, 『단의금강경(斷疑金剛經)』 1책, **『교장총록(敎藏總錄)』 2책**, 『유식론단과(唯識論單科)』 3책은 손 씻고 분향하여 받아보니 참으로 감격과 부끄러움이 더했습니다.[147]

5)

지난번 사관(使館)의 부리(副李)가 물건을 압수하는 곳에서 계주(戒珠) 선사의 별전의(別傳議)를 얻으니 참으로 진실된 말씀이었습니다. 그 후서(後序)를 바로 법사(法師)께서 지으셨으니, 요나라에서 『보림전』과 『육조단경』을 불사른 것을 알고 큰 도움이 되는 일이라 몹시 기뻐했습니다. 게다가 연경원(延慶院)에서는 **새로 편집한 『교승목록(敎乘目錄)』**을 부쳐 주었습니다.[148]

147　변진(辯眞), 「대송 사문 변진의 편지 2」, 『외집』 제5권.
148　법린(法隣), 「대송 사문 법린의 편지」, 『외집』 제7권.

　4)의 편지는 의천이 귀국한 뒤에 받은 편지이다. 여기서는 『교장총록』 2권이라고 표현하고 있다. 그 사이 목록에 큰 변화가 있었다는 뜻이 겠다. 물론 송나라에서 수집해간 문헌이 포함되었을 것이다. 5)의 편지는 그 뒤에 받은 것이다. 여기서 비로소 ‘새로 편집한[新編]’이라는 수식어가 붙는다. 이것이 바로 3권짜리 『신편제종교장총록』이다.

　의천이 하는 일이 이러했다.

【『신주화엄경(新註華嚴經)』에 담긴 뜻】

「상인들이 외국으로 넘어 가는 것을 금해 주시길 바라는 상소문」

원우(元祐) 5년 8월 15일,
용도각(龍圖閣) 학사(學士) 좌조봉랑(左朝奉郎) 지항주(知杭州) 소식(蘇軾) 장주(狀奏)

항주(杭州)에서 지난 해 11월 23일, 천주(泉州) 백성 서전(徐戬)에 대한 조사보고서에 따르면, **서전(徐戩)은 함부로 고려국을 위하여 경판 2천 9백여 장을 새겨 공공연히 그 나라에 수출하여 은 3천 냥을 보수로 받았습니다.** 공사(公私)가 함께 이를 파악하지 못하는 사이에, 더욱 관계가 친밀해져서 다시 그 나라 중 수개(壽介)를 데리고 와서 사망한 중 정원의 제사를 지낸다는 명분으로 금탑을 헌납하고, 또한 그곳에 머물며 스승을 정해 공부를 하려고 하였습니다. 이는 분명히 서전이 공법(公法)을 두려워하지 않고, 후한 이익을 꾀하여 이 중을 데리고 와서 주군(州郡)을 소란하게 만든 것입니다. 하물며 고려는 거란에 신속(臣屬)하는 나라여서 속셈을 알기가 어려운데, 서전은 공공연히 교통하며 아무 거리낌이 없었습니다. 삼가 엄벌에 처하여 민(閩), 절(浙)의 백성들에게 본을 보이고, 간첩들을 두절시키길 바랍니다. 성지를 받들어 서전은 천리 바깥으로 유배하여 군대의 관리하에 두었습니다.**149**

소식이 지은 상소문이다. 원우(元祐) 5년이면 서기 1090년이다. 1088년 정원이 입적하자 의천은 제자 수개를 보내 조문하고 제사를 올리도록 했다. 아울러 그 참에 금탑 2기를 조성하여 함께 보냈다. 당시 항주의 지주(知州)였던 소식은 이들이 탄 배가 도착하자 이들 모두를 체포하여 구금하였다.

천하의 소식을 저토록 분노하게 만들었던 서전(徐戩)이라는 인물, 그가 고려국을 위하여 조성했다는 2천 9백여 장의 경판, 『고려사(高麗史)』에는 이 사건을 '선종 4년(1087년) 3월 22일 갑술에 송나라 상인 서전(徐戩) 등 20인이 와서 『신주화엄경(新註華嚴經)』 목판을 바쳤다.'고 기록하고 있다. 그만큼 근거가 분명한 사건이다. 의천이 송나라에서 귀국한 때가 1086년 6월이었으니, 서전이 목판을 가지고 온 때는 그로부터 약 9개월 뒤가 된다. 이 책은 정원의 작품이다. 시간만 따져 보아도 이 책의 출간 사업이 의천이 송나라에 체류하는 사이에 시작되었다는 사실을 짐작할 수 있다.

『대소주경(大疏注經)』 120권, 정원(淨源)이 청량(清凉)의 『대소(大疏)』를 경문의 아래로 옮겨 주석했다.

---

149 소식(蘇軾), 「상인들이 외국으로 넘어가는 것을 금해 주시길 바라는 상소」, 『동파문집(東坡文集)』 제58권.

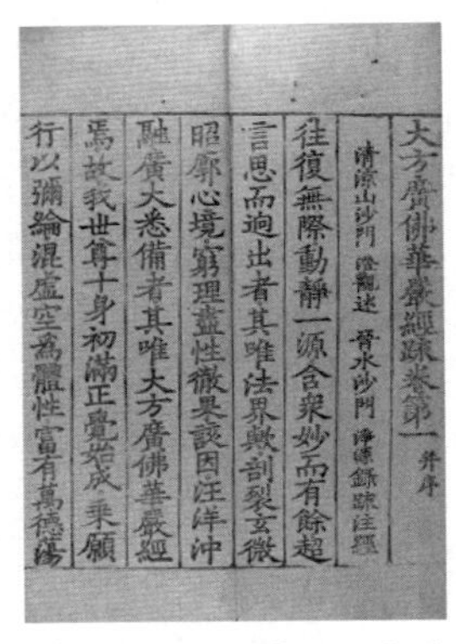

정원이 새로 편집한 『대소주경(大疏注經)』 제1권. 제목이 『대방광불화엄경소』로 되어 있다

『대소주경(大疏注經)』, 『교장총록』에 정원의 저술로 포함된 바로 이 문헌이 고려사에 등장하는 『신주화엄경(新註華嚴經)』이다. 일본에서 편찬한 속장경, 『만신찬대일본속장경(卍新纂大日本續藏經)』에는 이 책 120권 가운데 58권이 남아 있다. 국내에는 서전이 가져 온 목판을 인쇄한 인쇄본 다수가 남아 있어 대부분 보물로 지정되어 있다. 『신주화엄경(新註華嚴經)』, 『협주화엄경(夾注華嚴經)』, 『대소주경(大疏注經)』 등, 부르는 이름은 여럿이지만, 정작 이 책의 정식 명칭은 『대방광불화엄경소(大方廣佛華嚴經疏)』이다.

『대방광불화엄경소』는 징관이 저술한 주석서, 80권본 『화엄경』에 대한 주석서를 가리킨다. 징관은 80권본 『화엄경』에 대한 주석서, 60권의 『화엄경소(華嚴經疏)』를 지었고, 이를 부연하여 90권의 『화엄경수소연의초(華嚴經隨疏演義鈔)』를 지었다. 80권본 『화엄경』은 무칙천(武則天)의 연호였던 증성(證聖) 연간에 번역을 시작했던 까닭에 '증성본(證聖本)'이라고도 부른다. 징관은 뒤에 삼장법사 반야(般若)와 함께 40권본 『화엄경』의 번역에 참여하였고, 이에 대한 주석서, 『정원신역화엄경소(貞元新譯華嚴經疏)』 10권을 지었다. 40권본 『화엄경』은 당나라, 정원 연간에 번역했던 까닭에 '정원본(貞元本)'이라고도 한다.[150]

『대방광불화엄경소』, 제목의 아래에는 다음과 같은 기록이 달려 있다.

150　본문 p.161 〈삼본화엄경〉 참조.

청량산사문(清凉山沙門), 징관(澄觀) 술(述)

진수사문(晉水沙門) 정원(淨源) 녹소주경(錄疏注經)

정원의 비문에 따르면, 정원은 청량징관이 지은 두 종류의 주석서, 이른바 증성(證聖)과 정원(正元) 양소(兩疏)에 주석을 달고, 과목을 나누어 『화엄경』 본문과 하나로 합하여 읽기에 편리하도록 하였다고 한다. 두 종류의 주석서란 증성본 80권본에 대한 『화엄경소』와, 정원본 40권본에 대한 『신역화엄경소』를 가리킨다. 이 두 가지 주석서를 본문과 함께 하나로 묶어서 편집을 하고 주석을 붙였다는 뜻이다. 비문에 기록을 남길 정도였으니, 당시에도 정원의 대표적인 업적 가운데 하나로 평가하고 있었다는 뜻이겠다.

녹소주경(錄疏注經)이란 말은 '소(疏)를 기록하고 경(經)에 대해 주석을 달았다'는 뜻이다. 하지만 이 책은 제목 그대로 징관의 저술이다. 경전에 대해 주석을 달았다고는 하지만, 내용상으로 정원이 한 일은 거의 없다. 정원이 한 일은 경전의 글귀에 해당하는 주석문을 뽑아 경전의 글귀에 맞추어 편집을 새로 한 것뿐이다. 의천은 이를 '정원이 청량의 대소(大疏)를 경문(經文)의 아래로 옮겨 주석했다'고 묘사했다. 자리를 옮겨 다는 일, 그것이 주(注)의 뜻이었다.

경문과 주석문을 맞추어 편집한 책, 말하자면 형식의 편집이다. 『대소주경』이나, 『협주화엄경(夾注華嚴經)』, 『신주화엄경』 등의 명칭으로 인해, 이 책을 정원의 주석서로 이해하는 경우도 있지만, 실제로 정원이 한 일은 주석이 아니라 형식의 편집이었다. 형식을 바꾸어 책을 읽는 효과를 높이자는 것이었다. 요즘의 관점에서 보자면 특별할 것도 없는 일일 수도 있겠다. 소식의 상소문에 따르면 당시에도 은 3천 냥은 매우 큰 돈

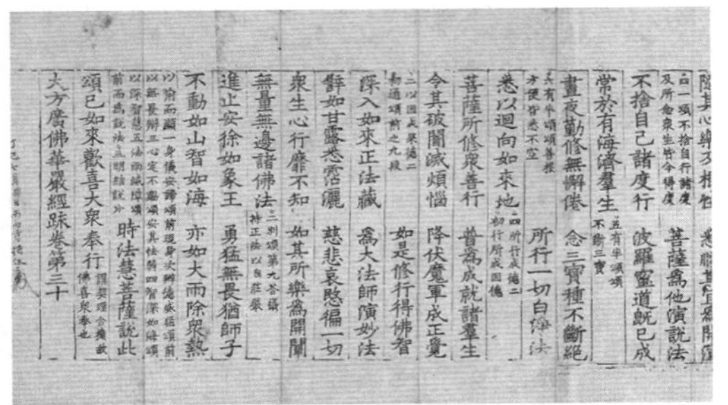

『대소주경(大疏注經)』의 부분, 큰 글씨는 화엄경의 본문이고, 작은 글씨는 주석이다.

이었던 모양이다. 『혜인고려사지』에는 고려에서 보내준 은 2천 냥으로 화엄경각을 세웠다는 기록이 남아 있다. 그 일을 주관했던 정원의 제자 희중은 화엄경각이 화려하고 아름다워 원근의 사람들이 관광하고 찬탄한다는 편지를 의천에게 보내오기도 했다. 그러고도 돈이 남아 고려왕사(高麗王祠)를 짓고 의천의 상(像)을 모셨다고 하니, 은 3천 냥의 가치를 짐작할 수 있겠다. 그래서인지 소식도 거듭해서 서전 등의 장사치들이 고려를 오가면서 폭리를 취하고 있다고 비판하고 있다. 그렇게 큰 돈을 들여 2천 9백 장의 목판을 새겨 수입하는 일, 요즘처럼 안전한 뱃길도 아니었고, 이런저런 절차도 복잡했을 텐데, 굳이 송나라에서 판을 새겨 수입할 이유가 있었을까 의심도 간다. 중국에서 책을 수입한 경우야 많지만, 저만한 분량의 목판을 새겨서 수입한 경우는 유례를 찾을 수 없기 때문이다.

보내주신 『화엄공목내장(華嚴孔目內章)』과 『정원신역경소(貞元新譯經疏)』 등 46책에 대해서는 이원적이 와서 이르길, "경전을 의지하여 공부하는 사람들이 아침으로 읽고 저녁으로 생각하여 부지런히 공부한다면 두 주석서의 가르침을 통달하게 될 것이다"라고 하셨다 하니, 두 가지 현기(玄記), 『수현기(搜玄記)』와 『탐현기

(探玄記)』에 의지하는 까닭일 것입니다.

그러나 지상(至相)이 지은 『화엄내장공목(華嚴內章孔目)』의 법수(法數)는 말은 아름답고 이치는 정교하며, 문장은 고결하고 의미는 넓어 불교의 핵심을 아울렀지만 손바닥을 펴듯 분명합니다. 천태종의 『법계차제』와 비교하면 하늘과 땅처럼 차이가 크니 어찌 동시에 이야기를 할 수 있겠습니까?

만약 규봉(圭峯)의 『원각광소(圓覺廣疏)』와 비교한다면, 저것(『화엄내장공목(華嚴內章孔目)』)이 먼저 단락을 구분하는 항목을 나열하고 다음에 경의 뜻을 해석하여 항목에 따라 하나로 합한 것이면, 이것(『원각광소(圓覺廣疏)』)은 『수현기(搜玄記)』를 활용하여 의미를 확장하고 항목별로 가려 뽑아서 네 책으로 나누어 따로 엮은 것이라 하겠습니다. 옛 사람이 "백옥과 황금은 모두 다 지극한 보물이다"라고 했으니 경전을 주석하는 묘한 이치 또한 마찬가지 아니겠습니까?151

앞에서도 인용을 했던 편지의 일부이다. 의천이 보내준 주석서를 놓고, 편지를 통해 정원과 의천이 토론을 벌이는 장면이다. 편지 한 통을 보내도 답신을 받아보기 위하여는 몇 달이고 기다려야 하는 시대에 그들은 저 같은 방식으로 의견을 나누고 토론을 했다. 내용을 보면 이른바 화엄종 삼가(三家)의 주석서, 곧 지엄(智儼), 현수(賢首), 청량(淸凉)의 주석서를 중심으로 화엄종의 주석서에 대하여 광범위한 의견을 나누고 있다. 위의 내용은 주석서의 구조와 서술 방식의 같은 점과 다른 점들을 설명

151　정원, 「송나라 사문 정원의 편지 2」, 『외집』 제2권.

하는 부분이다. 말하자면 논증의 방법과 형식이다. 앞에서 잠깐 설명을 했던 장소(章疏)의 전통, 곧 장(章)으로 분석하여 의미를 소통시키는 방법의 전통이다. 의미에도 전통과 전승이 있지만, 방법과 형식에도 계통이 있다. 의미를 이해하고 설명하기 위해서는 그런 방법과 형식을 이해하지 않으면 안 된다. 정원과 의천은 당시 장소의 전통이 단절된 상황에서 이런 문제점을 가장 정확하게 이해하고 있었던 전위(前衛)의 학승들이었다.

정원이 했던 『대소주경』의 편집, 이와 같은 형식적인 편집은 내용에 대한 주석에 비해 상대적으로 중요도가 떨어지는 일로 보인다. 그렇지만, 당시의 관점에서 보자면 정원의 편집은 특히 문헌의 학습과 교육에 있어 매우 혁신적인 시도였다. 이러한 편집을 통해 교육과 학습의 효과를 극적으로 높일 수 있었기 때문이었다.

『대소주경(大疏注經)』 120권, 정원(淨源)이 청량(淸凉)의 대소(大疏)를 경문의 아래로 옮겨 주석했다.
『과(科)』 20권, 정원(淨源) 간정(刊定)

『교장총록』에는 『대소주경(大疏注經)』 아래에 '『과(科)』 20권'이라는 문헌이 실려 있다. 청량의 『대소(大疏)』에 대한 이른바 『과문(科文)』이다. 청량은 원래 10권의 『과문(科文)』을 남겼는데, 아마도 정원 당시에는 청량의 『과문(科文)』은 유실되어 전승이 끊겼던 모양이다. 그래서인지 정원은 이를 다시 20권으로 새로 만들어 유통을 했다는 뜻이겠다.

정원이 새로 편집한 『대소주경』은 이러한 과문의 항목을 중심으로 편집되어 있다. 과문의 항목에 맞추어 이에 해당하는 화엄경의 본문과 그에 대한 주석서를 나란히 배열한 것이다. 청량의 주석 자체가 그 같은 논증의 형식을 따르고 있었기 때문이다. '단락을 구분하는 항목을 먼저 나열하고 경문의 뜻을 해석하여 하나로 묶어가는' 방식이었다. 『화엄경』을 읽든, 청량의 주석서를 읽든, 이런 논증과 서술의 방법을 따라가지 않으면 청량의 의도했던 의미를 제대로 따라 갈 수가 없다. 정원의 편집은 청량의 논지를 따라가기 위한, 당시로서는 최선의 방법이었다고 할 수 있다. 이 책의 목적은 교육과 학습을 위한 것이었다. 징관의 주석서가 지닌 구조, 징관이 주석의 과정에 활용했던 생각과 방법의 구조를 일목요연하게 배열하여 주석서가 지닌 의미의 구조를 효과적으로 전달하기 위한 편집이었다.

원문	정원의 저술	권수
화엄경(華嚴經)	대소주경(大疏注經)	120권
	과(科)	20권
	주법계관문(注法界觀門) 조수기(助脩記)	2권
	과(科)	1권
	환원관(還源觀) 소초보해(疏鈔補解)	1권
	과(科)	1권
	법계의해과(法界義海科)	1권
	교의분제과(敎義分齊科)	1권
	금사자장(金師子章) 운간류해(雲間類解)	1권
	과(科)	1권
	보현행원참의(普賢行願懺儀)	1권
	현수국사례찬문(賢首國師禮讚文)	1권
	도량수증의(道場修證儀)	1권
	약본수증의(略本修證儀)	1권
인왕경(仁王經)	주(注)	4권
	과(科)	1권
우란분경(盂蘭盆經)	소(疏)	1권
	척화초(摭華鈔)	2권
	과(科)	1권
	예찬문(禮讚文)	1권
불유교경(佛遺敎經)	논소절요(論疏節要)	1권
	절요과(節要科)	1권

원문	정원의 저술	권수
	광선초(廣宣鈔)	1권
대승기신론(大乘起信論)	필삭기(筆削記) 과문(科文)	1권
조론(肇論)	중오집해(中吳集解)	3권
	중오집해과(中吳集解科)	1권
	영모초(令摸鈔)	2권
원인론(原人論)	발미록(發微錄)	1권
	발미록(發微錄) 과(科)	1권
계	29종	175권

정원의 저술, 회색이 과문이다. 정원의 저술 활동에서 과문이 차지하는 비중을 짐작할 수 있다.

위의 표는 의천의 『교장총록』 안에 포함된 정원의 저술을 표로 만든 것이다. 모두 29종의 문헌 가운데 12종이 과문이다. 정원이 얼마나 과문의 전통을 중시했고, 이 같은 전통의 복원을 위해 노력을 했는지 짐작할 수 있다.

다음의 이미지는 정원의 『대소주경』의 「비로자나품」을 『과문(科文)』의 트리 구조를 따라 마인드맵 소프트웨어를 이용하여 재구성한 것이다. 검정색 부분이 『화엄경』의 본문이고 회색 부분은 청량의 주석이다. 『대소주경』과 『과문(科文)』의 구조는 실로 복잡하다. 전체 19,000개가 넘는 항목이 40여 단계의 트리 구조로 구성되어 있다. 일반 워드프로세서에서 9단계의 구조를 지원하고 있는 것과 비교해 보면 과문의 복잡한 구조를 쉽게 이해할 수 있다. 『대소주경』은 복잡하게 파생하는 구조를 따라 각 항목을 중심으로 본문과 주석문을 나란히 배열한 것이다.

사실 한문이나 불전에 정통한 학자라 해도 청량의 주석서나 과문, 정원의 『대소주경』을 언뜻 보고 그 구조를 이해하기는 불가능에 가까울 정도로 어렵다. 아리송한 항목과 이를 연결하는 여러 겹의 선들, 그 사이에 표기된 기호들, 그런 선과 항목이 20권, 수백 쪽이 넘어가는 책 안에 담겨

3. 의천의 일

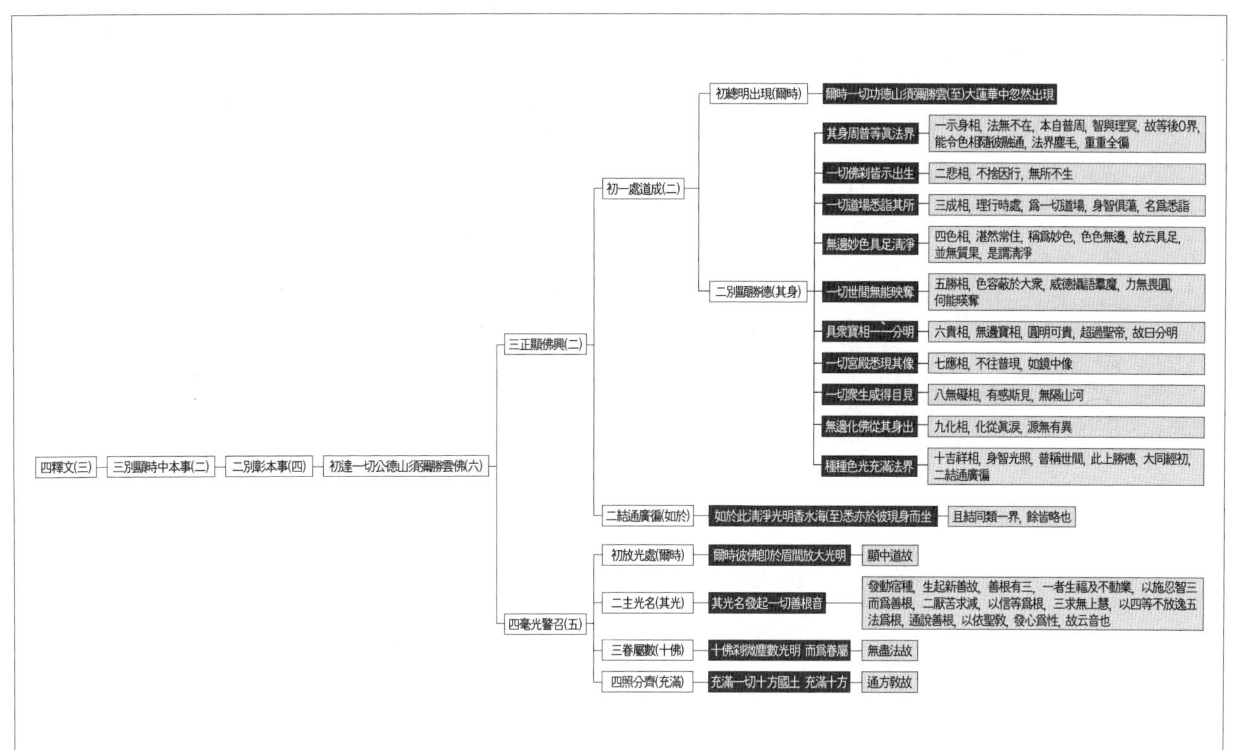

마인드맵 소프트웨어를 통해 재구성한 『대소주경』, 『화엄경』 본문과 과문, 주석서를 하나의 그림으로 도식화한 것.

있다. 하나의 도표이다. 그런 도표를 보고 문헌의 구조와 논증의 방법을 이해하는 일이다. 하지만 과문의 구조를 이해하고 항목의 순서를 따라 경문과 주석서를 함께 읽어나가다 보면 문헌에 대한 이해, 주석가의 치밀한 사고에 익숙해지기 시작하고, 정원의 친절한 편집에 감동을 느끼게 된다. 과문의 구조에 대해 익숙해지기 시작하면 문헌 전체의 구조를 하나의 그림, 곧 시각적으로 '보게' 된다. 이처럼 구조를 시각화시키는 기술의 효과는 말 그대로 극적이다. 구조를 직관적으로 볼 수 있고, 이해할 수 있기 때문이다. 이처럼 문헌의 편집 형식을 바꾸는 것만으로도 읽기와 학습의 효과를 크게 높일 수 있다는 점, 이런 일이 정원이 한 일이었다.

하지만, 이런 방법도 정원이 창안해 냈던 것은 아니었다. 『교장총록』에는 '주석을 경문의 아래로 옮겨 편집한' 사례들이 여럿 실려 있다. 그 가운데 하나가 종밀(宗密)의 『대승기신론소(大乘起信論疏)』이다. 『대승기신론』 본문과 현수(賢首)의 『소(疏)』를 합하여 편집한 경우이다. 이처럼 책이 없어지면 단지 책만 없어지는 것도, 책에 담긴 내용만이 없어지는 것이 아니다. 책에는 여러 종류의 내용과 기술이 담겨 있다. 편집의 기술도 그런 기술 가운데 하나이다. 책을 읽는 방식도 마찬가지이다. 책을 읽는 데나, 생각을 하는 데에도 방법이 있고 기술이 있다. 정원은 이를테면 그런 방법과 기술을 복원해 냈던 것이다. 요령을 알면 쉬워지는 법이다. 당시 책과 함께 그 같은 전통이 오래도록 단절되었던 까닭에, 정원이 했던 형식의 편집은 정원만이 알고 있던 일종의 비급으로 전문적인 방법이자 기술이었다. 당연히 이런 비급을 알지 못하는 학자보다는 훨씬 더 깊이 있고 정교한 읽기와 생각을 할 수 있었다.

정원과 의천의 시대는 목판인쇄술의 시대였다. 그들이 함께 『화엄경』을 읽었던 동네인 항주 또한 새로운 인쇄 기술을 통해 숱한 문헌이 출간되고 있었다. 목판인쇄술이 보편화되기 전에는 징관이나 정원의 기술은 스승과 제자라는 인간 대 인간의 관계를 통해 전승될 수밖에 없었다. 저술한 문헌은 필사(筆寫)를 통해 유통할 수밖에 없었기 때문에 직접적인 관계를 빼놓고는 얻어 볼 기회조차 가질 수 없었다. 기술이나 지식이 개인들의 직접적인 관계를 통해서만 전승될 때 그런 기술과 지식은 특수한 전문가들만이 소유하고 누릴 수 있었던 비급이었고, 비전(秘傳)이었다. 조사와 조사, 고수와 고수로 이어지던 비급과 비전의 지식과 기술, 목판인쇄술이라는 복제의 기술은 그 같은 지식의 지평을 바꿔 놓고 있었다.

목판인쇄술은 아시아의 지식문화, 책의 역사를 바꿔 놓은 말하자면, 인류 최초의 매체혁신이었다고 할 수 있다. 의천은 그 같은 변화를 누구보다 분명하게 이해하고 실천했던 인물이었다. 의천은 목판대장경의 조성을 통해 인쇄술의 힘, 잠재력을 경험하고 이해했다. 그리고 그 잠재력을 주석의 전통으로 확장하고자 했다. 주석의 기술, 편집의 기술, 복제의 기술을 결합시킴으로써 지식과 문화의 수준을 혁신적으로 높일 수 있다는 점, 의천의 일이 지향하던 목적이었다. 의천은 그런 책들을 모두 목판인쇄술을 통해 출간했다. 수천 냥의 은을 들여 항주에서 새겨 수입했던 목판들, 의천이 했던 그런 도전과 실험의 한 장면이었다고 하겠다.

【 다른 선택, 다른 일, 다른 일머리 】

정원 법사가 지주(知州) 포종맹(蒲宗孟) 공(公)의 초청으로 남산(南山) 혜인원(慧因院)으로 들어가 주(周)나라 때 번역한 『화엄경』을 강의하게 되었다. 승통께서 돈을 시주하여 재(齋)를 베푸니 학도들이 많이 모였다. 정원 법사는 전에 머물던 곳에 각각 현수(賢

首)의 교장(敎藏)과 조사상(祖師像)을 모셨는데, 이곳에도 다시 모
시고자 했지만 할 수가 없었다. 양걸(楊傑) 공이 그런 뜻을 알고
는 지주(知州)와 동료들과 함께 애를 써서 일을 처리했다. 승통
또한 은을 희사하여 교장(敎藏) 칠천 오백여 권을 모셨고, 귀국한
뒤에는 다시 금으로 쓴 화엄(華嚴) 대경(大經) 삼본(三本)을 모셔서
성수(聖壽)를 빌었다. 혜인원(慧因院)은 본래 선원(禪院)이었는데,
강원(講院)으로 바꾸고 특별히 세금까지 면제해 주었으니 조정에
서 승통을 위해서 한 일이었다. 임금(선종)이 (송의 철종에게) 표(表)
를 올려 (승통의) 귀국을 청하자, (철종이) 조서를 내려 서울로 올
라 오도록 하였다. 정원 법사에게 함께 배를 타고 가자고 청하니
학문에 대한 강의가 끊어지지 않게 되었다.

원우(元祐) 원년(元年) 후이월(後二月) 13일, 서울에 들어가 다시 (황
제를) 뵙고 닷새를 머문 뒤 (황제에게) 하직인사를 올렸다. 수주(秀
州) 진여사(眞如寺)에 이르러 『능엄경(楞嚴經)』 소주(疏主, 長水子璿)를
참배하였다. 탑정(塔亭)이 허물어진 것을 개탄하여 금(金)을 시주
하여 스님들로 하여금 고치도록 하였다. 양걸 공이 이르기를,
'자선(子璿) 스님이 오늘에야 비로소 지음(知音)을 만났다'고 했다.
오흥(吳興)의 장형(章衡)이 이 일을 기록하여 이르기를, '승통은 독
실하고 인정이 두터운 호학군자(好學君子)라 할만하다'고 했다.

여름 4월에 다시 혜인원으로 돌아오니, 정원 법사가 마침내 도
(道)를 전해 주었다. 정좌하고 분향한 다음 이르기를, '바라건대
승통께서는 귀국하여 널리 불사(佛事)를 짓되 하나의 등불을 전
하여 백천(百千)의 등불이 서로 무궁하게 이어지도록 하십시요'
라고 하며 경서(經書)와 향로, 불자(拂子)를 신표(信標)로 전해 주었

다. 이는 특별히 승통만을 위한 것이 아니었고 정원 법사를 도와 도(道)가 더욱 증진하도록 한 일이었다. 정원 법사의 명성이 높아진 까닭은 승통께서 받들어 모신 까닭이었다.[152]

앞에서 소개했던 정원의 비문, 그 안에 담겨 있던 의천의 일, 영통사 비문에 담긴 일도 대동소이하다. 고려와 송나라의 기록이 일치한다는 뜻이고, 그만큼 사실에 가까운 기록이라는 뜻이다. 의천은 정원을 만난 직후부터 마치 자기 동네, 자기 절, 자기 일처럼 저런 일들을 척척 해냈다. 물론 황제의 명령을 수행하던 지식인 관료, 양걸의 힘이 컸을 것이다. 게다가 의천을 따라가 수행했던 낙진의 활약도 만만치 않았다. 낙진은 수행과 학술 여러 면에서 정원이나 양걸 등 주위의 사람들에게 감동을 주고 인정도 받고 있었다. 낙진은 나름대로 인맥을 만들어가며 의천의 일을 보좌했다. 그래도 특히 칠천 오백여 권의 교장(敎藏)을 모신 일은 상상하기조차 어려운 일이었다. 송나라는 물론이고 세상에서 가장 크고 완전한 화엄종의 문헌, 화엄교장(華嚴敎藏)의 컬렉션이었다. 그 안에는 의천과 정원이 그동안 수집했던 문헌이 모두 포함되었을 것이다. 무엇보다 이후 송나라 화엄종의 중흥은 이러한 지적인 바탕위에서 이뤄질 수 있었다. 책이 있었기 때문에 가능한 일이었다. 이런 일은 돈이나 일만의 문제가 아니다. 이런 일의 바탕에도 의천이 품고 있었던 본원이 작용을 했다. 의천은 『교장총록』의 서문에서 '혼자 감추어 두지 않고 공개'한다고 했다. 그런 원칙은 종파나 국가의 문제가 아니었다. 그런 원칙이 있었기에 그 많은 책을 내놓아 당대 최대의 화엄교장 컬렉션을 완성할 수 있었

152   김부식, 「영통사비명」, 『외집』 제12권.

던 것이다. 정원 또한 평생을 소망했던 일이었다.

아무튼 의천은 그 무렵 정원과 함께 『화엄경』을 읽고 있었다. 모르긴 몰라도 정원의 『대소주경』과 『과문』이 주교재였을 것이 틀림없다. 의천 자신도 흥왕사에서 10년 가까이 『화엄경』을 강의하던 강사였다. 정원과도 비록 편지를 통해서였긴 하지만, 5~6년간 주거니 받거니 토론을 벌여 온 사이였다. 그토록 고대했던 만남, 둘의 '『화엄경』 읽기'가 얼마나 박진감이 넘쳤을지 상상만 해도 즐겁다. 법을 주고받은 스승과 제자라지만 의천도 그리 만만한 제자는 아니었기 때문이다.

> 논의를 했던 우리 화엄종 7조(祖)에 관한 일은 높으신 뜻을 확인하자는 것이었지 그저 묻기 좋아서 했던 의문은 아니었습니다. 갈수록 겸허한 모습을 보이시는데, 천박한 후학이 어찌 가볍게 논의를 할 수 있겠습니까? 하지만 우리나라에서는 본강(本講=의천)이 세운 법에 의지하고 있으니, 의당 뒤에 저의 좁은 소견을 간단히 밝히도록 하겠지만, 주위만 어수선하게 해 드리는 것 아닌가 합니다. 보내주신 『화엄기(花嚴記)』 3권은 현수(賢首)의 저술이 아닌 것 같습니다. 일 만들기를 좋아하는 자가 이름을 가칭한 것이 아닌가 심히 염려스럽습니다. 삼가 자세히 살피시길 바랍니다.[153]

정원은 화엄종의 정통성과 권위를 회복하기 위해 이른바 화엄종의 일곱 7조사를 정해 조사당(祖師堂)에 모셨다. 인도의 마명(馬鳴)과 용수(龍樹)를

---

[153] 의천, 「대송 정원 법사께 올리는 편지 3」, 『문집』 제11권.

　　　　　　　　　　　　　　　　　　　　　3. 의천의 일

초조(初祖)와 이조(二祖)로 삼고, 제심(帝心)―운화(雲華)―현수(賢首)―청량(淸凉)―종밀(宗密)까지 일곱 조사였다. 이에 비해 의천은 숙종 6년(1101) 2월 홍원사(洪圓寺)에 구조당(九祖堂)을 건립하고, 마명(馬鳴)과 용수(龍樹) 뒤에 천친(天親), 불타(佛陀), 광통(光統)의 세 조사를 넣고, 맨 마지막에 종밀(宗密)을 제외하여 9조로 화엄종의 정통을 삼았다. 이런 일은 서로 양보할 수 있는 일도 아니었고, 제법 오래도록 이견이 있었을 터인데 의천이 끝내 자신의 입장을 고수했던 것으로 보아 나름의 확신이 있었던 것으로 보인다.

『화엄기(花嚴記)』의 경우는 의천이 문헌의 교감에 얼마나 경험과 지식이 풍부했는지를 보여주는 사례라고 할 수 있다. 『문집』 제11권 끝에는 정원의 시자(侍者), 안현(顔顯)에게 보내는 편지가 들어 있다. 안현의 질문에 대하여 정통의 학설과 이단의 학설을 비교하면서 단호하고 명쾌한 답변을 해 주고 있다. 의천은 이곳저곳에서 수집한 필사본에 대해 오류가 많아 신뢰할 수 없다고 했다. 그렇기 때문에 간행에 앞서 반드시 정교한 교감을 거치도록 했다. 의천이 흥왕사 교장사에서 출간했다고 하는 4천여 권의 문헌, 이 문헌은 그 같은 교감을 거친 후 출간되었다. 역시 비슷한 사례를 찾기 어려운 일이었다. 이 하나만으로도 의천의 일은 문헌의 역사, 나아가 지식의 역사에서 유례가 없는 큰 공헌을 했다고 할 수 있다. 그렇게 워낙 많은 종류의 문헌을 수집하고 꾸준히 정리하고 교감하는 일을 해 왔던 의천이었다. 학식과 수행이 깊은 정원조차도 이 같은 경험과 지식에 있어서는 의천을 따라 올 수가 없었을 것이다.

이 무렵 의천은 항주의 상천축사(上天竺寺)에 주석하던 종간(從揀)으로부터는 천태종의 문헌을 전수받았고, 영지사(靈芝寺)에 주석하던 원조(元照)로부터는 계율을 전수받았다. 이들은 뒤에 정식으로 의천에게 전법게를 주고 법맥을 전수했다. 다시 말해 의천은 항주에 머무는 동안 화엄종과 천태종, 그리고 율종의 세 가지 법맥을 정식으로 전수했다는 뜻이다. 앞에서 소개했던 『원종문류』 후기에 기록되어 있던 의천의 긴 호칭, 그 안에 담겨 있던 전천태교관(傳天台教觀), 남산율초(南山律鈔) 등의 호칭은 그래서 얻게 된 것이었다. 이런 호칭은 그저 형식적으로 얻은 것만은 아니었다. 화엄종의 법맥이야 이야기할 바도 아니지만, 의천은 귀국한 뒤에 천태종을 창종하고 천태종의 종지를 직접 강연하면서 후학을 양성했다. 또한 남산율초(南山律鈔)를 강연했다는 기록도 남아 있다. 그만큼 깊은 이해와 공부가 있었다는 뜻이다.

일도 그렇고 공부도 그렇고, 그래서 의천은 선종과 어머니 인예태후, 게다가 철종의 조서가 있었음에도 불구하고 귀국을 망설이고 있었다. 그때 의천을 설득한 사람이 종간(從揀)이었다고 한다.154 그렇게 귀국을 결심한 이후, 의천은 항주를 떠나 북쪽으로 올라가 변경(卞京)에서 철종에게 하직인사를 올리고 다시 항주로 돌아와 천태산을 거쳐 명주(明州)에서 고려 사신들과 합류하여 귀국길에 오르게 된다. 항주와 변경 사이에는 이른바 경항대운하(京杭大運河)라고 알려진 운하가 있다. 의천은 송나라에 입국하여 변경으로 갈 때도, 변경에서 항주로 내려올 때도 늘 이 운하를 따라 여행을 했다. 따라서 의천은 정원에게 함께 여행을 하면서 공부를 계속하자고 청했고, 정원이 이를 받아들여 ‘『화엄경』 읽기’가 끊어지지 않았다.

『대소주경』의 출간은 이런 공부, 이런 일들을 하는 와중에 결정되고 추진된 사업이었다. 이 일은 의천의 일머리가 얼마나 용의주도하고 효율적이었는지를 보여주는 단적인 증거라고 할 수 있다.

154　지반(志磐), 『불조통기(佛祖統記)』 제13권.

　　　　　　　　　　　　　　　　　　　　3. 의천의 일

1085년	선종 2년	4월	입송
		9월	항주 도착
1086년	선종 3년	윤 2월	항주를 떠나 변경에 도착
		4월	항주로 돌아와 정원으로부터 법을 전수
			천태산에 들러 천태의 탑 아래서 천태종 창종을 발원
		6월	귀국, 홍왕사 주지 취임
1087년	선종 4년	3월 22일	서전『대소주경』바침
1088년	선종 5년	11월	정원 입적
1089년	선종 6년	10월	국청사 건립 시작
1091년	선종 8년	8월	『신편제종교장총록』출간
			홍왕사에 교장사 설치, 간행 시작
1097년	숙종 2년		국청사 낙성, 천태종 창종

위의 표에서 보듯, 의천이 항주에 머물렀던 기간은 넉넉히 잡아도 6개월이 채 안 된다. 그 사이에 정원과 의논하여『대소주경』의 간행을 결정했고, 사람을 찾아 목판을 새기기 시작했을 것이다. 그후 의천이 항주를 떠난 뒤 꼭 1년만에 서전은『대소주경』의 납품을 완료했다. 최대한 길게 잡아도 1년 6개월이다. 오고가는 기간만을 빼더라도 정작 2천 9백여 장의 목판을 새기는 데 걸린 기간은 1년 남짓이다. 당시 항주가 출판의 중심지였다는 점을 고려하더라도 놀라울 정도로 빠르고 효율적인 일처리였다고 할 수 있다. 게다가 큰 돈이 드는 일, 특별한 목적의식과 결단력, 추진력이 없었다면 결코 성사될 수 없었던 일이었다.

종간은 작년 가을 8월부터 상천축사의 법조 대사의 입적을 당해 관청에 청을 하느라 애를 써야 했습니다. 절을 통솔하여 요사를 짓는데다, 일상의 업무들이 번거롭고 어지러웠습니다. 게다가 건물들을 고친 지가 오래되어 상한 곳이 많은데다 공부하려는 학인들이 몰려와 수리를 해서 대중을 안정시켜야 했기에 고생이

매우 심했습니다. (중략)

아울러, 논문(論文)을 교감하라고 하신 일은 일러 주신대로 했으며, 지금은 서객(徐客)에게 목판 새기는 일을 완성하도록 다그치고 있습니다.155

종간은 의천에게 법을 전수한 스승이다. 게다가 상천축사라는 큰 사찰의 주지로 저런 일에 시달려야 했고, 학인들을 위해 강연도 해야 했다. 종간은 문하에 많은 제자들을 거느렸던 유력한 문파의 수장이었다. 그런 종간이 의천의 일을 맡아서 하고 있다. 법을 전수한 스승이 바쁜 것을 변명하며, 일에 대한 보고를 올리고 있는 셈이다. 의천은 이렇게 자신의 스승조차 일을 위한 인력, 일꾼으로 활용하고 있었다. 특히 '서객(徐客)에게 목판 새기는 일을 다그치고 있다'는 언급은 시사하는 바가 크다. 편지에서 종간이 '법석(法席)을 크게 열어 천태종을 크게 일으키고 있다는 소식을 들었다'고 한 것으로 보아, 국청사를 창건하고 천태종을 창종한 이후에 쓴 편지로 짐작된다. 남아 있는 기록이라곤 단지 이 한 구절뿐이어서 내막을 알 수는 없지만, 아무튼 천하의 소식(蘇軾)이 그렇게 기를 쓰고 막으려고 했던 일, 그런 소식도 의천의 의지를 꺾을 수는 없었다. 의천은 그 후에도 그런 일을 어엿하게 추진하고 있었다.

당시 항주는 물론이고 송나라 전체를 따져보아도 천태종의 영향력은 화엄종에 비해 훨씬 컸다. 의천이 항주에 내려올 무렵, 정원은 상대적으로 규모가 작은 대중상부사라는 절의 주지를 맡고 있었고, 영향력이나 대외적인 교류 또한 그다지 많지 않았다. 그런 점에서 보면 다량의 목판

155　종간, 「대송사문 종간의 편지 4」, 『외집』 제7권.

을 새기는 일처럼 규모가 크고 복잡한 일에는 종간처럼 인맥도 넓고 유능한 관리자가 필요했을 것이다. 서객이라는 인물이 『대소주경』을 가져온 서전(徐戩)이라는 증거는 없지만, 적어도 그 집안의 누구였던 것은 틀림이 없다. 아무튼 서객의 입장에서도 정원보다는 규모가 큰 사찰의 고승, 종간과의 거래가 훨씬 유용하고 수월했을 것이다. 역시 정확한 사실이야 알 도리가 없지만, 신속하게 이뤄졌던 『대소주경』의 일머리를 추정하는 정도는 얼마든지 가능한 정황이다. 의천은 『대소주경』의 간행을 결정한 이후, 적절한 인력을 찾아 설득하고 조직하여 일을 꾸려갔다.

그런 점에서 종간의 언급은 여러모로 시사하는 바가 크다. 무엇보다 정원이나 종간과 같은 송나라 고승들과의 관계가 의례적인 사제관계가 아니라, 구체적인 일을 통해 긴밀하게 연결되어 있었다는 점이다. 그들은 의천의 꿈과 목표를 분명하게 이해하고 있었을 뿐만 아니라, 깊은 공감을 느끼고 있었고, 일을 통해 의천을 적극적으로 돕고 있었다.

종간의 편지를 통해 보면, 의천과 종간은 대개 세 가지 종류의 일을 함께 의논하고 추진했던 것으로 보인다.

첫째 천태종의 문헌을 중심으로 장소를 수집하는 일이었다. 의천이 만났던 학승들, 의천은 학식이 높은 학승을 만나면 늘 출간을 약속하고 저술을 권고하고 있다. 단순히 있는 책을 수집하는 정도가 아니라, 더욱 적극적으로 장소(章疏)를 만들어 가는 일을 중요하게 여겼기 때문이다. 당시 고려 왕자 승통의 권고와 약속은 대단히 효과적이었던 것 같다. 『외집』에는 의천을 만난 적도 없는 학승들이 소문을 듣고 자신의 저술을 보내오는 경우도 보인다. 의천의 폭넓은 수집 전략은 저술활동을 자극하는 동력도 가지고 있었다.

둘째, 종간을 비롯하여 천태종의 학승들을 교감 인력으로 활용하였다. 이 같은 교류는 의천이 귀국한 뒤에도 꾸준히 지속되었다. 흥왕사에 교감을 위한 그룹을 형성하고 이런 네트워크를 통해 이중삼중의 교차 교감을 진행했다. 의천은 적어도 고려, 송, 요 세 나라에 걸쳐 그 같은 학술의 네트워크를 조직하고 활용했다.

셋째, 송나라 천태종의 조직과 운영에 관한 자문을 구하는 일이었다. 당시 송나라의 천태종은 이론적으로나 조직적으로 가장 안정된 교단을 유지하고 있었다. 의천은 화엄종의 승려이자, 고려의 승통으로서 이 같은 교단에 대해 깊은 인상을 받았다. 의천은 천태종 승려들과 활발한 교류를 갖고 송나라 천태종의 현황을 직접 체험하면서 한편으로는 해동 화엄종의 개혁을 준비하고 있었다. 뿐만 아니라 다른 한편으로는 해동 천태종의 창종도 계획하고 있었다.

> 『신주정원화엄경(新注貞元華嚴經)』은 제가 여러 해를 두고 원하던 것인데, 다행스럽고 외람되게도 내려주시니 감격과 기쁨이 번갈아 쌓입니다. 어지신 성지(聖旨)를 받들어 다시 자세히 교감을 하도록 하였습니다. 이제 임금님께서 책 뒤에 도장을 찍고 정재(淨財)를 희사하셔서 좋은 일을 완성하게 되었습니다. 그러나 제가 강연을 하느라 바쁘게 쫓겨 교감을 마치지 못하였습니다. 다음 번에 부쳐드리겠습니다. 본강(本講)께서 탁마를 해 주시길 바랍니다. 거듭 지도와 깨우침을 빕니다.156

『정원화엄경(貞元華嚴經)』은 40권본 『화엄경』이다. 청량은 여기에 『정

---

156 의천, 「대송 정원법사에게 올리는 편지 1」, 『문집』 제11권.

원신역화엄경소(貞元新譯華嚴經疏)』 10권을 지었다. 당시 송나라에는 유실되어 유통이 끊긴 상태였고, 의천이 정원에게 부쳐줌으로써 비로소 중국에 전승이 이어지게 되었다. 의천이 스물세 살 처음 강연을 시작했을 때 했던 강연이 바로 이 『정원신역화엄경』이었고, 그때 사용했던 주석서가 『정원신역화엄경소』였다. 정원이 새로 완성하여 의천에게 부쳐주었다는 『신주정원화엄경(新注貞元華嚴經)』은 『대소주경』과 같은 방식으로 『정원신역화엄경』의 본문과 『정원신역화엄경소』의 주석문을 결합하여 편집한 책이다. 이제 그 책을 받아 출간을 서두르고 있다는 내용이다. 『대소주경』은 항주에서 새겼지만, 이제 이 책은 선종의 지원으로 고려에서 새길 계획이라는 뜻이다.

『정원신역화엄경소(貞元新譯華嚴經疏)』는 의천이 보내 준 책이다. 정원은 그 이후에 편집을 시작하여 『신주정원화엄경』을 완성했다. 의천이 여러 해를 두고 원했던 일, 이 일 또한 의천의 의지가 반영된 일이었다. 정원은 의천과 교류를 시작할 무렵에 이미 칠십의 노객으로 나름대로 목표를 가지고 저술에 집중하고 있을 때였다. 의천의 의지가 아니었다면 이런 종류의 책을 서둘러 편집할 까닭이 없었다. 정원의 입장에서는 우선 순위가 밀리는 일이었을 것이라는 뜻이다.

그런데 저 편지에도 남아 있듯 임금의 지원으로 출간했던 것이 분명한데, 『교장총록』에는 기록이 남아 있지 않다. 반면에 청량이 역시 『정원화엄경(貞元華嚴經)』에 주석한 『행원품별행소(行願品別行疏)』 2권은 『교장총록』에 기록이 남아 있다. 그 밑에 '중희(仲希)가 본소(本疏)를 경(經) 아래로 옮겨 주(注)했다'는 주가 달려 있다.

중희는 정원의 스승인 자선(子璿, 965~1038)의 법을 이은 분으로, 정원이 자선의 문하로 갔을 때 중희로부터 『능엄경』, 『원각경』, 『기신론』 등

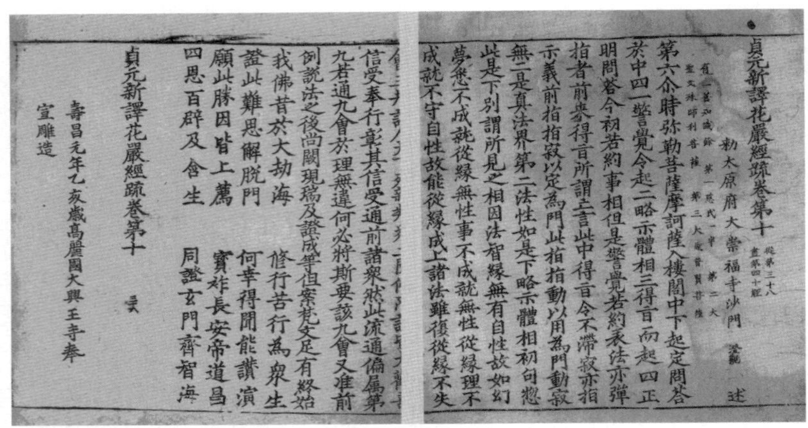

貞元新譯花嚴經疏卷第十　　總第三十八　畫第四十四紙

勑太原府大崇福寺沙門　澄觀　述

第六介時弥勒菩薩摩訶薩入樓閣中下起定問答　於中四一警言覺令起二略示體相三得言而起四正明問答今初若約事相但是警覺若約承法亦彈指者前奏得言所謂言此中得言令不滯寂亦指示義前指指寂以定為門此指指動以用為門動寂無二是真法界第二法性如是下略示體相初句惣此是下別謂所見之相因法智緣無有自性故如幻夢愁不成就從緣無性事不成就無性從緣理不成就不守自性故能從緣成上諸法雖復從緣不失

信受奉行彰其信受通前諸衆然此流通偏屬第九若通九會於理無違何必將斯要該九會又准前例說法之後尚闕現瑞及證成筆但案梵文足有終始我佛昔於大劫海　修行苦行為衆生四思百辟及含生　願此勝因皆上薦　證此難思解脱門　實祚長安帝道昌　何幸得聞能讃演　同證玄門齊智海

貞元新譯花嚴經疏卷第十　　云

壽昌元年乙亥歲高麗國大興王寺奉
宣雕造

『정원신역화엄경소(貞元新譯華嚴經疏)』 제10권[157]

을 배웠다고 한다. 의천에게 보내는 편지에서는 진운(縉雲)으로부터 '직접 마음으로 전해 받았다'는 표현을 하고 있다. 진운은 중희의 출신지로 지역의 이름을 따서 부르던 별호이다. 이런 기록에 비추어 보면 『대소주경』이나 『신주정원화엄경(新注貞元華嚴經)』과 같은 편집의 기술도 종밀-자선-중희로 이어 온 전통이었다고 할 수 있다.

　　작년에 『화엄과초략(華嚴科鈔略)』을 출간한다는 말을 전해 듣고 은(銀) 이백 냥을 보내 드렸습니다.[158]

　　의천이 다른 편지에서 정원에게 했던 말이다. 『화엄과초략(華嚴科鈔略)』은 정원이 교육적인 목적에서 출간을 고려했던 책으로 보인다. 『교

157　오야 토쿠죠(大屋德城), 『고려속장조조고(高麗續藏雕造攷)』, 도판 권상, p.16. 일본 다이도큐키넨분코(大東急記念文庫) 소장 『정원신역화엄경소(貞元新譯華嚴經疏)』 제10권. 끝에 수창(壽昌) 원년(元年, 1096)에 흥왕사에서 조조(雕造)했다는 후기가 남아 있다.
158　의천, 「대송 정원 법사에게 올리는 편지 2」, 『문집』 제11권.

장총록」에도 들어 있지 않다. 이 일은 분명한 정원의 일이었다. 그래서 의천은 경비를 지원하는 선에서 멈추었다.

> 나는 젊어서는 『화엄경』에, 늙어서는 『법화경』에 주(注)를 달았습니다. 이 두 경전은 불교의 겉과 속입니다. 그 시작과 끝의 절창(絕唱)을 내가 얻어서 이제 마쳤으니 어찌 숙원을 성취한 행운이 아니겠습니까? 하지만 마음은 피로하고 기운은 위태로워 어언 나이가 일흔여덟입니다. 11월 말에 편지 한 통을 써서 경전 안에 넣어 문인(門人)을 시켜 나의 제자이신 승통께 맡기니 이로써 결별을 하고자 합니다. 주석한 『법화경』 12권으로 나누었고, 『법화경』을 써서 부치니 나를 위해 자세히 교감하여 출판해 주기를 청합니다. 영원토록 유통하고자 하는 것이 어찌 나만의 소원이겠습니까? 이 또한 우리 부처님의 뜻을 펼치는 일이니 나의 제자 승통이 아니면 누가 하겠습니까?**159**

절절한 유언을 쓴 정원은 『주법화경(注法華經)』 원고를 마지막으로 부탁하며 결별을 고하고 있다. 자세히 교감하고 판에 새겨 영원토록 유통하게 해 달라는 부탁이었다. 오래도록 마음에 품고 있었던 이 숙원, 정원은 그렇게 『화엄경』으로 시작한 삶을 『법화경』으로 마감하고 싶었던 모양이다. 이 원고의 제목이 분명하질 않아 단정하긴 어렵지만, '주법화(注法華)'라는 표현을 주화엄(注華嚴)의 대구로 쓰고 있는 것으로 보아 『대소주경』이나 『신주정원화엄경(新注貞元華嚴經)』의 형식을 따른 것이 아닌

가 짐작할 뿐이다.

이 원고가 출판이 됐는지는 알 도리가 없다. 의천의 성품으로 보아 스승의 저 같은 절절한 소망을 물리쳤을 리는 없었겠다. 어떤 형태로든 출판이 이뤄지기는 했을 것이다. 아무튼 이 책 역시『교장총록』에는 들어 있지 않다. 분명한 사실은 의천이 이 일을 자신의 일로 받아들이지 않았다는 것이다. 정원이『주법화경(注法華經)』원고의 저술을 위해 부탁했던 자료들, 의천은 정원에게 보내는 편지에서 정원이 부탁한 자료들에 오류가 심해, 나이든 학승들을 모아 교감을 하고 있다고 했다. 이 또한 의천의 꼼꼼한 일머리를 보여주는 증거이기는 하다. 하지만 이런저런 변명을 하는 편지의 어감으로 보아 의천에게 이 일이 우선순위가 높았던 일로 보이지는 않는다. 이 일은 정원의 일이었고, 의천의 입장에서는 늙은 스승 정원을 돕는 일이었다.

여기서 정원의 일과 의천의 일을 굳이 구별하려고 하는 까닭은, 정원과 의천 사이에 있었던 차이점을 드러내고 싶기 때문이다. 의천의 오래도록 소원했던 송나라 구법여행, 그 여행의 목적, 의천의 의지를 좀 더 선명하게 형상화시키고 싶기 때문이다. 의천에 대한 연구나 관심이 늘어가고는 있지만, 의천은 아직도 조연에 불과해 보인다.『교장』이나『속장경』, 어마어마한 일을 했다고는 하지만, 남아 있는 자료가 많지 않기 때문에 일의 정체나 목적도 분명하질 않기 때문이다.

의천은 항주에 머물던 6개월 여의 기간 동안에 혜인원은 물론 정원이라는 인물의 지위조차 완전히 바꾸어 놓았다. 선원(禪院)을 교원(敎院)으로 바꾸었고, 대규모 법회를 열었을 뿐만아니라 무엇보다 7천 5백여 권의 화엄종의 교장(敎藏)을 조성했다.『혜인고려사지』에 따르면 의천이 항주에 도착하고 정원이 혜인원으로 옮겨 올 무렵, 항주에는 532개의 절이 있었지만 강원(講院)은 대개 천태종에 속한 것이었고, 화엄종에 속한 곳은 거의 없었다고 한다. 그만큼 화엄종의 전승은 끊어지고 교세는 침체되어 있었다. 이후 혜인원은 송나라 화엄종의 중심지가 되었고 정원은 중국 화엄종과 화엄학의 중흥조가 되었다. 이런 극적인 변화가 오로지 의천의 역량에 의한 것이었다는 사실, 이에 대해서는 이론의 여지가 없다. 의천은 그 짧은 기간 안에 송나라의 화엄종, 정원의 법맥이 중흥할 수 있는 거의 완전한 기반을 확고하게 구축했다.

항주에서 했던 일들, 의천은 그 일만으로도 누구도 흉내낼 수 없는 역량과 안목을 만천하에 과시했다. 그렇다 해도 그 일의 주인공은 역시 정원이었다. 의천은 그런 일들을 모두 정원의 이름으로 했다. 의천은 정원의 꿈을 도와주던 도우미였고, 조연이었다. 물론 정원의 일, 그 일을 돕는 일도 법을 구하는 일이었고, 의천 스스로 원해서 했던 일인 것도 분명하다. 하지만 바로 그 항주에서 의천은 그런 일만을 한 것이 아니었다. 정원의 일과는 분명히 구별되는 다른 일들도 꾸준히 추진하고 있었다. 정원의 일, 정원의 꿈과는 분명히 달랐던 의천의 일, 의천의 꿈이 있었다는 뜻이다.

예를 들어 의천이 항주에서 교류했던 인물들 가운데, 가장 두드러지는 인물이 정원, 종간, 원조 등 세 사람이다. 이들은 의천에게 각각 화엄종, 천태종, 율종 세 종파의 법맥을 '공식적'으로 전수했다. 원조의 경우에서 보듯 이례적인 일이었고, 양걸의 표현에서 보듯 역사상 유례가 없는 일이었다. 의천은 화엄종으로 출가한 화엄종의 승려였다. 화엄종의 종지를 믿고 좋아했으며, 자부심도 컸다. 그런 의천에게 천태종이나 율종의 법맥이 무슨 소용이 있었을까? 단지 왕자 승통의 명예욕이었을까?

의천의 행위는 말하자면, 종파를 부정하는 행위였다고 할 수 있다.

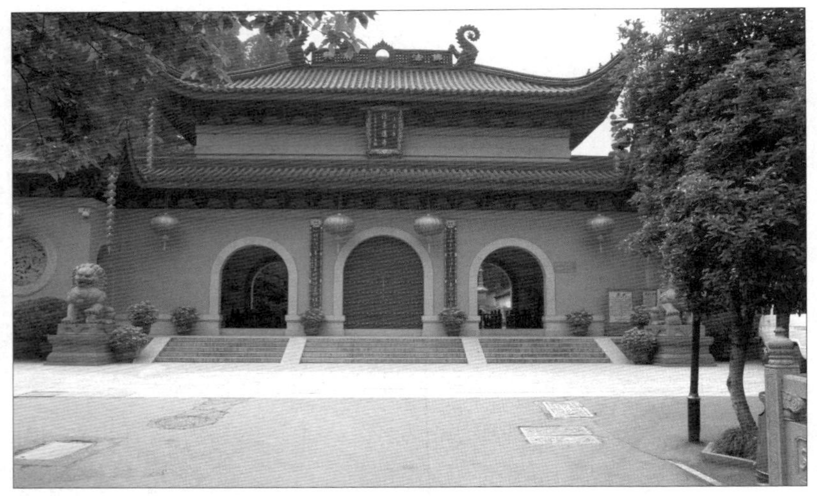

종간이 주석하던 항주의 상천축사

종교(宗敎)라는 표현은 '으뜸이 되는 가르침'이란 뜻을 가지고 있다. 불교, 곧 부처님의 가르침 안에는 여러 종류의 가르침이 섞여 있다. 가르침의 대상이 다르고 상황이 달랐기 때문에 서로 다른 가르침들이 생겨났다. 종교라는 말은 그런 많은 가르침들 속에서 특정한 사람, 특정한 그룹이 선택하여 따르던 특정한 가르침을 뜻한다. 따라서 그 같은 특정한 가르침들 사이에는 크고 작은 차이들이 존재한다. 이질적인 종교를 바탕으로 성장한 것이 종파이고 종단이다. 불교라는 관점에서 보자면 모두가 불교지만, 현실에서는 그렇지만은 않다. 사람이 다르고 조직이 다르고 신념이 다르고 수행의 길도 다르다. 바로 그 다른 점들로부터 논란과 다툼이 일어날 수 있다.

앞서 원효의 사례에서 지적했듯, 의천은 모든 종교, 곧 불교의 여러 가르침들이 갈래는 다르지만 하나의 가르침일 뿐이라는 생각을 가지고 있었다. 서로 다른 이론이나 생각을 품을 수는 있다. 하지만 그런 이론이나 생각을 실천에 옮기는 것은 질이 다른 일이다. 종교나 종파, 종단을 부정하는 일은 현실을 부정하는 일이다. 현실을 부정하는 생각을 실천에 옮기는 일, 그런 일을 개혁이라고 부른다. 송나라의 항주라는 한 자리에서 세 가지 종파의 서로 다른 법맥을 자원해서 전수한 의천, 그의 일에는 그런 의미가 담겨 있었다. 정원, 종간, 원조도 생각할 수 없었고, 실천할 수는 더더욱 없었던 의천만의 일이었다. 예를 들어 정원이 종간으로부터 법맥을 전수받는다든지, 종간이 원조를 찾아가 율종의 가르침을 배운다든지 그런 일은 예나 지금이나 상상하기조차 어렵다. 뜻은 좋을지 몰라도 스스로를 부정하는 일이고, 종교와 종단을 배신하는 일이기 때문이다. 종파를 부정하고, 현실을 부정하고, 그런 부정을 실천에 옮겨 몽땅 바꾸어버리겠다는 속셈. 의천은 그런 속셈을 실천에 옮기고 있었다는 뜻이다. 게다가 정원은 물론, 종간과 원조 또한 의천의 속셈을 알고 있었다. 원조는 천 개의 칼날, 만 개의 몽둥이를 감수하고라도 몸을 잊고 법을 짊어져야 한다고 했다. 그들은 이미 의천의 공범이었다고도 할 수 있다.

『대소주경』의 목판, 그 일머리에서도 의천의 속셈과 목적의 차이를 읽을 수 있다. 의천은 혜인원에 화엄종의 교장 7,500여 권을 조성했다. 해인사의 『팔만대장경』도 권수로 치면 6,500여 권에 불과하다. 그 많은 분량의 책을 조성해 송나라 화엄종의 뿌리를 다졌던 의천이다. 『대소주경』이 정원의 일이었다면 큰 돈을 들이고 번거로운 절차를 거쳐가며 목판 자체를 수입하려는 생각을 하지는 않았을 것이다. 정원의 일이고 항주의 일이었다면 항주에 남겨두고 필요한 만큼 책을 찍어서 가져오는 것으로도 그만이었을 것이기 때문이다. 그래도 꼭 필요한 목판이었다면 후

일을 기약하고 고려로 돌아가서 새로 새길 수도 있었을 것이다.

의천은 처음부터 목판 자체를 목적으로 삼았다. 『대소주경』은 의천의 일을 위한 실험의 성격을 지닌, 요즘 말로 파일럿 프로젝트였고, 아웃소싱이었다고 할 수 있다. 바쁜 일정 속에서 전광석화처럼 빠르게 추진된 일이었다. 의천의 본원인 교장의 편찬을 목적으로 한 실험이었다. 의천에게는 항주라는 문화의 도시, 그 곳의 기술과 인력도 의천의 일을 꾸려가기 위한 자원이자 자산이었다. 고려 안에서 자체적인 자원과 인력만으로는 추진하기 힘든 일, 의천은 그런 큰 일을 추진하기 위한 기반과 자원을 실험하고 있었던 것이다.

【 미완의 교장^(敎藏) 】

후^(煦)는 불교 문헌과 경서^(經書) 천 권을 바쳤으며, 또한 흥왕사^(興王寺)에 교장도감^(敎藏都監)을 설치할 것을 주청하고, 요나라와 송나라에서 4천 권에 달하는 책을 구해 모두 간행하였다.[160]

중국과 거란, 일본으로부터 거듭 책을 구입하였고, 다시 신미년 봄에 남쪽 지방으로 다니며 찾은 책이 무려 4천 권이었다. 대부분 먼지로 엉망이었고, 끊어지고 찢어져 뒤섞여 있었다. 모두 수습하여 상자에 담아 돌아와, 흥왕사^(興王寺)에 교장사^(敎藏司)를 설치하기를 소청하였다. 명류^(名流)를 초청하여 잘못되고 빠진 것들을 교정하게 하고, 위로는 교감을 거치도록 하니 몇 년이 지

---

¹⁶⁰ 『고려사』 제90권 열전(列傳) 3 대각국사(大覺國師) 후(煦) http://www.krpia.co.kr.

나지 않아 문적(文籍)이 크게 갖추어져 학자들이 기쁘게 의지하였다.[161]

일본의 학자들이 『고려속장경』이라 불렀고, 지금은 『고려교장』이라고 부르는 의천의 결집, 그 일을 확인할 수 있는 근거는 위에 인용한 두 구절이 전부이다. 『신편제종교장총록(新編諸宗教藏總錄)』이라는 목록의 명칭, 의천이 여기저기서 표현했던 본원과 사명, 그런 주변적인 증거 외에, '『교장』을 간행했다'든지 '조성했다'는 근거는 어디에도 없다. 물론 교장도감이라는 표현, 김부식이 불렀던 교장사라는 기관, 그 곳에서 했던 일은 당연히 '『교장』의 조성'이었을 것이다. 흥왕사에서 새긴 『교장』의 판본에는 대안(大安, 1085~1094) 8년(1092)부터 수창(壽昌, 1095~1101) 5년까지 요나라의 연호와 함께 '고려국(高麗國) 대흥왕사(大興王寺) 봉선조조(奉宣雕造)'라는 간기(刊記)가 붙어 있다. 임금의 명령을 받아 나라의 일로 조성했다는 뜻이다. 게다가 『교장총록』 안에 포함된 약 천여 종, 4,800여 권의 주석서들, 그 숫자도 『고려사』나 『영통사비명』의 숫자와 얼추 들어맞는다. 그래서 '교장도감을 설치한 해(1091)로부터 의천이 입적한 해(1101)까지 약 십 년간에 걸쳐 임금의 칙명으로 흥왕사 교장도감에서 『교장총록』을 바탕으로 4천여 권을 조성한 것'이라는 추정이 가능해진다.

그렇다 하더라도 추정이고 짐작일 뿐이다. 무엇보다 남아 있는 의천의 비문들, 예종이 지은 진영찬(眞影讚) 등의 의천의 업적을 기리는 기록들에 '교장(敎藏)의 조성'이라는 키워드가 보이지 않는다. 의천이 어려서부터 교장 조성의 본원을 세우고, 오랫동안 준비를 했고, 그 결과 목록

---

[161]　김부식, 「영통사비명」, 『문집』 제12권.

을 포함하여 대량의 문헌을 출간하여 유통시켰다는 데에는 의심의 여지
가 없다. 하지만 그 일들을 직접 우리가 알고 있는 『속장경』이나 『교장』
과 동일하게 간주해야 할 직접적인 증거는 없다는 말이다.

오야 토쿠죠는 『고려속장경』의 존재를 당연하게 전제하면서도 『고려
속장경』의 완성에 대하여는 회의적인 입장을 보였다. 그가 의심을 품었
던 가장 큰 이유는 현존하는 『고려속장경』의 문헌에 이른바 함호(函號)가
없다는 것이었다. 모든 대장경이나 속장경에는 함호가 붙어 있기 때문이
다. 함호는 책을 담아 보관하던 상자에 붙인 것으로 말하자면, 번호에 해
당한다. 천자문의 글자 순서로 함호를 매겼다. 아래의 표는 『교장총록』
에도 들어 있는 『신화엄경론(新華嚴經論)』 함호의 사례이다.

대장경(속장경)	조대	연대	함호(函號)
비로장(毘盧藏)	송(宋)	1112~1151	회(會)-전(竆)
조성금장(趙城金藏)	금(金)	1149~1173	천(踐)-형(刑)
고려장(高麗藏)	고려(高麗)	1236~1251	륵(勒)-명(銘)
가흥장(嘉興藏)	명(明)	1589~1676	속장(續藏) 9~11 함(函)
건륭장(乾隆藏)	청(淸)	1735~1738	예(乂)-사(士)

현존하는 대장경 또는 속장경에 포함된 이통현(李通玄) 저, 『신화엄경론(新華嚴經論)』 또는 『화엄경합론(華嚴經合論)』의 함호(函號).

이제까지 수집한 여러 종파에서 저술한 신구(新舊)의 주석서들을
혼자 감추어 두지 않고 정리하여 공개하려고 한다. 뒤에 다시 수
집하는 것들도 그때마다 기록하려고 한다. 혹시 장래에 함(函)과
질(帙)로 순서를 정해, 삼장(三藏)의 정문(正文)과 함께 무궁하게 전
해질 수 있다면 내 소원은 끝나는 것이다.[162]

---

[162]　의천, 「신편제종교장총록 서문」, 『문집』 제1권.

앞에서 소개했던 『교장총록』 서문의 일부분이다. 저때 출간한 『교장
총록』은 미완의 목록이었다. 아직도 문헌을 계속해서 수집하던 상태였
고, 목록의 체계조차 정하지 못하고 있었다. 의천의 목표는 분명했다.
교장(教藏)은 대장경과 함께 관리되고 유통되어야 한다는 것이었다. '삼
장(三藏)의 정문(正文)'은 기존의 대장경을 가리킨다. 그때 고려에 존재하
던 대장경을 요즘에는 『초조대장경(初雕大藏經)』이라고 부른다. 물론 『초
조대장경』에는 함호가 붙어 있다. 의천이 '백가(百家)의 과교(科教)'라고
불렀던 장소(章疏)들, 체계를 정하고 목록을 정비하여 함호를 붙여. '삼
장(三藏)의 정문(正文)'과 함께 유통하는 것, 그것이 의천의 소원이었다.

그 소원은 물론 이루어지지 않았다. 목록도 완성되지 않았고, 체계도
정하지 못했으며, 함호도 달지 못했다. 의천은 소원을 이루지 못하고 입
적하였고, 그의 입적과 함께 소원도 중단되고 말았다. 엄밀하게 따지자
면 우리가 아는 『고려속장경』이나 『고려교장』은 존재해 본 적도 없고,
당연히 남아 있을 수도 없다. 남아 있는 것은 다만 그 일을 하던 과정의
흔적뿐이라고 할 수 있다. 의천의 교장은 어쩌면 의천의 본원, 의천이
가슴속에 품었다던 묘온(妙蘊)으로밖에 존재해 본 적이 없었는지도 모른
다. 오히려 분명한 것은 그 묘온이 우리가 알고 상상하던 『고려속장경』
이나 『고려교장』보다 훨씬 더 크고 훨씬 더 정교한 어떤 것이었다는 사
실이다.

【 고려-요-송을 잇는 국제 프로젝트 】

지난번 기록에 선연(鮮演) 대사로 하여금 장소(章疏)를 가려 모으
게 하라고 하셔서, 지난번 대궐에 갔을 때 대인혜(大仁惠) 제점(提

點)과 함께 상주(上奏)하였습니다. 먼저 겨울에 여러 큰스님이 와
서 다시 거듭 주청하였습니다만, 대인혜께서 일이 있어 지금까
지 실행에 옮기지 못하고 있었습니다. 집안의 형님인 왕화(王華)
부제점(副提點)이 다시 가셨으니 모든 일을 반드시 마칠 수 있을
것이라 바라고 있습니다.163

    요나라의 고위관료 야률사제(耶律思齊)가 의천에게 보낸 편지의 일부
분이다. 문장이 애매하여 전후 사정이 분명하진 않지만, 아무튼 의천이
요나라의 관료와 스님들한테 장소의 수집과 편찬을 권했고, 요나라에서
도 이를 받아들여 국가적으로 실천에 옮겼다는 사실만큼은 분명하다.
『교장총록』에도 요나라에서 저술된 문헌이 다수 포함되어 있고, 『원종
문류』에도 황제의 서문을 비롯하여 요나라의 저술이 반영되어 있다. 김
부식은 '요나라의 천우(天佑) 황제가 (의천의) 명성을 듣고 대장경과 여러
종파의 소초(疏鈔) 6,900여 권과 기타 문서, 약물, 비단 등을 보냈다'고

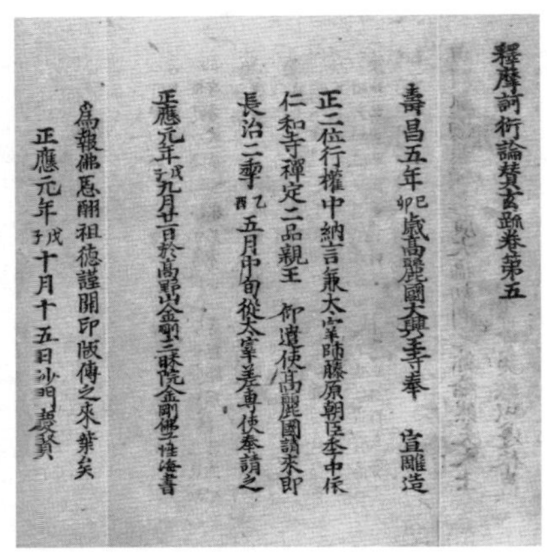

요나라 법오(法悟)가 지은 『석마하연론찬현소(釋摩
訶衍論贊玄疏)』. '수창(壽昌) 5년(1099) 대흥왕사(大
興王寺) 봉선조조(奉宣雕造)'라는 간기가 붙어 있다.

163   의천, 「요나라 어사중승(御史中丞) 야률사제(耶律思齊)의 편지」, 『문집』 제1권.

        3. 의천의 일

했으며, 의천은 황제가 지은 저술에 후서(後敍)를 지어 보내기도 했다.
『고려사(高麗史)』에도 의천의 '재주와 수행이 모두 뛰어나 요나라와 송나
라에까지 명성이 높다'고 했으니, 요나라와의 긴밀했던 교류와 협력의
정도를 짐작할 수 있겠다.

요나라에서 장소(章疏)의 수집과 편찬을 책임졌다는 선연(鮮演,
1049~1119)은 학문도 뛰어나고 수행도 깊었던 화엄종의 학승이었다. 저
때에도 도종(道宗)의 신임을 얻어 황세자를 가르치고 있었다. 그의 비문
에는 학문과 신통으로 인해 '외국인 고려의 승통이 존경했다'는 기록이
남아 있다. 승통은 물론 의천이다. 같은 화엄종의 승려인데다 연배도 의
천과 비슷한 것으로 보아 의기가 투합했을 것으로 여겨진다. 아무튼 일
본에서 출간한 『만속장경(卍續藏經)』에는 바로 그 선연의 저술이 한 편 실
려 있다. 『대방광불화엄경담현결택(大方廣佛華嚴經談玄決擇)』이라는 문헌이
다. 이 문헌의 저본은 일본에 전해 오는 필사본으로, 베낄 때 적은 사본
기(寫本記)라는 기록이 붙어 있다.

고려국(高麗國) 대흥왕사(大興王寺) 수창(壽昌) 2년 병자세(丙子歲,
1096) 봉선조조(奉宣雕造)
대송국(大宋國) 숭오고사(崇吳古寺) 선화(宣和) 5년 계묘세(癸卯歲,
1123) 석안인(釋安仁) 전사(傳寫)

이 책은 고려의 흥왕사에서 출간한 것이고, 그 인쇄본이 송나라로 전
해졌고, 송나라에서 그 인쇄본을 저본으로 베낀 것이라는 뜻이다. 그리
고 그 필사본이 다시 일본으로 전해져 지금까지 살아 남을 수 있었다. 당
시 요나라와 송나라의 관계를 감안하면, 요나라에서 저술한 책이 송나라

에 유통할 가능성은 매우 적었다. 이 책이 이렇게 전해져 지금까지 살아남을 수 있었던 것은 바로 의천의 국제적인 네트워크 덕택이었다고 할 수 있다. 이 책은 『교장총록』에도 포함되어 있지 않다. 현존하는 『교장총록』이 선종 7년(1090)에 출간된 사실에 비추어 보면, 이후에도 꾸준히 문헌 수집이 이루어졌고, 그때 포함되지 않았던 문헌도 꾸준히 출간되고 있었다는 사실을 짐작할 수 있다.

송나라와의 교류와 협력에 대하여는 더 말할 나위도 없고, 의천은 이처럼 그의 일을 국제적인 협력 사업으로 추진하였다. 이와 유사한 의천의 의도, 의천의 일머리를 단적으로 보여주는 것이 앞에서도 소개했던 금산사 광교원, 소현의 사례라고 할 수 있다. 법상종에서 필요로 하는 문헌은 법상종에서 정리하고 교감하여 출간할 수 있도록 협력을 유도하고 권장했다는 뜻이다. 이들의 사례를 종합하여 보면 의천은 교장의 출간을 적어도 고려-요-송 삼국을 잇는 국제 프로젝트로 계획하고 추진했다는 사실을 알 수 있다. 『문집』에는 '일본의 여러 법사에게 교장(教藏)의 수집을 의뢰하는 소(疏)'가 남아 있어 일본과의 교류 또한 동시에 추진했음을 짐작할 수 있지만, 이 외에 구체적인 교류의 흔적은 남아 있지 않다. 다만 김부식의 비명에 일본인들이 대각국사의 비문과 묘지명을 구하러 왔다는 기록에 비추어 일본에서도 의천의 명성을 익히 알고 있었다는 사실을 짐작할 수 있을 뿐이다. 이 외에도 『문집』에는 고창국(高昌國) 승려로부터 받은 편지가 담겨 있지만, 역시 협력의 흔적은 남아 있지 않다. 그렇다 하더라도 이런 기록은 의천의 일머리와 안목, 태도를 증거하는 소중한 기록이라고 할 수 있다.

의천은 국내에 자신이 주관하는 흥왕사에 교장도감을 설치하고 이를 중심으로 국내외에 구축한 방대한 네트워크를 활용하여 장기적인 교류와 협력의 체계를 구축했다. 이들의 협력은 문헌의 수집은 물론, 기존에 수집한 문헌의 목록을 바탕으로 새로운 저술을 유도하고 권장하는 일로 부터 교감과 출간 등 넓은 범위에 걸쳐 동시다발적으로 이뤄졌다. 예를 들어 의천은 송나라를 방문할 때 당시까지 수집하여 작성한 장소목록을 가져가서 공개했다. 장기간에 걸쳐 의천이 단계적으로 공개하여 송과 요, 일본 등지로 유통시켰던 목록의 효과는 실제로 대단한 것이었다. 현존하는 『교장총록』에는 의천이 송나라에서 교류했던 학승들이 저술한 문헌의 비중이 상당히 높다. 송나라의 학승들은 의천의 계획과 목록에 자극받아 국제적인 규모의 출간과 유통을 염두에 두고 저술에 강한 동기를 낼 수 있었다는 뜻이다. 요나라의 저술도 비중은 적지만 비슷한 양상을 띠고 있다. 이러한 국제적인 교류와 협력은 다만 학술적인 면에 국한된 것만은 아니었다. 송나라 항주에서 조성하여 수입했던 『대소주경』이 대표적인 경우라고 할 수 있다. 의천의 네트워크는 인쇄와 출간이라는 일을 국제적인 공조를 통해 추진함으로써, 기술적·경제적 교류로까지 확장될 수 있는 잠재력을 보여주었다. 다시 말해 학자들은 외국에서의 출판과 유통을 고려하여 저술의 동기를 갖게 되었고, 이 같은 출판과 인쇄, 유통에 국제적인 공조가 이뤄지면서 이를테면 완전히 새로운 형태의 시장이 형성될 수도 있었다는 뜻이다. 다만 소동파의 국수적인 정책 등의 이유로 중단되기는 했지만, 의천이 보여준 원대한 계획과 추진력은 고려-요-송-일본을 포함하는 국제세계에 적지 않은 영향을 미쳤다고 할 수 있다.

의천의 국제적인 네트워크는 우연히 만들어진 것이 아니었다. 의천은 문헌을 수집하는 과정에서부터 국제적인 협력의 필요성을 절감하고 있었고, 장기적인 안목과 계획을 가지고 주도적으로 형성한 네트워크였다. 송나라 구법이라는 사건은 그런 안목과 계획의 실천을 위한 당연한 과정이었을 뿐이었다. 의천은 그렇게 수집한 문헌을 독자적으로 출간하거나 독점하려고 하지 않았다. 활용할 수 있는 모든 자원을 활용하는 것, 의천이 일을 추진하는 방식이 이러했다. 의천의 국제적인 네트워크는 의천의 안목과 계획의 규모를 보여주기도 하지만, 의천이 지닌 실용적인 일머리를 보여주는 증거이기도 하다.

백가(百家)의 장소를 일장(一藏)으로 묶는 일, 『교장총록』에 포함된 4,800여 권의 분량만 따져 보더라도 기존의 대장경(大藏經)에 버금가는 방대한 분량이다. 고려의 『초조대장경』은 송나라 『개보대장경(開寶大藏經)』을 들여와 그대로 복각하는 일에서부터 시작했다. 현종 때 새겼다는 오천 축의 『대장경』이다. 그후 꾸준한 교정과 증보를 거쳐 6,500여 권 규모로 낙성을 하기까지 70여 년의 세월이 흘렀다. 교정과 증보를 하는 과정에는 요나라로부터 수입한 요나라의 『대장경』이 큰 역할을 하였다. 아무튼 대장경을 조성하는 일에 비하면, 의천이 계획한 일은 비교가 불가능할 정도로 방대한 일이었다. 장소를 수집하는 일 자체가 대장경의 조성과는 양상이 다를 수밖에 없었다. 송나라의 『개보대장경』이나 요나라의 『거란대장경』은 그 자체가 완결된 대장경이다. 『초조대장경』의 조성과 교정, 증보는 그런 완결된 기반 위에서 추진될 수 있었다. 하지만 의천의 일은 문자 그대로 '공전(空前)의 일'이었다. 참고하고 의지할 모델이 없었기 때문에 시작부터 끝까지 모든 일을 새로 기획하고 준비해야 했다. 문헌의 수집은 물론이고, 수집한 문헌을 정리하여 목록을 작성하고, 교정과 교감을 거쳐 종이에 쓰고 판에 새겨 출간하기까지 훨씬 복잡하고 힘든 공정을 거쳐야 했다. 게다가 의천은 이런 일을 위한 자원과 환경을 처음부터 새로 구축해야 했다. 이런 일에 드는 시간과 인력, 자본 등의 자원 또한 막대할 수밖에 없었다.

교장도감을 설치하고 4천여 권의 문헌을 출간하는 데 걸린 기간, 19살 임금에게 상소문을 올린 때부터 잡더라도 30년이 채 되지 않는다. 송나라에서 돌아와 본격적인 출간에 착수한 시기를 기준으로 보면 그 기간은 절반으로 줄어든다. 게다가 교장도감을 설치했던 때로부터 따지면 고작 10년이다. 일의 규모와 복잡성, 시간과 자원, 어떤 요소를 따져 보더라도 의천의 일은 이처럼 놀라울 정도로 빠르고 효율적으로 추진되었다. 목표는 물론이고 규모나 공정, 필요한 자원의 확보와 관리 등에 대하여 정확한 이해와 계획, 일관된 추진력을 가지고 있지 않았다면 절대로 이뤄질 수 없었던 힘든 일이었다.

> …… 오직 이 한 부(部)의 찢어진 조각만이 겨우 남았다. 찾아서 확인해본 여러 판본이 대부분 『간정기(刊定記)』를 위주로 「구회약장(九會略章)」을 맨 앞에 배치하고 있었다. 이제 「현담(懸談)」이 사라지고 없기 때문에 제2권을 나누어 제1권을 만들었다. 십행(十行)과 십정(十定) 가운데 빠진 곳은 정법(靜法)이 일찍이 보충하였으니 그대로 둔다. 모두 12권으로 판을 새겨 유통하니 후세 사람들은 그 근본을 잊지 말라.
>
> 갑술년 2월 20일 고려국 화엄전교사문 아무개는 기록한다.[164]

『문집』 제2권는 앞 부분이 완전히 떨어져 나가고 맨 뒤에 2쪽만이 남아 있다. 이런 일은 수수께끼를 푸는 일과도 같다. 빈자리를 남아 전하

---

[164] 의천, 『문집』 제2권.

는 기록과 상상으로 메워가는 일이다. 저 기록의 내용도 그렇다. 문맥으로 보아 현수(賢首)가 지었다는 주석서의 쪼가리를 모아 정리하고 보완하여 출간하면서 붙인 서문으로 보인다. 현수는 60권본 『화엄경』을 바탕으로 『탐현기(探玄記)』를 지었는데, 80권본 『화엄경』이 새로 번역된 후 새로 주석서를 짓다가 미완으로 남기고 입적했다. 뒤에 현수의 제자 혜원(慧苑)이 이를 보완하여 『속화엄약소간정기(續華嚴略疏刊定記)』를 지었다. 혜원은 현수의 해석을 계승한다고 하면서도 독자적인 해석을 견지하여 논란이 일어났고, 의천 또한 혜원과 『간정기(刊定記)』에 대하여 이단(異端)이라고 부를 정도로 강한 거부감을 갖고 있었다. 그래서 현수의 저술로 보이는 잔편을 수습하고, 『간정기(刊定記)』의 왜곡을 바로잡아 새로 출간을 했다는 뜻이다.

갑술년이면 선종 11년(1094)의 일이다. 공교롭게도 선종이 승하하고 의천이 일을 떠나 해인사로 낙향하기 서너 달 전에 있었던 일이었다. 아무튼 의천이 하던 일, 저런 기록은 의천이 하던 교정과 교감이 얼마나 복잡하고 정교한 일이었는지를 단적으로 보여준다. 저런 정도의 교감은 그 자체로 하나의 새로운 창작이나 저술이라고 해도 무방한 일이다. 어쩌면 새로 짓는 일보다 훨씬 어려운 일일지도 모른다. 아마도 의천이 출간했다는 저 자료가 남아 전했다면 화엄학의 전통에도 큰 영향을 미쳤을 것이고, 의천을 대표하는 업적이 되었을 것이다. 전란을 겪으며 살아 남은 문헌들, 그런 문헌들에는 알게 모르게 저 같은 노력이 담겨 있다. 찢어진 쪼가리를 이리 맞추고 저리 맞추어 책으로 묶어 내던 사람들의 노력이다. 기존의 대장경에 포함된 문헌은 오랜 세월에 걸쳐 그런 교정과 교감의 과정을 어느 정도는 거친 문헌이었다. 완전하진 않다 하더라도 의천이 감당해야 했던 장소(章疏)와는 차원이 다른 문제였다.

『문집』에는 의천이 가지고 있었던 교정과 교감에 대한 태도를 보여
주는 기록들이 여러 곳에 남아 있다. 의천은 기존 필사본들의 정확성에
대하여 신뢰가 극히 낮았고 그래서 교정과 교감에 특히 많은 노력을 기
울였다. 장소(章疏)의 교감은 특히 높은 전문성을 필요로 한다. 내용에 대
한 이해 자체가 고도의 지적 훈련을 필요로 했기 때문이다. 게다가 의천
이 수집한 장소는 대개 유통과 전승이 끊어졌던 생소한 문헌이었다. 양
도 많고 내용도 어려운 문헌을 교정하고 교감하는 일, 그런 일을 해 낼
수 있는 인력을 확보하고 유지하는 일은 그때나 지금이나 쉬운 일이 아
니다. 의천은 앞에서 소개한 『원종문류』의 사례에서 볼 수 있듯이 교감
을 위한 전문적인 조직과 인력풀을 자체적으로 양성하여 확보하고 있었
다. 흥왕사 교장도감에서 출간한 문헌의 후기에는 의천 자신을 포함하여
그런 교감자의 리스트가 첨부되어 있다.

의천의 관점에서 보자면, 고려의 소현이 갖고 있었던 법상종의 자원,
송나라 정원이 갖고 있었던 화엄종의 자원, 종간이 갖고 있었던 천태종
의 자원, 요나라 선연이 갖고 있었던 화엄종의 자원, 이 모두가 장소(章

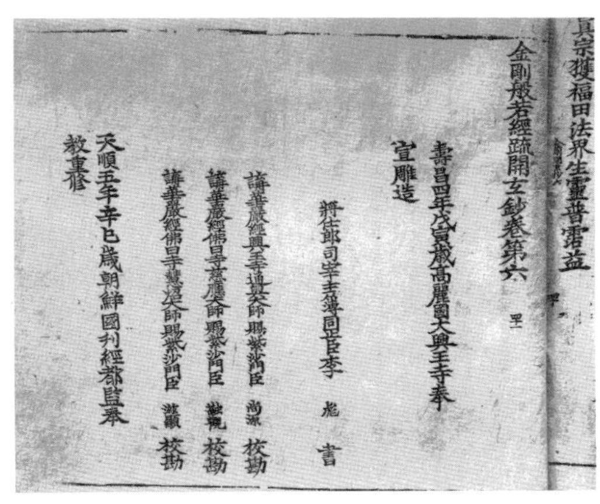

『금강반야경소개현초』 제6권, 후기에
교감자의 이름이 기록되어 있다.

疏)의 교정과 교감을 위한 자원이요, 인력풀이기도 했다. 이들은 각자 이들의 필요와 동기에 따라 저술과 교감에 참여하였지만, 의천의 일, 교장의 조성이라는 일에서 보자면 의천이 기획한 일과 네트워크의 한 부분으로 참여하고 기능하고 있었다.

송나라에 인적 네트워크를 구축하는 과정에서 드러나는 의천의 역량은 빈틈이 없어 보인다. 자신이 확보한 희귀한 자원을 조건없이 공개하는 한편, 일의 목표와 명분, 일을 추진할 수 있는 의지와 역량을 선명하게 표현했다. 저항도 있었고 반감도 있었지만, 대부분의 학승들은 의천의 의지와 역량을 이해하고 인정했다. 그들은 의천이 제시하는 완전히 새로운 일이 지닌 잠재력을 인정했고 기꺼이 그 일에 동참하고 협력했다. 모두가 이익을 얻을 수 있는 말하자면 상생의 모델이었다.

실제로 이런 의천의 모델을 통해 가장 큰 이익을 얻은 그룹은 정원의 문도들이었다. 혜인원이라는 강원을 확보하는 일은 물론이고 대량의 화엄종 장소(章疏)들을 완비하는 일까지 의천이 아니었다면 이뤄질 수 없는 일이었다. 특히 의천이 수집하여 완비했던 화엄교장(華嚴敎藏)은 꾸준히 출간과 전승이 이어졌고, 이를 바탕으로 저명한 학승들이 배출되었다. 이후 정원은 중국 화엄종의 중흥조로 추앙받았고, 혜인원은 화엄종을 대표하는 사찰이 되었다. 이에 비해 의천이 입적한 이후, 의천의 일은 빠르게 잊혀졌고, 교장(敎藏)의 전승 또한 끊기고 말았다. 앞서 김부식이 「흥왕사(興王寺) 홍교원(弘敎院) 화엄회소(華嚴會疏)」에서 탄식했던 고려 화엄종의 운명, '30년도 채 지나지 않아 이어갈 사람조차 없었다'는 지경에 빗대어 보면 역사의 아이러니라는 생각이 들 정도이다.

의천의 일머리에 있어서 가장 두드러지는 특색은 실용적인 태도였다고 할 수 있다. 의천은 교장(敎藏)의 집성을 서원하고 장소의 수집을 시작

한 이후로 여러 종류의 일을 동시다발적으로 추진했다. 남아 있는 기록
들이 워낙 단편적이어서 그런 여러 종류의 일은 떨어진 조각처럼 보인
다. 예를 들어 의천이 항주에서 천태종의 종간으로 하여금 교감을 하도
록 했던 일, 정원과 교류하며 했던 교감과 출간, 금산사의 소현으로 하
여금 법상종의 문헌을 간행하도록 했던 일, 조금 더 긴 안목으로 보자면
이런 일들은 서로 긴밀하게 연결되어 있다. 이런 일에 개입하고 있는 사
람들과의 관계도 다르고, 목적도 다르지만 의천의 입장에서 보자면 어차
피 해야 할 일들이었다. 이런 일들이 쌓이고 모이면 교장(敎藏)이 되는 것
이고 개혁이 되는 것이고, 본원을 이루는 것이 된다.

의천의 목표를 '교장(敎藏)의 조성'이라는 목표에 한정지워보면 이 같
은 일머리는 보다 더 분명해 보인다. 의천이 지향하는 최종의 목표는
'장래에 함(函)과 질(帙)로 순서를 정해, 삼장(三藏)의 정문(正文)과 함께 무
궁하게 전'하는 것이었다. 의천은 '함질(函帙)을 정하는 일', 그 일에 대해
아무런 기록도 남기지 않았다. 기록이 없다고 아무런 일도 하지 않았다
는 뜻은 아닐 것이다. 그렇다 하더라도 의천이 이 일을 제일 마지막의 일
로 남겨 두고 있었고, 그 일을 결코 서두르지 않았다는 점을 짐작할 수는
있다. 의천이 아버지 문종에게 「세자를 대신하여 교장의 수집을 발원하
는 소」를 지어 올린 것이 1073년이었고, 『신편제종교장총록(新編諸宗敎藏
總錄)』을 출간한 때는 1090년이었다. 목록을 출간한 이후로도 수집과 출
간은 계속되고 있었다. 의천은 어느 순간 그 모든 자료를 한꺼번에 정리
하고 집성하려고 했던 것이다. 그 과정의 일들은 저 목록처럼 과정의 일
일 뿐이고 임시의 일일 뿐이다. 일의 과정에서 얻어진 결과물들, 묵혀
두지 않고 공개하여 이득을 얻으면 그 또한 좋은 일이다. 아무튼 의천이
의도했던 '함질이 정해진 교장(敎藏)'은 끝내 완성되지 않았다. 뿐만 아니

라 '삼장의 정문'과 '백가의 장소'가 하나로 묶여 무궁하게 전하려는 소
원도 이룰 수 없었다.

『석원사림』

> 『원종문류(圓宗文類)』 모으시고 『석원사림(釋苑詞林)』 편찬하니
> 후생(後生)에 모범되고, 역대로 유전하리[165]

> 다시 가르침에 보완이 되는 '고금(古今)의 문장(文章)'을 모아 『석
> 원사림(釋苑詞林)』이라 하려 했으나, 직접 참정(參定)하지는 못했
> 고 뒤에 이뤄졌으므로 선택한 것이 마땅함을 잃었다.[166]

> (결락) 사기(事記) 등 잡문(雜文)을, 성지를 받들어 『석원사림(釋苑詞
> 林)』이라고 (결락), 문인(門人) 수좌 각순(覺純) 등이 다시 자세히 교감
> 하고 종류별로 분류하여 250권으로 편집하여 이 해에 마쳤다.[167]

오야 토쿠죠(大屋德城)는 의천의 편찬사업을 요약하면서, 『신편제종교
장총록』, 『원종문류』, 그리고 『석원사림』을 들었다. 위 그림에 '의천 집
(集)'이라고 적혀 있듯, 『석원사림(釋苑詞林)』은 의천의 업적 중 하나였던
것은 틀림이 없겠다. 하지만 이 일에 대하여 남은 기록이라고는 위에 인
용한 저 단편들이 전부이다. 정작 의천 자신은 이에 관해 엇비슷하게라

---

165   예종(睿宗), 「본국 예종(睿宗)의 (대각국사) 진영(眞影)에 대한 어제(御製) 찬(讚)」, 『외집』 제1권.
166   김부식, 「영통사비명」, 『외집』 제12권.
167   김부일(金富佾), 「반야사원경왕사비(般若寺元景王師碑)」, 한국금석문종합영상정보시스템
(http://gsm.nricp.go.kr).

                                        3. 의천의 일

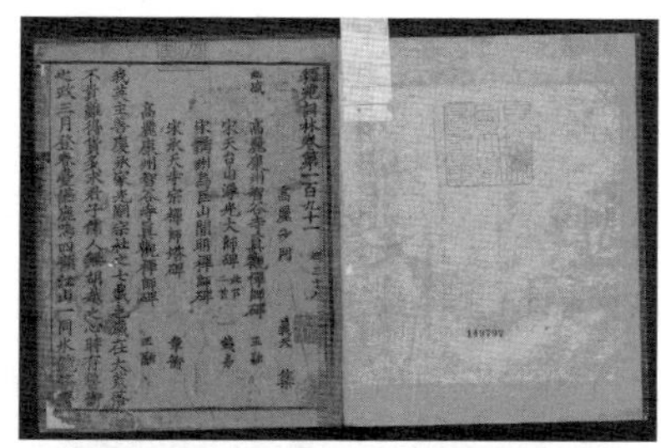

『석원사림』 권제191의 첫장과 제195권의 끝장.

도 말 한마디 남긴 것이 없다.

어쨌거나 저 일을 이끌었던 것으로 보이는 원경왕사, 의천이 가장 믿고 존경했던 낙진(樂眞), 그가 주도하여 유업을 완성시켰다는 말, 있는 그대로 받아들여도 될 만한 기록이라고 하겠다. 비문의 저 기록은 '신사세(辛巳歲) 흥왕사(興王寺) 교(敎)'라는 구절로 시작하고 있다. 그 밑으로 15자가 결락되어 정확한 내용을 알 수는 없다. 다만 신사년(辛巳年, 1101)에서 시작한 기록이 '이 해에 마쳤다'는 구절로 끝나고, 바로 무자년(戊子年, 1108)에 있었던 다른 기사로 옮겨가고 있다. 이 기록에 따르면, 『석원사림(釋苑詞林)』이 신사년(辛巳年, 1101)년과 무자년(戊子年, 1108) 사이, 어느 해에 완성되었다는 사실을 짐작할 수 있다. 신사년은 의천이 입적한 해이다. 다시 말해 의천이 입적한 직후에 본격적인 편집이 진행됐고, 예종 3년 무자년 사이에 완성되어 예종의 명으로 출간을 하게 되었다는 뜻이다. 일의 성격에 비추어 보면 상당히 빠르고 효과적으로 진행된 일이라고 할 수 있다.

낙진을 비롯한 의천의 문도들은 의천이 입적한 직후, 『석원사림(釋苑詞林)』의 편찬을 그만큼 중요하고 시급한 유업으로 받아들였다는 뜻이 된다. 이 말을 뒤집어 보면 낙진과 문도들은 흥왕사 교장도감에서 출간했던 4천여 권의 『교장(敎藏)』, 그것으로 교장이라는 일은 완료가 되었다고 판단했던 것으로 보인다. 의천의 영통사 시절부터 스승과 도반으로 인연을 시작했고, 송나라에서의 여러 일들을 함께 겪었던 낙진, 의천이 품었던 묘온(妙蘊)과 본원을 가장 가까이서 보고 체험했던 그는 물론 의천의 소원, '함질을 정해 삼장의 정문과 함께 무궁하게 전하는 일'에 대해서도 잘 알고 있었을 것이다. 하지만 낙진은 그런 소원을 유업으로 생각하지 않았고, 그런 소원을 계승하여 완성하려는 노력도 하지 않았다. 그 대신 낙진과 문도들은 『석원사림(釋苑詞林)』을 선택했다.

아무튼 전체 250권 가운데 남아 전하는 것은 단 1책, 권수로는 191권에서 195권이다. 이 책에 수록된 내용을 보면, 비문(碑文)이 모두 40권으로 구성되어 있어 전체 250권 중에 16%를 차지하고 있었다는 사실을 알 수 있다. 194권과 195권에 수록된 갈(碣), 지(誌), 뇌(誄)의 내용도 비슷한 성격의 기록들이다.

권	부제	수록된 편수
191	비(碑) 38	4
192	비(碑) 39	4
193	비(碑) 40	4
194	갈(碣)	4
	지(誌)	8
195	뇌(誄)	8

현존하는 해인사 『팔만대장경』의 구성을 살펴보면, 앞 부분에 입장된 문헌 480함(函) 1,087종의 문헌 5,062권은 『개원석교록(開元釋敎錄)』의 「입장록(入藏錄)」의 숫자와 꼭 같다. 현종 때 새겼다는 오천 축이다. 송나라에서 가져온 『개보대장경』이 바로 480함에 담긴 오천 축이었고, 이를 현종 때 그대로 복각했던 것이다. 이후, 『정원속개원석교록(貞元續開元釋敎錄)』과 항안(恒安)이 지은 『속정원석교록(續貞元釋敎錄)』에 포함된 문헌,

송대(宋代)에 새로 번역한 경론이 차례로 추가되고 있다. 해인사『팔만대장경』의 구성이 일본의 법사들에게 보낸 편지에서 묘사한『고려대장경』의 구성과 크게 다르지 않다는 뜻이다. 이는 현존하는『고려초조대장경』본의 구성과도 일치하고 있다.

당나라 정원(貞元) 10년(794) 원조(圓照)가 편찬한『정원속개원석교록(貞元續開元釋敎錄)』, 이 목록의「입장록(入藏錄)」에는「정원신집고금제령비표기록(貞元新集古今制令碑表記錄)」이라는 제목 아래 86권의 문헌이 추가되어 있다. 고금(古今)에 유통하던 법령, 비문, 표문(表文), 기문(記文)을 모은 문헌을 대장경에 편입하려 했다는 뜻이다. 이들 문헌은 당시 실제로 대장경에 포함이 되었는지 확인할 수는 없지만, 어쨌든 이들 문장을 대장경에 포함시켜 대장경을 보완하려는 계획과 노력이 있었던 것만큼은 분명하다.『정원속개원석교록』은『개원석교록(開元釋敎錄)』을 바탕으로 조성한『개보대장경』에 추가로 편입시킬 목적으로 세 종류의 문헌, 312권을 정리한 목록이다.

문헌의 종류	권수
경론(經論)과 염송법(念誦法)	193권
경율(經律)에 대한 주석서	64권
고금제령비표기록(古今制令碑表記錄)	86권
합계	312권

『정원속개원석교록』에 포함된 문헌의 종류

아무튼 이런 시도는 대장경의 역사에서 중요한 의의를 지니고 있다. 이미 저 때부터 주석서를 대장경에 편입시키려는 노력들이 시작되었고, 이와 함께 법령, 비문, 표문(表文), 기문(記文) 등의 기록 또한 대장경에 편입하려고 했다는 사실이다. 김부식은 이런 문장을 '가르침에 보완이 되

는 고금의 문장'이라고 표현했다. 불교의 문헌을 이해하고 해석하는 데
도움이 되는, 말하자면 사료(史料)들이다.

제목	권수
고종치경사서명사제령집(高宗置京師西明寺制令集)	2
경사서명사록(京師西明寺錄)	3
석씨도선감통기(釋氏道宣感通記)	1
개중창립계단도경(開中創立戒壇圖經)	1
예종현종석씨계록(睿宗玄宗釋氏系錄)	1
고김강지삼장행기(故金剛智三藏行記)	1
동경대광복사고김강삼장탑명(東京大廣福寺故金剛三藏塔銘)	1
대당안국대법사석리섭기전(大唐安國大法師釋利涉紀傳)	10
선천개원천보고제집(先天開元天寶誥制集)	3
숙종제지비표집(肅宗制旨碑表集)	1
대종제지비표집(代宗制旨碑表集)	1
증사공시대변정대광지부공삼장비표집(贈司空諡大辯正大廣智不空三藏碑表集)	7
대당재수수고전법고승신행선사탑비표집(大唐再修隋故傳法高僧信行禪師塔碑表集)	5
번경림단대덕서명안국량사상좌승여표상집(翻經臨壇大德西明安國兩寺上座乘如表狀集)	3
금상수찬첨정사분률소제지집(今上修撰僉定四分律疏制旨集)	1
반야삼장속고금번역경도기(般若三藏續古今翻譯經圖紀)	2
대승리취육바라밀다경음의(大乘理趣六波羅蜜多經音義)	2
삼교법왕존몰년대본기(三敎法王存歿年代本記)	3
번경대덕한림대조광댁사사문리언집(翻經大德翰林待詔光宅寺沙門利言集)	2
번경대덕서명사상좌사자사문량수집(翻經大德西明寺上座賜紫沙門良秀集)	2
승보도패찬륙십수(僧寶道唄讚六十首)	1
재수석가모니불법왕본기(再修釋迦牟尼佛法王本記)	1
대성석가모니불현팔상신리익천인성정각기(大聖釋迦牟尼佛現八相身利益天人成正覺記)	1
판방등도장욕수근원사미참회멸죄변서상기(判方等道場欲受近圓沙彌懺悔滅罪辯瑞相記)	1
석씨오부률번역년대전수인기(釋氏五部律翻譯年代傳授人記)	1
신수대장엄사본사석가모니불아보탑기(新修大莊嚴寺本師釋迦牟尼佛牙寶塔記)	3
성조무우왕사대성석가모니불진신사리탑기(聖朝無憂王寺大聖釋迦牟尼佛眞身舍利塔記)	3
당조전법삼학대덕사문비기집(唐朝傳法三學大德沙門碑記集)	15
건중흥원정원제지석문병표집(建中興元貞元制旨釋門幷表集)	2
어제장경사태자백료봉화시집(御題章敬寺太子百寮奉和詩集)	3
대당정원속개원석교록(大唐貞元續開元釋敎錄)	3
합계	86

『정원속개원석교록(貞元續開元釋敎錄)』의 「정원신집고금제령비표기록(貞元新集古今制令碑表記錄)」에 포함된 문헌
과 권수

3. 의천의 일

현존하는 5권의 『석원사림(釋苑詞林)』에 포함된 비문 등과, '가르침에 보완이 되는 고금(古今)의 문장(文章)'이라는 김부식의 묘사, '사기(事記) 등 잡문(雜文)'이라는 원경왕사 비문의 내용을 종합하여 「정원신집고금제령비표기록(貞元新集古今制令碑表記錄)」의 내용과 비교해 보면, 『석원사림(釋苑詞林)』이 바로 저 「정원신집고금제령비표기록(貞元新集古今制令碑表記錄)」의 전통을 계승한 것이라는 사실을 알 수 있다. 두 문헌에 비문(碑文)이 속한 위치를 비교해 보면 두 문헌에 포함된 문장의 분포 또한 비슷했다는 추정도 가능하다. 의천의 시대에 완성되었던 『고려초조대장경』, 의천은 이 대장경이 원조(元照)가 편찬한 『정원속개원석교록(貞元續開元釋敎錄)』의 문헌을 증보한 대장경이라고 했지만, 「고금제령비표기록(古今制令碑表記錄)」 등의 문장은 포함되지 않았다. 당연히 의천 또한 이 「고금제령비표기록」의 존재를 알고 있었을 것이고, 염두에 두고 있었을 것이다.

「고금제령비표기록」과 『석원사림』 사이에는 2백여 년의 시간적인 간격이 있다. 86권에서 시작한 문헌은 그 사이 250권으로 늘었다. 원조(元照)의 시대에 대장경에 편입되었던 주석서들이 수십 권 정도였던 것이 의천에 이르러 4천여 권으로 크게 늘어난 것에 비하면 그 차이가 크지 않다. 『석원사림』 191권에는 고려의 진관(眞觀) 선사의 비문이 포함되어 있다. 당나라 때 편찬한 「고금제령비표기록」, 그 이후의 문장들은 물론이고, 고려의 기록 또한 포함시켰다는 증거가 된다. 이런 점들을 고려하면 『석원사림』에 포함된 문장의 양은 상대적으로 너무 적다. 김부식이 내렸던 평가, '(의천이) 직접 참정(參定)하지는 못했고 뒤에 이루어졌으므로 선택한 것이 마땅함을 잃었다.'는 말은 그런 정황을 묘사했던 것인지도 모르겠다. 의천의 역량으로 마음껏 편집을 했다면 훨씬 더 완벽한 집성이 이루어졌을 것이라는 평가이겠다. 양도 충분하지 않고 내용도 마땅함을 잃었다는 『석원사림』, 예종은 비록 '후생(後生)에 모범되고, 역대로 유전하리'라고 찬탄을 했다지만, 남아 있는 기록도 후대의 관심이나 연구도 거의 없다시피 하다. 잊혀진 것으로 보자면, 제대로 완성조차 하지 못했던 『교장』보다도 오히려 못한 형편이다.

앞에서 소개했듯, 『정원속개원석교록』에는 「고금제령비표기록」과 함께 경(經)과 율(律)에 대한 주석서 64권도 포함되어 있다. 그런 점에서 의천의 『교장』이나 『석원사림』의 연원이 원조(元照)의 『정원속개원석교록』이었다고도 볼 수 있다. 의천의 『교장』이 하루아침에 갑자기 만들어진 것이 아니듯, 『석원사림』도 의천이나 낙진이 창안해 낸 것은 아니었다. 불전 결집과 목록의 전통을 계승한 것이고, 확고한 신념과 목표를 가지고 오랜 기간 동안 준비를 거쳐 이루어진 것이었다. 다만 다른 점이 있었다면, 원조의 경우에는 편의에 의해 극히 일부의 주석서를 편입했던 것에 비해, 의천의 『교장』은 '제종(諸宗)의 장소(章疏)' 전체를 대상으로 광범위한 수집이 이뤄졌고, 이 모두를 기존 대장경의 일부가 아니라, 별도의 일장(一藏)으로 묶으려 했다는 점이다. 의천이 품었던 소원, '삼장의 정문'과 별도로 '백가의 과교'를 일장(一藏)으로 묶어 함께 유통하도록 하겠다는 소원, 낙진이 의천의 입적을 당해 바로 『석원사림』의 편찬에 착수했다는 점을 고려해 보면, 의천의 소원 안에는 이미 '고금의 문장'을 일장(一藏)으로 묶어 함께 유통시키겠다는 의지가 포함되어 있었을 것이라는 가설이 가능해진다. 원조의 모델을 바탕으로 기존 대장경의 분류와 범위를 완전히 새로 변경·확장하려 했다는 것이다.

대장경의 범주	분류방식	규모	의천의 표현	삼장의 확장
초조대장경 (初雕大藏經)	경장(經藏)	6천 5백여 권	삼장(三藏)의 정문(正文)	삼장(三藏)
	율장(律藏)			
	논장(論藏)			
	현성집(賢聖集)			
	북송신역경 (北宋新譯經)			
교장(敎藏)	종파별로 분류	4천여 권	백가(百家)의 과교(科敎)	제4장(藏)
문장(文藏)	석원사림(釋苑詞林) 원조의 분류	250권	고금(古今)의 문장(文章)	제5장(藏)

의천의 고려대장경

『교장』의 경우는 '별도의 일장(一藏)'이라는 점을 의천 스스로 목표로 삼았기 때문에 의심의 여지가 없다. 다만 『석원사림』에 대하여는 별다른 언급이 없어 '별도의 일장'이란 표현은 그저 추정이요, 상상일 뿐이다. 그렇다 해도 임금의 칙명으로 『석원사림』을 독립된 문헌집성으로 조성했다는 점만 보더라도 '별도의 일장'이란 추정도 그다지 무리한 상상이라고만 할 수는 없다. 게다가 역시 앞에서 소개했듯, 의천은 『선장(禪藏)』의 존재를 인식하고 있었고, 이로부터 영향을 받았다는 점도 분명해 보인다. 의천의 5장에 『선장(禪藏)』을 합한다면 이 세상에 존재하는 모든 불교문헌이 빠짐없이 포함될 수 있다. 게다가 기존의 대장경에 포함된 현성집(賢聖集)은 삼장(三藏)의 분류에 섞여서는 안 되는 문헌이다. 대장경을 증보하면서 편의에 따라 분류를 추가한 것에 불과하다. 이런 편의에 따른 증보로 인해 삼장이라는 분류의 표준이 무너지기 시작했고, 그 결과 시간이 흐를수록 대장경의 분류 방식이 뒤죽박죽 원칙을 잃게 되는 원인이 되었다. 따라서 『교장(敎藏)』이나 『문장(文藏)』을 별도의 장(藏)으로 나누게 되면, 기존의 대장경 안에 섞여 들어간 주석서들을 교장으로 새로 묶을 수도 있고, 현성집에 포함된 문헌도 성격에 따라 『교장(敎藏)』이나 『문장(文藏)』으로 재편할 수도 있다.

'공전의 위관'이라던 『교장(敎藏)』, 그 『교장(敎藏)』조차 의천이 소원하고 꿈꾸었던 『교장(敎藏)』과는 다른 것이다. 의천이 소원하던 『교장(敎藏)』은 함호(函號)를 부쳐 '별도의 일장'으로 묶여 '삼장의 정문'과 함께 유통하는 『교장(敎藏)』이었다. 그런 소원, 그런 『교장(敎藏)』은 20여 년의 고생 끝에 불과 몇 걸음 앞에서 좌절됐다. 모르긴 몰라도 의천이 건강을 유지하여 몇 년이라도 더 일을 할 수 있었다면 『고려대장경』의 모양새도 아주 크게 달라졌을 것이고, 대장경의 역사도, 나아가 아시아 문헌과 지식의 역사도 크게 바뀌었을 것이다. 그리고 그 중심에 고려의 왕자 승통, 의천이 당당하게 서 있었을 것이다. 그나마 『교장(敎藏)』의 소원은 의천의 말로 흔적이라도 남아 있다. 『석원사림』이라는 이름으로 남아 있는 단 한 권의 책, 그 책은 미완으로 끝난 의천의 꿈과 소원을 상상하고 복원할 수 있는 결정적인 단서가 될 수 있다.

책과 세계

책에 대한 신념

의천은 책을 만들던 사람이었다. 의천이 생전에 했던 숱한 일들, 책을 빼놓고는 설명할 수도 이해할 수도 없다. 그 모든 일의 바탕에 책이 있었고, 책에 대한 일관된 목표와 신념이 있었다. 의천은 책을 만드는 일을 사명으로 삼았고 본원으로 삼았다. 하지만 책을 만드는 일, 특별할 것도 없다. 문자가 생기니 이후로 책을 만드는 일도, 책을 만드는 사람도 끊어진 적이 없었다. 책을 만들던 의천, 그런 일을 주목하는 까닭은 그의 일이 남달랐기 때문이다. 목적도, 목표도, 방법도 모두가 남달랐다. 그래서 그의 일을 두고 '공전(空前)'이라는 수식어를 보태 칭찬하는 것이다.

불전(佛典), 불교 문헌도 책이다. 책이라는 물건은 읽으라고 만든 것이다. 읽을 수 없고, 읽지 않는다면 불전도 대장경도 그림의 떡일 뿐이다. 의천이 온갖 고생을 하며 수집하고, 정리하여 출간했던 책들 역시 읽자는 것이고 읽으라는 것이었다. 말은 쉽지만 책을 읽는 일은 말처럼 쉬운 것이 아니다. 게다가 불교의 책들은 오랜 세월에 걸쳐 넓은 지역에 퍼져 있던 기억들을 담고 있다. 말도 생소하고 내용도 복잡하다. 정교한 논증을 담고 있는 책을 이해하기 위해서는 그만큼 끈기와 훈련이 필요하다. 지혜도 있어야 하지만 의지나 힘도 있어야 한다. 쉽게 접근할 수 있는 대상이 아니다.

그렇기 때문에 의천이 하던 일은 그저 책을 만들기만 하면 되는 일이 아니었다. 책을 만드는 일은 어찌 보면 책을 읽는 일의 연장이라고 할 수 있다. 예를 들어 책 한 권을 손으로 베껴 또 한 권의 책을 만들어 내는 일과, 책을 목판에 새겨 찍어내는 일 사이에는 질적인 차이가 있다. 의천은 책을 목판에 새기기 위해 많은 인력을 동원하여 교정을 하고 교감을 해야 했다. 그런 일을 할 수 있는 전문가를 확보하기 위해 국내는 물론 외국의 전문가들과도 꾸준한 관계를 유지해야 했다. 좋은 책을 잘 만들기 위해서는 책을 잘 읽는 사람들이 필요했기 때문이다. 그런 점에서 책을 만드는 일은 그대로가 책을 읽는 일이기도 하다. 책을 만들기 위해서도 책을 알아야 하고, 책을 읽어야 한다. 의천은 새로운 책, 좋은 책을 만들기 위해 꾸준히 책을 읽었다. 책을 읽는데도 요령과 기술, 지혜가 필요하다. 예를 들어 사전이나 색인을 활용할 줄 알면, 그만큼 책에 접근하기도 쉽고, 책의 내용도 훨씬 더 생동감 있게 이해할 수 있다. 의천은 그 같은 읽는 방식, 요령과 기술을 개선하기 위해 꾸준히 실험을 계속했고, 그런 요령과 기술을 제도적으로 정착시키는 데에도 많은 노력을 기울였다.

책을 읽는 요령과 기술을 터득하기 위한 가장 쉬운 방법은 책을 많이 읽는 것이다. 자꾸 읽다 보면 요령도 생기고 기술도 생긴다. 책을 읽는 사람들은 누구나 나름대로 이런저런 요령과 기술을 터득하고 활용한다. 이런 요령과 기술은 대개 사적인 영역에 속한다. 그렇게 사적으로 터득한 요령과 기술을 공유하기 위한 노력, 사전이나 색인을 만드는 사람도, 읽는 기술을 전수하는 전문가도, 그런 분야도 생겨났다. 어렵게 터득한 요령과 기술을 여러 사람과 공유함으로써 읽기의 환경을 극적으로 개선시킬 수 있기 때문이었다. '읽기의 기술'은 집단이나 사회가 안정되고 발전하기 위한 필수불가결한 조건이 되었다. 어찌 보면 교육의 제도 또한 그런 기술이 확장되고 제도화된 결과라고 할 수 있다.

그러나 성인이 떠난 지는 점점 더 멀어지고 게다가 변방이어서, 세상에 바른 도는 드물고 공부를 하더라도 삿된 것을 따르니, 우리 화엄종의 가르침이 거의 사라질 지경이 되었다. 나는 해동의 선대(先代) 여러 스승이 남긴 저술이 학문이 정교하지도 않고 범위도 좁아, 억설만 많고 후학들을 깨우칠 만한 모범이라고는 백 가지 가운데 하나도 없기 때문에 성인의 가르침을 거울삼아 자기 마음을 비춰볼 수 없다는 사실이 늘 한스러웠다. 일생을 구구하게 단지 남의 보물만을 세고 있으니, 세상에서 말하는 균여(均如), 범운(梵雲), 진파(眞派), 영윤(靈潤) 등의 스님이 지은 오류투성이의 책들은 말은 문장을 이루지 못하고 뜻은 통하지도 않아 조사들의 도(道)를 황폐하게 하고, 후학들을 현혹시키는 게 이보다 심한 것이 없다.[168]

심하구나, 옛날의 선(禪)과 오늘의 선(禪)이 명실(名實)이 서로 멀리 떨어졌다. 옛날에 이른바 선이라는 것은 '교(敎)를 바탕으로 닦는 것'이었다. 지금의 선이라는 것은 '교를 떠나 선을 말하는 것'이다. '선을 말한다는 것'은 그 이름에 집착하여 그 내용을 잃어버리는 것이다. 선을 닦는다는 것은 말로 인하여 그 뜻을 얻는

---

[168]　의천, 「신참학도(新參學徒) 치수(緇秀)에게 주는 글」, 『문집』 제16권.

것이다. 요즘 사람들이 속이거나 기만하는 폐단을 구하고 옛날
성인들의 순수한 도(道)를 복원하기 위하여 계주(戒珠) 공이 이 점
을 지극하게 따지고 가렸다.**169**

앞에서도 소개했던 글들이다. 앞의 것은 교종인 화엄종에 대한 비판
이었고, 뒤의 것은 선종에 대한 비판이었다. '말은 문장을 이루지 못하
고, 뜻은 통하지도 않던' 교종의 현실, '가르침을 떠나 선을 말하던' 선
종의 현실. 의천에게 있어 가르침이란 곧 책을 상징했다. 불교가 되었건
무엇이 되었건 책이 없었다면 가르침이고 뭐고 전승도 유통도 불가능했
기 때문이다. 전승이 끊겨 혼란에 빠진 불교, 교종도 선종도 똑같은 처
지였다는 뜻이다. 책이 없으면, 책에 의지할 수 없다면, 교종도 없고, 선
종도 없다. 가르침이 없기 때문이다.

선을 수행하는 사람들 가운데는 책이나 가르침 자체를 무시하거나
부정하는 사람도 있다. 이를테면 일로향상(一路向上)란 표현이 있다. 한
길로 위로 가는 길만을 간다는 뜻, 수행을 하는 사람은 모름지기 주위를
돌아 볼 것도 없이 깨달음의 길만을 바라보고 한 길로 매진해야 한다는
뜻이겠다. 이런 뜻에서 보자면 말이나 책 따위는 수행에 장애만 주는 불
필요한 것일 수도 있겠다. 그렇다 해도 말이 없고, 책이 없다면 가르침
도 없을 것이고, 수행이라는 실천도 방법도 성립할 수 없다. 게다가 세
계는 길고 넓으며, 사람은 무수히 많다. 그 세계의 모든 사람이 일로향
상의 길만을 가지는 않는다. 능력도 다르고 취향도 다르고, 그들이 서있
는 자리의 조건들도 다르다.

169　의천, 「별전심법의(別傳心法議)」 발문(跋文).

　　　　　　　　　　　　　　3. 의천의 일

이런 이야기를 이 자리에서 다 할 수도 없거니와 그럴 필요도 없다. 아무튼 의천이라는 인물, 그는 책을 믿었고, 책을 선택했다. 그리고 책을 자신의 일로, 자신의 삶으로 삼았다. 선종이 되었건 교종이 되었건, 일단 그것이 불교라면, 불교의 책으로부터 시작해야 했기 때문이다. 수행이나 실천은 각자의 몫이다. 자신의 조건, 취향과 능력에 따라 선택하면 그만이다. 그러자고 종(宗)이 있는 것이고, 종교가 있는 것이다. 선택을 하려 해도 선택할 거리가 있어야 한다. 의천은 그런 거리가 바로 책이라고 생각했다. 온갖 책을 수집하고 정리하여 출간했던 일, 의천은 그런 일, 그런 책, 자신이 읽고, 자신이 수행하자고 했던 일이 아니었다. 남겨 두고 돌려 보면 그만이었다. 책이 사라지지 않고 유통하도록 하는 일, 의천은 그 자체를 목적으로 삼았다. 그것이 의천의 선택이었다. 그런 선택에 대해서도 시비를 걸 일도 없고 비판을 할 필요도 없다. 선택은 어차피 사적인 일이기 때문이다. 의천에게 책이란, 책의 기능이란 그런 것이었다.

새로운 읽기

강연(講演)의 삶

「경진년 6월 4일 국청사에서 천태의 『묘현(妙玄)』에 대한 강의를 마친 뒤에 뜻을 담아 제자들에게 보이다」

강연(講演)한 지 이십 년 애쓰고 애써　　　　　　　二紀孜孜務講宣

나는 스물세 살에 『정원신역화엄경』과 『소(疏)』 50권 강의를 시작하여 그 해에 마친 뒤로 강연(講演)을 쉰 적이 없었다.

꽃 같은 말씀 삼백 권을 번역했네　　　　　　　錦翻三百貫花詮

여러 종류의 책 삼백여 권을 강연했으니, 3본(本) 『화엄경』은 합해서 180권
이다. 옛사람들이 이어오던 해석이 있었지만, 나는 이런 것들을 모두 쓰지
않고, 다만 『본소(本疏)』에만 의거해 우리말[方言]로 번역했다. 남본(南本) 『열
반경(涅槃經)』170 36권도 마찬가지였다. 『묘현(妙玄)』171 10권 등의 여러 책은
예로부터 전해오지 않던 것들이다. 능력도 미치지 않고 깊은 뜻도 잘 모르
는 것을 무릅쓰고 우리말로 번역한 것도 10여종이었다. 『고승전(高僧傳)』에
이르기를, '번(翻)이라는 것은 비단 무늬를 뒤집는 것과 같으니, 다만 좌우
가 있을 뿐이다'라고 했다. 그래서 금번(錦翻)이라고 한 것이다.172

부족한 전등(傳燈)의 힘 부끄러워 노심초사　　　　憔勞愧乏傳燈力

내가 근심이 병이 되어 요즘 점점 심해진다. 경서(經書)를 읽거나 독송할 때
마다 심장에 아픔을 느껴 학업(學業)이 황폐해졌다.

여산(廬山)의 뜻 부합하려 백련사(白蓮社)의 씨를 심네

　　　　　　　　　　　　　　　　　祇合匡廬種社蓮

인예태후(仁睿太后)께서 일찍이 결사(結社)를 발원하였으나, 소장하고 있던 송본
(宋本)의 여산십팔현(廬山十八賢) 진용(眞容)은 절 문에 떨어져 당각(堂閣)에 안치하지
못하고 있었다. 나는 이 좋은 인연을 빌어 서방정토의 업을 닦고자 한다.173

170　　유송(劉宋)의 혜엄(慧嚴) 등이 번역한 『대반열반경』. 북량(北涼)의 담무참(曇無讖)이 번역한
40권본 『대반열반경』과 구별, 남조(南朝)에서 번역하였다 하여 남본(南本)이라고 부른다. 담무참의
북본을 토대로 법현(法顯)이 번역한 『불설대반니원경(佛說大般泥洹經)』을 수정 보완한 신역본(新譯
本)이다.
171　　『묘현(妙玄)』은 천태 지의(智顗)의 『묘법연화경현의(妙法蓮華經玄義)』를 가리킨다. 수나라
개황(開皇) 13년(593)에 천태가 강의했던 내용을 제자 관정(灌頂)이 기록한 것이다. '구순담묘(九旬談
妙)'의 일화가 생겼던 바로 그 강의이다. 『묘법연화경(妙法蓮華經)』이라는 제목의 다섯 글자를 중심으
로 법화경의 종지를 상세히 분석하고 있다.
172　　꽃 무늬를 짜 넣은 비단을 뒤집더라도 뒷면에도 똑같은 꽃 무늬가 있다. 다만 좌우가 바뀌는
게 다를 뿐이라는 뜻. 이런 비유로 인해 번역(翻譯)이란 표현이 생겼다고 한다.
173　　의천, 「경진년 6월 4일 국청사에서 천태의 묘현에 대한 강의를 마친 뒤에 뜻을 담아 제자들에
게 보이다」, 『문집』 제20권.

경진년이면 고려 숙종 5년(1100), 의천이 입적하기 한 해 전이다. 그래서 그런지 시의 제목을 보아도 내용을 보아도 제자들에게 남기는 마지막 유언처럼 들린다. 칠언절구 한 수에 친절한 주석이 구절마다 절절이 달려 있다. 이 시는 『문집』 제20권의 끝에 실려 있다. 이 아래에 '신사년 입추 이래 『은자(隱子)』를 강의하는데, 비장에 자꾸 병이 생겨…'라는 제목이 남아 있고, 제23권에 내용을 알기 어려운 잔편이 한 장 남아 있을 뿐이다. 현존하는 『문집』만으로 따져보자면 이 시가 온전하게 남아 있는, 의천 자신이 남긴 마지막 흔적인 셈이다.

『정원신역화엄경』은 당나라 정원(貞元) 연간에 반야(般若)가 번역한 40권본 『화엄경』을 가리킨다. 『소(疏)』는 징관(澄觀)의 『정원소(貞元疏)』 10권을 가리킨다. 합해서 50권이다. 의천은 스물세 살 때, 이 50권을 교재로 강연을 시작했다고 한다. 의천이 입적한 때가 신사년, 숙종 6년(1101) 겨울 10월 5일이다. 스물세 살에 강연을 시작한 이래, 죽기 직전까지 강연을 하다가 가셨다는 말이다. 햇수로 24년이다. 이 시를 쓰게 된 계기도 강연이었다. 이번엔 자신이 개종한 해동 천태종의 본산, 국청사에서 천태종의 과교(科敎)인 『묘현(妙玄)』을 강연했다고 한다. 『화엄경』으로 시작했던 강연의 삶을 『법화경』으로 마감하고 있는 셈이다. 이런 인연도 묘하다.

이 시는 제자들에게 남기는 유언의 성격이 짙다. 그런 선입견을 가지고 읽어보면, 의천이 자신의 삶을 강연과 전등(傳燈)으로 규정하고 싶어 했다는 생각이 든다. 그리고 그러한 삶을 부족하고 부끄럽다는 마음으로 돌아보고 있으며, 이제는 더 이상 그런 삶을 끌어갈 여력이 없다고 고백한다는 생각도 든다. '심통(心痛)으로 인해 학업이 황폐해졌다'는 말에서는 회한을 넘어 절망마저 느껴진다. 그런 의천이 남긴 마지막 소원은 서방정토의 업을 닦는 일이었다. 강연과 학문에 전념했던 삶, 너무도 극적인 반전이라는 생각도 든다. 그만큼 의천의 절망감이 크게 느껴지기도 한다. 아무튼 이 또한 일이었다. 어머니 인예태후가 이루지 못하고 가신 일, 제자리를 찾지 못하고 방치되어 있던 여산십팔현(廬山十八賢)의 초상화, 번듯하게 전각을 지어 모시는 일로 죽음을 맞고 싶다는 뜻이다. 일꾼 의천다운 소원이요, 죽음이겠다.

아무튼 이것이 유언이라면, 어쩌면 자신은 실패했다고 느꼈던 강연과 전등의 삶, 그 삶의 목표를 제자들에게 남겨주고 싶었을 것이다. 그런 삶을 잊지 말고 이어가 주기를 기대했을지도 모른다. 하지만 저 시, 자잘한 주석 안에 그런 의도는 보이지 않는다. 회한은 담겼지만 그저 담담하게 돌아볼 뿐이다. 마지막 구절, 서방정토의 업을 닦는 일, 그 일도 의천이 남은 생애에 해야 할 일이었겠다. 다만 그 일이 생전에 마무리되지 못한다면, 어쩌면 의천이 제자들에게 바라는 것이 있었다면 그런 일이나마 챙겨주길 바랐던 게 아닐까 하는 회의가 느껴진다.

(결락)

강주(講主)는 뒤에 현화사(玄化寺) 우상 대사(祐翔大師)로부터 『유식론(唯識論)』 강의를 들었고, 또 여항(餘杭) 혜인사(慧因寺) 정원(淨源) 스님의 문하에서 『화엄경』을 품수받았으며, 동경(東京) 현성사(顯聖寺)의 임 법사(琳法師) 문하에서 질문을 하고 의문을 해결하였다. 그 후 가르침을 전하는 일을 자임하고 흥왕사(興王寺)에 주석하게 되면서 『화엄경』을 강연한 지 열 차례를 채웠다. [174]

---

[174]　의천, 「간정성유식론단과서(刊定成唯識論單科序)」, 『문집』 제1권.

　　　　　　　　　　　　　　　　　

의천은 송나라에서 귀국한 선종 3년(1086)부터 선종11년(1094) 선종이 승하하기까지 8년간 흥왕사에 주석했다. 이때가 의천이 가장 의욕적으로 일을 하던, 말하자면 전성기였다고 할 수 있다. 바로 이 시기에 의천은 『원종문류』와 『교장총록』을 출간했다. 온 나라를 다니며 4천여 권의 잃어버렸던 문헌을 수집했고, 교장사(敎藏司)를 설치, 명류(名流)들을 초청하여 잘못되고 빠진 것들을 교정·교감했다. 그렇게 4천여 권의 장소를 간행했다. 그 숱한 일들, 앞에서 살펴 본 『원종문류』의 경우만 보더라도 많은 인력이 동원된 규모도 크고 높은 전문성을 요하는 복잡한 프로젝트였다. 교장사를 설치하고 수천 권의 장소를 교정하여 출간하는 일이야 더 말할 나위가 없겠다. 그 사이 홍원사(洪圓寺)를 낙성하여 주지를 맡기도 하였다. 그 바쁜 와중에 『화엄경』을 열 차례나 강연했다는 말이다. 삼본의 『화엄경』과 삼가의 주석서들이 교재였을 터, 번역하고, 강의하고, 논의하고 수많은 논란을 거쳤을 것이다. 의천은 강연을 '스스로 자임했던 가르침을 전하는 일' 곧 전등(傳燈)이라고 표현했다. 강연과 함께 해 냈던 저 많은 일들, 그 일들도 전등의 일이었고, 자임한 일이었다. 다시 말해 저 많은 일들을 따로 떼어서는 이해할 수도 설명할 수도 없다는 것이다.

의천이 스스로 규정하고자 했던 강연의 삶, 그 안에는 몇 가지 뚜렷한 특징들이 담겨 있다.

첫째는, 의천의 강연이 우리말로 이뤄졌다는 것이다. 그는 삼백 권의 책을 강연했고, 삼백 권의 책을 방언으로 번역했다고 했다. 이렇게 의천에게 강연과 번역은 동의어였다. 우리말로 읽었고, 우리말로 해석했으며, 우리말로 가르쳤고, 우리말로 토론했다. 의천은 시 네 구절 가운데 한 구절을 이 일에 할애했고, 가장 길고 상세한 주석을 남겼다. 그만큼 이 일에 대한 열망과 집착이 컸다는 뜻이겠다. 사실 삼백 권이라는 양도 양이지만, 번역했다는 문헌의 난이도나 활용도를 따져 보면, 의천은 번역가로서도 최정상급의 반열에 서고도 남는다. 이런 유사한 기록이나 예가 없기 때문에 번역의 원조라고 표현해도 부족함이 없을 것이다. 그런 의천도 번역에 대해 두 가지 한계를 고백하고 있다. 하나는 전승이 끊겨 자료가 부족했고, 자신의 역량도 부족했다는 것이었다. 다른 하나는 번역이 가진 본질적인 한계였다. 금번화전(錦翻花詮)이란 표현에 담긴 한계였다. 번역은 말을 뒤집는 일이다. 꽃을 뒤집으면 좌우가 바뀌듯, 말을 뒤집어도 바뀌는 것이 있다는 뜻이겠다.

둘째는, 의천의 강연이 비판적으로 이뤄졌다는 것이다. 의천은 이 자리에서도 전통적으로 내려오던 해석에 대해 비판적인 견해를 밝히고 있다. 의천은 그런 해석들을 제쳐 두고 이른바 본소(本疏), 곧 법장(法藏)과 징관(澄觀) 등, 중국 화엄종의 조사가 지은 주석서를 선택했다. 이런 견해는 후대에 두고 두고 논란거리가 됐을 정도로 파격적인 것이었다. 의천은 전승이 끊긴 주석의 전통을 회복하기 위해 노력을 했으며, 이를 자신의 강연에 반영했다. 의천의 비판적인 강연은 화엄경에만 국한된 것이 아니었다. 어떤 강연을 하든 전통을 그대로 받아들이지 않았으며, 비판적인 정신의 최선의 번역, 최선의 해석을 위해 애를 썼다.

셋째는, 의천의 강연이 실험적으로 이뤄졌다는 것이다. 이러한 특징은 의천의 비판정신에서 비롯된 것이었다. 의천은 전통적인 강연의 형식과 내용을 거부했다. 그는 새로운 방식을 선택했고, 자신의 강연에서 이를 실험했다. 새로운 읽기, 새로운 번역, 새로운 해석의 실험이었다. 의천은 자신의 능력이 미치지 않고, 자세히 알지도 못한다고 했다. 이는 입에 발린 수사로 보이지는 않는다. 그의 번역, 그의 강연이 새로운 실험의 현장이었다는 뜻이겠다. 비록 모자라지만 강연의 현장에서 토론하고 검증하는 과정, 그런 과정을 거치며 새로운 읽기, 새로운 강연의 전통을 세워갈 수 있기 때문이다.

의천의 글은 간결하다. 군더더기가 없다. 예로부터 이어져 왔다는 전통적인 해석에 대한 태도, 의천은 다만 '오병불용(吾竝不用), 나는 모두 쓰지 않았다' 한마디뿐이다. 더 이상의 설명이 필요없다. '내겐 다 필요없어', 섬뜩할 정도이다. 아무리 왕자 승통이라지만, 당시 옛날 전통을 따르던 사람들이 저런 말을 들었다면 어떤 느낌을 가졌을지 걱정이 들기까지 한다. 아무튼 요약은 잘한다. 분명하고 단호하다. 의천은 자신의 삶도 그렇게 요약했다. 남아 전하는 기록을 통해 그의 삶을 상상해 보면 역시 요약의 천재라는 생각도 든다.

적산원(赤山院) 강경의식(講經儀式)의 모델

● 개성(開成) 4년(839) 6월 7일

적산(赤山)은 순전히 암석이 우뚝 솟은 곳인데, 곧 문등현(文登縣) 청령향(淸寧鄉)의 적산촌이다. 산 안에 절이 있는데 이름이 '적산법화원(法花院)'이다. 본래 장보고가 처음으로 세웠다. (중략) 겨울과 여름에 강연을 하는데, 겨울에는 『법화경』을 강연하고 여름에는 8권의 『금광명경(金光明經)』을 강연한다. 오래도록 그렇게 강연을 해 왔다.

● 11월 16일

적산원에서 『법화경』 강연을 시작했다. 내년 정월 15일까지가 그 기한이다. 시방(十方)에서 여러 스님과 인연 있는 시주들이 모두 와서 참여했다. 성림(聖琳) 화상이 강경(講經)의 법주(法主)이다.

거기에 논의(論議) 두 사람이 있는데, 돈증(頓證) 스님과 상적(常寂) 스님이다. 남녀 승속이 함께 절 안에 모여 낮에는 강연을 듣고, 저녁에는 예참(禮懺), 청경(聽經) 등이 차례로 이어진다. 승속의 숫자는 사십여 명이다. 그 강경과 예참은 모두 신라의 풍속을 따르지만, 저녁과 새벽의 예참은 당나라의 풍속을 따른다. 나머지는 모두 신라의 말로 한다. 집회에 참석한 승속, 노소, 존비(尊卑)는 모두 신라사람들이고, 단지 세 명의 중과 행자 하나가 일본사람이다.

● 11월 22일

적산원(赤山院) 강경의식(講經儀式)

진시(辰時)에 강경을 알리는 종을 친다. 대중에게 알리는 타종이 끝나고 얼마 동안 기다리면 대중이 법당으로 들어온다. 대중의 입정(入定)을 알리는 종을 치면 강사(講師)가 법당에 들어와 높은 자리에 오른다. 그 사이 대중은 한 목소리로 부처님의 이름을 찬탄한다. 음의 곡조가 한결같이 신라 곡조이고 당나라의 소리와는 다르다. 강사가 자리에 앉으면 부처님의 이름을 찬탄하던 것을 멈춘다.

이때, 자리 아래에 있던 스님이 범패를 부르는데 이는 당나라 풍습을 따른 것이다. 곧 '이 경전이 어떠한가?'라는 게송이다. '바라건대 부처님, 미묘한 비밀을 열어 주소서'라는 구절에 이르면 대중이 함께 '계향(戒香), 정향(定香), 해탈향(解脫香)' 등을 송한다.175

---

175 운하범(云何梵)이라고 알려진 게송이다. 담무참(曇無讖)이 번역한 『대반열반경(大般涅槃經)』에 나오는 구절을 범패의 형식으로 부른다. 강경의식은 물론, 여러 종류의 의식에서 널리 활용되었다. 운하어차경(云何於此經), 구경도피안(究竟到彼岸), 원불개미밀(願佛開微密), 광위중생설(廣爲衆生說).

범패를 마치면 강사가 경전의 제목을 창(唱)하고, 바로 제목을 삼문(三門)으로 나누어 해석한다. (중략)

서원을 마치면 논의(論議)를 맡은 사람이 논의를 시작하여 질문을 한다. 질문을 하는 동안 강사는 불자(拂子)를 세우고 묻는 사람의 말을 듣는다. 질문이 끝나면 곧 불자를 기울였다가 바로 다시 세운다. 질문에 감사하고 바로 대답을 한다. 묻고 대답하는 방식은 일본과 같다. 다만 난(難)의 의식은 조금 다르다. 손을 세워 세 번 내리친 뒤에 해석을 이야기하기 전에 돌연히 논란을 제기한다. 논란의 소리가 마치 크게 화난 사람이 목청껏 고함치는 것 같다. 강사가 논란의 질문을 받으면 단지 그것에 답할 뿐이고 반론을 하지는 않는다.

논의가 끝나면 문장으로 들어가 경전을 읽는다. 강의가 끝나면 대중은 같은 목소리로 음을 길게 빼며 찬탄한다. 찬탄하는 말 가운데 회향(廻向)하는 말이 들어 있다. 강사가 자리에서 내려오면 한 스님이 '머무는 세계, 허공과 같네'라는 게송을 부른다. 음조가 일본과 비슷하다. 강사가 의식의 자리에 오르면 한 승려가 삼보례(三寶禮)를 부르는데, 강사와 대중이 함께 부른다. 강사는 법당에서 나와 방으로 돌아간다.

다시 복강사(覆講師) 한 사람이 높은 자리 남쪽 아래에서 강사가 지난번에 강의한 경문을 읽는다. 의미가 있는 구절에 이르면 강사는 문장에 따라 해석한다. 경문을 다시 읽고 뜻을 해석한다. 해석이 끝나면 복강사는 읽기를 계속한다. 지난번 강의했던 문장을 모두 읽으면 강사는 다음 문장을 읽는다. 매일 이와 같이 하였다.**176**

일본 천태종의 승려 엔닌(圓仁, 794~864)이 지은 『입당구법순례행기(入唐求法巡禮行記)』에 나오는 기록이다. 838년에서 847년까지 십 년간 구법을 위해 당나라를 여행하며 겪었던 일들을 일기의 형식으로 기록한 책이다. 엔닌은 당(唐) 개성(開成) 3년(838) 견당사(遣唐使)의 일원으로 당나라에 입국했다. 구법(求法)을 위해 천태산을 방문할 수 있기를 바랐지만, 기회를 얻지 못하고 귀국하는 길에 풍랑을 만나 우연히 적산(赤山) 법화원(法華院)에 머물게 되었다. 엔닌은 장보고가 세운 이 절에 머물며 신라의 스님들과 신도들의 도움으로 여행 허가를 얻게 되었고 구법의 꿈을 이룰 수 있었다. 위에서 인용한 기록은 그때 엔닌이 적산 법화원에 머물면서 경험했던 강경의식(講經儀式)을 기록한 것이다.

엔닌의 이런 기록은 기록의 내용을 떠나 매우 희귀한 기록이다. 엔닌은 강경의식의 시작과 끝을 매우 꼼꼼하게 기록하고 있을 뿐만 아니라, 전후의 사정이나 함께 이뤄지던 일일강의(一日講義), 송경의식(誦經儀式) 등에 대해서도 자세하게 묘사하고 있어, 마치 강경의 현장에 참여하고 있는 것과 같은 생생한 정보들을 전해 주고 있다. 강경(講經)이나 강연에 대한 기록이 전혀 없는 것은 아니지만, 사십대 중반의 천태 학승이라는 전문가의 관점에서 신라와 당, 일본의 풍속을 비교하고 있기 때문에 이 기록은 당대에 이뤄지던 강경(講經)의 풍속, 특히 신라풍의 강경에 대한 독보적이고도 탁월한 기록이라고 할 수 있다.

아무튼 엔닌의 기록을 요약하면 다음과 같은 특징이 나타난다.

1. 매년 겨울과 여름, 정기적으로 경전에 대한 강연을 해왔다. 안

176　엔닌(圓仁),『입당구법순례행기(入唐求法巡禮行記)』제2권, 적산 법화원의 강경(講經) 의례 국사편찬위원회 한국사데이터베이스(http://db.history.go.kr).

거^(安居) 기간에 강연의 전통을 오래도록 이어왔다는 뜻이다.

2. 강경에는 승속, 노소, 존비의 차별없이 대중과 시주들이 모두 참여했다.

3. 강경은 모두 신라의 말로 이루어졌다.

4. 강경은 예참^(禮懺)과 청경^(聽經) 등 일종의 수행과 함께 이루어졌다.

5. 아침 저녁의 예참은 당나라의 풍속을 따르지만, 이외의 것은 모두 신라의 풍속이었다.

6. 강경은 정해진 형식에 따라, 의식과 함께 체계적으로 이루어졌다.

7. 강경에는 법주^(法主)와 논의^(論議)를 담당하는 논의사, 유나사^(維那師), 범패승, 복강사 등으로 역할이 정해져 있었다.

8. 강연은 강사의 강의, 그리고 논의사와 강사가 문답을 나누는 논의로 구성되어 있었다.

9. 논의의 과정에 '난^(難)'이라는 논란의 형식이 있었다. 논의의 과정에서 의문이 풀리지 않거나 이견이 있을 때, 난이라는 형식을 통해 강사의 해석에 적극적으로 도전할 수 있었다. 강사는 난에 대하여 대답을 하지만, 반론을 제기하지는 않았다.

10. 강연이 끝난 뒤에 복강사의 주도로 지난 강연에 대한 복습이 이루어졌다.

이 자리에서 적산 법화원의 강경의식을 길게 소개하는 까닭은 의천이 스스로 요약했던 강연의 삶이 어떤 것이었는지 짐작해 보기 위해서이다. 엔닌의 기록을 통해서도 짐작할 수 있듯이, 저 같은 강경의 풍속은 신라만의 고유한 풍속은 아니었다. 경전을 강연하는 일은 기본적으로 스승의 설명과 이에 대한 논의로 구성되었는데, 형식화된 강경과 논의, 이러한 구성은 인도의 전통에서 유래한 것이다. 불전이 중국으로 전해지면서 불전과 함께 이 같은 형식의 전통 또한 전해졌고, 이러한 전통이 지역의 풍속에 맞춰 적응하면서 변화해 왔던 것이다. 특히 중국에 유력한 종파들이 생기면서 종파의 종지에 맞춰 고유한 의식과 수행의 방편으로 이런 형식들이 더욱 정교하게 발전되었다. 적산 법화원도 그 이름에서 짐작할 수 있듯이 천태종 계열의 사찰이었을 것이고, 예불과 예참, 청경 등의 의식도 그런 전통을 따르고 있었을 것이다. 엔닌이 기록한 의식은 신라 사람들이 신라의 방식으로 제도화시켰던 '『법화경』을 함께 읽고 논의하는 방식'이었다는 말이다.

> 참으로 심오한 불법(佛法)에 대해 천박한 사람으로서는, 논의를 끌어가는 데에 있어서도 서로 길고 짧은 논쟁의 방법이 있을 것이다. 어찌 모순이 없겠는가? 이제부터 대중(大衆) 가운데 상석에 앉은 선덕(禪德)과 함께 의미와 단락을 비교하고 검토하려고 한다. 각자 남의 틀린 점을 지적하고, 자기의 옳은 점을 주장하겠지만, 옳고 그름과 높고 낮음도 그 결과가 소중한 것이다. 삼가 법을 위하는 길이기를 바라면서 간략히 언로(言路)를 연다.[177]

『문집』 제3권에는 강연을 시작하면서 했던 말 4편과 강연을 끝마치면서 했던 말 1편이 남아 있다. 위에 인용한 글은 『원각경(圓覺經)』 강연

---

[177] 의천, 「원각경(圓覺經) 강연을 시작하는 말」, 『문집』 제3권.

3. 의천의 일

을 시작하면서 했던 말이다. 의천의 시대에 강연이 어떤 방식으로 이루어지고 있었는지, 적산원에서 하던 것과 같은 전통적인 강연의 형식이 이어지고 있었는지 구체적으로 확인할 길은 없다. 하지만 의천의 삶이 강연의 삶이었듯, 강연에 대한 다양한 이야기들이 반복해서 나타나고 있다. 위의 인용문만 보더라도 의천이 법주(法主), 또는 강사로서 강연을 이끌어가던 태도와 방식을 짐작할 수 있다. 첫째, 강연은 상석에 앉은 선덕들과의 논의를 위주로 이루어졌다. 둘째, 논의의 중심은 의과(義科), 곧 경전과 주석서를 과문과 함께 비교 검토하는 방식으로 이루어졌다. 셋째, 논의 과정에 논란, 또는 논쟁이 있었다.

『문집』 제3권에 들어 있는 글들을 보면 강의의 시작은 대동소이하다. 경전의 제목을 설명하고, 취지와 개요를 요약하면서 강연을 시작하고 있다. 특히 강연에서 논의와 논란이 차지하는 비중이 매우 컸던 것으로 보인다. 위의 인용문에서도 의천은 '언로(言路)를 여는 역할'로 말을 끝마치고 있다. 다른 글에서는 대중에게 '질문의 실마리'를 열어 달라는 부탁으로 말을 마치기도 했다. 강사의 역할은 대중에게 문제를 제기하고 의문과 토론을 이끌어가는 이를테면 지휘자와 같은 역할이었다.

> 숙종 4년, 송 소성(紹聖) 5년(1098) 무인(戊寅)에 대각국사가 홍원사에서 원각회(圓覺會)를 설치하고 스님을 부강(副講)으로 삼았다. 스님은 사양하면서 '선(禪)과 강(講)이 뒤섞이는 것을 감당할 수 없다'고 했다. 다만 참석하여 듣기만 했다.[178]

---

[178] 윤언이(尹彦頤), 「운문사 원응국사비(圓應國師碑)」, 한국금석문종합연상정보시스템 (http://gsm.nricp.go.kr).

『문집』에 남아 있는 「『원각경(圓覺經)』 강연을 시작하는 말」도 저와 같은 원각회(圓覺會)에서 했던 강연이었을 것이다. 부강(副講)이라는 역할이나 제도 또한 엔닌의 묘사와 비슷하다. 이 말은 의천 당시의 강연 또한 적산원의 강경의식처럼 강의와 논의를 중심으로 이루어졌다는 뜻이다. 의식이 어떻게 변했는지는 몰라도 강연의 골격에는 큰 차이가 없었다는 것이다. 당시 『원각경(圓覺經)』 강연은 종밀(宗密)이 지은 『원각경약소(圓覺經略疏)』를 교재로 이루어졌다. 이와 함께 역시 종밀(宗密)이 정리한 과문(科文), 『원각경약소과(圓覺經略疏科)』를 활용하였을 것이다. 의천은 그렇게 『원각경약소(圓覺經略疏)』를 대본으로 『원각경(圓覺經)』을 함께 읽어가면서, 문단의 구분에 따라 해석에 대해 논의하고 논란하면서 강연을 이끌었을 것이다.

예참(禮懺)의 모델

의천의 강연에서 또 하나 빠뜨려서는 안 되는 부분이 강연의 과정에서 예참(禮懺)을 중시했다는 점이다. 의천은 「『원각경(圓覺經)』 강연을 시작하는 말」에서 종밀의 『원각경』에 관한 저술을 소개하며 『원각경도량수증의(圓覺經道場修證儀)』 18권을 함께 소개하고 있다. 이 책은 『원각경(圓覺經)』의 가르침을 구체적으로 실천할 수 있는 방편들을 의식으로 형식화시킨, 이른바 예참문(禮懺文)이다. 예참은 예배와 참회를 결합한 표현이다. 부처님이나 보살에게 예배하는 의식을 통해 과거에 지은 나쁜 행위들에 대해 참회를 하는 것이다.

(진수(晉水) 법사는) 항상 '참회하고 발원하는 것이 불사(佛事)의 시작이다'라고 하셨다. 그래서 화엄, 능엄, 원각의 세 가지 참회법

3. 의천의 일

을 만들어 엄격하게 지키셨다.[179]

참회의 의미에는 이참(理懺)이 있고, 사참(事懺)이 있다. 지은 죄를 고백하고 정근하여 헛된 마음을 나무라고 깊이 부끄러워하는 것은 사참이다. 편안하게 참 모습을 관조하여 서리와 이슬에 지혜의 태양을 비추는 것은 이참이다.[180]

정원(淨源)은 근세에 우리 조사들의 교관(敎觀)을 전하는 일을 늘 근심하면서도, 도리어 다른 종파의 예참문을 사용해왔다. 이 어찌 선조(先祖)의 좋은 점들을 알지 못하는 것과 다르겠는가? 이 또한 군자라면 부끄러워해야 할 일이다. 그래서 원각의 참회법을 다시 제정했다.[181]

적산원 강경의식의 사례에서 볼 수 있듯이, 강연은 단지 강의와 논의로 끝나는 것이 아니었다. 예배와 참회라는 의식을 통해 수행의 실천을 겸하고 있었다. 천태종이 유력한 종파로서 일찍부터 성공할 수 있었던 데에는 이론적인 측면과 함께 실천 수행의 측면 또한 충실하게 전승되어 왔던 까닭도 있었다. 천태지자 자신은 물론, 그의 제자들에게는 영웅적인 수행의 모델이 있었다. 이에 비해 화엄종은 이론적인 측면에 치우쳐 수행의 모델이 부족했다고 할 수 있다. 종밀이 여러 종류의 예참문을 지어 유통시키려고 했던 것도 이런 문제의식에서 비롯된 것이다. 그리고

179   「송항주남산혜인교원(宋杭州南山慧因教院) 진수법사비(晉水法師碑)」, 『혜인고려사지』 제8권, p.143.
180   정원, 『원각경도량수증의(圓覺經道場修證儀)』.
181   정원, 『화엄보현행원수증의(華嚴普賢行願修證儀)』.

그 모델은 물론 천태의 예참이었다. 하지만 정원의 시대에는 그나마 그 같은 전통조차 끊어져 천태종의 예참을 활용할 수밖에 없는 형편이 되었던 모양이다. 정원은 평소부터 이런 점에 대해 문제의식을 느끼고 있었고, 화엄종의 가르침에 근거한 예참의 전통을 복원하기 위해 많은 노력을 기울였다.

『교장총록(敎藏摠錄)』에는 『원각경도량수증의(圓覺經道場修證儀)』 외에도 종밀이 『원각경(圓覺經)』을 바탕으로 지은 예참문 2종이 더 실려 있다. 이와 함께 정원이 18권의 『원각경도량수증의(圓覺經道場修證儀)』를 1권으로 줄인 『약본수증의(略本修證儀)』도 들어 있다. 『원각경』 외에도 다양한 종류의 예참관련 문헌이 포함되어 있다. 의천과 정원이 편지를 통해 인연을 맺기 시작할 무렵, 정원이 처음으로 의천에게 보내주었던 여덟 종류의 책들, 그 안에 화엄, 능엄, 원각의 세 가지 참회법이 들어 있었다.[182] 예참의 전통은 의천과 정원을 묶어주던 공통된 문제의식 가운데 하나였다. 의천이 마음에 품고 있었던 해동 화엄종을 개혁하려는 의지, 예참은 그런 의지를 상징하는 또 하나의 증거라고 할 수 있다. 정원의 세 가지 참회법, 의천이 마음에 품고 있었던 일이었고, 의천을 감동시킨 사건이었다. 정원과 의천이 함께 느꼈던 감동, 겨자씨가 바늘에 꿰이는 것과 같은 감동이었다.

적산원의 강경의식에서 묘사한 예참의 장면은 대중이 함께 참여하여 사참(事懺)을 행동에 옮기는 일이었다. 강연과 논의를 통해 교리를 습득하면서 이와 동시에 교리에 입각한 참회의 방식을 겸하여 실천하는 일이었다. 다만 머리로만 따지고, 입으로만 떠드는 것이 아니라, 몸으로 읽

182　의천, 「정원 법사에게 올리는 편지」, 『문집』 제10권.

천태산 국청사 입구에 적힌 교관총지(敎觀總持). 조선시대 언해본에서는 총지라는 말을 '모도잡다'라고 번역했다. 몽땅 한꺼번에 잡는다는 뜻이겠다

고 몸으로 따지는 일이었다. 예참의 전통은 이론과 실천을 겸하여 배우는 일, 그 일을 제도적으로 형식화시켜 놓은 전통이라고 할 수 있다. 기록에는 남아 있지 않지만, 의천이 주도했던 원각회(圓覺會)에서는 정원의 『약본수증의(略本修證儀)』를 대본으로 예참을 병행했을 것이 거의 틀림없다. 의천의 원각회는 이론적으로나 실천적으로 개혁을 위한 실험의 현장이었다.

성인(聖人)이 가르침을 베푼 것은 행동으로 옮기길 바라서였다. 다만 입으로만 떠들지 않고 실제 몸을 움직이려고 해야 한다. 어찌 한쪽 방면에만 치우쳐 쓸데없이 의리만을 따지겠는가? 몸을 버려가면서 도를 찾아나선 것도 바로 여기에서 뜻을 세웠던 것이다. 다행히 숙세의 인연으로 여러 선지식들을 찾아뵈었고, 진수(晋水) 대법사가 강연하는 자리에서 대강이나마 교관(敎觀)을 전수받았다. 강연을 하는 틈에 진작부터 '관행(觀行)을 배우지 않고 경전만을 전수한다면 비록 다섯 가지 인과(因果)의 법을 듣더라도 세 겹의 관법(觀法)에 통달하지 못할 것이다. 또한 경전을 전수하지 않고 오직 관행만을 배운다면, 비록 세 겹의 관법을 깨닫기는 해도 다섯 가지 인과는 가릴 수 없을 것이다. 그렇기 때문에 관행을 부득불 배울 수밖에 없고, 경전을 부득불 전수할 수밖에 없다'고 깨우쳐 주셨다. 내가 진심으로 교관(敎觀)을 강조하는 까닭도 바로 이 말씀을 믿고 따르기 때문이다. (중략)

대화엄경을 전수했더라도 관문(觀門)을 배우지 않는 자는 비록 강주(講主)라고 하더라도 나는 믿지 않는다.[183]

의천이 강조했다는 이른바 '교관겸수(敎觀兼修)'의 뿌리가 이렇다. 단절된 화엄종의 전통을 복원하고 개혁하는 일이었다. 교관(敎觀)의 구분은 본래 천태종에서 교상문(敎相門)과 관심문(觀心門)을 구분한 데서부터 시작했다. 교상문이 불교를 이론적·학술적으로 접근하는 측면이라면, 관심문은 관행(觀行)이라는 실천을 통해 불교의 이상을 체현하는 측면이라고 할 수 있다. 이 두 가지는 마차의 양쪽 바퀴처럼, 새의 양날개처럼 양쪽이 조화롭게 균형을 유지할 때 목표를 향해 갈 수 있다. 화엄종에서 보자면 교(敎), 가르침은 곧 『화엄경』의 가르침이고, 관(觀), 관행은 이른바 세 겹의 관법(觀法)을 실천하는 일이다. 의천은 이를 다섯 가지 인과와 세 겹의 관법으로 대응시키고 있다. 의천은 당시 화엄종의 학승들이 이론적인 측면에만 치우쳐 관행(觀行)의 측면을 소홀히 하는 풍조를 강하게 비판하

---

183 의천, 「신참학도(新參學徒) 치수(緇秀)에게 주는 글」, 『문집』 제16권.

였고, 그래서 관행의 중요성을 거듭 강조했던 것이다.

강연, 비판과 실험, 개혁의 현장

의천이 남긴 일의 흔적, 그 흔적을 따라가 보면 의천이 생각했던 '읽기'의 모델, 그리고 그런 모델을 확장하고 정착시키기 위한 실험과 계획이 그려진다. 의천에게 있어 그 같은 실험의 현장이 바로 강연의 현장이었다.

1. 함께 읽기

강연의 전통은 인도에서 유래하여 서역을 거쳐 중국으로 전래하면서 꾸준히 개선되어 제도화된 전통이었다. 강연의 전통은 무엇보다 '함께 읽는' 전통이었다. 앞에서 예를 들었던 적산 법화원의 강경의식에는 그런 '함께 읽는' 전통이 생생하게 남아 있다. 강연은 물론이고 예습도 복습도 대중이 모두 함께 했다. 그리고 그런 '함께 읽기'의 중심에 '논의(論議)'의 전통이 있었다면, '논란(論難)'의 전통은 '함께 읽기'의 꽃이었다고 할 수 있다. 읽은 내용을 서로 이야기하고 다른 해석, 다른 생각을 다투는 일이다. 읽는 행위를 공유함으로써 읽기의 효율을 높일 수도 있었고, 읽기의 결과를 함께 나눌 수도 있었다. 의천은 스물세 살에 강연을 시작한 이래 강연을 멈춘 적이 없었다고 했다. 특히 흥왕사에 주석하던 8년 동안 『화엄경』 강연을 열 차례를 채웠다고도 했다. 자신의 일과 공부에 앞서 의천이 강연과 더불어 함께 읽는 전통을 얼마나 중시했는지를 짐작할 수 있다.

2. 우리말로 읽기

의천이 방언(方言)으로 번역했다는 삼백여 권의 불전, 이는 우리말로 읽고 우리말로 토론하던 전통의 결과물이었다. 엔닌의 기록에 따르면 강연의 현장에는 승속과 노소, 존비의 차별도 없었다고 했다. 적산 법화원에서 정기적으로 읽었다는 『법화경』과 『금광명경』, 결코 쉬운 이야기나 쉬운 읽기만은 아니었을 것이다. 그들의 읽기, 논의와 논란의 한계, 그들 모두가 공유할 수 있었던 지식의 한계가 어디었을지 참으로 궁금하다. 어쨌든 적산 법화원에서는 대중 모두가 함께 우리말로 읽고, 우리말로 생각하고, 우리말로 토론하는 제도를 갖고 있었고, 실천하고 있었던 것만큼은 분명하다. 의천의 시대에도 이런 전통은 어떤 형태로든 이어지고 있었을 것이다. 강연이 존재하는 한, 번역 또한 끊어질 수가 없었을 것이기 때문이다. 그렇다 해도 의천이 스스로 삼백 권이나 되는 불전들을 번역했다고 강조했던 것으로 보아, 그런 전통, 적어도 의천이 추구했던 주석과 번역의 전통이 적극적으로 전승된 것으로 보기는 어렵다. 의천이 당시 화엄종의 풍토에 비해 보다 적극적으로 우리말 읽기의 방식을 고수했으며, 자연히 실험적 성격을 띠었을 것으로 보인다.

3. 구조의 읽기 ― 나란히 읽기, 골라 읽기

앞서 『원종문류(圓宗文類)』의 실험적·혁신적 성격을 소개하면서 설명했던 읽기의 방식들이다. 의천의 『화엄경』 강연은 '삼본(三本)의 『화엄경』과 삼가(三家)의 주석서'를 원칙으로 삼았다. 예를 들어 80권본 『화엄경』을 강의할 때에는 당연히 정원이 편집하여, 항주에서 새겨서 가져 온 『대소주경』을 주교재로 사용했을 것이다. 이 교재는 『화엄경』 본문과 청량(清凉)의 『소(疏)』를 역시 청량이 만든 『과문(科文)』을 바탕으로 함께 배열하여 편집한 책이다. 이들, 『대소주경』과 『과문』 그리고 『원종문류』의 구조적인 특성을 대비시켜 보면 당시 홍교원(弘敎院) 등의 강원에서 이루어지던 실험적 읽기, 혁신적인 교육의 특성을 짐작할 수 있다.

강원의 전통적인 교육 방식에 비추어 보면, 기본적인 교육은 교재를 암송하는 일로부터 시작했다. 『화엄경』의 본문과 이에 상응하는 주석서를 처음부터 차례대로 읽어가면서 이를 그대로 암송해 가는 방식이다. 통상 초기의 교육은 문장의 구조적인 특성이나 의미의 해석보다는 일차적인 번역과 암송을 목표로 삼게 된다. 『화엄경』의 본문과 주석서, 예를 들어 먼저 80권본 『화엄경』과 『청량소』를 완벽하게 기억하고 번역할 수 있는 훈련을 바탕으로, 기억한 문장을 과문(科文)의 구조와 연결하여 시각적으로 기억하는 훈련을 거치도록 한다. 본문과 주석서를 과문의 구조에 맞춰 시각적으로 기억한다는 의미는 문장 전체를 과문의 항목에 따라 쪼개어 기억할 수 있다는 뜻이 된다. 다시 말해 과문의 트리 구조를 시각적으로 기억하면서, 각 과목들을 그에 상응하는 화엄경의 본문, 그리고 주석서의 내용이 자동적으로 연결시키는 훈련을 반복한다는 뜻이다. 이런 훈련을 통해 『화엄경』의 제목에서 시작하여 순서대로 암송했던 기억이 과문의 구조에 따라 구조적으로 재편된다는 뜻이기도 하다.

이 같은 기억의 방식은 요즘으로 치자면 머리 속에 일종의 데이터베이스를 구축하는 것과도 같다. 과문의 시각적 구조를 매개로 구축된 데이터베이스를 통해 과목이나 키워드에 따라 화엄경 본문과 주석서를 자유롭게 연결시켜 기억하고 활용할 수 있기 때문이다. 장소(章疏)란 말의 뜻은 단락의 구분을 통해 의미와 소통하도록 해 준다는 뜻이다. 과목을 나누고 단락을 나누는 데에는 일정한 규칙이 존재한다. 과문의 구조를 이해한다는 것은 따라서 그 같은 분류의 규칙을 이해한다는 뜻이기도 하다. 그런 규칙을 이해하는 일은 본문과 주석서의 이해와 기억에도 큰 도움이 될 수 있다. 따라서 과문의 시각적 구조에 따라 재편된 구조적 기억의 효과는 실로 극적이라고 할 수 있다. 기억의 효과뿐만이 아니라, 이해의 효과 또한 극적이다.

의천은 해동의 화엄종에서 유행하던 읽기와 학습의 방법이 지닌 한계를 깨달았고, 갓 스물의 나이에 『화엄경』 강연을 시작하면서 그런 한계를 극복할 수 있는 새로운 읽기와 학습 방법에 대한 모색과 실험을 구체화시키기 시작했다. 장소와 문헌이 지닌 구조적인 특성, 지엄(智儼), 법장(法藏), 청량(淸凉)과 같은 특출난 주석가들이 활용했던 방법과 기술을 응용함으로써 이해와 학습의 효과를 극적으로 제고할 수 있다는 사실을 절감했기 때문이었다. 의천과 정원의 관계는 이러한 장소의 전통, 장소의 구조에 기초해 있다. 장소와 과문의 전통을 이해하지 않고서는 이들의 일, 이들의 관계를 정확하게 이해하기 어렵다. 정원은 당시 이미 이와 유사한 방식의 읽기를 교육에 활용하고 있었다. 『대소주경』의 출간은 의천의 요구와 정원의 경험이 만나 얻어진 결과였다. 의천이 흥왕사에서 『화엄경』 강연을 시작했다는 뜻은 이 같은 새로운 읽기, 새로운 교육을 해동화엄종의 환경에 실험하고 적응시키는 일을 시작했다는 뜻이기도 하다.

『원종문류』는 이런 실험을 한단계 업그레이드시킨 새로운 실험의 결과였다. 삼본(三本)의 『화엄경』을 차례로 읽어가면서 기억은 확장되고 심화되기 마련이었다. 예를 들어 『대소주경』에서 시작한 구조는 본문과 본문, 주석서와 주석서 사이의 관계로 확장되고, 점차 『화엄경』과 관련된 경론(經論)들로 확장될 수밖에 없기 때문이었다. 『원종문류』가 지닌 '나란히 읽기'와 '골라 읽기'의 특성은 이런 실험과 훈련을 위해 설계된 것이었다. 『대소주경』이 문헌이 지닌 내적인 관계 구조를 목표로 설계되고

편집된 것이었다면, 『원종문류』는 문헌이 지닌 외적인 관계 구조를 목표
로 설계되고 편집된 것이라는 뜻이다. 물론 『원종문류』는 '삼가의 주석
서'를 교육과 종단개혁을 위한 모범과 표준으로 삼으려는 목적을 갖고
편찬한 것이다. 그렇기 때문에 『원종문류』의 외적 관계 구조는 '삼가의
주석서'를 중심으로 편집되어 있다.

의천은 부처님의 가르침 전체를 교망(敎網), 가르침의 그물이라고 표
현했다. 그리고 이에 대해 각 경전이나 종파가 지향하는 가치를 종승(宗
乘)이라고 표현했다. 의천이 도입하고 실험했던 새로운 읽기의 방식들은
화엄종의 종승(宗乘)을 교망(敎網)이라는 관점에서 함께 읽을 수 능력, 그
런 학습과 교육을 지향하고 있었다. 『원종문류』의 '나란히 읽기'가 종승
안에서의 읽기라면, 『성유식론단과』의 서문에서 강조하고 있는 겸학(兼
學)의 모델은 교망을 지향하는 읽기라고 할 수 있다. 종승과 종습(宗習)에
집착하는 읽기를 지양하여 다른 종파, 다른 종승을 함께 읽는 일이다.

4. 몸으로 읽기

강연에서의 읽기는 머리로 읽고 생각으로 받아들이는 읽기가 아니었
다. 머리로 읽고 머리로 생각한 내용을 몸에 새기는 일이었다. 불교에서
는 소리내어 읽고, 읽는 소리를 듣는 행위 자체도 수행의 방편이 된다.
그런 행위를 통해 소리와 의미가 몸에 새겨지기 때문이다. 게다가 앞에
서 소개했던 예참의 사례는 강연이라는 형식 안에서 다양한 수행의 방편
들이 포함되어 있었다. 참회문과 의식의 형태로 형식화된 참회를 통해
몸과 마음을 가다듬고, 그렇게 가다듬어진 몸과 마음으로 가르침의 참된
의미를 사유하고 관찰하는 것이다. 예를 들어 교관겸수(敎觀兼修)라는 말
은 의천의 사상을 상징하는 키워드로 널리 알려져 있다. 교관겸수야말로

의천이 생각했던 몸으로 읽기, 새로운 읽기의 이상적인 모델이었다고 할 수 있다.

고쳐야 할 것은 고쳐야 한다

전하(殿下)께서는 일을 해낼 수 있는 자질을 갖추시고 일을 해낼 수 있는 때를 만나셨습니다. 화폐제도를 통해 백성들을 실로 널리 구제할 수 있으니, 공자가 말씀하신 대로 '백성들이 이롭게 여기는 것으로 이롭게 해 주는' 일입니다.

신(臣)이 듣건대, '지혜로운 사람은 천 번을 생각해도 한 번은 실수가 있고, 어리석은 사람은 천 번을 생각하면 한 번은 소득이 있다'고 했으며, 성인은 미친 사람의 말도 채택한다고도 했습니다. 시경에 '토끼 그물 치는 소리 숲 속에 쟁쟁하네, 씩씩한 호걸들 공후(公侯)의 속마음'이라 했고, 또 '옛날의 어진 이, 말씀을 남기길, 꼴 베고 나무하는 이들에게라도 물어보라'고 했습니다. 신의 학문이 비록 천박하고 속은 텅 비었지만, 토끼 그물을 치거나 꼴을 베고 나무하는 사람들보다야 못하겠습니까?

삼가, 벼슬에 나가 법을 지키는 관리들이 남의 이야기만 중시하고 눈으로 확인하기를 게을리하며, 옛날 일만을 숭상하고 현실을 무시하여, 백 가지 이익이 없으면 법을 바꾸지 않고, 열 가지 공이 없으면 그릇을 바꾸지 않습니다. 이 또한 걱정해야 할 일입니다.

삼가 신은 일찍이 삼장(三藏)에 전념하는 일 외에 여력이 있으면 경사(經史)를 섭렵하면서 옛날 사람들의 어질거나 모자란 점들을 보아왔습니다. 조참(曹參)이 나라를 맡아 바꾼 것이 하나도 없고, 소하(蕭何)가 정한 법을 오로지 지키고 어기지 않았습니다. 날마다 일은 하지 않고 술이나 마시면서 후원에 자리를 잡고 관리들과 취하여 노래만 불렀습니다. 효혜(孝惠) 황제가 이 말을 듣고 꾸짖자 대답하기를, '고제(高帝)와 소하(蕭何)가 함께 법령(法令)을 이미 밝게 세워 놓으셨으니 저희로서는 그것을 지키고 잃어버리지 않도록 하면 되는 것 아니겠습니까?'라고 했습니다. 이런 말의 잘못이 참으로 심합니다. 맹자가 '요즘의 군자들은 (고치지 않고) 그대로 따를 뿐만 아니라, 게다가 쓸데없이 변명까지 한다'고 했으니 조참과 같은 일을 가리킨 것이 아니겠습니까? 이것이 바로 한나라가 주나라의 번성에 미치지 못하고 만 까닭입니다. 마땅히 고쳐야 할 것을 고치지 못한 까닭입니다.[184]

의천의 「주전론(鑄錢論)」에 나오는 이야기이다. 「주전론」은 비록 앞뒤가 떨어져 나가긴 했어도 남아 있는 글 가운데 가장 완성도가 높은 논문이라고 할 수 있다. 의천은 당시 송나라는 물론이고, 요나라와의 꾸준한 교류를 통해 세계의 흐름을 가장 정확하게 인식하고 있던 인물 가운데 하나였다. 의천은 그 같은 흐름 속에서 가장 시급히 바꿔야 할 대상으로 돈을 꼽았다. 의천에게 있어 돈이라는 물건은 그 자체가 변화의 상징이었다. 돈이라는 구체적인 물건을 매개로 화폐와 유통, 경제제도의 개혁을 논하고 있지만, 나라와 백성을 위한 경세의 원칙과 방책들을 포괄적으로 담고 있다. 출가자의 관점에서 불교적인 세계관과 인간관을 바탕으

---

[184] 의천, 「주전론(鑄錢論)」, 『문집』 제12권.

로 경세의 원칙을 다루는 글, 이런 유형의 글 자체가 희귀하기도 하거니
와, 왕자 승통의 경륜과 포부가 선명하게 담겨 있는 소중한 기록이라고
할 수 있다.

> 국사는 한나라의 존친(尊親)으로 큰 정사(政事)가 있을 때마다 친
> 밀하게 자문을 하여 결정하였기 때문에 임금과 더불어 나라의
> 중대사를 가늠하는 바가 아주 많았다. 그래서 백성들에게 음덕
> 을 끼친 것도 또한 컸으니 세상 사람들이 다 알 수 없을 정도였
> 다.185

그 많았던 정사(政事)와 음덕, 「주전론」 하나를 두고 이 자리에서 의
천의 경륜을 견강부회할 처지는 아니겠다. 아무튼 「주전론(鑄錢論)」에는
개혁가로서 의천의 과감하고 진취적인 면모가 유감없이 드러나 있다. 의
천 스스로도 표현하고 있듯이 의천의 당면과제는 '삼장(三藏)에 전념하는
일'이었다. 문헌을 통해 교육과 제도를 개혁하고 그래서 멀리 세계와 인
간을 반본환원토록 하자는 것이었다. 하지만 그 같은 자신의 일에 대한
설명이나 언급, 목표와 계획에 대해 남아 있는 것이 거의 없다. 그렇기
때문에 「주전론」의 존재는 오히려 아이러니라고도 할 수 있다. 돈의 제
도를 통해 경제와 정치를 개혁하자는 주장을 통해, 의천이 꿈꾸었던 의
천 자신의 개혁을 거꾸로 짐작해야 할 형편이 되었기 때문이다.

고쳐야 할 것은 고쳐야 한다. 의천의 논의는 정교하고 말은 단호하
다. 의천의 관점은 백성의 이익에서 시작한다. 그의 본원은 중생을 이롭

185 김부식, 「영통사비명」, 『외집』 제12권.

3. 의천의 일

게 하는 일이었다. 의천에게는 정치도 경제도 백성들을 이롭게 하는 일
일 뿐이었다. 백성들이 이롭다고 느끼는 것, 그것을 실현시키는 일이었
다. 의천은 그런 일에 대하여 옳고 그름의 판단과 선택이 분명했다. 옳
은 일이라면 해야 했고, 그른 일이라면 고쳐야 했다.

> 때라는 것은 만나기는 어렵지만 잃기는 쉽다고 했습니다. 때라
> 는 것은 다시 오지 않습니다. 엎드려 바라오니 전하께서는 지극
> 하신 지혜로 홀로 결단을 내리셔서 과감하게 행동에 옮기시길
> 바랍니다. 나라의 복일 뿐만 아니라, 백성들에게도 영원토록 복
> 이 될 것입니다.[186]

독단, 과감, 요즘에 들어도 거슬리는 표현들이다. 의천은 이 같은 표
현들을 거리낌 없이 사용하고 있다. 왕자 승통이 친형 숙종에게 할 수 있
는 조언이었다. 의천은 왕자로 태어나 열세 살에 승통이라는 최고의 지
도자에 봉해졌다. 그는 지도자로 태어났고, 지도자로 길러진 인물이었
다. 아버지와 형제, 조카를 거치며 다섯 임금을 섬겼다. 그는 고쳐야 할
일이 있으면 고치려고 노력하는 것이 지도자의 역할이요, 의무라고 믿었
다. 그리고 그런 지도자로서의 역할과 의무를 기꺼이 받아들였다. 그는
지도자로서 고쳐야 할 일들을 판단했고, 고쳐야 할 때를 중시했다.

> 국사는 습속이 몽매하고 도덕이 꽉 막힌 것이 가슴 아파, 격앙되
> 고 분발하여 도(道)를 밝혀 잘못된 것들을 개혁할 것을 자신의 임

---

186 의천, 「주전론(鑄錢論)」, 『문집』 제12권.

무로 삼았다. 왜곡된 학술을 몰아내 심오한 진리를 보여 주었으며, 깊이 감춰진 것들을 명백하게 밝혀 나약해진 실정을 부추겨 일으켰다. 천둥이 진동하는 것처럼, 비와 이슬이 천지를 적시는 것처럼 일을 추진하니, 비록 마음으로 감동하여 기꺼이 따르는 자들도 있었지만, 사악한 자들이 바른 길을 꺼리어 훼방이 물 끓듯 하였다.[187]

의천은 타고난 개혁가였다. 열한 살 출가할 나이에 어떤 생각을 품었는지는 몰라도, 열아홉 살 상소문을 쓸 때만 해도 그는 세상을 바꾸는 일에 대한 선명한 의지와 목표를 갖추고 있었다. 바꾸는 일을 자신의 임무로 삼은 이후로 의천은 초지일관 그 일에 매진했다. 의천은 과감한 실천가였다. 집요하고 억척스런 일꾼이었다. 김부식은 그런 의천의 추진력을 천둥이 진동하는 것 같고, 빗물이 세상을 적시는 것 같다고 표현했다.

매듭을 풀어

돌아보면 우리나라는 오래전부터 천축의 교화를 받들어, 비록 경론(經論)을 갖추기는 했으나, 소초(疏鈔)는 빠져 있었습니다. 고금(古今)과 요나라, 송나라에 (유통하던) 모든 백가(百家)의 과교(科教)를 일장(一藏)으로 집성하여 유통시키고자 합니다.
불일(佛日)이 빛을 더해 사악한 그물망의 매듭을 풀어, 상법(像法)을 중흥하여 국가를 두루 이롭게 하소서. 갠지스 강의 모래알처

187　김부식, 「영통사비명」, 『외집』 제12권.

럼 많은 세계의 중생이 금강(金剛)의 좋은 씨앗을 심어 모두가 보현보살(普賢菩薩)의 도를 배워 길이 노사나불의 고향에서 놀게 하소서.188

　천둥이 진동하듯, 빗물이 적시듯, 집요하고 억척스러웠던 일꾼, 고쳐야 할 것은 반드시 고쳐야 한다던 개혁가 의천, 그가 고치고 바꾸려고 했던 일, 열아홉 의천의 소원으로 돌아가 보자. 저 글에서 보자면 의천의 소원은 물론 백가의 과교를 일장으로 집성하여 유통하는 일, 『교장(敎藏)』의 집성이다. 저 글을 쓴 목적 자체가 그렇다. 하지만 본인 자신이 본원이라고 불렀던 바로 그 소원이 의천의 일생을 이끌어 간 목적이자 동력이었다. 「주전론」에서 수준높은 경륜을 펴면서도 의천은 자신의 일을 '삼장(三藏)의 일'로 제한하고 있다. 그의 맡은 일, 그가 사명으로 감당했던 일은 '삼장의 일'이었다. 그렇다면, 일생을 바쳐 집요하게 추진했던 『교장(敎藏)』, 문헌의 집성, 그 일의 목적은 무엇이었을까?

　불교, 또는 불교인의 어법으로 치자면 대답은 의외로 간단하다. 호법(護法), 법을 지키는 일이었다. 의천 자신도 이런 어법을 사용했다. 불교를 신봉하는 사람으로서 불법을 지키고 불법을 선양하는 일이었다. 그렇지만 이런 건 너무 뻔하고 싱겁다. 더 이상의 설명도 필요없다. 이런 일을 두고 찬란했던 고려의 문화, 공전의 위관, 칭찬을 하고 야단을 떨 일도 아니겠다. 그렇다고 불법을 지키는 일이 뻔한 일이고 작은 일이라는 것은 아니다. 다만 의천의 일은 법을 지키는 일, 그렇게 불교적으로 단순화시켜 버리기에는 아쉬운, 그 이상의 의미와 가치가 있다. 무엇보다

188　의천, 「세자를 대신하여 교장의 수집을 발원하는 상소」, 『문집』 제14권.

의천은 세계를 바꾸려고 했기 때문이다. 의천은 분명 불교의 승통이었다. 불교적인 가치관을 확신하고 있었고, 이를 바탕으로 개혁을 꿈꾸었다. 반면 그는 임금의 아들이었고, 다섯 임금을 가까이서 보필했던 유력한 지도자이기도 했다. ‘고려의 왕자 승통’, 이 호칭에는 그런 양면성, 다양한 입장과 성격들이 함께 담겨 있다. 왕자 승통은 의천의 아이덴티티이기도 했지만, 고려의 아이덴티티이기도 했다. 그리고 그 같은 아이덴티티는 의천의 행적에서 볼 수 있듯, 송나라와 요나라, 일본과 고창국, 말 그대로 당시의 세계가 함께 공유하던 성격이기도 했다. 다시 말해, 의천이 호법이라고 불렀던 일은 고려를 바꾸는 일이었고, 이를 통해 세계를 바꾸는 일이기도 했다. 당연히 큰 일이었다.

그러나 불일(佛日)이라는 비유와 상징으로 시작하는 열아홉 의천의 목적은 너무 막연하고 이상적이다. 이런 성격의 글을 쓰는 사람들이 으레 앞세우는 상투적인 말투로 보일 뿐이다. 아무튼 그래도 의천이 표현했던 소원, 그 뜻을 다시 한 번 새겨보기로 하자.

1. 사악한 그물망의 매듭을 풀어 → 상법(像法)을 중흥하고 → 국가를 두루 이롭게 한다.
2. 세계의 중생이 좋은 씨앗을 심어 → 보현보살의 도(道)를 배워 → 노사나불의 고향에서 놀게 한다

사악한 그물망의 매듭을 풀어, 원문에는 사망해뉴(邪網解紐)라고 표현하고 있다. 사(邪)라는 말은 원래 코끼리의 상아처럼 굽은 모양을 가리켰다고 한다. 주로 정(正)이라는 말과 짝으로 쓰이던 말이다. 자전의 표현을 따르면, ‘반듯하고 곧은 것을 정(正)이라고 하고, 정의 반대를 사(邪)’

라고 한다.' 반듯한 것과 굽은 것의 차이이다. 무협지에도 정파와 사파가 있다지만, 이빨이나 막대기가 반듯하고 굽은 것이야 눈으로 보면 누구나 쉽게 판단할 수 있다. 하지만, 여기에 가치가 붙으면 이야기가 복잡해진다. 아무튼 의천은 그의 시대를 굽은 시대, 사(邪)의 시대로 이해했다. 사망(邪網)이란 표현은 역시 불교적인 표현이다. 앞에서 소개했던 교망(敎網)이나 화망(化網)과 같은 관점에서 나온 표현이다. 세상을 그물망, 네트워크로 이해하는 관점이다. 굽은 세상, 굽은 가치에도 그물이 있다는 뜻이고, 굽은 가치가 그물망처럼 세계를 짜고, 덮고 있다는 뜻이다.

그물에는 매듭이 있다. 씨줄과 날줄이 매듭으로 얽혀 있다. 얽혀 있는 그물의 매듭, 그 고리 하나만 풀리면 그물 전체의 매듭히 솔솔 풀려나간다. 얽히고설킨 삿되고 사악한 세계의 그물, 그 그물의 매듭을 솔솔 풀어 버리는 일, 의천이 바라는 것이 이런 것이었다. 바르지 않은 세계, 그 세계를 풀어헤치고 바꾸어 버리는 일이다. 앞에서는 이런 의지, 이런 목표를 개혁이나 혁신으로 표현했다. 우리가 일상에서 자주 쓰는 표현이기 때문이다.

> 천지(天地)가 변혁(變革)하여 사시(四時)가 이루어지니, 탕왕(湯王) 무왕(武王)이 혁명(革命)을 하여 하늘의 뜻에 따르고 사람들의 바람에 응했다.

『주역(周易)』의 한 구절이다. 하늘의 명령에 따라 세상을 몽땅 바꾸는 일, 그런 일을 혁명이라고 부른다. 이런 것이 중국적인 표현이고, 유교적인 가치이다. 바꾸는 일에도 위로는 하늘의 명령이 필요하고, 아래로는 인민들의 소망이 필요하다. 이 두 가지 요인이 함께 갖춰져야 혁명이 이뤄진다. 물론 위와 아래, 응당 하늘의 명령이 위에 있다. 모든 사람들이 이구동성으로 외친다 하더라도 하늘의 명령이 떨어지지 않으면 변혁은 일어날 수 없다. 개혁이니 혁신이니 이런 표현의 바탕에도 역시 비슷한 가치가 존재한다. 이에 비해 사망해뉴(邪網解紐)는 불교적인 세계관과 가치관을 담고 있다. 결과는 혁명과 똑같다. 한꺼번에 몽땅 고치는 일이고, 바꾸는 일이다.

참된 성품에는, 모든 행위 공(空)하지만
연(緣)으로 생겨나, 환(幻)처럼 존재하네
행위가 없는 자리, 기멸(起滅)도 없으니
진실하지 못하여 허공의 꽃과 같네

허망함을 상대하여 진실함을 드러내면
허망도 진실도 두 가지 다 허망한 것
진실도 아니고, 아닌 것도 아니려니
보는 것과 보이는 것, 어찌 가를까

그 사이 중간에는, 성품도 없으니
그런 까닭에, 얽힌 갈대 같네
맺는 것과 푸는 일, 원인이 같으니
성인(聖人)이니 범인(凡人)이니 두 길이 없네.[189]

---

[189] 반라밀제(般剌蜜諦) 역, 『수능엄경(首楞嚴經)』 제5권.

『수능엄경(首楞嚴經)』의 한 구절이다. 사람들이 지닌 자아(自我), 자아로 인해 겪는 온갖 고통들, 그 원인을 맺힘으로 설명하고 있다. 사람의 육근(六根), 곧 눈, 코, 귀, 혀, 몸, 뜻의 여섯 가지 기관을 통해 들어와 맺힌 외부의 영상들, 그 영상들이 맺혀 자아가 되고 고통이 된다는 뜻이다. 그렇게 맺히는 일을 교로(交蘆), 즉 갈대밭의 갈대들이 얽히고 설킨 것에 비유한다. 그렇게 얽히고설켜 전혀 다른 어떤 것을 만들어 내는 일을 연생(緣生)이라고 부른다. 조건이 서로 의지하고 맺혀 생긴 물건은 원래 없는 물건이다. 그래서 성품이 없다고 한다. 그렇게 없는 물건이 생겨나서 존재하는 모습을 허깨비 환(幻)이라고 표현한다. 사람의 자아라는 것은 그렇게 연생으로 생겨 성품이 텅빈, 공(空)한 허깨비의 존재일 뿐이다. 그렇게 맺히는 원인과 과정을 이해하면, 맺힘을 푸는 일도 이해할 수 있고 실천할 수 있다. 허깨비의 생각, 허깨비의 몸을 이해하면 허깨비의 자아와 허깨비의 고통을 풀어 낼 수 있다. 사람은 같지만 맺힘이 풀리면 그대로가 성인(聖人)이다. 그래서 맺음과 풀림의 원인이 같다고 하는 것이다.

『수능엄경(首楞嚴經)』에서 이야기하는 '맺힘과 풀림'은 한 사람의 몸과 의식 속에서 벌어지는 일이다. 이런 사람들이 모여 세계를 형성한다. 의천이 표현한 사망해뉴(邪網解紐)는 허깨비로 얽혀 사는 사람들의 허깨비 세계를 통째로 가리킨 것이다. 그런 세계 속에서 한 사람 한 사람은 큰 그물의 그물코와도 같다. 『수능엄경(首楞嚴經)』의 맺힘은 그물코 하나의 맺힘을 미시적으로 캐고 들어가는 일이다. 이와 같은 방식, 연생(緣生)으로 세계가 얽히고 그물이 생겨난다. 이런 것이 불교가 설명하는 세계이고, 의천이 이해했던 세계이다. 세계가 삐뚤어지고 사악해지는 까닭은 바른 법이 무너졌기 때문이다. 상법(像法)이라는 표현은 부처님이 열반에

든 이후 시간이 흐르면서 무너져가는 과정을 설명하는 표현이다. 정법의
시대가 상법의 시대를 거쳐 말법의 시대로 무너져 간다는 뜻이다. 상법
(像法)은 정법과 비슷하긴 하지만 정법은 아니라는 뜻이다. 정법의 시대
에는 가르침과 수행, 그리고 그 같은 가르침과 수행의 결과로 깨달음이
존재한다. 상법의 시대에는 가르침과 수행은 근근이 남아 있지만, 깨달
음이 없는 시대이다. 그래서 사이비(似而非), 비슷하긴 해도 사실은 같지
않은 그런 시대라고 하는 것이다. 의천은 자신의 시대를 여러 차례 말법
의 시대로 규정하고 있다. 열아홉 의천은 말법의 시대, 상법의 중흥을
목표로 삼는다고 했다. 가르침과 수행을 복원하는 일이었다.

　이렇게 풀어 놓고 보면 열아홉 의천의 소원, 사망해뉴(邪網解紐)의 비
유가 상투적인 빈말이 아니었다는 사실을 알게 된다. ‘상법(像法)의 중
흥’이라는 표현, 저 한마디에는 의천의 목표와 임무, 그리고 한계가 선명
하게 규정되어 있다. 꾸미는 것을 싫어하던 의천의 성격을 단적으로 보
여주는 한마디였다고도 할 수 있다. 그는 자기가 할 수 있는 일에 대해서
만 이야기를 했다. 말법의 시대, 의천의 일과 말에는 깨달음이란 없다.
그런 일은 아예 목표로 삼지도 않았다. 그가 하려던 일은 다만, ‘백가(百
家)의 과교(科敎)를 일장(一藏)으로 집성하여 유통’하는 일이었다. 그것이
상법을 세우는 일, 가르침과 수행의 환경을 복원하는 일이고 길이었다.
그리고 그 일이 말법의 시대, 백성과 나라를 두루 이롭게 하는 일이었다.
의천은 일생을 통해 그런 생각과 일을 실천하며 살았다. 빈틈을 찾기 어
려울 정도로 강한 집념, 본원으로 일관된 삶이었다.

　의천의 소원은 ‘맺힌 매듭을 푸는 일’이었다. 그것도 보통의 수행자
들이 하는 수행, 자아의 매듭을 푸는 일이 아니라, 세계의 얽힌 매듭을
푸는 일이었다. 이런 일을 보통 대승(大乘)의 길, 보살(菩薩)의 일이라고

표현한다. 그물의 매듭들은 하나로 얽혀 있다. 매듭 하나가 풀리면 그물 전체를 해체할 수 있다. 의천이 하려던 일, 이런 일을 우리가 일상에서 쓰는 표현으로 바꾸면, 혁명이 되고 개혁이 된다. 하지만 의천의 개혁에는 하늘도 없고 명령도 없다. 사망(邪網)은 하늘이 만든 것이 아니다. 허깨비의 사람들이 함께 의지하여, 얽히고 설혀 만들어진 허깨비의 그물이다. 맺힌 일도 푸는 일도 사람의 일일 뿐이다.

의천은 연생(緣生)이라는 신념을 바탕으로 한 사망해뉴(邪網解紐)의 변혁, 그 일은 책을 수집하는 일로부터 시작했다. 이 세상에 존재하는 모든 책을 수집하는 일이었다. 책을 수집하고 정리하여 출간하여 일장(一藏)으로 묶는 일, 하지만 그의 일은 단지 책을 집성하는 데서 그치지 않았다. 가르침을 유통하여 상법을 중흥하겠다는 목표 안에는 그런 책을 읽는 방법으로부터 읽는 환경의 조성까지 방대한 변혁이 포함되어 있었다. 가르침을 제대로 읽는 것이고, 읽은 내용을 제대로 이해하는 일이고, 이해한 내용을 제대로 실천하는 일이었다. 그런 일은 사망(邪網)에 얽힌 사람들이 함께 해야 할 일이었다. 그래서 그 일은 나라의 일이었고, 세계의 일이었다. 책을 통해, 읽기를 통해 사람을 바꾸고 나라를 바꾸고 세계를 바꾸자는 계획이었다. 화엄종의 개혁은 『화엄경』을 읽는 방법, 읽는 환경의 변역으로부터 시작됐다. 천태종이라는 새로운 종파의 창종의 비슷한 계획의 일부였다.

사람의 길을 이야기하자면 주공(周公)과 공자(孔子)가 가고자 했던 길과 목표가 같습니다. 하늘의 길은 노자(老子)와 장자(莊子)의 학문과 일치합니다. 옛사람들은 유가와 도가의 가르침을 닦으면 사람과 하늘의 응보를 벗어나지 않는다고 했습니다. 고금의 현인과 달인(達人)들이 모두 도리에 맞는 말을 했다고 하겠습니다. 그 뒤의 세 가지 길은 출세(出世)의 법이니 어찌 세간의 가르침과 비교하여 이야기할 수가 있겠습니까?

대개 하나의 길에 전념하는 학자들이 도(道)를 이야기할 수 없는 까닭은 그 가르침에 매어 있기 때문입니다. 여름 벌레가 겨울의 얼음을 이야기할 수 없고, 우물 안 개구리가 큰 바다를 이야기할 수 없으니, 자기의 견해에만 집착하는 경우라고 할 수 있습니다.[190]

여름 벌레가 겨울의 얼음을 이야기 할 수 없고, 우물안 개구리가 큰 바다를 이야기 할 수 없는 세태, 의천은 그런 세태를 뒤집고자 했다. 그가 자임한 일은 불교 안의 일이었다. 불교를 먼저 바로 세우는 일이었다. 의천의 일을 혁명이나 개혁으로 표현할 수 있다면, 그의 혁명은 책의 혁명이었고, 읽기의 혁명이었다고 할 수 있다. 자기의 견해에만 집착하지 않고 그물을 이해하고 세계를 함께 이해하는 일, 그 일을 위해 세계 자체를 고치고 바꾸는 일이었다. 그런 점에서 의천의 일은 불교 내부만의 일은 아니었다. 불교의 변혁은 세계를 변혁하는 부분이었고 수단이었기 때문이다. 의천의 변혁은 요즘 표현으로 일종의 지식과 문화의 혁명이었다고 할 수 있다. 게다가 의천은 왕자 승통이었다. 의천은 그런 지위, 국가 지도자의 입장에서 국가의 대계로써 그런 혁명을 수행하고자 했다. 말하자면 위로부터의 혁명이었다.

오히려 의천이 특히 애써 개혁하려고 했던 읽기의 방법, 읽기의 환

---

[190] 「내시 문관(文冠)에게 주는 편지」, 『문집』 제13권.

3. 의천의 일

경, 그 안에 담긴 비판과 실험, 개혁의 정신과 성과들은 비슷한 사례를 찾기 어려운 문자 그대로 공전의 일이었다고 할 수 있다. 근래 이른바 논술교육의 중요성이 점차 높아지고 있고, 인터넷의 확장으로 새로운 읽기의 방법과 환경이 주목을 받는 시대가 되었다. 의천의 읽기는 그런 요즘의 세태에 비추어 보아도 실용성과 창조성이 넘치는 훌륭한 실험이었다고 할 수 있다. 앞에서도 누차 지적했지만, 과문이나 문류를 활용한 학습의 효과는 놀라울 정도로 극적이다. 오랜 세월을 통해 축적된 불교문헌 주석의 전통, 정교한 방법의 덕택이다.

의천이 입적한 뒤 30년이 채 지나지 않아 의천이 구축했던 개혁의 중심 흥왕사 홍교원은 물론, 화엄종 강원의 네트워크도 문자 그대로 완전하게 파괴되고 실종되어 버렸다. 김부식은 홍교원의 전통을 이어갈 제자조차 변변히 남아 있지 않다고 했다. 그가 표현했던 대로 의천의 단호한 개혁의지에 대해 '사악한 자들이 바른 길을 꺼리어 훼방이 물끓듯하였기 때문'이었는지도 모르겠다. 어쨌든 의천이 입적한 직후, 의천의 일과 본원에 감동하고 따르던 제자들, 변혁의 주체들은 빠르게 해체되어 버리고 말았다. 그리고 그와 함께 그 많던 책, 그리고 의천의 일, 의천의 본원조차 까맣게 잊혀졌다. 이 또한 어쩌면 지식의 혁명, 문화의 혁명, 위로부터의 혁명이 지닌 한계였는지도 모르겠다.

열아홉 의천이 저 글의 마지막에 남겼던 말, 세계의 중생이 좋은 씨앗을 심어, 보현보살의 도(道)를 배우고, 노사나불의 고향에서 함께 놀자던 꿈, 이런 꿈은 불교인의 꿈이다. 이승에서는 이룰 수 없는 본원에 속하는 일이다. 의천의 본원이 존재하는 한 그런 꿈도 없어지지 않는다. 본원에는 본원의 힘이 있다. 불교는 그런 힘에 기대어 존재한다.

◯

큰 꿈 큰 그림

몸은 달라도 마음을 합해_미래로 주는 선물

천(千)의 무리 공을 이뤄 떠나고 말았으니
예로부터 이름난 향(香) 누구라 열어 볼까
인자한 정치(政治)로 신통하지 않았다면
길한 조짐 돌아올 날 기다리고 있겠지

좋은 인연 심어 놓은 그윽한 자리
전단향 오래 되어 향기도 무성해라
고요하고 쓸쓸히 천 년을 지낸 뒤에
멀리 보는 마음 알아 보게 되었네.[191]

의천이 가깝게 지내던 윤관에게 보낸 시이다. 두 편의 시 앞에 시를
쓰게 된 사연이 쓰여 있다.

---

[191] 의천, 「학사 윤관(尹瓘)에게 주는 시 두 수」, 『대각국사문집(大覺國師文集)』 제17권.

(결락) 모래밭에서 좋은 향을 파냈는데 몇 천만 근인지 알 수도
없었다. 감탄하던 차제에 시 두수로써 축하한다.

앞 부분이 떨어져 나가 애매하긴 해도, 윤관이 어느 동네에서 수많은
양의 침향(沈香)을 발견했던 모양이다. 그래서 이를 축하하면서 지은 시
라는 것이다.

사람들이 전하기를, '상수리나무를 물 속에 넣어 천 년이 지나
면 향(香)이 된다.'고 했기 때문에 옛날 사람들이 사람들을 모아
계(契)를 맺고, 나무를 많이 베어 물 속에 묻은 뒤에 비석을 세워
증거로 삼았으니 후세의 사람들을 배려한 것이었다. (중략) 『본
초(本草)』에 의하면 교주(交州)에 밀향수(密香樹)가 있는데 (중략),
침향(沈香)은 물에 넣는다고 되는 것이 아니라, 향을 물에 담가
잠기는 것이 바로 침향인 것이다. 우리나라에는 본래 밀향수 나
무가 없는데 어떻게 사람이 공을 들인다고 만들어 낼 수 있겠는
가?192

앞에서 침향이라고 표현했지만, 윤관이 파낸 향은 엄밀하게 이야기
하면 침향은 아니다. 『성호사설(星湖僿說)』에 나오는 것처럼 향을 만들기
위해 뻘 속에 묻어 두었던 나무, 그런 나무로부터 얻은 이른바 매향(埋香)
일 것이다. 『성호사설(星湖僿說)』은 저런 매향(埋香)의 풍습을 부정적으로
바라보고 있다. 하지만, 의천의 시에 따르면 뻘 속에서 수많은 명향(名香)

---

192   이익(李瀷), 『성호사설(星湖僿說)』 제12권, 한국고전종합DB(http://db.itkc.or.kr/).

을 파낸 것도 분명한 사실이고, 만의 하나 그게 사실이라면 우리나라에
전해 내려온다는 '나무를 오래 묻어 두면 향이 된다'는 전설도 사실이라
는 뜻이다. 상수리나무를 묻어 두고 천 년을 기다리면 침향이 되는지는
확인할 길이 없지만, 우리나라 향나무라도 향나무라면 질좋은 향을 얻는
방법일 수 있겠다.

아무튼 의천의 시, 첫줄에 나오는 천의 무리, 천중(千衆)의 공을 짓고
떠나고 없다는 말, 그 구절 밑에는 작은 글씨로 설명이 달려 있다.

> 「석기(石記)」에 이르기를 '천 명의 사람이 몸은 달라도 마음은 같
> 다'고 했다. 그래서 이 구절을 넣었다.

『성호사설(星湖僿說)』에서 언급한 '나무를 묻어 두고 비석을 세워 증거
로 삼았다'는 말처럼, 실제 우리나라에는 그런 비석들이 제법 남아 있다.
매향비(埋香碑)라는 기록이다. 이런 매향(埋香)의 기록은 비석의 형태와 암
각(巖刻)의 형태로 구분되는데 지금까지 대략 18종 정도의 기록이 확인되
었다고 한다.[193] 의천이 인용했다는 「석기(石記)」도 그런 종류의 매향비
(埋香碑)였던 것으로 보인다. 기록에 남아 있었다는 구절, 천 명이라는 사
람의 숫자, 그리고 이신동심(異身同心), 몸은 달라도 마음은 같다는 이런
표현들은 현재 남아 전하는 매향비에서도 찾아볼 수 있다.

● 천 사람이 함께 발원하여(千人同發願): 「해남 맹진리 매향암각비」
● 천 사람이 함께 발원(千人同願): 「장흥 덕암리 매향암각비」

193　채웅석, 「여말선초 사천 지방의 매향 활동과 지역사회」, 『한국중세사 연구』 V. 20, 2006.

● 천 사람이 계를 맺고 향을 묻어 큰 발원을 하는 글(千人結契埋香 願王文): 「사천 매향비」194

현존하는 매향비들은 대개 글자가 닳고 부서져 해독이 쉽지 않다. 「사천 매향비」는 그나마 상태가 좋아 대강의 내용을 이해하기에 무리가 없다. 천인결계(千人結契), 또는 천인결사(千人結社) 뭔가 비장함마저 느껴 지는 표현이다. 의천이 보았던 바로 그 「석기(石記)」는 아니지만, 그런 느 낌은 비슷할 것 같아 대강 소개해 보도록 하겠다.

「천 사람이 계를 맺고 향을 묻어 큰 발원을 하는 글(千人結契埋香願 王文)」

위없는 묘과(妙果)를 얻으려 한다면 받드시 행(行)과 원(願)이 서로 도와야 합니다. 행만 있고 원이 없으면 그 행은 외롭고, 원만 있 고 행이 없다면 그 원은 헛됩니다. 행이 외로우면 그 목표를 잃 게 되고, 원이 헛되면 그 복(福)이 떨어집니다. (행과 원의) 두 가 지를 함께 해야 비로소 서로 도와 묘과를 얻을 수 있습니다. 빈 도(貧道)는 수천 명과 함께 대원(大願)을 발원하고, 침향나무를 묻 어 미륵불이 하생하여 용화(龍華)의 세 가지 법회를 기다려, 이 향으로 미륵여래께 받들어 공양하고 청정한 법을 듣고 무생(無生) 의 지혜를 깨달아 물러서지 않는 지위를 얻기를 바랍니다. 함께 발원하는 모든 사람들이 도솔천의 내원(內院)에 태어나 물러서지

194　한국금석문종합영상정보시스템(http://gsm.nricp.go.kr).

않는 지위를 증득하기를 바랍니다.[195]

　이 글의 제목에 들어 있는 원왕(願王)이란 표현은 소원 중의 왕, 으뜸이 되는 소원이라는 뜻이다. 말하자면, 우선 순위가 가장 높은 소원, 의천이 품었던 본원(本願)과 비슷한 표현이다. 묘과(妙果)는 물론 궁극의 깨달음을 말한다. 천인결계(千人結契), 돌멩이와 글자들은 조촐하지만 생각은 깊고 소원은 원대하다. 옛날 사람들은 계를 묻어도 이렇게 궁극의 깨달음을 향해 묻기도 했다. 계를 묻고 침향나무를 묻는 까닭은 원왕(願王)을 위한 실천이고, 수행이다. 미래를 예비하는 일이다. 이 비석을 세운 사람들은 미륵불을 향하고 있다. 미륵불은 미래의 부처이다. 이들은 미래의 부처를 향해 두 가지를 발원하고 있다. 첫째는 도솔천 내원에 계신다는 미륵보살이 깨달음을 성취하여 이 세상으로 오기를 기다리며, 그때 용화(龍華) 나무 아래에서 하신다는 세 차례의 법회를 기다리는 일이다. 모두가 그 법회에 참여하여 함께 깨달음을 얻겠다는 것이다. 침향을 묻는 까닭은 그때의 공양을 예비하는 일이다. 둘째는, 향을 묻는 공덕으로 모두가 미륵보살이 머무는 도솔천에 태어나 미륵보살과 함께 머물며 함께 수행하여 불퇴지(不退地), 물러서지 않는 깨달음의 지위를 얻겠다는 것이다.

　원(願)이 있으면서 행(行)이 없다면, (물을 건너) 저편으로 사람들을 건네주려 하면서 배나 뗏목을 준비하지 않는 것과 같다. 이런 (사람들은) 이 쪽 편에 머물러 절대로 건너갈 수 없다는 사실을 알아야 한다.[196]

195　「사천 매향비」, 한국금석문종합영상정보시스템(http://gsm.nricp.go.kr).
196　지자(智者), 『석선바라밀차제법문(釋禪波羅蜜次第法門)』.

「사천 매향비」에는 홍무(洪武) 20년 정묘(丁卯, 1388년)라는 시간도 새겨져 있다. 고려 우왕(禑王) 13년이다. 윤관이 매향을 파냈다는 때와도 시간의 차이가 크다. 그 향을 묻었던 때는 말할 것도 없다. 의천은 그저 막연하게 천 년이라고 했다. 의천이 보았던 「석기(石記)」를 세웠던 사람들, 그 사람들의 원(願)이 「사천 매향비」를 세웠던 사람들의 원과 꼭 같지는 않았을 것이다. 그렇다 해도 원행(願行)의 뿌리는 같다. 원행은 깨달음을 향한 두 바퀴와 같고, 두 날개와 같다. 깨닫지 못한 사람들, 중생의 입장

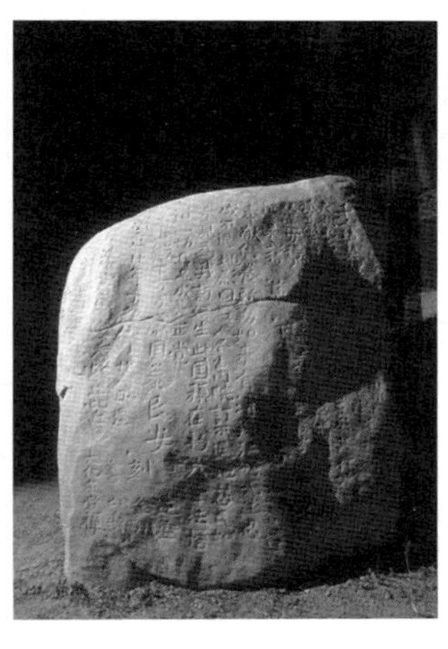
「사천 매향비」197

에서는 깨달음이란 미래의 일이다. 침향, 아니 매향(埋香), 향을 묻는 일은 미래를 예비하는 일이다. 미래를 준비하는 사람들에게 향을 묻는 일은 목표를 가지고 하는 행동이지만, 미래에 향을 캐내어 무성한 향기를 즐길 수 있는 미래의 사람들에겐 더할 나위없는 선물이 된다. 이처럼 향을 묻는 일은 미래를 예비하는 일인 동시에 미래의 사람들에게 남겨 주는 선물이기도 하다.

의천이 남긴 시에는 그런 감회가 담겨 있다. 누군지도 모르는 과거의 사람들은 누군지도 모를 미래의 사람들을 위해 힘을 모아 애를 써가며 나무를 베고 정리하여 뻘 속에 묻어 놓았다. '몸은 달라도 한 마음으로' 남겨 놓은 선물, 세월이 흘러 미래의 사람들은 그 무성한 향기를 만끽한다. 의천의 본원, 의천의 일도 그랬다. 미래를 예비하는 일이었고, 미래

197　한국금석문종합영상정보시스템(http://gsm.nricp.go.kr).

로 주는 선물이었다. 누구는 향을 묻었고, 누구는 책을 묻었다. 그런 일들은 자신에게는 깨달음을 향해 가는 수행이었고, 미래의 누군가에게는 그런 깨달음을 선물하는 일이었다. 본원이 분명한 결과를 가져 오듯, 누군가 묻어 놓은 침향은 이제 무성한 향기로 남았다. 눈에 보이는 결과이다. '고요하고 쓸쓸히 천 년을 지낸 뒤에' 미래의 사람들은 과거의 사람의 본원을 눈으로 코로 온몸으로 확인한다. 그리고 과거의 누군가, 미래를 향해 멀리 예비했던 마음을 확인한다. 의천의 시에는 그 같은 본원, 본원의 힘에 대한 감격과 공감이 담겨 있다.

의천이 했던 숱한 일들, 그 일을 의천 혼자서 했을 턱이 없다. 의천도 그런 사실을 분명히 알고 있었다. 그 일은 단지 의천의 일이 아니었다. '천의 사람', 천이라는 숫자는 그저 숫자일 뿐이다. 숫자는 중요하지 않다. 그들이 한 마음이었는 것, 그것이 저 돌에 담긴 뜻이고, 의천이 시에 담고자 했던 뜻이었다.

「일승법계도(一乘法界圖)」는 시(詩)를 합하여 하나의 도장으로 만든 것이다. 『화엄경』과 『십지론(十地論)』에 의거하여 원교(圓敎)의 종요(宗要)를 표한다. 총장(總章) 원년(元年, 668년) 7월 15일 쓰다.
물음 : 어떤 까닭에 편집한 사람의 이름이 없는가?
대답 : 연생(緣生)의 법에는 주인이라는 것이 없기 때문이다.
물음 : 어떤 까닭에 연월의 표기는 있는가?
대답 : 모든 법은 연생에 의지하기 때문이다. **198**

198　『법계도기총수록(法界圖記叢髓錄)』.

3. 의천의 일

「일승법계도(一乘法界圖)」는 의상(義湘)이 만든 도장이다. 법성게(法性偈)라고 알려진 시를 돌고 도는 도형으로 만들었다. 해인사에 가면 볼 수 있는 해인도가 바로 그것이다. 거기에는 날짜만 적혀 있고 만든 사람의 이름은 없다. 그 도장에 주석을 달았던 사람은 그 까닭을 연생(緣生)에서 찾고 있다. 이름은 없고 날짜만 있는 것이 우연이 아니라는 뜻이다. 인연에 의지해 생긴 것, 거기에는 주인이 없다고 한다. 있다면 원인과 조건들이 있을 뿐이다. 천 명이나 천 년, 그런 숫자는 상징일 뿐이다. 오래전에 많은 사람들이 묻어 둔 원(願)과 행(行), 거기에 주인은 없다. 몸은 달라도 마음을 합해 함께 이룬 공이 있을 뿐이다. 그리고 그 공은 향을 묻고 원행을 묻었던 사람들을 향하지 않는다. 향과 원행은 미래를 향하고 있다. 미래의 사람들이 향을 발견하고 향을 누릴 때, 그들의 공은 비로소 드러나고 완성된다. 그리고 향을 누린 사람들이 그 향내 속에서 과거의 원행을 느낀다면, 그래서 그 향내를 통해 또 다시 원행이 이어진다면 그들은 다시 같은 마음이 된다. 함께 이룬 공이었고, 함께 이뤄가는 공이다. 의천의 마음이 그랬다.

천 년을 지낸 뒤에

앞에 소개한 시에서 의천은 천 년이란 시간을 이야기한다. 뻘 속에 묻혀 있었던 침향 나무의 시간이다. 그 향이 무성한 향을 뿜어 낼 수 있기까지 걸렸던 시간이다. 천 명이라는 숫자가 상징이었듯, 천 년이란 숫자도 상징일 뿐이다. 천 년의 시간, 의천에게는 특별히 뜻이 깊었던 숫자였다.

의천이 열아홉 살에 썼다는 상소문, 그 글에서 의천은 가섭마등(迦葉

摩騰)과 축법란(竺法蘭)이 낙양 백마사에 도착한 순간을 특별히 지적하고 있다. 불교가 처음 중국 땅에 전해졌다는 순간이다. 동한(東漢)의 영평(永平) 10년(67)이다. 의천은 1055년에 태어나 1065년, 열한 살 때에 출가했고, 1067년 열세 살에 승통이 되었다. 불교가 중국에 전해진 순간으로부터 꼭 천 년을 채우는 순간이었다. 의천이 이 순간을 의식하고 있었는지 확인할 길은 없지만, 아무튼 기이한 인연임에는 틀림이 없다.

> 저라는 사람은 타고난 성품이 어리석기 짝이 없으나, 어린 나이에 다행히도 선왕의 은혜를 입어 출가하여 중이 되었습니다. 전생에 쌓은 인연의 덕택으로 열예닐곱 살부터 서방 성인의 가르침을 따른 지 이제 20년이 되어 갑니다. 그러나 부처님의 가르침이 중국에 유통한 것은 백에 한 둘도 못되고, 지금 전하는 삼장의 정문(正文)도 겨우 6, 7천권에 불과합니다. 그 밖에 예로부터 지금까지 현철(賢哲)한 주석가들이 천 년 동안 대대로 이어져 이 또한 그 수를 헤아릴 수 없습니다. 비록 뛰어난 재주를 타고난 재목이 일생을 한결같이 해도 그 일을 모두 이룰 수 없을 텐데, 중간 이하의 사람이야 어떻겠습니까?"[199]

앞에서도 인용을 했던 글이다. 의천이 송나라 구법여행을 단행하기 직전에 내시에게 주었다는 글이다. 서른 살 언저리였을 때였다. 이곳에서도 의천은 천 년을 이야기한다. 의천이 하고자 했던 일, 장소(章疏)의 결집, 바로 그 장소의 역사는 불교가 중국 땅에 전해지고 한문을 번역하

---

[199]　의천, 「내시 문관에서 보내는 편지」, 『문집』 제13권.

　　　　　　　　　　　　3. 의천의 일

면서 시작한 역사였다.

　　법의 바퀴가 다시 이 땅에 구르게 하고, 도의 밝은 빛이 다시 천
　　년을 비추게 하려는 것입니다.

내시에게 주었던 글, 끄트머리에 남은 구절이다. 이 뒤로는 장이 떨
어져 나가 편지가 얼마나 이어졌는지도 알 수가 없다. 천 년의 과거와 천
년의 미래, 이 숫자만 따져 본다면 의천이 하고자 했던 일은 과거 천 년
의 역사, 천 년의 장소(章疏)들을 묶어 다시 천 년의 뒤로, 천 년의 미래로
전해 주고 싶다는 것이었다. 의천 개인에게는 천 년이란 숫자가 그저 상
징의 숫자만은 아니었을지도 모른다. 의천의 일에 대한 원력과 집착이
그랬듯, 그의 삶이 바로 그 숫자로부터 운명을 느끼고 살았던 사람처럼
보이기 때문이다.

아무튼 의천은 뼈 속에 묻혀 있던 향의 시간을 천 년이라고 표현했
다. 향나무를 골라 베고, 의천은 그로부터 얻은 향이 수천만 근인지 알
수도 없었다고 표현했다. 상상이 가지는 않지만 아무튼 대단히 많은 양
이었다는 뜻이겠다. 뼈 속에 묻혀 있던 향기는 고요하고 쓸쓸하게 천 년
을 기다려야 했다. 의천의 시는 마치 자신의 일, 아니 자신이 이끌어 왔
던 숱한 사람이 함께 이룬 일, 그 일의 미래를 예견하는 것처럼 느껴진
다. 낡은 책을 털고 짝을 맞추어 정리하고 교정하고, 교감하고 그래서
판에 새기고 찍어 내서 유통했던 일, 그 많은 일들을 함께 했던 동지들,
그들의 일과 마음을 향에 기대어 기념하고 있는 것처럼 느껴지기 때문이
다. 의천은 그들의 노고가 다시 미래의 누군가 파내어 책 속에 담긴 향기
를 누릴 수 있을 때까지, 고요하고 쓸쓸하게 천 년을 기다려야 할 것이라

개성 영통사 전경. 영통사는 16세기에 화재로 소실되었으나, 대한불교천태종이 북측과 공동으로 2002년부터 3년 간 복원해서 2005년 10월 31일 낙성한 것이며, 대한불교천태종과 조선불교도연맹은 대각국사 열반 추모 합동 다례재를 2004년도에 처음 봉행하기 시작하여 2011년까지 네 차례 봉행하였다.(사진제공: 대한불교천태종)

고 생각했던 것 같기 때문이다.

　실제 의천의 일은 의천이 입적한 이후로 빠르게 잊혀져 갔다. 비문을 지었던 김부식도 박호도, 조카 임금 예종도 『교장』이란 말조차 언급하지 않았다. 전쟁이 일어나고 대장경이 불에 타고 의천이 남긴 일의 흔적조차 사라져 버리고 말았다. 그 후로 의천을 기억한 사람도 기억했던 흔적조차 남은 것이 거의 없다. 조선조에 들어 남은 흔적이라고는 다만 글자를 아는 유가의 선비들이 영통사에 들러 바래고 닳은 비문을 보고 의천이란 인물을 상상하고 추억했던 정도였다. 일본의 학자들이 제국주의의 힘에 기대어 흩어졌던 흔적들을 다시 주어 모아 의천의 일, 그 일에 대한 기억들을 형상화시키기 전까지 의천과 의천의 일은 그렇게 뻘 속에 묻혀 있었다.

4

전설이 된 일꾼

전설이 된 일꾼

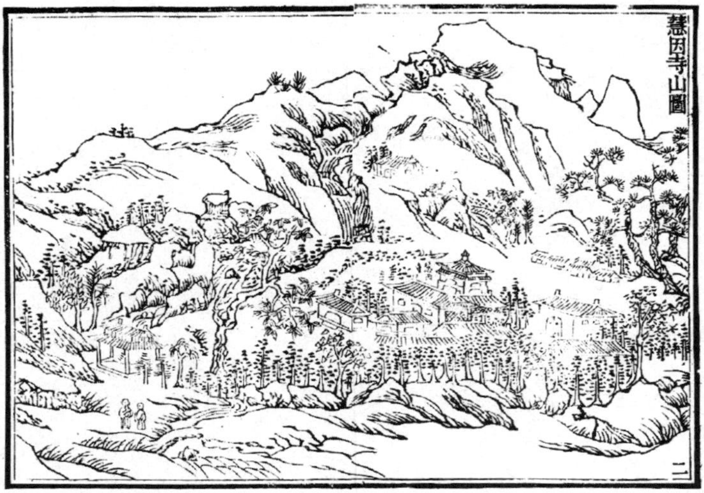

『혜인고려사지』에 남아 있는 혜인사 산내도

고려사(高麗寺)

송나라 신종(宋神宗) 때에 (고려의) 임금이 부처님께 후사(後嗣)를 빌어 아들 하나를 얻었다. 그 아들이 밤낮없이 울어댔는데, 목탁소리만 들으면 울음을 그치곤 했다. 하루는 공중에서 무슨 소리가 들려 왔는데, 멀리서 나는 것도 같고 가까이서 나는 것도 같았다. 임금이 그 소리가 어디서 나는지 알아보라고 명령을 내렸다. 그 소리는 따라가면 따라갈수록 점점 멀어져, (소리를 따라) 바다를 건너고 남쪽으로 내려가게 되었다. 무림(武林)의 경호(鏡湖) 호숫가에 이르니 스님 한 분이 절에 단정히 앉아 조용히 불경을 독송하며 목탁을 치고 있었다. (고려의) 사자(使者)가 조선(朝鮮)으로 건너와 세자를 고쳐달라고 하면서, "세자의 팔뚝에 불무령(佛無靈: 부처에게 영험이 없다)이라는 글자가 선명하게 새겨져 있습니다. 부처님이 내려준 세자(世子)인데 영험이 없다는 말이 무슨 말입니까?"라고 물었다. 스님은 "이상하군요, 그대를 위해 가 보도록 합시다." 하고는 바다를 건너와 임금을 뵙게 되었다. 스님이 합장하고 예를 올리자 세자는 웃으면서 예를 받았다. 스님은 "세자는 저의 스승이십니다. 저의 스승은 출가하여 비구가 되기 전에 일개 가마꾼이었습니다. 가마를 지어 얻은 돈으로 호숫가에 절을 짓고 부처님을 모셨습니다. 저 또한 그 덕을 흠모하여 제자가 되었습니다. 그러나 스승은 일 년만에 절름발이가 되었다가 이듬해에는 눈이 멀었고, 삼 년만에 벼락을 맞아 죽었습니다. 제가 몹시 못마땅하게 여겨 붓을 들어 스승의 팔뚝에 '불무령'이라고 적어 넣었습니다. 이 곳에 환생하실 줄 누가 알았겠습니까?"라고 하였다. 임금이 말씀하시길, "부처님의 영험이 있었습니다"라고 했다. 그래서 옛 절터에 절을 짓고 '고려사'라고 하고 기이한 인연을 기념하여 금탑을 바쳤다. 절의 기록도 없어지고 비문도 남아 있지 않아 내가 그런 인연을 간단히 적어 주승(主僧)에게 주었다. 지금은 무량전(無量殿)만이 남아 있다.[200]

200　이덕무(李德懋), 「대각국사」, 『앙엽기(盎葉記)』7, 『청장관전서(靑莊館全書)』 제60권, 한국고전종합DB(http://db.itkc.or.kr/).

이덕무(李德懋, 1741~1793)의 『청장관전서(靑莊館全書)』에 나오는 이야기이다. 육차운(陸次雲)이 지었다는 『호연잡기(湖壖雜記)』라는 책에서 인용한 것이다. 육차운은 절강(浙江) 사람으로 청나라 강희(康熙, 1663~1722) 연간에 활동을 했다는 기록 정도만이 남아 있다. 『청장관전서(靑莊館全書)』를 비롯하여 『오주연문장전산고(五洲衍文長箋散稿)』, 『해동역사(海東繹史)』 등에 인용이 되고 있는 것으로 보아 청나라에서 수입하여 널리 읽혔던 이야기책으로 보인다. 아무튼 저 이야기는 고려사가 있던 항주 지역에 유행하던 전설이었다. 외국 동네의 전설이 돌고돌아 다시 수입되어 유통했다는 게 흥미롭다.

이덕무는 이 이야기의 끝에 다음과 같은 친절한 사족을 달아 놓았다.

어떻게 소리를 따라 먼 바다까지 건너갔을 리가 있겠는가? 고려사(高麗寺)라는 (이름 때문에) 억지로 끌어다 붙인 것이다.

『해동역사(海東繹史)』에서는 이 이야기를 소개한 뒤에 사리에 맞지 않는 이야기이기 때문에 군자(君子)가 취할 바가 아니라는 토를 달기도 했다. 일리야 있는지는 몰라도 어쩌다가 바다 건너 그 동네에 고려사라는 이름을 지닌 사찰이 생기게 되었는지, 그 동네 사람들은 어떤 연유로 사리에도 맞지 않는 엉뚱한 이야기를 억지로 끌어다 붙였는지, 그런저런 궁금증에는 관심조차 없어 보인다.

아무튼 조선조에서, 아니 의천이 입적한 이후로, 이덕무처럼 의천을 이해하려고 애를 썼던 사람도 없었던 것 같다. 이덕무의 저 글은 『고려사』의 「대각국사 열전」에서부터 시작하고 있다. 「열전」을 소개한 뒤에 그는 대뜸 해인사의 대장경판으로 화제를 돌린다. 그는 해인사에 놀러

4. 전설이 된 일꾼

가서 장경판을 살펴보고 해인사의 기록과 스님들을 통해 그 역사를 따져 보려고 시도했다. 그가 해인사에서 얻은 단서는 '신라 애장왕(哀莊王) 정묘년에 판각을 했다'는 것뿐이었다. 그의 계산에 따르면 애장왕 때는 정묘년이 없었기 때문에 그 단서는 믿을 수 없다고 단정을 내려버린다. 이때 사람들은 갑자 을축, 육갑을 정말 자유롭게 구사했던 모양이다.

아무튼 그래서 『고려사』의 「대각국사 열전」에 의지해 해인사 대장경판을 의천이 조성한 것이 아닌가 추정하고 있다. 그는 「열전」에 나오는 기록, 의천이 해인사로 은퇴했다는 사실을 근거로 제시하기도 한다. 그는 나아가 의천이 간행했던 대장경의 숫자를 「열전」에 의지하여 5천여 권으로 추정하고 있다. 송나라에서 가져 왔다는 천여 권의 불서와 교장도감에서 간행했다는 4천여 권을 합한 숫자이다. 하지만 당시 해인사에 있었다는 6,529권의 대장경과는 1천 5백여 권의 차이가 생긴다. 그래서 그는 이것이 후대에 보충해서 새긴 것이라고 추정하고 만다. 그는 대장경판을 모조리 조사할 수 있다면 그 사연을 확인할 수 있었을 텐데 그러지 못했다고 아쉬워 했다. 그리고 바로 저 전설 이야기로 넘어가고 있다.

이덕무의 표현에 의하면, 당시 해인사에 살던 누구도 대장경판을 누가 언제 새겼는지, 의천이란 인물이 어떤 인물이었는지 아무도 몰랐다는 뜻이다. 대장경이 어떤 물건인지도 몰랐으니, '삼장(三藏)의 정문(正文)'과 '백가(百家)의 장소(章疏)'의 차이를 알았을 턱이 없다.

고려사에 얽힌 전설 뒤로는 조맹부(趙孟頫, 1254~1322)의 「관음원기(觀音院記)」가 이어진다.

원우(元祐) 5년에 고려의 왕제(王弟)인 승통(僧統) 의천(義天)이 바다를 건너서 불법을 물으러 오자 황제가 제형(提刑) 양걸(楊傑)을 그

의 관반사(館伴使)로 임명하였는데, 그가 멀고 험난한 길을 꺼리
지 않고 찾아온 것은 불법을 얻기 위해서였다. 그 뒤 정강(靖康)
연간에 병화(兵火)가 연속되므로 관음원의 지전(知殿)인 도언(道言)
이 관음대사(觀音大士)의 상(像)을 우물 속에 숨겨 두었는데, 병화
가 물러간 뒤에 대중(大衆)이 관음대사의 상을 찾았으나 발견하
지 못하고 있는 사이에 와륵(瓦礫) 사이에서 획획 하는 소리가 들
려왔다. 그래서 즉시 그 우물을 발굴해 보니 관음대사의 상이 들
어 있었다. 그 신령하고 기이함이 이와 같았다. 심지어는 비를
빌거나 날씨가 개기를 빌면 비는 대로 영험이 있었고, 관음이 현
신(現身)하거나 현몽(現夢)하기도 하였으므로 이에 대한 기록이 대
대로 끊이지 않았다. (중략)

누에는 늙어 가고 보리는 반쯤 익어
앞산, 뒷산, 봄비는 주룩주룩
농부는 가래 놓고 여인도 쉬는데
흰 옷의 선인(仙人)은 높은 당(堂)에 앉았구나.

조맹부의 글은 이 뒤로도 길게 이어지고 있지만, 의천과 어떤 관련이
있다는 것인지, 도대체 이 글이 왜 이 자리에 있는 것인지 알 도리가 없다.
조맹부는 이 글을 고려의 여러 상공(相公)에게 고하는 말이라고 했다. 조맹
부가 만났을 고려의 상공들, 아마도 대부분 고려에서 온 사신들이었을 것
이다. 그들, 고려의 상공은 누구나 소동파가 지은 백의선인(白衣仙人), 관음
의 노래는 외우고 있지만, 부처가 있는 줄도 모르고 관음을 믿는 자도 없
다고 했다. 이덕무는 다만 글 끝에 달려 있는 날짜, 대덕(大德) 8년(1304) 6월

이라는 기록에 대해 '대덕은 원 성종(元成宗)의 연호이니, 곧 고려 충렬왕 30년이다.'라는 간단한 설명만 달아 놓고 끝을 맺고 만다. 그렇게도 꼼꼼했던 이덕무, 그가 조금만 더 관심을 가지고 소동파의 상소문이라도 챙겨 읽었더라면, 의천과 소동파의 악연에 대해서도 알 수 있었을 것이고, 당시 송나라를 떠들썩하게 만들었던 의천의 행적, 전설의 뿌리를 좀 더 깊게 이해했을 수도 있었을 것이다. 나아가서는 대장경이 무엇인지, 교장(敎藏)이 무엇인지 가릴 줄도 알게 되었을 것이고, 해인사 『팔만대장경』에 대한 궁금증도 한번에 풀고 말았을 수도 있었겠다. 자신의 뿌리, 고려의 역사와 문화를 멀찍이 중국에서 수입한 삼류 이야기 책들을 통해서 접할 수밖에 없었던 조선의 선비들, 의아하기도 하거니와 아쉽기도 한 장면이다.

「용산(龍山) 범해관음시(泛海觀音詩) 병서(并序)
대송 상서주객원외랑(尙書主客員外朗) 양걸 지음」

「범해관음기(泛海觀音記)」에 이르기를 염관(鹽官)의 백성이 바다 위에 붉은 빛이 태양보다 밝은 것을 보고 파도 사이에서 오래된 관음상을 얻었다. 전단향(栴檀香) 나무로 만든 성스러운 조각으로 전에는 보지 못하던 것이었다. 오월(吳越)의 임금이 이 말을 듣고 도성 안으로 모셔 용산 각원정사의 동쪽 전각에 봉안했더니 영험한 이적들이 심저했다. 송나라 원풍 8년 내가 고려국 우세승통을 모시고 조상을 참배할 때에 강원의 학승 보영(寶英)이 시 한 수를 청하므로 적는다.201

201　양걸, 「범해관음시(泛海觀音詩) 병서(并序)」, 『외집』 제11권.

그 뒤로 절구가 이어진다. '범해관음^(泛海觀音)', 바다를 건너 온 관음
보살, 우리가 서해, 또는 황해라고 부르는 그 바다, 중국에서 보자면 오
월^(吳越)의 앞바다였고, 우리 측에서 보자면 고려의 앞바다였다. 그 바다
는 물론 백제와 신라의 앞바다이기도 했다. 그 바다를 사이에 두고 바닷
가의 사람들은 오래전부터 바다와 관음을 공유하고 있었다. 오월의 앞바
다는 예나 지금이나 관음의 바다라고 해도 지나치지 않다. 그 바닷가 곳
곳에 바다를 건너온 관음과 전설이 남아 있다. 가장 대표적인 곳이 보타
락가산의 관음도량이다. 조맹부도 '극도로 장엄하다' 했으니 그때에도
관음의 성지로 유명했던 모양이다.

국사가 송나라에 사수^(泗水)에서 승가탑에 예참하였을 때, 위에
빛이 비쳐 밝기가 등불과 같았다. 천축사에서 관음상에 예불할
때에는 흰 광명이 찬란하게 빛났다.[202]

보타락가산의 불긍거관음원, 바다를 공유했던 한·중·일 세 나라의 관음신앙과 전설이 얽혀 있는 곳이다.

4. 전설이 된 일꾼

중국 강소성 오공사(悟空寺)의 승가전(僧伽殿). 근래 강소성 강음(江陰)의 오공촌(悟空村)에서 승가대사의 진신사리가 담긴 돌함이 발견되었다. 돌함 뚜껑에 이 사리가 원래 선총(善聰)이라는 승려가 갖고 있었다는 기록이 남아 있다. 의천이 오강(吳江)의 원통사에서 만났던 화엄종의 고승, 그 선총일 가능성이 매우 높다. 아무튼 이 사리가 발견된 이후 대규모 복원불사가 진행중이다. 사찰이라기보다는 오월(吳越) 지역의 관음신앙을 주제로 한 거대한 테마파크에 가깝다.

수창(壽昌) 5년(1099) 가을, 주상(主上)이 담당 관청에 수레를 준비하게 하여, 왕비와 태자, 우세승통, 양부(兩府)의 여러 신하 등, 수많은 무리를 이끌고 구름처럼 장엄하게 행차해 굴에 이르러 재를 지냈다.203

서울 북한산에 있는 승가사 승가굴은 바로 저 승가 대사를 모신 도량이다. 승가 대사는 관음의 화신으로 오랫동안 신앙의 대상이 되었던 분이다. 송나라의 사수(泗水), 곧 사주(泗洲)는 운하교통의 중심지로 고려에

202　김부식, 영통사비명, 『외집』 제12권.
203　이예(李預), 「삼각산중수승가굴기(三角山重修僧伽崛記)」, 한국금석문종합영상정보시스템 (http://gsm.nricp.go.kr/).

서 송나라로 가는 사신들도 모두 이곳을 거쳐야 했다. 사주에는 승가대사가 주석하던 보광왕사라는 절이 있었고 이 절에 승가 대사를 모신 탑이 있었다고 한다. 의천도 이곳을 참배하며 이적을 보기도 했다. 귀국하는 길에는 이 탑에서 선종을 위해 불공을 드리기도 했다. 숙종과 의천이 함께 승가굴에 가서 재를 지냈다는 사실, 이런 인연들이 참으로 흥미롭다. 아무튼 바다를 사이에 두고 공유하던 관음, 조맹부는 바다를 건너온 고려의 사신, 지식인들과 그런 이야기를 함께 나누고 싶었다. 하지만 고려에서 온 사람들은 소동파가 노래한 관음의 시는 좔좔 외우면서도 정작 관음에 대해서는 무지했고, 관심조차 없었다. 조맹부의 글에는 의아함과 답답함이 담겨 있다. 소동파의 관음시를 기억하면서도 의천과 양걸, 관음, 나아가 고려와 송이 함께 공유하던 역사와 문화는 기억조차 하지 못하는 고려의 지식을 이해할 수 없었다. 조맹부가 의아해 했던 일, 이덕무 또한 담담히 그런 기록만을 소개하고 말 뿐이다. 이덕무가 이런 기록을 어떤 의도로 남겼는지 그게 오히려 의아할 정도이다.

중국 오공사 승가전의 승가상

삼각산 승가굴의 승가대사상

4. 전설이 된 일꾼

고려국 문종(文宗) 인효왕(仁孝王)

나라에 하늘에서 꽃비가 내리는 상서로운 일이 있었다. 꽃잎마다 '진수(晉水)'라는 두 글자가 새겨져 있었다. 어린 아들 의천이 영화를 버리고 출가하자, 중국에 들어가 진수 법사의 가르침을 전수받도록 명령을 내렸다. 이듬해에 금으로 쓴 『화엄경』 3백 부와 은 2천 냥을 보내 전각을 짓고 모시도록 했다.204

항주에 있는 혜인고려사 『사지(寺志)』에 실려 있는 이야기이다. 이 절에 중요한 시주를 했던 단나(檀那) 항목에는 의천의 아버지 문종(文宗)과 의천, 두 사람의 이름이 올라 있다. 이 두 사람에게는 각자 하나씩 전설 이야기가 붙어 있다. 앞에서 언급했듯, 의천이 송나라에 도착한 이후, 의천의 행적은 송나라 조야에 두루 큰 관심을 불러일으켰다. 스승을 찾아 멀리 바다를 건너 찾아온 왕자 승통, 민간에서도 이야기거리가 되었던 모양이다. 꽃비가 내리고 꽃잎에 글자가 새겨져 있고, 그래서 그런 인연으로 의천이 정원을 찾아와 법을 전해 받고 그 보답으로 고려사를 세웠다는 이야기.

송나라 때 진수 법사가 오수(烏戌)에서 『화엄경』을 필사할 때 하늘에서 꽃비가 내렸다. 꽃잎이 고려국까지 날아갔는데, 꽃잎마다 '진수(晉水)'라는 두 글자가 새겨져 있었다. 임금이 사람을 보내 찾아보고는 깊이 감탄하여 보화각(寶花閣)을 지었다. 원나라 때 허물어져 지금에 이르렀다. 천계(天啓) 2년(1623) 도림(道琳)이

204 　「단나(檀那), 의천(義天)」, 『혜인고려사지』 제4권, p.46.

라는 스님이 그 터를 찾아 암자를 짓고 『화엄경』을 사경하며, 그
암자를 '고화엄암(古華嚴庵)'이라 했다.205

　　상서로운 기적을 떠나 이런 이야기는 무엇보다 사실에 부합하지 않
는다. 금으로 쓴 『화엄경』과 돈을 보내 화엄경각을 짓도록 한 것은 사실
이다. 같은 『사지(寺志)』에 「항주혜인교원화엄각기(杭州慧因教院華嚴閣記)」
가 남아 있어 당시의 자세한 정황을 증거하고 있다.

　　의천이 공부를 마치고 본국으로 돌아가자, 그의 형인 국왕과 어
　　머니가 명령을 내려 진(晉) 의희(義熙), 당(唐) 증성(證聖), 정원(淨源)
　　시기에 번역한 세 가지 화엄경본, 총 170권을 푸른 종이에 금으
　　로 써서, 배에 실어 정원 법사가 주석하는 혜인교원으로 보내도
　　록 했다. 황제의 은덕에 보답하기 위해 원부(元符) 원년(1098) 겨
　　울 그 나라에서 사신을 보내 특산품을 보냈고, 건중정국(建中靖
　　國) 원년(1101)에 다시 사신을 보내 새 황제가 보위에 오른 것을
　　축하하면서, 다시 백금 천수백 냥을 보내 혜인원에 화엄경각을
　　짓도록 청하였다. (이하 생략)
　　건중정국 원년 3월 초하루에 쓰다.206

　　화엄경각이나 금으로 쓴 『화엄경』은 문종과는 아무런 관계도 없다.
『사지(寺志)』의 편집자도 의당 그런 사실은 알고 있었을 것이다. 그런데
도 꽃비가 내리는 전설을 『사지(寺志)』에 포함시킨 데는 그럴 만한 이유가

205　이일화(李日華), 「오수필기(烏戌筆記)」, 『혜인고려사지』 제9권, p.180.
206　「항주혜인교원화엄각기(杭州慧因教院華嚴閣記)」, 『혜인고려사지』 제6권, p.74.

　　　　　　　　　　　　　　　　　　　　　　　4. 전설이 된 일꾼

있었을 것이다. 『대각국사문집』에는 정원이 혜인원으로 옮겨 오기 전, 대중상부사에 머물 때, 그 곳에도 왕자전(王子殿)이란 전각이 있었고, 그 곳에서 순종의 제사를 올렸다는 기록, 또 나중에 의천이 항주에 도착했을 때 정원이 의천에게 왕자전에 참배하라고 조언을 했던 등의 기록이 남아 있다. 대중상부사의 왕자전은 어떤 형태로든 고려의 왕실과 인연이 있었던 것은 틀림이 없어 보인다. 의천이 송나라에 입국하기 이전부터 상당한 수준의 시주가 이뤄지고 있었고, 그 시주의 주체는 문종이었을 것으로 짐작된다. 지금은 흔적도 없이 사리지고 말았지만 고려사에는 문종의 초상이 모셔져 있었다는 기록도 남아 있다. 문종의 초상인지 확인할 길은 없지만 그 동네 사람들은 그 초상을 문종이라고 믿었고, 고려사의 연원을 문종의 시주로부터 기억하고 있었다.

의천(義天)

인효왕의 아들

장백우(張伯雨) 왕포단전(王蒲團傳)

왕포단(王蒲團)은 무림(武林) 산중(山中) 사람이다. 이름은 없고 사람들이 그가 하는 일을 따라 불렀다. 경력(慶歷) 연간(1041~1048)에 혜인원의 담장 아래에 살며 포단(부들방석) 짜는 일을 업으로 삼았다. 방석을 만들어 팔면 바로 스님들께 보시를 했다. 길거리에서 굶어 죽더라도 시주를 못할 것이 두려워 배고픔을 참기만 했다. 누더기 옷에 피골이 상접하여 헤매는 모습을 보면, 그 미련함을 비웃지 않는 사람이 없었다. 늙고 병들어 일을 할 수 없자 갑자기 굶어 죽어 길가에 버려졌다. 한 선비가 이를 보고 측은히 여겨 '시주를 좋아하던 왕포단이로구나, 불교에서 보시를 하지 않으면 보답도 없다더니 이제 보니 헛된 말이구나'라고 하고는 팔뚝에 과보(果報)라는 두 글자를 적고 관을 사서 묻어 주고는 떠났다.

뒤에 그 선비가 과거에 급제하여 진사가 되어 상등관 주객랑으로 제수되었다. 명을 받들어 고려에 사신으로 가니 고려의 인효왕(仁孝王)이 나라를 다스리고 있어, 사신을 침전으로 초대하여 연회를 베풀었다. 술잔이 몇 순배 돌자 담소를 나누며 분위기가 익어 이야기가 궁중의 사소한 일에까지 미쳤다. 임금이 이르기를, '과인에게 아들이 몇 있는데, 그 가운데 한 아이가 말을 못하는데 지혜가 말할 수 없이 뛰어난 것 같습니다. 날 때부터 팔뚝에 글자 같은 것이 씌어 있는데, 과보(果報)라고 쓰인 것 같습니다. 무슨 인연인지 알 수가 없습니다.'라고 했다. 사신이 한 번 보여달라고 청하자 임금이 데려오라고 명을 내렸다. (왕자가) 사신 앞에 오자마자 문득 담소를 시작하니 오래 전부터 친했던 것 같았다. 팔을 내밀어 사신에게 보여주니 예전 길가에서 썼던 글자가 분명했다. 임금이 크게 놀라자 사신은 예전 일을 자세히 설명해 주었다. 아들이 임금에게 영화를 버리고 출가하여 스님이 되겠다고 아뢰었다. 임금이 허락하자, 이름을 의천(義天)이라고 고치고 우세승통(佑世僧統)에 봉했다. 이듬해 중국에 들어가 상소를 올려 진수 법사로부터 『화엄경』의 가르침을 전수하기를 청하였다. 뒤에 천축사의 자변을 뵙고 천태교관의 뜻을 물어 그 이치를 터득했다. 귀국하여 큰 절을 지어 천태사라고 이름짓고 자변을 초조로 모셨다. 다시 임금께 아뢰어 『화엄경』의 세 가지 번역본을 금으로 써서 혜인원에 시주하고 아울러 재물을 보내

전각을 지어 모시도록 했다.

아! 포단이 죽자 의천이 벙어리가 됐고, 의천이 말을 하자 포단이 살아났다. 어찌 우연이겠는가? 박복하여 담장 아래 품팔이로 죽었고, 복이 넘쳐 바다 건너 부귀를 누리네. 공평한 보시에 대하여는 길게 말할 필요가 없을 것이다. 관을 사준 선비가 바로 무위자(無爲子) 양걸(楊傑) 차공(次公)이다.207

이 이야기는 원나라 때의 도사(道士) 장백우(張伯雨, 1277~1348)가 지었다고 한다. 당시 항주에 흘러다니던 민간의 전설을 정리하여 이야기로 묶은 것이다. 시간은 벌써 2세기가 흘렀다. 전설은 역시 고려의 인효왕(仁孝王) 문종으로부터 시작하고 있고, 이야기를 끌어가는 동기는 과보(果報)이다. 항주에 존재하는 고려사라는 존재, 그 안에 얽힌 문종과 의천, 그리고 정원과 양걸, 항주 사람들은 이백 년 동안 의천이 했던 일, 의천의 인연, 고려와 송나라의 교류, 이런 일들을 이렇게 이해하고 있었고, 기억하고 있었다. 왕포단(王蒲團)의 과보였다.

이런 전설도 있다.

한치윤(韓致奫), 『해동역사(海東繹史)』 제59권 예문지 18, 잡철(雜綴)
원풍(元豐) 연간에 고려에서 파견한 어떤 승(僧)이 들어와서 조공하였는데, 자못 총명하여 재주가 있었으며, 잔치에 나아가서는 훈채(葷菜)를 먹고 술도 태연스레 마셨다. 양 차공(楊次公)으로 하

207　「단나(檀那), 의천(義天)」, 『혜인고려사지』 제4권.

여금 접반(接伴)하게 하였는데, 하루는 접대하면서 말하기를, "옛날 사람 두 명의 성명을 가지고 한 가지 물건을 다투는 놀이를 합시다." 하였다. 그러자 사문(沙門)이 말하기를, "옛날 사람 중에 장량(張良)이 있고 등우(鄧禹)가 있어서 한 우산을 놓고 다투었는데, 장량은 '양산(良傘)'이라고 하고 등우는 '우산(禹傘)'이라고 하였습니다." 하니, 차공이 말하기를, "옛날 사람 중에 허유(許由)가 있고 조조(晁錯)가 있어서 한 호로(葫蘆)를 놓고 다투었는데, 허유는 '유호로(由葫蘆)'라고 하고 조조는 '조호로(錯葫蘆)'라고 하였습니다." 하였다. 『요산당외기(堯山堂外紀)』

살펴보건대, 사문은 바로 고려의 왕자 의천이다. 의천은 원풍 8년(1085, 선종2)에 송나라에 들어갔는데, 이때 양걸(楊傑)이 접반관(接伴官)이 되었다. 고문호(高文虎)의 『요화주한록(蓼花洲閒錄)』에, "송나라가 고려에 사신을 보내자, 고려에서 승(僧)을 관반으로 삼아 접대하였다." 하였는데, 이는 잘못된 것이다.[208]

이런 유형의 전설은 우리나라에도 많이 남아 있다. 우리나라와 중국의 사신들이 말장난을 하며 지혜와 총명, 경륜과 내공을 겨루는 전설들이다. 양걸은 경륜과 재주로 당대를 떨쳤던 고위 관료였다. 소동파와 깊은 교류를 나누었기 때문에, 소동파를 거의 신적인 존재로까지 숭상하던, 우리나라 선비들에게도 잘 알려졌던 인물이었다. 그런 소동파에 맞섰던 양걸이 존경했던 의천이었다. 저런 전설을 담고 있었다는 『요산당외기(堯山堂外紀)』는 명나라 때 장일규(蔣一葵)가 지은 책이다. 1598년에 쓴

208　한치윤(韓致奫), 『해동역사(海東繹史)』 제59권 예문지 18, 잡철(雜綴), 한국고전종합DB(http://db.itkc.or.kr/).

서문이 붙어 있으니 420여 년이 흐른 뒤였다. 규장각에도 조선후기에 필사한 필사본이 남아 있다고 하니, 그만큼 우리나라에서도 널리 읽히던 책이었던 모양이다. 우리나라에선 까맣게 잊혀졌어도 송나라 사람들은 의천의 재주와 배포를 저런 식으로라도 기억하고 있었고, 대대손손 전설로 전승하고 있었다.

인연이 있고 과보가 있는 것이라면, 의천의 일, 의천의 본원도 헛된 것만은 아닐 것이다. 전설로 남은 의천의 일, 그 일의 과보, 그 과보의 끝은 어딜까? 그게 궁금하다.

●의천 연표

서기	고려	송(宋)	요(遼)	나이	사건	비고
1055년 을미년 9월 28일	문종(文宗) 9년	인종(仁宗) 지화(至和) 2년	흥종(興宗) 중희(重熙) 24년		출생	
1065년 을사년 5월 14일	문종 19년	영종(英宗) 치평(治平) 2년	도종(道宗) 함옹(咸雍) 원년	11세	출가	경덕국사(景德國師) 난원(爛圓)을 내전으로 불러 머리를 깎고 개경 영통사에 거주
1065년 을사년 10월	문종 19년	영종(英宗) 치평(治平) 2년	도종(道宗) 함옹(咸雍) 원년	11세	구족계	불일사 계단에서 구족계
1067년 정미년 7월 을유	문종 21년	영종(英宗) 치평(治平) 4년	도종(道宗) 함옹(咸雍) 3년	13세	승통	광지개종홍진우세승통(廣智開宗弘眞祐世僧統)
1073년 계축년	문종 27년	신종(神宗) 희령(熙寧) 6년	도종(道宗) 함옹(咸雍) 9년	19세	교장수집의 발원	「세자를 대신하여 교장의 수집을 발원하는 소(19세에 지음)」
1077년 정사년	문종 31년	신종(神宗) 희령(熙寧) 10년	도종(道宗) 대강(大康) 3년	23세	강연시작	이후 24년 동안 강연을 폐한 적이 없었다.
1084년 갑자년 정월	선종(宣宗) 원년	신종(神宗) 원풍(元豊) 7년	도종(道宗) 대강(大康) 3년	30세	송나라 구법 청원	내전에 들어가 구법을 간절히 간청하니 군신이 모여 의논하여 불가하다고 하다.
1085년 을축년 4월 경오	선종 2년	철종(哲宗) 원풍(元豊) 8년	도종(道宗) 대안(大安) 원년	31세	송나라를 향해 출발	상왕과 태후에게 편지를 남겨 놓고 제자 수개를 데리고 미복으로 정주(貞州)로 가서 상인의 배를 타고 떠나다.
1086년 병인년 5월 20일	선종 3년	철종(哲宗) 원우(元祐) 원년	도종(道宗) 대안(大安) 2년	32세	송나라 출발	여름 5월 20일 본국의 조하사(朝賀使)가 귀국하는 편을 따라 바다로 나가 귀국길에 오르다. 귀국 직후 홍왕사 주지 취임
1087년 정묘년 3월 22일	선종 4년	철종(哲宗) 원우(元祐) 2년	도종(道宗) 대안(大安) 3년	33세	신주화엄경 목판 수입	송나라 상인 서전(徐戩) 등 20인이 와서 『신주화엄경(新註華嚴經)』 목판을 바쳤다.

서기	고려	송(宋)	요(遼)	나이	사건	비고
1088년 무진년 11월	선종 5년	철종(哲宗) 원우(元祐) 3년	도종(道宗) 대안(大安) 4년	34세	정원(淨源) 입적	향년 78, 법납 54, 입적 직전에 의천에게 편지를 써 유언을 남기다.
1089년 을사년 10월	선종 6년	철종(哲宗) 원우(元祐) 4년	도종(道宗) 대안(大安) 5년	35세	국청사(國淸寺) 시창(始創)	
1090년 경오년 3월	선종 7년	철종(哲宗) 원우(元祐) 5년	도종(道宗) 대안(大安) 6년	36세	국청사 공사 중단	
1090년 경오년 8월 8일	선종 7년	철종(哲宗) 원우(元祐) 5년	도종(道宗) 대안(大安) 6년	36세	『신편제종교장총록(新編諸宗教藏總錄)』 출간	「신편제종교장총록(新編諸宗教藏總錄)서(序)」
1091년 신미년 봄	선종 8년	철종(哲宗) 원우(元祐) 6년	도종(道宗) 대안(大安) 7년	37세	남쪽 지방으로 문헌 수집여행	신미년 봄에 남쪽 지방으로 다니며 찾은 책이 무려 4천 권이었다. 흥왕사에 교장사(敎藏司) 설치를 소청하였다. 명류들을 초청하여 교정하고 교감을 거치도록 하니 몇 년이 지나지 않아 문적이 크게 갖추어졌다.
1092년 임신년 9월	선종 9년	철종(哲宗) 원우(元祐) 7년	도종(道宗) 대안(大安) 8년	38세	어머니 인예태후 사망	
1094년 갑술년11년 5월 임진일	선종 11년	철종(哲宗) 원우(元祐) 9년	도종(道宗) 대안(大安) 9년	40세	선종 승하, 의천 해인사로 퇴거	
1095년 을해년 정월	헌종 (獻宗) 원년	철종(哲宗) 소성(紹聖) 2년	도종(道宗) 수창(壽昌) 원년	41세	헌종 즉위	10월 계림군에게 선양, 숙종(肅宗) 즉위
1095년 을해년 10월	헌종 (獻宗) 원년	철종(哲宗) 소성(紹聖) 2년	도종(道宗) 수창(壽昌) 원년	41세		서울로 돌아와 흥왕사에 주석
1097년 정축년 정월	숙종 (肅宗) 2년	철종(哲宗) 소성(紹聖) 4년	도종(道宗) 수창(壽昌) 3년	43세	국청사 낙성	5월 국청사에 주지하며 천태의 가르침을 강의하기 시작
1098년 무인년	숙종 3년	철종(哲宗) 원부(元符)	도종(道宗) 수창(壽昌)	44세	숙종의 아들 징엄	숙종이 다섯째 아들에게 명하여 국사를 모시게 하고 머리를 깎게

서기	고려	송(宋)	요(遼)	나이	사건	비고
4월		원년	4년		(澄儼) 출가	하니 바로 도승통 원명국사(圓明國師)이다.
1101년 신사년 2월	숙종 6년	휘종(徽宗) 건중정국 (建中靖國) 원년	도종(道宗) 수창(壽昌) 7년	47세	홍원사 (洪圓寺) 낙성	홍원사 구조당(九祖堂) 건립을 계기로 국사를 모셔 중수하도록 했는데 낙성을 보게 되었다. 이전에는 조사(祖師)들의 계보가 통일되지 않았었는데, 이제 마명(馬鳴), 용수(龍樹), 천친(天親), 불타(佛陀), 광통(光統), 제심(帝心), 운화(雲華), 현수(賢首), 청량(淸凉)을 9조로 삼게 되었으니, 의천 국사가 정한 일이다.
1101년 8월				와병		
10월 5일				입적		향년 47, 법납 36
10월 16일				다비		11월 4일 영통사의 진방(震方)에 모시다.

● 교장(敎藏) 관련 출간연표

서기	고려	사건 및 출간문헌	비고
1086년	선종 3년	홍왕사에 교장도감 설치, 4천여 권 출간	
1087년	선종 4년	송나라 상인 서전(徐戩) 등 20명이 와서 왕에게 『신주화엄경(新註華嚴經)』 목판을 바침	
1090년		「신편제종교장총록(新編諸宗教藏總錄) 서문」	
1092년	선종 9년	『당대천복사고사주번경대덕법장화상전(唐大薦福寺故寺主翻經大德法藏和尚傳)』	대안(大安) 8년
1093년	선종 10년	『대승아비달마잡집논소(大乘阿毘達磨雜集論疏)』	대안 9년 홍왕사
1094년	선종 11년-숙종 원년	『대방광불화엄수소연의초(大方廣佛華嚴隨疏演義鈔)』	대안 10년-수창(壽昌) 2년
1095년	헌종 원년	『정명경집해(淨名經集解)』	수창 원년
		『금강반야경(金剛般若經)』	
		『금강반야경약소(金剛般若經略疏)』	
		『대방광불화엄수소연의초(大方廣佛華嚴隨疏演義鈔)』	
		『정원신역화엄경소(貞元新譯華嚴經疏)』	
		『묘법연화경찬술(妙法蓮華經纘述)』	
1096년	숙종원년	『대방광불화엄경담현결택(大方廣佛華嚴經談玄決擇)』	수창 2년
1097년	숙종 2년	『지지론의기(地持論義記)』	수창 3년
1098년	숙종 3년	『금강반야경소개현초(金剛般若經疏開玄鈔)』	수창 4년
1099년	숙종 4년	『대반열반경소(大般涅槃經疏)』	수창 5년
		『묘법연화경관세음보살보문품삼현원찬과(妙法蓮華經觀世音菩薩普門品三玄圓贊科)』	
		『석마하연론찬현소(釋摩訶衍論贊玄疏)』	
		『석마하연론통현초(釋摩訶衍論通玄鈔)』	

● 의천의 시대를 전후한 불전의 교류와 유통

서기	고려	사건
928년	태조 11년	홍경(洪慶)이 중국에서 대장경 1부를 가져 옴. 대장경을 제석원(帝釋院)에 안치
960~962년	광종 11~13년	제관(諦觀)이 천태종의 장소를 비롯하여 다량의 문헌을 오월(吳越)에 전함
991년	성종 10년	한언공(韓彦恭)이 송나라로부터 대장경을 가져 옴
1011년	현종 2년	『초조대장경』 간행 시작
1022년	현종 13년	한조(韓祚)가 송나라로부터 석전(釋典) 일장(一藏)을 가져 옴
1051년	문종 5년	임금이 진관사(眞觀寺)에 가서 새로 조성한 『화엄경』과 『반야경』을 전독(轉讀)함
1058년	문종 12년	대장경을 조성하여 정종(靖宗)의 명복을 빔
1063년	문종 17년	거란에서 대장경을 보내옴
1083년	문종 37년	송나라에서 보내온 대장경을 개국사(開國寺)에 안치
1086년	선종 3년	흥왕사에 교장도감 설치
1087년	선종 4년	개국사(開國寺), 흥왕사(興王寺), 귀법사(歸法寺) 등에서 대장경의 완성을 경축함
1087년	선종 4년	송나라 상인 서전(徐戩) 등 20명이 와서 왕에게 『신주화엄경(新註華嚴經)』 목판을 바침
1099년	숙종 4년	요나라에서 대장경을 보내옴
1107년	예종 2년	요나라에서 임금의 생일을 축하하여 고존수(高存壽)를 보내 대장경을 보내옴
1236년	고종 23년	『재조대장경』 조성 시작
1251년	고종 38년	『재조대장경』 낙성, 현종 때 조성했던 대장경은 임진년(1232) 몽고 군대에 의해 훼손되었는데 임금과 군신이 다시 발원하여 도감(都監)을 세우고 16년 만에 완성한 것
1311년	충선왕 3년	권부(權溥) 등이 대장경을 가지고 원나라로 감
1388년	창왕 원년	일본의 사신 묘파(妙葩) 등이 대장경을 청구함

글 · 오윤희

프로젝트 幻ㅣ藏, 給事
전 고려대장경연구소 소장
저서: 『디지털북』(1995, 인드라넷), 『매트릭스, 사이버스페이스 그리고 선』(2003, 호미)
　　　 『대장경, 천 년의 지혜를 담은 그릇』(2011, 불광)

———

사진 · 박해진

시인, 사진작가
『우리가 정말 알아야 할 우리 단청』(2003, 현암사), 『국수산맥』(2007, 동아일보)
사진집으로 『선암사의 건축』 등 다수

———

사진 · 서울대학교 규장각

131, 157, 220, 306쪽의 『문집』 사진과 357쪽의 『석원사림』 사진

일꾼 의천

———

2012년 9월 20일 초판 발행

———

글	오윤희
펴낸이	박상근(至弘)
주간	류지호
편집	이상근, 정선경, 오재현, 이기선, 천은희
제작	김명환
홍보마케팅	김대현, 김영수, 이경화
관리	윤애경

———

펴낸 곳	불광출판사
	110-140 서울시 종로구 수송동 46-21 3층
대표전화	02) 420-3200
편집부	02) 420-3300
팩시밀리	02) 420-3400

출판등록 제1-183호(1979. 10. 10)

ISBN 978-89-7479-053-0   (03900)

값 20,000원

홈페이지　　http://www.bulkwang.co.kr

ⓒ 오윤희 2012

이 책은 불광출판사와 저작권자가 계약하여 발행하였습니다. 본사와 저작권자
양자의 서면 허락 없이는 어떠한 형태나 수단으로도 이 책의 내용을 이용할 수
없음을 알려드립니다.